D0897227

# LE BRUISSEMENT
# DE LA LANGUE

# Du même auteur

ROLAND BARTHES

ESSAIS CRITIQUES IV

# LE BRUISSEMENT
# DE LA LANGUE

ÉDITIONS DU SEUIL
27, rue Jacob, Paris VIᵉ

ISBN 2-02-006931-8

© *Éditions du Seuil, septembre 1984*

# Note de l'éditeur

Le compte (l'idée l'eût amusé) des textes écrits par Roland Barthes à partir de 1964 (date de la publication des Essais critiques) impressionne : cent cinquante-deux articles, cinquante-cinq préfaces ou contributions à des recueils, onze livres. Partout, comme pour les textes déjà recueillis dans les Nouveaux Essais critiques (1972)[1], Sollers écrivain (1979) et les Essais critiques III (l'Obvie et l'Obtus, 1982, consacré à la photographie, au cinéma, à la peinture et à la musique), c'est autour du signe et de l'écriture que s'est développé le travail de R. B.

On peut avancer qu'il s'est inscrit sur trois plans. La recherche du sémiologue, qui aura orienté plusieurs générations : l'énonciation, ici, est celle du sujet de la science ; et certains traits de style propres à l'énoncé de ces textes les distinguent clairement des « essais critiques » ; ils font, dans leur richesse et leur progression, histoire ; ils seront rassemblés ultérieurement sous le titre l'Aventure sémiologique. A l'autre extrême, quelques écrits — rares aux deux sens du mot — qui n'appartiennent plus à l'essai, mais à ce que R. B. désignait comme le « romanesque » : le sujet écrivain y interroge non plus des textes, mais (selon le titre adopté pour l'un de ces écrits par R. B.) des Incidents de la quotidienneté ; les signes qu'il retient sont ceux qu'éveille en ses mobilités le désir. D'où le choix, pour ces pages, d'un autre, bref, livre à venir.

Entre ces deux types de textualité, les Essais critiques. Presque tout traite, dans le dernier recueil que voici, du langage et de l'écriture littéraire ou, pour mieux dire, du plaisir qu'on doit au

1. Cf. Le Degré zéro de l'écriture, suivi de Nouveaux Essais critiques, Paris, Éd. du Seuil, coll. « Points », 1972.

9

texte. On reconnaîtra sans peine, au fil des pages, le déplacement des concepts et des procédures d'écriture qui, au long de quinze ans, conduit à ce terme de texte, et le dépasse peut-être, à son tour, avec la double recourse à la méthode du fragment et à une place d'énonciation toujours davantage assumée dans le projet de faire tenir l'écriture au corps : il est clair que, pour R. B., le devenir allait dans le sens d'une toujours plus grande proximité à soi.

La publication des textes — choisis, cette fois encore, autant qu'on a pu, selon le strict critère qu'avait voulu R. B. pour les premiers Essais critiques — dans l'ordre de leur rédaction aurait abouti à un ensemble mal ordonné, soit du fait de leur objet, soit en raison de leur avancée ; aussi a-t-on tenté une série de regroupements qui permette de s'orienter dans la thématique et l'intonation d'un travail * — d'une invention — dont on aperçoit à chaque instant que, plus il fut celui, propre, de R. B., plus il nous concerne tous.

Qu'on nous autorise alors à isoler deux phrases, en leur donnant le relief hasardé d'une conclusion, et pour que ce soit à R. B. lui-même que revienne le dernier mot : « Je me mets dans la position de celui qui fait quelque chose, et non plus de celui qui parle sur quelque chose. » « Peut-être est-ce à la " cime de mon particulier " que je suis scientifique sans le savoir. »

F. W.

---

* Dans le travail de recherche qui traverse ces Essais critiques, travail « étoilé », mais nécessairement progressif, et dont on a tenté de conserver, au long de chaque nervure, la chronologie, la troisième et la cinquième parties du recueil marquent une pause : dans une direction demeurée plus marginale, la troisième ; plus technique, mais (ou : par là même) essentielle, la cinquième.

# 1

# DE LA SCIENCE
# À LA LITTÉRATURE

# De la science à la littérature

*« L'homme ne peut parler sa pensée
sans penser sa parole. »* Bonald.

Les facultés françaises possèdent une liste officielle des sciences, sociales et humaines, qui font l'objet d'un enseignement reconnu, obligeant de la sorte à limiter la spécialité des diplômes qu'elles confèrent : vous pouvez être docteur en esthétique, en psychologie, en sociologie, vous ne pouvez l'être en héraldique, en sémantique ou en victimologie. Ainsi, l'institution détermine directement la nature du savoir humain, en imposant ses modes de division et de classement, exactement comme une langue, par ses « rubriques obligatoires » (et non seulement par ses exclusions), oblige à penser d'une certaine façon. Autrement dit, ce qui définit la science (on entendra désormais par ce mot, ici, l'ensemble des sciences sociales et humaines), ce n'est ni son contenu (il est souvent mal limité et labile), ni sa méthode (elle varie d'une science à l'autre : quoi de commun entre la science historique et la psychologie expérimentale ?), ni sa morale (le sérieux ni la rigueur ne sont la propriété de la science), ni son mode de communication (la science s'imprime dans des livres, comme tout le reste), mais seulement son *statut*, c'est-à-dire sa détermination sociale : est l'objet de science toute matière que la société juge digne d'être transmise. En un mot, la science, c'est ce qui s'enseigne.

La littérature a tous les caractères secondaires de la science, c'est-à-dire tous les attributs qui ne la définissent pas. Ses contenus sont ceux-là même de la science : il n'est certainement pas une seule matière scientifique qui n'ait été à un certain moment traitée par la littérature universelle : le monde de l'œuvre est un monde total, où tout le savoir (social, psychologique, historique) prend place, en

13

sorte que la littérature a pour nous cette grande unité cosmogonique dont jouissaient les anciens Grecs, mais que l'état parcellaire de nos sciences nous refuse aujourd'hui. De plus, comme la science, la littérature est méthodique : elle a ses programmes de recherche, qui varient selon les écoles et selon les époques (comme d'ailleurs ceux de la science), ses règles d'investigation, parfois même ses prétentions expérimentales. Comme la science, la littérature a sa morale, une certaine façon d'extraire, de l'image qu'elle se donne de son être, les règles de son faire, et de soumettre, en conséquence, ses entreprises à un certain esprit d'absolu.

Un dernier trait unit la science et la littérature, mais ce trait est aussi celui qui les divise plus sûrement que toute autre différence : toutes deux sont des discours (ce qu'exprimait bien l'idée du *logos* antique), mais le langage qui les constitue l'une et l'autre, la science et la littérature ne l'assument pas, ou, si l'on préfère, ne le professent pas de la même façon. Pour la science, le langage n'est qu'un instrument, que l'on a intérêt à rendre aussi transparent, aussi neutre que possible, assujetti à la matière scientifique (opérations, hypothèses, résultats) qui, dit-on, existe en dehors de lui et le précède : il y a d'un côté et *d'abord* les contenus du message scientifique, qui sont tout, d'un autre côté et *ensuite* la forme verbale chargée d'exprimer ces contenus, qui n'est rien. Ce n'est pas une coïncidence si, à partir du XVIᵉ siècle, l'essor conjugué de l'empirisme, du rationalisme et de l'évidence religieuse (avec la Réforme), c'est-à-dire de l'esprit scientifique (au sens très large du terme), s'est accompagné d'une régression de l'autonomie du langage, désormais relégué au rang d'instrument ou de « beau style », alors qu'au Moyen Age la culture humaine, sous les espèces du *Septenium*, se partageait presque à égalité les secrets de la parole et ceux de la nature.

Pour la littérature, au contraire, du moins celle qui s'est dégagée du classicisme et de l'humanisme, le langage ne peut plus être l'instrument commode ou le décor luxueux d'une « réalité » sociale, passionnelle ou poétique, qui lui préexisterait et qu'il aurait subsidiairement à charge d'exprimer, moyennant de se soumettre à quelques règles de style : le langage est l'être de la littérature, son monde même : toute la littérature est contenue dans l'acte d'écrire, et non plus dans celui de « penser », de

« peindre », de « raconter », de « sentir ». Techniquement, selon la définition de Roman Jakobson, le « poétique » (c'est-à-dire le littéraire) désigne ce type de message qui prend sa propre forme pour objet, et non ses contenus. Éthiquement, c'est par la seule traversée du langage que la littérature poursuit l'ébranlement des concepts essentiels de notre culture, au premier rang desquels celui de « réel ». Politiquement, c'est en professant et illustrant qu'aucun langage n'est innocent, c'est en pratiquant ce que l'on pourrait appeler le « langage intégral », que la littérature est révolutionnaire. La littérature se trouve ainsi aujourd'hui seule à porter la responsabilité entière du langage ; car, si la science a certes besoin du langage, elle n'est pas, comme la littérature, *dans* le langage ; l'une s'enseigne, c'est-à-dire qu'elle s'énonce et s'expose ; l'autre s'accomplit plus qu'elle ne se transmet (c'est seulement son histoire que l'on enseigne). La science se parle, la littérature s'écrit ; l'une est conduite par la voix, l'autre suit la main ; ce n'est pas le même corps, et donc le même désir, qui est derrière l'une et l'autre.

Portant essentiellement sur une certaine façon de prendre le langage, ici escamoté et là assumé, l'opposition de la science et de la littérature importe très particulièrement au structuralisme. Certes, ce mot, imposé le plus souvent de l'extérieur, recouvre actuellement des entreprises très diverses, parfois divergentes, parfois même ennemies, et nul ne peut s'attribuer le droit de parler en son nom ; l'auteur de ces lignes n'y prétend pas ; il retient seulement du « structuralisme » actuel sa version la plus spéciale et par conséquent la plus pertinente, entendant sous ce nom un certain mode d'analyse des œuvres culturelles, pour autant que ce mode s'inspire des méthodes de la linguistique actuelle. C'est dire que issu lui-même d'un modèle linguistique, le structuralisme trouve dans la littérature, œuvre du langage, un objet bien plus qu'affinitaire : homogène à lui-même. Cette coïncidence n'exclut pas un certain embarras, voire un certain déchirement, selon que le structuralisme entend garder par rapport à son objet la distance d'une science, ou qu'il accepte, au contraire, de compromettre et de perdre l'analyse dont il est porteur dans cette infinitude du langage dont la littérature est aujourd'hui le passage, en un mot selon qu'il se veut science ou écriture.

Comme science, le structuralisme « se retrouve » lui-même, on peut le dire, à tous les niveaux de l'œuvre littéraire. Au niveau des contenus d'abord, ou plus exactement de la forme des contenus, puisqu'il cherche à établir la « langue » des histoires racontées, leurs articulations, leurs unités, la logique qui enchaîne les unes et les autres, en un mot la mythologie générale à laquelle participe chaque œuvre littéraire. Au niveau des formes du discours ensuite ; le structuralisme, en vertu de sa méthode, porte une attention spéciale aux classements, aux ordres, aux agencements ; son objet essentiel, c'est la taxinomie, ou modèle distributif qui est mis en place, fatalement, par toute œuvre humaine, institution ou livre, car il n'est pas de culture sans classement ; ; or, le discours, ou ensemble de mots supérieur à la phrase, a ses formes d'organisation : il est lui aussi classement, et classement signifiant ; sur ce point, le structuralisme littéraire a un ancêtre prestigieux, dont le rôle historique est en général sous-estimé ou discrédité pour des raisons idéologiques : la Rhétorique, effort imposant de toute une culture pour analyser et classer les formes de la parole, rendre intelligible le monde du langage. Au niveau des mots enfin : la phrase n'a pas seulement un sens littéral ou dénoté ; elle est bourrée de significations supplémentaires : étant à la fois référence culturelle, modèle rhétorique, ambiguïté volontaire d'énonciation et simple unité de dénotation, le mot « littéraire » est profond comme un espace, et cet espace est le champ même de l'analyse structurale, dont le projet est bien plus vaste que celui de l'ancienne stylistique, tout entière fondée sur une idée erronée de l'« expressivité ». A tous ses niveaux, celui de l'argument, celui du discours, celui des mots, l'œuvre littéraire tend ainsi au structuralisme l'image d'une structure parfaitement homologique (les recherches actuelles tendent à le prouver) à la structure même du langage ; issu de la linguistique, le structuralisme retrouve dans la littérature un objet qui est lui-même issu du langage. On comprend dès lors que le structuralisme puisse vouloir fonder une science de la littérature, ou plus exactement une linguistique du discours, dont l'objet est la « langue » des formes littéraires, saisies à des niveaux multiples : projet assez nouveau, puisque la littérature n'a été jusqu'ici approchée « scientifiquement » que d'une façon très marginale, par l'histoire des œuvres, ou des auteurs, ou des écoles, ou celle des textes (philologie).

16

Pour nouveau qu'il soit, ce projet n'est cependant pas satisfaisant — ou du moins n'est pas suffisant. Il laisse entier le dilemme dont on a parlé au début et qui est allégoriquement suggéré par l'opposition de la science et de la littérature, pour autant que celle-ci assume son propre langage — sous le nom d'écriture — et que celle-là l'élude — en feignant de le croire purement instrumental. En un mot, le structuralisme ne sera jamais qu'une « science » de plus (il en naît quelques-unes par siècle, dont certaines passagères), s'il ne parvient à placer au centre de son entreprise la subversion même du langage scientifique, c'est-à-dire, en un mot, à « s'écrire » : comment ne mettrait-il pas en cause le langage même qui lui sert à connaître le langage ? Le prolongement logique du structuralisme ne peut être que de rejoindre la littérature non plus comme « objet » d'analyse, mais comme activité d'écriture, d'abolir la distinction, issue de la logique, qui fait de l'œuvre un langage-objet et de la science un méta-langage, et de risquer ainsi le privilège illusoire attaché par la science à la propriété d'un langage esclave.

Il reste donc au structuraliste à se transformer en « écrivain », non point pour professer ou pratiquer le « beau style », mais pour retrouver les problèmes brûlants de toute énonciation, dès lors qu'elle ne s'enveloppe plus dans le nuage bienfaisant des illusions proprement *réalistes*, qui font du langage le simple médium de la pensée. Cette transformation — encore passablement théorique, il faut le reconnaître — exige un certain nombre d'éclaircissements — ou de reconnaissances. Tout d'abord, les rapports de la subjectivité et de l'objectivité — ou, si l'on préfère, la place du sujet dans son travail — ne peuvent plus se penser comme aux beaux temps de la science positiviste. L'objectivité et la rigueur, attributs du savant, dont on nous fait encore un casse-tête, sont des qualités essentiellement préparatoires, nécessaires au moment du travail, et, à ce titre, il n'y a aucune raison de les suspecter ou de les abandonner ; mais ces qualités ne peuvent être transférées au discours, sinon par une sorte de tour de passe-passe, un procédé purement métonymique, qui confond la *précaution* et son effet discursif. Toute énonciation suppose son propre sujet, que ce sujet s'exprime d'une façon apparemment directe, en disant *je*, ou indirecte, en se désignant comme *il*, ou nulle, en ayant recours à des tours impersonnels ; il s'agit là de leurres purement grammaticaux, variant simplement la façon dont le sujet se constitue dans le discours, c'est-à-dire se donne, théâtralement ou fantasmatiquement, aux autres ; ils désignent donc tous des formes de l'imaginaire. De ces formes, la plus captieuse est la forme privative, celle précisément qui est d'ordinaire pratiquée dans le discours scientifique, dont le savant s'exclut par souci d'objectivité ; ce qui est exclu n'est cependant jamais que la « personne » (psychologique, passionnelle, biographique), nullement le sujet ; bien plus, ce sujet se remplit, si l'on peut dire, de toute l'exclusion qu'il impose spectaculairement à sa personne, en sorte que l'objectivité, au niveau du discours — niveau fatal, il ne faut pas l'oublier —, est un imaginaire comme un autre. A vrai dire, seule une formalisation intégrale du discours scientifique (celui des sciences humaines, s'entend, car pour les autres sciences cela est déjà largement acquis) pourrait éviter à la science les risques de l'imaginaire — à moins, bien entendu, qu'elle n'accepte de pratiquer cet imaginaire *en toute connaissance de cause*, connaissance qui ne peut être atteinte que dans l'écriture : seule l'écriture a chance de lever la mauvaise foi qui s'attache à tout langage qui s'ignore.

Seule encore l'écriture — et c'est là une première approche de sa définition — effectue le langage dans sa totalité. Recourir au discours scientifique comme à un instrument de la pensée, c'est postuler qu'il existe un état neutre du langage, dont dériveraient, comme autant d'écarts et d'ornements, un certain nombre de langues spéciales, telles la langue littéraire ou la langue poétique ; cet état neutre serait, pense-t-on, le code de référence de tous les langages « excentriques », qui n'en seraient que les sous-codes ; en s'identifiant avec ce code référentiel, fondement de toute normalité, le discours scientifique s'arroge une autorité que l'écriture doit précisément contester ; la notion d'« écriture » implique en effet l'idée que le langage est un vaste système dont aucun code n'est privilégié, ou, si l'on préfère, central, et dont les départements sont dans un rapport de « hiérarchie fluctuante ». Le discours scientifique croit être un code supérieur ; l'écriture veut être un code total, comportant ses propres forces de destruction. Il s'ensuit que seule l'écriture peut briser l'image théologique imposée par la science, refuser la terreur paternelle répandue par la

« vérité » abusive des contenus et des raisonnements, ouvrir à la recherche l'espace complet du langage, avec ses subversions logiques, le brassage de ses codes, avec ses glissements, ses dialogues, ses parodies ; seule l'écriture peut opposer à l'assurance du savant — pour autant qu'il « exprime » sa science — ce que Lautréamont appelait la « modestie » de l'écrivain.

Enfin, de la science à l'écriture, il y a une troisième marge, que la science doit reconquérir : celle du plaisir. Dans une civilisation tout entière dressée par le monothéisme à l'idée de Faute, où toute valeur est le produit d'une peine, ce mot sonne mal : il a quelque chose de léger, de trivial, de partiel. Coleridge disait : « *A poem is that species of composition which is opposed to works of science, by purposing, for its immediate object, pleasure, not truth* » — déclaration ambiguë, car, si elle assume la nature en quelque sorte érotique du poème (de la littérature), elle continue à lui assigner un canton réservé et comme surveillé, distinct du territoire majeur de la vérité. Le « plaisir » cependant — nous l'admettons mieux aujourd'hui — implique une expérience autrement vaste, autrement signifiante que la simple satisfaction du « goût ». Or, le plaisir du langage n'a jamais été sérieusement estimé ; la Rhétorique antique en a eu, à sa manière, quelque idée en fondant un genre spécial de discours, voué au spectacle et à l'admiration, le genre épidictique ; mais l'art classique a enveloppé le *plaire* dont il faisait déclarativement sa loi (Racine : « La première règle est de plaire... ») de toutes les contraintes du « naturel » ; seul le baroque, expérience littéraire qui n'a jamais été que tolérée par nos sociétés, du moins la française, a osé quelque exploration de ce que l'on pourrait appeler l'Éros du langage. Le discours scientifique en est loin ; car, s'il en acceptait l'idée, il lui faudrait renoncer à tous les privilèges dont l'institution sociale l'entoure et accepter de rentrer dans cette « vie littéraire » dont Baudelaire nous dit, à propos d'Edgar Poe, qu'elle est « le seul élément où puissent respirer certains êtres déclassés ».

Mutation de la conscience, de la structure et des fins du discours scientifique, voilà ce qu'il faut peut-être demander aujourd'hui, où pourtant les sciences humaines, constituées, florissantes, semblent laisser une place de plus en plus exiguë à une littérature communément accusée d'irréalisme et d'inhumanité. Mais précisément : le rôle de la littérature est de *représenter* activement à l'institution scientifique ce qu'elle refuse, à savoir la souveraineté du langage. Et le structuralisme devrait être bien placé pour susciter ce scandale ; car, conscient, à un degré aigu, de la nature linguistique des œuvres humaines, lui seul aujourd'hui peut rouvrir le problème du statut linguistique de la science ; ayant pour objet le langage — tous les langages —, il en est très vite venu à se définir comme le méta-langage de notre culture. Cette étape doit cependant être dépassée, car l'opposition des langages-objets et de leurs méta-langages reste finalement soumise au modèle paternel d'une science sans langage. La tâche qui s'offre au discours structural est de se rendre entièrement homogène à son objet ; cette tâche ne peut être accomplie que selon deux voies, aussi radicales l'une que l'autre : ou bien par une formalisation exhaustive, ou bien par une écriture intégrale. Dans cette seconde hypothèse (que l'on défend ici), la science deviendra littérature, dans la mesure où la littérature — soumise d'ailleurs à un bouleversement croissant des genres traditionnels (poème, récit, critique, essai) — est déjà, a toujours été, la science ; car ce que les sciences humaines découvrent aujourd'hui, en quelque ordre que ce soit, sociologique, psychologique, psychiatrique, linguistique, etc., la littérature l'a toujours su ; la seule différence, c'est qu'elle ne l'a pas *dit*, elle l'a *écrit*. Face à cette vérité entière de l'écriture, les « sciences humaines », constituées tardivement dans le sillage du positivisme bourgeois, apparaissent comme les alibis techniques que notre société se donne pour maintenir en elle la fiction d'une vérité théologique, superbement — abusivement — dégagée du langage.

1967, *Times Litterary Supplement.*
Inédit en français.

# Écrire, verbe intransitif ?

## 1. Littérature et linguistique

Pendant des siècles, la culture occidentale a conçu la littérature non point — comme on le fait encore aujourd'hui — à travers une pratique des œuvres, des auteurs et des écoles, mais à travers une véritable théorie du langage. Cette théorie avait un nom : la *Rhétorique*, qui a régné en Occident, de Gorgias à la Renaissance, c'est-à-dire pendant près de deux millénaires. Menacée dès le XVIᵉ siècle par l'avènement du rationalisme moderne, la rhétorique a été tout à fait ruinée lorsque ce rationalisme s'est transformé en positivisme, à la fin du XIXᵉ siècle. A ce moment, entre la littérature et le langage, il n'y a pour ainsi dire plus aucune zone commune de réflexion : la littérature ne se sent plus langage, sauf chez quelques écrivains précurseurs, tel Mallarmé, et la linguistique ne se reconnaît sur la littérature que des droits très limités, enfermés dans une discipline philologique secondaire, au statut d'ailleurs incertain : la stylistique.

On le sait, cette situation est en train de changer, et c'est un peu, me semble-t-il, pour en prendre acte que nous sommes en partie réunis : la littérature et le langage sont en train de se retrouver. Les facteurs de ce rapprochement sont divers, complexes ; je citerai les plus manifestes : d'une part, l'action de certains écrivains qui depuis Mallarmé ont entrepris une exploration radicale de l'écriture et ont fait de leur œuvre la recherche même du Livre total, tels Proust et Joyce ; d'autre part, le développement de la linguistique elle-même, qui inclut désormais dans son champ le *poétique*, ou ordre des effets liés au message et non à son référent. Il existe donc aujourd'hui une perspective nouvelle de réflexion, commune, j'y insiste, à la littérature et à la linguistique, au créateur et au critique, dont les tâches, jusqu'ici absolument étanches, commencent à communiquer, peut-être même à se confondre, tout au moins au niveau de l'écrivain, dont l'action peut de plus en plus se définir comme une critique du langage. C'est dans cette perspective que je voudrais me placer, en indiquant par quelques observations brèves, prospectives et non pas conclusives, comment l'activité d'écriture peut être aujourd'hui énoncée à l'aide de certaines catégories linguistiques.

## 2. Le langage

Cette conjonction nouvelle de la littérature et de la linguistique, dont je viens de parler, on pourrait l'appeler provisoirement, faute de mieux, *sémio-critique*, puisqu'elle implique que l'écriture est un système de signes. Or la sémio-critique ne peut se confondre avec la stylistique, même renouvelée, ou, tout au moins, la stylistique est loin de l'épuiser. Il s'agit d'une perspective d'une tout autre ampleur, dont l'objet ne peut être constitué par de simples accidents de forme, mais par les rapports mêmes du scripteur et de la langue. Ceci implique que, si l'on se place dans une telle perspective, on ne se désintéresse pas de ce qu'est le langage, mais que, au contraire, on revienne sans cesse aux « vérités », fussent-elles provisoires, de l'anthropologie linguistique. Certaines de ces vérités ont encore force de provocation, face à une certaine idée courante de la littérature et du langage, et, pour cette raison, il ne faut pas négliger de les rappeler.

1. L'un des enseignements qui nous est donné par la linguistique actuelle, c'est qu'il n'y a pas de langue archaïque, ou que, tout au moins, il n'y a pas de rapport entre la simplicité et l'ancienneté d'une langue : les langues anciennes peuvent être aussi complètes et aussi complexes que les langues récentes ; il n'y a pas d'histoire progressiste du langage. Donc, lorsque nous essayons de retrouver dans l'écriture moderne certaines catégories fondamentales du

langage, nous ne prétendons pas mettre à jour un certain archaïsme de la « psyché » ; nous ne disons pas que l'écrivain fait retour à l'origine du langage, mais que le langage est pour lui origine.

2. Un second principe, particulièrement important en ce qui concerne la littérature, c'est que le langage ne peut être considéré comme un simple instrument, utilitaire ou décoratif, de la pensée. L'homme ne préexiste pas au langage, ni phylogénétiquement ni ontogénétiquement. Nous n'atteignons jamais un état où l'homme serait séparé du langage, qu'il élaborerait alors pour « exprimer » ce qui se passe en lui : c'est le langage qui enseigne la définition de l'homme, non le contraire.

3. De plus, d'un point de vue méthodologique, la linguistique nous accoutume à un nouveau type d'objectivité. L'objectivité que l'on a requise jusqu'à présent dans les sciences humaines est une objectivité du donné, qu'il s'agit d'accepter intégralement. La linguistique, d'une part, nous suggère de distinguer des niveaux d'analyse et de décrire les éléments distinctifs de chacun de ces niveaux, bref, de fonder la distinction du fait et non le fait lui-même ; et, d'autre part, elle nous invite à reconnaître que, contrairement aux faits physiques et biologiques, les faits de culture sont doubles, qu'ils renvoient à quelque chose d'autre : c'est, comme l'a remarqué Benveniste, la découverte de la « duplicité » du langage qui fait tout le prix de la réflexion de Saussure.

4. Ces quelques préalables se trouvent contenus dans une dernière proposition qui justifie toute recherche sémio-critique. La culture nous apparaît de plus en plus comme un système général de symboles, régi par les mêmes opérations : il y a une unité du champ symbolique, et la culture, sous tous ses aspects, est une langue. Il est donc possible aujourd'hui de prévoir la constitution d'une science unique de la culture, qui s'appuiera, certes, sur des disciplines diverses, mais toutes attachées à analyser, à différents niveaux de description, la culture comme une langue. La sémio-critique ne sera évidemment qu'une partie de cette science, qui d'ailleurs, en tout état de cause, restera toujours un discours sur la culture. Pour nous, cette unité du champ symbolique humain nous autorise à travailler sur un postulat, que j'appellerai postulat d'homologie : la structure de la phrase, objet de la linguistique, se retrouve homologiquement dans la structure des œuvres : le dis-

cours n'est pas seulement une addition de phrases, il est lui-même, si l'on peut dire, une grande phrase. C'est selon cette hypothèse de travail que je voudrais confronter certaines catégories de la langue avec la situation de l'écrivain par rapport à son écriture. Je ne cache pas que cette confrontation n'a pas une force démonstrative et que sa valeur reste pour le moment essentiellement métaphorique : mais peut-être aussi, dans l'ordre d'objets qui nous occupe, la métaphore a-t-elle, plus que nous le pensons, une existence méthodologique et une force heuristique.

## 3. La temporalité

Nous le savons, il y a un temps spécifique de la langue, également différent du temps physique et de ce que Benveniste appelle le temps « chronique », ou temps des computs et des calendriers. Ce temps linguistique reçoit un découpage et des expressions très variés selon les langues (n'oublions pas que, par exemple, certains idiomes comme le chinook comportent plusieurs passés, dont un passé mythique), mais une chose semble sûre : le temps linguistique a toujours pour centre générateur le présent de l'énonciation. Ceci invite à nous demander si, homologique à ce temps linguistique, il n'y a pas aussi un temps spécifique du discours. Sur ce point, Benveniste nous propose un premier éclaircissement : dans bien des langues, notamment indo-européennes, le système est double : 1. un premier système, ou système du discours proprement dit, adapté à la temporalité de l'énonciateur, dont l'énonciation reste explicitement le moment générateur ; 2. un second système, ou système de l'histoire, du récit, approprié à la relation des événements passés, sans intervention du locuteur, dépourvu par conséquent de présent et de futur (sauf périphrastique), et dont le temps spécifique est l'aoriste (ou ses équivalents, tel notre prétérit), temps qui précisément est le seul à faire défaut au système du discours. L'existence de ce système a-personnel ne contredit pas la nature essentiellement logocentrique du temps linguistique, que l'on vient d'affirmer : le second système est seulement privé des caractères du premier ; l'un est lié à l'autre par l'opposition même du *marqué/non-marqué* : ils participent par conséquent à la même pertinence. La distinction des deux systèmes ne recouvre nullement celle que l'on fait traditionnellement entre discours objectif et discours subjectif, car on ne saurait confondre le rapport de l'énonciateur et du référent avec le rapport de ce même énonciateur à l'énonciation, et c'est seulement ce dernier rapport qui détermine le système temporel du discours. Ces faits de langage ont été peu perceptibles tant que la littérature s'est donnée pour l'expression docile et comme transparente soit du temps dit objectif (ou temps chronique), soit de la subjectivité psychologique, c'est-à-dire tant qu'elle s'est placée sous une idéologie totalitaire du référent. Aujourd'hui, cependant, la littérature découvre dans le déploiement du discours ce que j'appellerai des subtilités fondamentales : par exemple, ce qui est raconté d'une façon aoristique n'apparaît nullement immergé dans le passé, dans « ce qui a eu lieu », mais seulement dans la non-personne, qui n'est ni l'histoire, ni la science, ni encore moins le *on* des écritures dites anonymes, car ce qui l'emporte dans le *on*, c'est l'indéfini, ce n'est pas l'absence de personne : *on* est marqué, *il* ne l'est pas. A l'autre terme de l'expérience du discours, l'écrivain actuel, me semble-t-il, ne peut plus se contenter d'exprimer son propre présent selon un projet lyrique : il faut lui apprendre à distinguer le présent du locuteur, qui reste établi sur une plénitude psychologique, du présent de la locution, mobile comme elle et en quoi s'instaure une coïncidence absolue de l'événement et de l'écriture. Ainsi la littérature, du moins dans ses recherches, suit-elle le même chemin que la linguistique, lorsque, avec Guillaume, elle s'est interrogée sur le temps opératif, ou temps de l'énonciation elle-même.

## 4. La personne

Ceci amène à une seconde catégorie grammaticale, tout aussi importante en linguistique qu'en littérature : celle de la *personne*. Il faut d'abord rappeler avec les linguistes que la personne (au sens grammatical du terme) semble bien être universelle, liée à l'anthropologie même du langage. Tout langage, comme l'a montré Benveniste, organise la personne en deux oppositions : une corrélation de personnalité, qui oppose la personne (*je* ou *tu*) à la non-personne (*il*), signe de celui qui est absent, signe de l'absence ; et, intérieure à cette première grande opposition, une corrélation de subjectivité oppose deux personnes, le *je* et la personne *non-je* (c'est-à-dire le *tu*). Pour notre usage, il nous faut, avec Benveniste, faire trois observations. D'abord ceci : la polarité des personnes, condition fondamentale du langage, est cependant très particulière, car cette polarité ne comporte ni égalité ni symétrie : *ego* a toujours une position de transcendance à l'égard de *tu*, *je* étant intérieur à l'énoncé et *tu* lui restant extérieur ; et, cependant, *je* et *tu* sont inversibles, *je* pouvant toujours devenir *tu*, et réciproquement ; ce n'est pas le cas pour la non-personne (*il*), qui ne peut jamais s'inverser en personne ni réciproquement. Ensuite — ce sera la seconde observation —, le *je* linguistique peut et doit se définir d'une façon a-psychologique : *je* n'est rien d'autre que « *la personne qui énonce la présente instance de discours contenant l'instance linguistique* je » (Benveniste). Enfin, dernière remarque, le *il*, ou non-personne, ne réfléchit jamais l'instance du discours, hors de laquelle il se situe ; il faut donner tout son poids à la recommandation de Benveniste qui dit de ne pas se représenter le *il* comme une personne plus ou moins diminuée ou éloignée : *il* est absolument la non-personne, marquée par l'absence de ce qui fait spécifiquement (c'est-à-dire linguistiquement) *je* et *tu*.

De cet éclaircissement linguistique, nous tirerons quelques suggestions pour une analyse du discours littéraire. Tout d'abord, nous pensons que, quelles que soient les marques variées et souvent rusées que prenne la personne lorsqu'on passe de la phrase au discours, tout comme pour la temporalité, le discours de l'œuvre est soumis à un double système, celui de la personne et celui de la non-personne. Ce qui fait illusion, c'est que le discours classique (au sens large) dont nous avons l'habitude est un discours mixte, qui fait alterner, souvent à une cadence très rapide (par exemple, à l'intérieur d'une même phrase), l'énonciation personnelle et l'énonciation a-personnelle, à travers un jeu complexe de pronoms et de verbes descriptifs. Ce régime mixte de personne et de non-personne produit une conscience ambiguë, qui réussit à garder la propriété personnelle de ce qu'elle énonce, en rompant cependant périodiquement la participation de l'énonciateur à l'énoncé.

Ensuite, si nous revenons à la définition linguistique de la première personne (*je* est celui qui dit *je* dans la présente instance du discours), nous comprenons peut-être mieux l'effort de certains écrivains actuels (je pense à *Drame* de Sollers), lorsqu'ils essaient de distinguer, au niveau même du récit, la personne psychologique et l'auteur de l'écriture : contrairement à l'illusion courante des autobiographies et des romans traditionnels, le sujet de l'énonciation ne peut jamais être le même que celui qui a agi hier : le *je* du discours ne peut plus être le lieu où se restitue innocemment une personne préalablement emmagasinée. Le recours absolu à l'instance du discours pour déterminer la personne, que l'on pourrait appeler avec Damourette et Pichon le « nynégocentrisme » (rappelons le début exemplaire du roman de Robbe-Grillet, *Dans le labyrinthe* : « Je suis seul ici maintenant »), ce recours, si imparfait que puisse en être encore l'exercice, apparaît donc bien comme une arme contre la mauvaise foi générale d'un discours qui ne fait ou ne ferait de la forme littéraire que l'expression d'une intériorité constituée en arrière et en dehors du langage.

Enfin, rappelons cette précision de l'analyse linguistique : dans le procès de communication, le trajet du *je* n'est pas homogène : lorsque je libère le signe *je*, je me réfère à moi-même en tant que je parle, et il s'agit alors d'un acte toujours nouveau, même s'il est répété, dont le « sens » est toujours inédit ; mais, en arrivant à destination, ce *je* est reçu par mon interlocuteur comme un signe stable, issu d'un code plein, dont les contenus sont récurrents. En d'autres termes, le *je* de celui qui écrit *je* n'est pas le même que le *je* qui est lu par *tu*. Cette dissymétrie fondamentale du langage, éclaircie par Jespersen et Jakobson sous la notion de *shifter* ou de chevauchement du message et du code, elle commence enfin à inquiéter la littérature en lui représentant que l'intersubjectivité, ou, ce qui serait peut-être mieux dit, l'interlocution, ne peut s'accomplir par le simple effet d'un vœu pieux concernant les mérites du « dialogue », mais par une descente profonde, patiente et souvent détournée, dans le labyrinthe du sens.

## 5. La diathèse

Il reste à parler d'une dernière notion grammaticale qui peut, à notre sens, éclairer l'activité d'écriture dans son centre, puisqu'elle concerne le verbe *écrire* lui-même. Il serait intéressant de savoir à quel moment on s'est mis à employer le verbe *écrire* d'une façon intransitive, l'écrivain n'étant plus celui qui écrit quelque chose, mais celui qui écrit, absolument : ce passage est certainement le signe d'un changement important de mentalité. Mais s'agit-il vraiment d'intransitivité ? Aucun écrivain, à quelque temps qu'il appartienne, ne peut ignorer qu'il écrit toujours quelque chose ; on pourrait même dire que c'est paradoxalement au moment où *écrire* paraît devenir intransitif que son objet, sous le nom de *livre*, ou de *texte*, prend une importance particulière. Ce n'est donc pas, du moins en premier lieu, du côté de l'intransitivité qu'il faut chercher la définition de l'*écrire* moderne. Une autre notion linguistique nous en donnera peut-être la clef : celle de diathèse, ou, comme on dit dans les grammaires, de « voix » (active, passive, moyenne). La diathèse désigne la façon dont le sujet du verbe est affecté par le procès ; c'est bien évident pour le passif ; et pourtant les linguistes nous apprennent que, en indo-européen du moins, ce que la diathèse oppose véritablement, ce n'est pas l'actif et le passif, c'est l'actif et le moyen. Selon l'exemple classique, donné par Meillet et Benveniste, le verbe *sacrifier* (rituellement) est actif si c'est le prêtre qui sacrifie la victime à ma place et pour moi, et il est moyen si, prenant en quelque sorte le couteau des mains du prêtre, je fais moi-même le sacrifice pour mon propre compte ; dans le cas de l'actif, le procès s'accomplit hors du sujet, car, s'il est vrai que le prêtre fait le sacrifice, il n'en est pas affecté ; dans le cas moyen, au contraire, en agissant, le sujet s'affecte lui-même, il reste toujours intérieur au procès, même si ce procès comporte un objet, en sorte que le moyen n'exclut pas la transitivité. Ainsi définie, la voix moyenne correspond tout à fait à l'état de l'*écrire* moderne : écrire, c'est aujourd'hui se faire centre du procès de parole, c'est effectuer l'écriture en s'affectant soi-même, c'est faire coïncider l'action et l'affection, c'est laisser le scripteur à l'intérieur de l'écriture, non à titre de sujet psychologique (le prêtre indo-européen pouvait fort bien déborder de subjectivité en sacrifiant activement pour son client), mais à titre d'agent de l'action. On peut même pousser plus loin l'analyse diathétique du verbe *écrire*. On sait qu'en français certains verbes ont le sens actif à la forme simple (*aller, arriver, rentrer, sortir*), mais prennent l'auxiliaire du passif (*être*) aux formes du passé composé (*je suis allé, je suis arrivé*) ; pour expliquer cette bifurcation proprement moyenne, Guillaume distingue justement entre un passé composé *dirimant* (avec l'auxiliaire *avoir*), lequel suppose une interruption du procès, due à l'initiative du locuteur (*je marche, je m'arrête de marcher, j'ai marché*), et un passé composé *intégrant* (avec l'auxiliaire *être*), propre aux verbes qui désignent un entier sémantique, qu'on ne peut débiter à la simple initiative du sujet (*je suis sorti, il est mort* ne renvoient pas à une interruption dirimante de la sortie ou de la mort). *Écrire* est traditionnellement un verbe actif, dont le passé est dirimant : j'écris un livre, je le termine, je l'ai écrit ; mais, dans notre littérature, le verbe change de statut (sinon de forme) : *écrire* devient un verbe moyen, dont le passé est intégrant, dans la mesure même où l'*écrire* devient un entier sémantique indivisible ; en sorte que le vrai passé, le passé droit de ce nouveau verbe, est non point *j'ai écrit*, mais plutôt *je suis écrit*, comme on dit *je suis né, il est mort, elle est éclose*, etc., expressions dans lesquelles il n'y a bien entendu, en dépit du verbe *être*, aucune idée de passif, puisqu'on ne pourrait transformer, sans forcer les choses, *je suis écrit*, en : *on m'a écrit*.

Ainsi, dans l'*écrire* moyen, la distance du scripteur et du langage diminue asymptotiquement. On pourrait même dire que ce sont les écritures de la subjectivité, telle l'écriture romantique, qui sont actives, car en elles l'agent n'est pas intérieur, mais antérieur au procès d'écriture : celui qui écrit n'y écrit pas pour lui-même, mais, au terme d'une procuration indue, pour une personne extérieure et antécédente (même s'ils portent tous deux le même nom), tandis que, dans l'*écrire* moyen de la modernité, le sujet se constitue comme immédiatement contemporain de l'écriture, s'effectuant et s'affectant par elle : c'est le cas exemplaire du narrateur proustien, qui n'existe qu'en écrivant, en dépit de la référence à un pseudo-souvenir.

## 6. L'instance du discours

On l'a compris, ces quelques remarques tendent à suggérer que le problème central de l'écriture moderne coïncide exactement avec ce que l'on pourrait appeler la problématique du verbe en linguistique : de même que la temporalité, la personne et la diathèse délimitent le champ positionnel du sujet, de même la littérature moderne cherche à instituer, à travers des expériences diverses, une position nouvelle de l'agent de l'écriture dans l'écriture elle-même. Le sens, ou si l'on préfère le but, de cette recherche est de substituer à l'instance de la réalité (ou instance du référent), alibi mythique qui a dominé et domine encore l'idée de littérature, l'instance même du discours : le champ de l'écrivain n'est que l'écriture elle-même, non comme « forme » pure, telle qu'a pu la concevoir une esthétique de l'art pour l'art, mais d'une façon beaucoup plus radicale comme seul espace possible de celui qui écrit. Il faut en effet le rappeler à ceux qui accusent ce genre de recherches de solipsisme, de formalisme ou de scientisme ; en revenant aux catégories fondamentales de la langue, tels la personne, le temps, la voix, nous nous plaçons au cœur d'une problématique de l'interlocution, car ces catégories sont précisément celles où se nouent les rapports du *je* et de ce qui est privé de la marque du *je*. Dans la mesure même où la personne, le temps et la voix (si bien nommée !) impliquent ces êtres linguistiques remarquables que sont les *shifters*, elles nous obligent à penser la langue et le discours non plus dans les termes d'une nomenclature instrumentale, et par conséquent réifiée, mais comme l'exercice même de la parole : le pronom, par exemple, qui est sans doute le plus vertigineux des *shifters*, appartient *structuralement* (j'insiste) à la parole ; c'est là, si l'on veut, son scandale, et c'est sur ce scandale que nous devons travailler aujourd'hui, linguistiquement et littérairement : nous cherchons à approfondir le « pacte de parole » qui unit l'écrivain et l'autre, en sorte que chaque moment du discours soit à la fois absolument neuf et absolument compris. Nous pouvons même, avec une certaine témérité, donner à cette recherche une dimension historique. On sait que le *Septenium* médiéval, dans la classification grandiose de l'univers qu'il instituait, imposait à l'homme-apprenti deux grands lieux d'exploration : d'une part, les secrets de la nature (*quadrivium*), d'autre part, les secrets de la parole (*trivium : grammatica, rhétorica, dialectica*) ; cette opposition s'est perdue de la fin du Moyen Âge à nos jours, le langage n'étant plus alors considéré que comme un instrument au service de la raison ou du cœur. Cependant, aujourd'hui, quelque chose revit de l'antique opposition : à l'exploration du cosmos correspond de nouveau l'exploration du langage, menée par la linguistique, la psychanalyse et la littérature. Car la littérature elle-même, si l'on peut dire, est science non plus du « cœur humain », mais de la parole humaine ; son investigation, toutefois, ne s'adresse plus aux formes et figures secondes qui faisaient l'objet de la rhétorique, mais aux catégories fondamentales de la langue : de même que, dans notre culture occidentale, la grammaire n'a commencé de naître que bien longtemps après la rhétorique, de même ce n'est qu'après avoir cheminé pendant des siècles à travers le beau littéraire que la littérature peut se poser les problèmes fondamentaux du langage sans lequel elle ne serait pas.

1966, Colloque Johns Hopkins.
Publié en anglais in *The Languages of Criticism and the Sciences of Man : the Structuralist Controversy*, © The Johns Hopkins Press, London and Baltimore, 1970, p. 134-145. Inédit en français.

# Écrire la lecture

Ne vous est-il jamais arrivé, lisant un livre, de vous arrêter sans cesse dans votre lecture, non par désintérêt, mais au contraire par afflux d'idées, d'excitations, d'associations ? En un mot, ne vous est-il pas arrivé de *lire en levant la tête* ?

C'est cette lecture-là, à la fois irrespectueuse, puisqu'elle coupe le texte, et éprise, puisqu'elle y revient et s'en nourrit, que j'ai essayé d'écrire. Pour l'écrire, pour que ma lecture devienne à son tour l'objet d'une nouvelle lecture (celle des lecteurs de *S/Z*), il m'a fallu évidemment entreprendre de systématiser tous ces moments où l'on « lève la tête ». Autrement dit, interroger ma propre lecture, c'était essayer de saisir la *forme* de toutes les lectures (la forme : seul lieu de la science), ou encore : appeler une théorie de la lecture.

J'ai donc pris un texte court (cela était nécessaire à la minutie de l'entreprise), le *Sarrasine* de Balzac, nouvelle peu connue (mais Balzac ne se définit-il pas précisément comme l'Inépuisable, celui dont on n'a jamais tout lu, sauf vocation exégétique ?), et, ce texte, je me suis sans cesse *arrêté* de le lire. La critique fonctionne ordinairement (et ce n'est pas un reproche) soit au microscope (en éclaircissant avec patience le détail philologique, autobiographique ou psychologique de l'œuvre), soit au télescope (en scrutant le grand espace historique qui entoure l'auteur). Je me suis privé de ces deux instruments : je n'ai parlé ni de Balzac ni de son temps, je n'ai fait ni la psychologie de ses personnages, ni la thématique du texte, ni la sociologie de l'anecdote. Me reportant aux premières prouesses de la caméra, capable de décomposer le trot d'un cheval, j'ai en quelque sorte tenté de filmer la lecture de *Sarrasine* au ralenti : le résultat, je crois, n'est ni tout à fait une analyse (je n'ai pas cherché à saisir le *secret* de ce texte étrange) ni tout à fait une image (je ne pense pas m'être projeté dans ma lecture ; ou, si cela est, c'est à partir d'un lieu inconscient qui est bien en deçà de « moi-même »). Qu'est-ce donc que *S/Z* ? Simplement un texte, ce texte que nous écrivons dans notre tête quand nous la levons.

Ce texte-là, qu'il faudrait pouvoir appeler d'un seul mot : un *texte-lecture,* est mal connu parce que depuis des siècles nous nous intéressons démesurément à l'auteur et pas du tout au lecteur ; la plupart des théories critiques cherchent à expliquer pourquoi l'auteur a écrit son œuvre, selon quelles pulsions, quelles contraintes, quelles limites. Ce privilège exorbitant accordé au lieu d'où est partie l'œuvre (personne ou Histoire), cette censure portée sur le lieu où elle va et se disperse (la lecture) déterminent une économie très particulière (quoique déjà ancienne) : l'auteur est considéré comme le propriétaire éternel de son œuvre, et nous autres, ses lecteurs, comme de simples usufruitiers ; cette économie implique évidemment un thème d'autorité : l'auteur, pense-t-on, a des droits sur le lecteur, il le contraint à un certain *sens* de l'œuvre, et ce sens est naturellement le bon, le vrai sens : d'où une morale critique du sens droit (et de sa faute, le « contre-sens ») : on cherche à établir *ce que l'auteur a voulu dire,* et nullement *ce que le lecteur entend.*

Bien que certains auteurs nous aient eux-mêmes avertis que nous étions libres de lire leur texte à notre guise et qu'en somme ils se désintéressaient de notre choix (Valéry), nous percevons mal, encore, à quel point la logique de la lecture est différente des règles de la composition. Celles-ci, héritées de la rhétorique, passent toujours pour se rapporter à un modèle déductif, c'est-à-dire rationnel : il s'agit, comme dans le syllogisme, de contraindre le lecteur à un sens ou à une issue : la composition canalise ; la lecture au contraire (ce texte que nous écrivons en nous quand nous lisons) disperse, dissémine ; ou du moins, devant une histoire (comme celle du sculpteur Sarrasine), nous voyons bien qu'une certaine contrainte du cheminement (du « suspense ») lutte sans cesse en nous avec la force explosive du texte, son énergie digressive : à la logique de la raison (qui fait que cette histoire est lisible) s'entremêle une logique du symbole. Cette logique-là n'est pas déductive, mais associative : elle associe au texte matériel (à chacune de ses phrases) d'*autres* idées, d'*autres* images, d'*autres* significations. « Le texte, le texte seul », nous dit-on, mais le texte seul ça n'existe pas : il y a *immédiatement* dans cette nouvelle, ce roman, ce poème que je lis, un supplément de sens, dont ni le dictionnaire ni la grammaire ne peuvent rendre compte. C'est ce supplément dont j'ai voulu tracer l'espace, en écrivant ma lecture du *Sarrasine* de Balzac.

Je n'ai pas reconstitué un lecteur (fût-ce vous ou moi), mais la lecture. Je veux dire que toute lecture dérive de formes trans-individuelles : les associations engendrées par la lettre du texte (mais où est cette lettre ?) ne sont jamais, quoi qu'on fasse, anarchiques ; elles sont toujours prises (prélevées et insérées) dans certains codes, dans certaines langues, dans certaines listes de stéréotypes. La lecture la plus subjective qu'on puisse imaginer n'est jamais qu'un jeu mené à partir de certaines règles. D'où viennent ces règles ? Certainement pas de l'auteur, qui ne fait que les appliquer à sa façon (elle peut être géniale, chez Balzac par exemple) ; visibles bien en deçà de lui, ces règles viennent d'une logique millénaire du récit, d'une forme symbolique qui nous constitue avant même notre naissance, en un mot de cet immense espace culturel dont notre personne (d'auteur, de lecteur) n'est qu'un passage. Ouvrir le texte, poser le système de sa lecture, n'est donc pas seulement demander et montrer qu'on peut l'interpréter librement ; c'est surtout, et bien plus radicalement, amener à reconnaître qu'il n'y a pas de vérité objective ou subjective de la lecture, mais seulement une vérité ludique ; encore le jeu ne doit-il pas être compris ici comme une distraction, mais comme un travail — d'où cependant toute peine serait évaporée : lire, c'est faire travailler notre corps (on sait depuis la psychanalyse que ce corps excède de beaucoup notre mémoire et notre conscience) à l'appel des signes du texte, de tous les langages qui le traversent et qui forment comme la profondeur moirée des phrases.

J'imagine assez bien le récit lisible (celui que nous pouvons lire sans le déclarer « illisible » : qui ne comprend Balzac ?) sous les traits de l'une de ces figurines subtilement et élégamment articulées dont les peintres se servent (ou se servaient) pour apprendre à « croquer » les différentes postures du corps humain ; en lisant, nous aussi nous imprimons une certaine posture au texte, et c'est pour cela qu'il est vivant ; mais cette posture, qui est notre invention, elle n'est possible que parce qu'il y a entre les éléments du texte un rapport réglé, bref une *proportion* : j'ai essayé d'analyser cette proportion, de décrire la disposition topologique qui donne à la lecture du texte classique à la fois son tracé et sa liberté.

1970, Le Figaro littéraire.

# Sur la lecture

Je veux d'abord vous remercier de m'accueillir parmi vous. Bien des choses nous lient, à commencer par cette question commune que nous posons, chacun de notre lieu : *Qu'est-ce que lire ? Comment lire ? Pourquoi lire ?* Une chose cependant nous sépare, que je n'essaierai pas de masquer : je n'ai plus, depuis très longtemps, aucune pratique pédagogique : l'école, le lycée, le collège d'aujourd'hui me sont inconnus ; et ma propre pratique d'enseignement — qui compte beaucoup dans ma vie — à l'École des hautes études, est très marginale, très anomique, à l'intérieur même de l'enseignement postscolaire. Or, puisqu'il s'agit d'un congrès, il me paraît préférable que chacun fasse entendre sa propre voix, la voix de sa pratique ; je ne me forcerai donc pas à rejoindre, à mimer une compétence pédagogique qui n'est pas la mienne : j'en resterai à une lecture particulière (comme toute lecture ?), la lecture du sujet que je suis, que je crois être.

Je suis à l'égard de la lecture, dans un grand désarroi doctrinal : de doctrine sur la lecture, je n'en ai pas : alors que, en face, une doctrine de l'écriture s'esquisse peu à peu. Ce désarroi va parfois jusqu'au doute : je ne sais même pas s'il faut avoir une *doctrine* sur la lecture ; je ne sais pas si la lecture n'est pas, constitutivement, un champ pluriel de pratiques dispersées, d'effets irréductibles, et si, par conséquent, la lecture de la lecture, la Méta-lecture, n'est pas elle-même rien d'autre qu'un éclat d'idées, de craintes, de désirs, de jouissances, d'oppressions, dont il convient de parler au coup par coup, à l'image du pluriel d'ateliers qui constitue ce congrès.

Je ne chercherai pas à réduire ce désarroi (je n'en ai d'ailleurs pas les moyens), mais seulement à le situer, à comprendre le débordement dont la notion de lecture est visiblement en moi l'objet. D'où partir ? Eh bien, peut-être, de ce qui a permis à la linguistique moderne de démarrer : de la notion de *pertinence*.

## 1. Pertinence

La *pertinence*, c'est — ou du moins ce fut — en linguistique le point de vue sous lequel on choisit de regarder, d'interroger, d'analyser un ensemble aussi hétéroclite, disparate, que le langage : c'est seulement lorsqu'il eut décidé de regarder le langage du point de vue du sens, et de ce seul point de vue, que Saussure cessa de piétiner, de s'affoler et put fonder une linguistique nouvelle ; c'est en décidant de ne considérer les sons que sous la seule pertinence du sens que Troubetskoï et Jakobson permirent le développement de la phonologie ; c'est en acceptant, au mépris de bien d'autres considérations possibles, de ne voir dans des centaines de contes populaires que des situations et des rôles stables, récurrents, brefs des formes, que Propp fonda l'Analyse structurale du récit.

Si donc nous pouvions décider d'une *pertinence*, sous laquelle nous interrogerions la lecture, nous pourrions espérer développer peu à peu une linguistique ou une sémiologie, ou simplement (pour ne pas nous embarrasser de dettes) une Analyse de la lecture, de l'*anagnôsis*, de l'anagnose : une Anagnosologie : pourquoi pas ?

Malheureusement, la lecture n'a pas encore rencontré son Propp ou son Saussure ; cette pertinence désirée, image d'un allégement du savant, nous ne la trouvons pas — du moins pas encore : les anciennes pertinences ne conviennent pas à la lecture, ou du moins celle-ci les déborde.

1. Dans le champ de la lecture, il n'y a pas de pertinence d'objets : le verbe *lire*, apparemment bien plus transitif que le verbe *parler*, peut être saturé, catalysé, de mille compléments d'objets : je lis des textes, des images, des villes, des visages, des gestes, des scènes, etc. Ces objets sont si variés que je ne puis les unifier sous aucune catégorie substantielle ni même formelle ; je puis seulement leur trouver une unité intentionnelle : l'objet que je

lis est seulement fondé par mon intention de lire : il est simplement : *à lire, legendum,* relevant d'une phénoménologie, non d'une sémiologie.

2. Dans le champ de la lecture — et c'est plus grave —, il n'y a pas non plus de pertinence de *niveaux,* il n'y a pas la possibilité de décrire des *niveaux* de lecture, parce qu'il n'y a pas la possibilité de clore la liste de ces niveaux. Certes, il y a une *origine* de la lecture graphique : c'est l'apprentissage des lettres, des mots écrits ; mais, d'une part, il y a des lectures sans apprentissage (les images) — du moins sans apprentissage technique, sinon culturel —, et, d'autre part, cette *technè* acquise, on ne sait où arrêter la profondeur et la dispersion de la lecture : à la saisie d'un sens ? Quel sens ? Dénoté ? Connoté ? Ce sont des artefacts, je dirai *éthiques,* puisque le sens dénoté tend à passer pour le sens simple, vrai, et à fonder une loi (combien d'hommes sont morts pour *un* sens ?), tandis que la connotation permet (c'est son avantage *moral*) de poser un droit au sens multiple et de libérer la lecture : mais jusqu'où ? A l'infini : il n'y a pas de contrainte *structurale* à clore la lecture : je puis aussi bien reculer à l'infini les limites du lisible, décider que *tout* est finalement lisible (si illisible que cela paraisse), mais aussi, à l'inverse, décider qu'au fond de tout texte, si lisible qu'il ait été conçu, il y a, il reste de l'illisible. Le *savoir-lire* peut être cerné, vérifié à son stade inaugural, mais il devient très vite sans fond, sans règles, sans degrés et sans terme.

Cette difficulté à trouver une *pertinence,* d'où fonder une Analyse cohérente de la lecture, nous pouvons penser que nous en sommes responsables, par manque de génie. Mais nous pouvons aussi supposer que l'*im-pertinence* est en quelque sorte congénitale à la lecture : quelque chose, statutairement, viendrait brouiller l'analyse des objets et des niveaux de lecture, et mettrait de la sorte en échec non seulement toute recherche d'une pertinence dans l'Analyse de la lecture, mais encore, peut-être, le concept même de pertinence (car la même aventure semble en passe d'arriver à la linguistique et à la narratologie). Ce quelque chose, je crois pouvoir le nommer (d'une façon au reste banale) : c'est le Désir. C'est parce que toute lecture est pénétrée du Désir (ou du Dégoût) que l'Anagnosologie est difficile, peut-être impossible — en tout cas qu'elle a chance de s'accomplir là où nous ne l'attendons pas, ou du moins pas *exactement* là où nous l'attendons : par tradition — récente — nous l'attendons du côté de la structure ; et nous avons sans doute en partie raison : toute lecture se passe à l'intérieur d'une structure (fût-elle multiple, ouverte) et non dans l'espace prétendument libre d'une prétendue spontanéité : il n'y a pas de lecture « naturelle », « sauvage » : la lecture ne *déborde* pas la structure ; elle lui est soumise : elle en a besoin, elle la respecte ; mais elle la pervertit. La lecture, ce serait le geste du corps (car bien entendu on lit avec son corps) qui d'un même mouvement pose et pervertit son ordre : un supplément intérieur de perversion.

## 2. Refoulement

Je ne m'interroge pas à proprement parler sur les avatars du désir de lecture ; notamment, je ne peux répondre à cette question irritante : pourquoi les Français d'aujourd'hui ne désirent-ils pas lire ? Pourquoi, paraît-il, cinquante pour cent d'entre eux ne lisent-ils pas ? Ce qui peut nous retenir un instant, c'est la trace de désir — ou de non-désir — qu'il y a à l'intérieur d'une lecture, à supposer que le vouloir-lire ait déjà été assumé. Et tout d'abord, les *refoulements* de lecture. Il m'en vient à l'idée deux.

Le premier résulte de toutes les contraintes, sociales ou intériorisées par mille relais, qui font de la lecture un *devoir*, où c'est l'acte même de lire qui est déterminé par une loi : l'acte de lire, ou mieux encore, si l'on peut dire, l'acte d'*avoir lu*, la trace presque rituelle d'une initiation. Je ne parle donc pas des lectures « instrumentales », qui sont nécessaires à l'acquisition d'un savoir, d'une technique, et selon lesquelles le geste de lire disparaît sous l'acte d'apprendre : je parle des lectures « libres », qu'il faut cependant avoir faites : *il faut avoir lu* (la *Princesse de Clèves*, l'*Anti-Œdipe*). La loi vient d'où ? D'instances diverses, dont chacune est fondée en valeur, en idéologie : pour le militant d'avant-garde, *il faut avoir lu* Bataille, Artaud. Pendant longtemps, lorsque la lecture était étroitement élitiste, il y avait des devoirs de lecture universelle ; je suppose que l'effondrement des valeurs humanistes a mis fin à ces devoirs de lecture : s'y sont substitués des devoirs particuliers, liés au « rôle » que le sujet se reconnaît dans la société d'aujourd'hui ; la loi de lecture ne vient plus d'une éternité de culture, mais d'une instance bizarre, ou du moins encore énigmatique, située à la frontière de l'Histoire et de la Mode. Ce que je veux dire, c'est qu'il y a des lois de groupe, des micro-lois, dont il faut avoir le droit de se libérer. Ou encore : la liberté de lecture, de quelque prix qu'on doive le payer, c'est *aussi* la liberté de ne pas lire. Qui sait si certaines choses ne se transforment pas, qui sait si certaines choses importantes n'arrivent pas (dans le travail, dans l'histoire du sujet historique) non pas seulement par l'effet des lectures, mais par celui des oublis de lecture : par ce que l'on pourrait appeler les *désinvoltures* du lire ? Ou encore : dans la lecture, le Désir ne peut être détaché, quoi qu'il en coûte aux institutions, de sa propre négativité pulsionnelle.

Un second refoulement, c'est peut-être celui de la Bibliothèque. Il ne s'agit pas, bien entendu, de contester l'institution bibliothécaire ni de se désintéresser de son développement nécessaire ; il s'agit seulement et simplement de reconnaître la trace de refoulement qu'il y a dans ce trait fondamental et inévitable de la Bibliothèque publique (ou simplement collective) : sa *facticité*. La facticité n'est pas en soi une voie de refoulement (la Nature n'a rien de particulièrement libérateur) ; si la facticité de la Bibliothèque fait échec au Désir de lire, c'est pour deux raisons.

1. Par statut, quelle que soit sa dimension, la Bibliothèque est infinie, dans la mesure où elle est toujours (si bien conçue soit-elle) à la fois en deçà et au-delà de la demande : tendanciellement, le livre désiré n'y est jamais, cependant qu'un autre livre vous est proposé : la Bibliothèque est l'espace des substituts de désir ; face à l'aventure du lire, elle est le réel, en ce qu'il rappelle à l'ordre le Désir : toujours trop grande et trop petite, elle est fondamentalement inadéquate au Désir : pour tirer plaisir, comblement, jouissance d'une Bibliothèque, le sujet doit renoncer à l'effusion de son Imaginaire ; il doit avoir fait son Œdipe — cet Œdipe qu'il ne faut pas seulement faire à l'âge de quatre ans, mais à chaque jour de ma vie où je désire. C'est ici la profusion même des livres qui est la loi, la castration.

2. La Bibliothèque est un espace qu'on visite, mais non point

qu'on habite. Il faudrait avoir dans notre langue, pourtant, dit-on, bien faite, deux mots différents : l'un pour le livre de Bibliothèque, l'autre pour le *livre-chez-soi* (mettons des tirets, c'est un syntagme autonome qui a pour référent un objet spécifique) ; l'un pour le livre « emprunté » — le plus souvent à travers une médiation bureaucratique ou magistrale —, l'autre pour le livre saisi, agrippé, attiré, prélevé, comme s'il était déjà un fétiche ; l'un pour le livre-objet d'une dette (il faut le rendre), l'autre pour le livre-objet d'un désir ou d'une demande immédiate (sans médiation). L'espace ménager (et non public) retire au livre toute fonction de *paraître* social, culturel, institutionnel (sauf dans le cas des *cosy-corners* chargés de livres-déchets). Certes le livre-chez-soi n'est pas un morceau de désir tout pur : il est (en général) passé par une médiation qui n'a rien de particulièrement propre : l'argent ; il a fallu l'acheter, dès lors ne pas acheter les autres ; mais les choses étant ce qu'elles sont, l'argent est lui-même un défoulement — ce que n'est pas l'Institution : *acheter* peut être défoulant, *emprunter* ne l'est sûrement pas : dans l'utopie fouriériste, les livres ne valent presque rien, mais ils passent tout de même par la médiation de quelques sous : ils sont couverts par une *Dépense* et dès lors le Désir fonctionne : quelque chose est débloqué.

## 3. Désir

Qu'est-ce qu'il y a de Désir dans la lecture ? Le Désir ne peut se nommer, pas même (au contraire de la Demande) se dire. Cependant, il est sûr qu'il y a un érotisme de la lecture (dans la lecture, le désir est là avec son objet, ce qui est la définition de l'érotisme). De cet érotisme de la lecture, il n'y a peut-être pas d'apologue plus pur que cet épisode de *la Recherche du temps perdu* où Proust nous montre le jeune Narrateur s'enfermant dans les cabinets de Combray pour lire (pour ne pas voir souffrir sa grand-mère à qui l'on dit, par plaisanterie, que son mari va boire du cognac...) : « Je montais sangloter tout en haut de la maison à côté de la salle d'études, sous les toits, dans une petite pièce sentant l'iris, et que parfumait aussi un cassis sauvage poussé en dehors entre les pierres de la muraille et qui passait une branche de fleurs par la fenêtre entrouverte. Destinée à un usage plus spécial et plus vulgaire, cette pièce, d'où l'on voyait pendant le jour jusqu'au donjon de Roussainville-le-Pin, servit longtemps de refuge pour moi, sans doute parce qu'elle était la seule qu'il me fût permis de fermer à clef, à toutes celles de mes occupations qui réclamaient une inviolable solitude : la lecture, la rêverie, les larmes et la volupté[1]. »

Ainsi, la lecture désirante apparaît, marquée de deux traits fondateurs. En s'enfermant pour lire, en faisant de la lecture un état absolument séparé, clandestin, en quoi le monde entier s'abolit, le lecteur — le lisant — s'identifie à deux autres sujets humains — à vrai dire bien proches l'un de l'autre — dont l'état requiert également une séparation violente : le sujet amoureux et le sujet mystique ; Thérèse d'Avila faisait nommément de la lecture le substitut de l'oraison mentale ; et le sujet amoureux, nous le savons, est marqué d'un retrait de réalité, il se désinvestit du monde extérieur. Ceci confirme bien que le sujet-lecteur est un sujet tout entier déporté sous le registre de l'Imaginaire ; toute son économie de plaisir consiste à soigner son rapport duel au livre (c'est-à-dire à l'Image), en s'enfermant seul à seul avec lui, collé à lui, *le nez sur lui*, si j'ose dire, comme l'enfant est collé à la Mère et l'Amoureux suspendu au visage aimé. Le cabinet aux senteurs d'iris, c'est la clôture même du Miroir, là où se produit la coalescence paradisiaque du sujet et de l'Image — du livre.

Le second trait dont est constituée la lecture désirante — c'est ce que nous dit explicitement l'épisode du cabinet —, c'est celui-ci : dans la lecture, tous les émois du corps sont là, mélangés, roulés : la fascination, la vacance, la douleur, la volupté ; la lecture produit un corps bouleversé, mais *non morcelé* (sans quoi la lecture ne relèverait pas de l'Imaginaire). Cependant, quelque chose de plus énigmatique se donne à lire, à interpréter, dans l'épisode proustien : la lecture — la volupté de lire — aurait quelque rapport avec l'analité ; une même métonymie enchaînerait la lecture, l'excrément et — nous l'avons vu — l'argent.

1. Paris. Gallimard, « Bibl. de la Pléiade », I, 12.

Et maintenant — sans quitter le cabinet de lecture — cette question : y a-t-il des plaisirs différents de lecture ? Y a-t-il une typologie possible de ces plaisirs ? Il me semble qu'il y a, en tout cas et au moins, trois types du plaisir de lire ou, pour être plus précis, trois voies par lesquelles l'Image de lecture peut capturer le sujet lisant. Selon le premier mode, le lecteur a, avec le texte lu, un rapport fétichiste : il prend plaisir aux mots, à certains mots, à certains arrangements de mots ; dans le texte, des plages, des isolats se dessinent, dans la fascination desquels le sujet-lecteur s'abîme, se perd : ce serait là un type de lecture métaphorique ou poétique ; pour goûter ce plaisir, est-il besoin d'une longue culture langagière ? Ce n'est pas sûr : même le très jeune enfant, au moment du babil, connaît l'érotisme du mot, pratique orale et sonore offerte à la pulsion. Selon le second mode, qui est à l'opposé, le lecteur est en quelque sorte tiré en avant le long du livre par une force qui est toujours plus ou moins déguisée, de l'ordre du suspense : le livre s'abolit peu à peu et c'est dans cette usure impatiente, emportée, qu'est la jouissance ; il s'agit, bien entendu, principalement du plaisir métonymique de toute narration, sans oublier que le savoir lui-même ou l'idée peuvent être racontés, soumis à un mouvement de suspense ; et, parce que ce plaisir est lié visiblement à la surveillance de ce qui se déroule et au dévoilement de ce qui est caché, on peut supposer qu'il a quelque rapport avec l'écoute de la scène originelle ; je veux *surprendre*, je défaille d'attendre : pure image de la jouissance, en ce qu'elle n'est pas de l'ordre de la satisfaction ; il faudrait au reste interroger, à l'inverse, les blocages, les dégoûts de lecture : pourquoi ne continuons-nous pas un livre ? Pourquoi Bouvard, décidant de s'intéresser à la Philosophie de l'Histoire, ne peut-il « achever le célèbre *Discours* de Bossuet[1] » ? Est-ce la faute de Bouvard ou de Bossuet ? Y a-t-il des mécanismes universels d'attrait ? Y a-t-il une logique érotique de la Narration ? L'Analyse structurale du récit devrait ici se poser le problème du Plaisir : il me semble qu'elle en a désormais les moyens. Enfin, il y a une troisième aventure de la lecture (j'appelle aventure la façon dont le plaisir vient au lecteur) : c'est, si l'on peut dire, celle de l'Écriture ; la lecture est conductrice

1. Paris, Gallimard, « Bibl. de la Pléiade », p. 819.

du Désir d'écrire (nous sommes sûrs maintenant qu'il y a une jouissance de l'écriture, bien qu'elle nous soit encore très énigmatique) ; ce n'est pas du tout que nous désirions forcément écrire *comme* l'auteur dont la lecture nous plaît ; ce que nous désirons, c'est seulement le désir que le scripteur a eu d'écrire, ou encore : nous désirons le désir que l'auteur a eu du lecteur lorsqu'il écrivait, nous désirons le *aimez-moi* qui est dans toute écriture. C'est ce qu'a très clairement dit l'écrivain Roger Laporte : « Une pure lecture qui n'appelle pas une autre écriture est pour moi quelque chose d'incompréhensible... La lecture de Proust, de Blanchot, de Kafka, d'Artaud ne m'a pas donné envie d'écrire sur ces auteurs (ni même, j'ajoute, *comme eux*), mais d'*écrire*. » Dans cette perspective, la lecture est véritablement une production : non plus d'images intérieures, de projections, de fantasmes, mais, à la lettre, de *travail* : le produit (consommé) est retourné en production, en promesse, en désir de production, et la chaîne des désirs commence à se dérouler, chaque lecture valant pour l'écriture qu'elle engendre, à l'infini. Ce plaisir de production est-il élitiste, réservé aux seuls écrivains virtuels ? Tout, dans notre société, société de consommation, et non de production, société du lire, du voir et de l'entendre, et non société de l'écrire, du regarder et de l'écouter, tout est fait pour bloquer la réponse : les amateurs d'écriture sont dispersés, clandestins, écrasés par mille contraintes, intérieures, même.

C'est là un problème de civilisation : mais, pour moi, ma conviction profonde et constante est qu'il ne sera jamais possible de libérer la lecture si, d'un même mouvement, nous ne libérons pas l'écriture.

## 4. Sujet

On a beaucoup discuté, et bien avant l'événement de l'Analyse structurale, des points de vue différents auxquels un auteur peut se placer pour raconter une histoire — ou simplement énoncer un texte. Une manière de raccrocher le lecteur à une théorie de la

Narration, ou plus largement à une Poétique, serait de le considérer comme occupant lui-même un point de vue (ou successivement plusieurs) ; autrement dit, de traiter le lecteur *comme un personnage,* d'en faire l'un des personnages (même pas forcément privilégié) de la fiction et/ou du Texte. La démonstration a été donnée pour la tragédie grecque : le lecteur est ce personnage qui est dans la scène (fût-ce clandestinement) et qui entend à lui tout seul ce que chacun des partenaires du dialogue n'entend pas ; son écoute est double (et donc virtuellement multiple). Autrement dit, le lieu spécifique du lecteur, c'est le *paragramme,* tel qu'il a obsédé Saussure (ne se sentait-il pas devenir fou, lui, le savant, d'être alors seulement et pleinement le lecteur ?) : une lecture « vraie », une lecture qui assumerait son affirmation, serait une lecture folle, non en ce qu'elle inventerait des sens improbables (des « contresens »), non en ce qu'elle « délirerait », mais en ce qu'elle percevrait la multiplicité simultanée des sens, des points de vue, des structures, comme un espace étendu hors des lois qui proscrivent la contradiction (le « Texte » est la postulation même de cet espace).

Cette imagination d'un lecteur total — c'est-à-dire totalement multiple, paragrammatique — a peut-être ceci d'utile, qu'elle permet d'entrevoir ce qu'on pourrait appeler le Paradoxe du lecteur : il est communément admis que lire, c'est décoder : des lettres, des mots, des sens, des structures, et cela est incontestable ; mais en accumulant les décodages, puisque la lecture est de droit infinie, en ôtant le cran d'arrêt du sens, en mettant la lecture en roue libre (ce qui est sa vocation structurelle), le lecteur est pris dans un renversement dialectique : finalement, il ne décode pas, il *sur-code* ; il ne déchiffre pas, il produit, il entasse des langages, il se laisse infiniment et inlassablement traverser par eux : il est cette traversée.

Or, c'est la situation même du sujet humain, tel du moins que l'épistémologie psychanalytique essaie de le comprendre : un sujet qui n'est plus le sujet pensant de la philosophie idéaliste, mais bien plutôt dépris de toute unité, perdu dans la double méconnaissance de son inconscient et de son idéologie, et ne se soutenant que d'un carrousel de langages. Je veux dire par là que le lecteur, c'est le sujet tout entier, que le champ de la lecture, c'est celui de la subjectivité absolue (au sens matérialiste que ce vieux mot idéaliste peut avoir désormais) : toute lecture procède d'un sujet, et elle n'est séparée de ce sujet que par des médiations rares et ténues, l'apprentissage des lettres, quelques protocoles rhétoriques, au-delà desquels très vite c'est le sujet qui se retrouve dans sa structure propre, individuelle : ou désirante, ou perverse, ou paranoïaque, ou imaginaire, ou névrotique — et bien entendu aussi dans sa structure historique : aliéné par l'idéologie, par des routines de codes.

Ceci est pour indiquer qu'on ne peut raisonnablement espérer une Science de la lecture, une Sémiologie de la lecture, à moins de concevoir qu'un jour soit possible — contradiction dans les termes — une Science de l'Inépuisement, du Déplacement infini : la lecture, c'est *précisément* cette énergie, cette action qui va saisir dans *ce* texte, dans *ce* livre, cela même « qui ne se laisse pas épuiser par les catégories de la Poétique[1] » ; la lecture, ce serait en somme l'*hémorragie* permanente, par où la structure — patiemment et utilement décrite par l'Analyse structurale — s'écroulerait, s'ouvrirait, se perdrait, conforme en cela à tout système logique qu'*en définitive* rien ne peut fermer — laissant intact ce qu'il faut bien appeler le mouvement du sujet et de l'histoire : la lecture, ce serait là où la structure s'affole.

Écrit pour la *Writing Conference* de Luchon, 1975. Publié dans le *Français aujourd'hui*, 1976.

1. Oswald Ducrot et Tzvetan Todorov, *Dictionnaire encyclopédique des sciences du langage*, Paris, Éd. du Seuil, coll. « Points », 1972, p. 107.

# En annexe

## Réflexions sur un manuel

Je voudrais présenter quelques observations improvisées, simples et même simplistes, qui m'ont été suggérées par la lecture ou la relecture récente d'un manuel d'histoire de la littérature française. En relisant ou en lisant ce manuel, qui ressemblait beaucoup à ceux que j'ai connus quand j'étais moi-même lycéen, je me suis posé cette question : est-ce que la littérature peut être pour nous autre chose qu'un souvenir d'enfance ? Je veux dire : qu'est-ce qui continue, qu'est-ce qui persiste, qu'est-ce qui parle de la littérature après le lycée ?

Si l'on s'en tenait à un inventaire objectif, on répondrait que ce qui continue de la littérature dans la vie adulte, courante, c'est : un peu de mots croisés, des jeux télévisés, des affiches de centenaires de naissance ou de mort d'écrivains, quelques titres de livres de poche, quelques allusions critiques dans le journal que nous lisons pour tout autre chose, pour y trouver tout autre chose que ces allusions à la littérature. Cela tient beaucoup, je crois, au fait que nous autres, Français, nous avons toujours été habitués à assimiler la littérature à l'histoire de la littérature. L'histoire de la littérature, c'est un objet essentiellement scolaire, qui n'existe précisément que par son enseignement ; en sorte que le titre de cette décade, *l'Enseignement de la littérature,* est pour moi presque tautologique. La littérature, c'est ce qui s'enseigne, un point c'est tout. C'est un objet d'enseignement. Vous serez d'accord pour dire qu'au moins en France nous n'avons produit aucune grande synthèse, disons de type hégélien, sur l'histoire de notre littérature. Si cette littérature française est un souvenir d'enfance — c'est comme cela que je la prends — je voudrais voir — ce sera l'objet d'un inventaire très réduit et très banal — de quels composants est fait ce souvenir.

Ce souvenir est d'abord fait de quelques objets qui se répètent, qui reviennent tout le temps, qu'on pourrait presque appeler monèmes de la langue méta-littéraire ou de la langue de l'histoire de la littérature ; ces objets, ce sont bien sûr les auteurs, les écoles, les mouvements, les genres et les siècles. Et puis, sur ces objets, il y a un certain nombre, d'ailleurs très réduit en réalité, de traits ou de prédicats qui viennent se fixer et évidemment se combiner. Si on lisait les manuels d'histoire de la littérature, on n'aurait aucune peine à dresser de ces traits la paradigmatique, la liste oppositionnelle, la structure élémentaire, car ces traits sont peu nombreux et me semblent parfaitement obéir à une sorte de structure par couples oppositionnels, avec de temps en temps un terme mixte ; c'est une structure extrêmement simple. Il y a par exemple le paradigme archétypique de toute notre littérature, qui est *romantisme-classicisme* (bien que le romantisme français sur le plan international apparaisse comme relativement pauvre), parfois à peine compliqué en *romantisme-réalisme-symbolisme,* pour le XIX$^e$ siècle. Vous savez que la loi même de la combinatoire permet avec très peu d'éléments de donner tout de suite une sorte de prolifération apparente : en appliquant certains de ces traits à certains des objets que j'ai dits, on produit déjà certaines individualités, ou certains individus littéraires. C'est ainsi que, dans les manuels, les siècles eux-mêmes sont toujours présentés finalement d'une façon paradigmatique. C'est déjà, à vrai dire, une chose assez étrange qu'un siècle puisse avoir une sorte d'existence individuelle, mais nous sommes précisément, par nos souvenirs d'enfance, habitués à faire des siècles des sortes d'individus. Les quatre grands siècles de notre littérature sont fortement individués par toute notre histoire littéraire : le XVI$^e$, c'est la vie débordante ; le XVII$^e$, c'est l'unité ; le XVIII$^e$, c'est le mouvement et le XIX$^e$, c'est la complexité.

D'autres traits s'y ajoutent que l'on peut de nouveau très bien opposer, paradigmatiser. Je donne en vrac quelques-unes de ces oppositions, de ces prédicats qui se fixent sur les objets littéraires : il y a « débordant » opposé à « contenu », il y a l'« art hautain », l'« obscurité volontaire » opposés au « foisonnement », la « froideur rhétorique » à la « sensibilité » — ce qui recouvre le paradigme romantique bien connu du *froid* et du *chaud* —, ou encore

l'opposition entre les « sources » et l'« originalité », entre le
« travail » et l'« inspiration » ; c'est là simplement l'amorce d'un
petit programme d'exploration de cette mythologie de notre
histoire de la littérature, et cette exploration commencerait donc
par établir ces sortes de paradigmes mythiques dont effectivement
les livres scolaires français ont toujours été très friands, parce que
c'était un procédé de mémorisation ou peut-être au contraire parce
que la structure mentale fonctionnant par contraires a une bonne
rentabilité idéologique (il faudrait une analyse idéologique pour
nous le dire) ; c'est cette même opposition que l'on rencontre par
exemple entre *Condé* et *Turenne,* qui seraient les grandes figures
archétypiques de deux tempéraments français : si vous les mettez
ensemble dans un seul écrivain (on sait depuis Jakobson que l'acte
poétique consiste à étendre un paradigme en syntagme), vous
produisez des auteurs qui concilient à la fois, par exemple, « l'art
formel et l'extrême sensibilité » ou qui manifestent « le goût des
plaisanteries dissimulant une profonde détresse » (comme Villon).
Ce que je dis là est simplement l'amorce de ce que l'on pourrait
imaginer comme une sorte de petite *grammaire* de notre littérature, grammaire qui produirait des sortes d'individuations stéréotypées : les auteurs, les mouvements, les écoles.

    Deuxième composant de ce souvenir : l'histoire littéraire fran-
çaise est faite de censures qu'il faudrait inventorier. Il y a — on le
sait, on l'a déjà dit — toute une autre histoire de notre littérature à
écrire, une contre-histoire, un envers de cette histoire, qui serait
l'histoire de ces censures précisément. Ces censures, que sont-
elles ? D'abord les classes sociales ; la structure sociale qui est sous
cette littérature se trouve rarement dans les manuels d'histoire
littéraire, il faut déjà passer à des livres de critique plus émancipés,
plus évolués, pour la trouver ; lorsqu'on lit ces manuels, les
références à des dispositions de classes existent parfois, mais alors
uniquement en passant et à titre d'oppositions esthétiques. Au
fond, ce que le manuel oppose, ce sont des atmosphères de classes,
non pas des réalités : lorsque l'esprit aristocratique est opposé à
l'esprit bourgeois et populaire, tout au moins pour les siècles
passés, c'est la distinction du raffiné opposé à la bonne humeur et
au réalisme. On trouve encore, même dans des manuels récents,
des phrases de ce genre : « Plébéien, Diderot manque de tact et de

délicatesse ; il commet des fautes de goût qui traduisent de la vulgarité dans les sentiments eux-mêmes... » Donc, la classe existe, mais à titre d'atmosphère esthétique ou éthique ; au niveau des instruments de savoir, il y a dans ces manuels l'absence flagrante d'une économie et d'une sociologie de notre littérature. La seconde censure serait évidemment celle de la sexualité, mais je n'en parle pas, parce qu'elle rentre dans la censure beaucoup plus générale que toute la société fait porter sur le sexe. Une troisième censure serait — je considère pour ma part que c'est une censure — celle du concept même de littérature, qui n'est jamais défini en tant que concept, la littérature dans ces histoires étant au fond un objet qui va de soi et qu'on ne met jamais en question pour en définir sinon l'être, tout au moins les fonctions sociales, symboliques ou anthropologiques ; alors qu'en fait on pourrait retourner ce manque et dire — en tout cas, personnellement, je le dirais volontiers — que l'histoire de la littérature devrait être conçue comme une histoire de l'idée de littérature, et cette histoire ne me semble pas exister pour le moment. Enfin une quatrième censure, qui n'est pas la moins importante, porte sur les langages, comme toujours. Le langage est un objet de censure beaucoup plus important peut-être que tous les autres. J'entends par là une censure manifeste, celle que ces manuels font porter sur les états de la langue éloignés de la norme classique. C'est une chose connue, il y a une immense censure sur la préciosité. La préciosité, au XVII$^e$ siècle notamment, est décrite comme une sorte d'enfer classique : tous les Français, à travers leur enseignement scolaire, ont sur la préciosité le même jugement et le même regard que Boileau, Molière ou La Bruyère ; c'est un procès à sens unique, qui est répété pendant des siècles — et cela malgré peut-être ce qu'une véritable histoire de la littérature mettrait facilement à jour, à savoir l'énorme succès persistant de la préciosité pendant tout le XVII$^e$ siècle, puisque, même en 1663, un recueil de poésies galantes de la comtesse de Suze avait eu quinze réimpressions de tomes multiples. Il y a donc là un point à éclaircir, un point de censure. Il y a aussi le cas du français du XVI$^e$ siècle, ce qu'on appelle le moyen français, qui est rejeté de notre langue, sous prétexte qu'il est fait de nouveautés caduques, d'italianismes, de jargons, de hardiesses baroques, etc., sans que jamais on se pose le problème de savoir ce que nous avons perdu, nous en tant que Français d'aujourd'hui, dans le grand traumatisme de la pureté classique. Nous n'avons pas perdu seulement des moyens d'expression, comme on dit, mais aussi certainement une structure mentale, car la langue, c'est une structure mentale ; je rappellerai à titre d'exemple significatif que, selon Lacan, une expression française comme « ce suis-je » correspond à une structure de type psychanalytique, donc en un sens plus vraie, et c'était une structure qui était possible dans la langue du XVIᵉ. Ici encore, il y a peut-être un procès à ouvrir. Ce procès devrait partir évidemment d'une condamnation de ce qu'il faut bien appeler le classico-centrisme, qui, à mon avis, marque encore maintenant toute notre littérature, notamment en ce qui concerne la langue. Encore une fois, il faut inclure ces problèmes de langue dans les problèmes de littérature ; il faut se poser les grandes questions : quand commence une langue ? Qu'est-ce que cela veut dire pour une langue que *commencer* ? Quand commence un genre ? Qu'est-ce que cela veut dire quand on nous parle du premier roman français, par exemple ? En vérité, on voit bien qu'il y a toujours, derrière l'idée classique de la langue, une idée politique : l'être de la langue, c'est-à-dire sa perfection et même son nom, est lié à une culmination de pouvoir : le classique latin, c'est le pouvoir latin ou romain ; le classique français, c'est le pouvoir monarchique. C'est pour cela qu'il faut dire que, dans notre enseignement, on cultive, ou on promeut, ce que j'appellerai la langue paternelle, et non pas la langue maternelle — d'autant que, soit dit en passant, le français parlé, on ne sait pas ce que c'est ; on sait ce que c'est que le français écrit parce qu'il y a des grammaires du bon usage, mais le français parlé, personne ne sait ce que c'est ; et, pour le savoir, il faudrait commencer par échapper au classico-centrisme.

Troisième élément de ce souvenir d'enfance : ce souvenir est centré, et son centre est — je viens de le dire — le classicisme. Ce classico-centrisme nous paraît anachronique ; pourtant nous vivons encore avec lui. Encore maintenant, on passe les thèses de doctorat dans la salle Louis-Liard, à la Sorbonne, et il faut faire l'inventaire des portraits qui sont dans cette salle ; ce sont les divinités qui président au savoir français dans son ensemble : Corneille, Molière, Pascal, Bossuet, Descartes, Racine sous la protection — cela, c'est un aveu — de Richelieu. Ce classico-centrisme va donc loin, puisqu'il identifie toujours, et cela même dans l'exposé des manuels, la littérature avec le roi. La littérature, c'est la monarchie, et invinciblement on construit l'image scolaire de la littérature autour du nom de certains rois : Louis XIV, bien sûr, mais aussi François Iᵉʳ, Saint Louis, en sorte que, au fond, on nous présente une sorte d'image lisse où le roi et la littérature se réfléchissent l'un l'autre. Il y a aussi, dans cette structure centrée de notre histoire de la littérature, une identification nationale : ces manuels d'histoire mettent en avant, perpétuellement, ce qu'on appelle des valeurs typiquement françaises ou des tempéraments typiquement français ; on nous dit par exemple que Joinville est typiquement français ; ce qui est français — le général de Gaulle en a donné une définition — c'est ce qui est « *régulier, normal, national* ». C'est évidemment l'éventail des normes et des valeurs de notre littérature. Du moment que cette histoire de notre littérature a un centre, il est évident qu'elle se construit par rapport à ce centre ; ce qui vient après ou avant dans l'ensemble est donc donné sous forme d'annonce ou d'abandon. Ce qui est avant le classicisme annonce le classicisme — Montaigne est un précurseur des classiques ; ce qui vient après le récupère ou l'abandonne.

Dernière remarque : le souvenir d'enfance dont je parle emprunte sa structuration permanente, tout le long de ces siècles, à une grille qui n'est plus dans notre enseignement la grille rhéto-rique, puisqu'elle a été abandonnée vers le milieu du XIXᵉ siècle (comme Genette l'a montré dans un article précieux sur ce problème) ; c'est maintenant une grille psychologique. Tous les jugements scolaires reposent sur la conception de la forme comme « expression » du sujet. La personnalité se traduit dans le style, ce postulat alimente tous les jugements et toutes les analyses qu'on porte sur les auteurs ; d'où finalement la valeur clef, celle qui revient le plus souvent pour juger des auteurs, qui est la sincérité. Par exemple, Du Bellay sera loué pour avoir eu des cris sincères et personnels ; Ronsard avait une foi catholique sincère et profonde ; Villon, le cri du cœur, etc.

Ces quelques remarques sont simplistes et je me demande si elles pourront donner lieu à discussion, mais je voudrais les conclure par une dernière observation. A mon sens, il y a une antinomie profonde et irréductible entre la littérature comme pratique et la littérature comme enseignement. Cette antinomie est grave parce qu'elle se rattache au problème qui est peut-être le plus brûlant aujourd'hui, et qui est le problème de la transmission du savoir ; c'est là, sans doute, maintenant, le problème fondamental de l'aliénation, car, si les grandes structures de l'aliénation économique ont été à peu près mises à jour, les structures de l'aliénation du savoir ne l'ont pas été ; je crois que, sur ce plan, un appareil conceptuel politique ne suffirait pas et qu'il y faut précisément un appareil d'analyse psychanalytique. C'est donc cela qu'il faut travailler, et cela aura ensuite des répercussions sur la littérature et ce qu'on peut en faire dans un enseignement, à supposer que la littérature puisse subsister dans un enseignement, qu'elle soit compatible avec l'enseignement.

En attendant, ce qu'on peut signaler, ce sont des points de redressement provisoires ; à l'intérieur d'un système d'enseignement qui garde la littérature à son programme, est-ce qu'on peut imaginer provisoirement, avant que tout soit mis en cause, des points de redressement ? Je vois trois points de redressement immédiats. Le premier serait de retourner le classico-centrisme et de faire de l'histoire de la littérature à reculons : au lieu de prendre l'histoire de la littérature d'un point de vue pseudo-génétique, il faudrait nous faire nous-mêmes le centre de cette histoire, et remonter, si l'on veut vraiment faire de l'histoire de la littérature, à partir de la grande coupure moderne, et organiser cette histoire à partir de cette coupure ; de la sorte, la littérature passée serait parlée à partir d'un langage actuel, et même à partir de la langue actuelle : on ne verrait plus de malheureux étudiants obligés de travailler en premier le XVIᵉ siècle, dont ils comprennent à peine la langue, sous prétexte qu'il vient *avant* le XVIIᵉ siècle, lui-même tout occupé de querelles religieuses, sans rapport avec leur situation présente. Deuxième principe : substituer le texte à l'auteur, à l'école et au mouvement. Le texte, dans nos collèges, est traité en tant qu'objet d'explication, mais l'explication de texte est elle-même toujours rattachée à une histoire de la littérature ; il faudrait traiter le texte non pas comme un objet sacré (objet d'une philologie), mais essentiellement comme un espace de langage, comme le passage d'une sorte d'infinité de digressions possible, et

55

donc faire rayonner, à partir d'un certain nombre de textes, un certain nombre de codes de savoir qui y sont investis. Enfin, troisième principe : à tout coup et à tout instant développer la lecture polysémique du texte, reconnaître enfin les droits de la polysémie, édifier pratiquement une sorte de critique polysémique, ouvrir le texte au symbolisme. Cela serait, je crois, déjà une très grande décompression dans l'enseignement de notre littérature — non pas, je le répète, tel qu'il est pratiqué, cela dépend des professeurs, mais tel qu'il me semble encore codifié.

Conférence prononcée au colloque
*L'Enseignement de la littérature*,
tenu au Centre culturel international
de Cerisy-la-Salle en 1969, et extraite
des « Actes » parus sous le même
titre aux éditions De Boek-Duculot.

# Accordons la liberté de tracer

Il manque au dernier roman de Flaubert un chapitre sur l'orthographe. On y aurait vu Bouvard et Pécuchet commander à Dumouchel toute une petite bibliothèque de manuels orthographiques, commencer par s'en enchanter, puis s'étonner du caractère comminatoire et contradictoire des règles prescrites, s'exciter enfin l'un l'autre et ergoter à perte de vue : pourquoi cette graphie, *précisément* ? Pourquoi écrire *Caen, Paon, Lampe, Vent, Rang,* alors qu'il s'agit du même son ? Pourquoi *Quatre* et *Caille,* puisque ces deux mots ont originairement la même initiale ? A la suite de quoi Pécuchet n'aurait pas manqué de conclure en baissant la tête : « L'orthographe pourrait être une blague ! »

Cette blague, on le sait, n'est pas innocente. Certes, pour un historien de la langue, les accidents de l'orthographe française sont explicables : chacun a sa raison, analogique, étymologique ou fonctionnelle ; mais l'ensemble de ces raisons est déraisonnable, et, lorsque cette déraison est imposée, par voie d'éducation, à tout un peuple, elle devient coupable. Ce n'est pas le caractère arbitraire de notre orthographe qui est choquant, c'est que cet arbitraire soit légal. Depuis 1835, l'orthographe officielle de l'Académie a valeur de loi aux yeux mêmes de l'État ; dès les premières études du jeune Français, la « faute d'orthographe » est sanctionnée : combien de vie ratées pour quelques fautes d'orthographe !

Le premier effet de l'orthographe est discriminatoire ; mais elle a aussi des effets secondaires, d'ordre psychologique. Si l'orthographe était libre — libre d'être simplifiée ou non, selon l'envie du sujet —, elle pourrait constituer une pratique très positive d'expression ; la physionomie écrite du mot pourrait acquérir une valeur proprement poétique, dans la mesure où elle surgirait de la fantasmatique du scripteur, et non d'une loi uniforme et réductrice ; que l'on songe à la sorte d'ivresse, de jubilation baroque, qui éclate à travers les « aberrations » orthographiques des anciens manuscrits, des textes d'enfants et des lettres d'étrangers : ne dirait-on pas que dans ces efflorescences le sujet cherche sa liberté : de tracer, de rêver, de se souvenir, d'entendre ? Ne nous arrive-t-il pas de rencontrer des fautes d'orthographe particulièrement « heureuses », comme si le scripteur écrivait alors sous la dictée non de la loi scolaire, mais d'un commandement mystérieux qui lui vient de sa propre histoire — peut-être même de son corps ?

A l'inverse, dès lors que l'orthographe est uniformisée, légalisée, sanctionnée par voie d'État, dans sa complication et son irrationalité mêmes, c'est la névrose obsessionnelle qui s'installe : la faute d'orthographe devient la Faute. Je viens de poster une lettre de candidature à un emploi qui peut changer ma vie. Mais ai-je bien mis un « s » à ce pluriel ? Ai-je bien mis deux « p » et un seul « l » à *appeler* ? Je doute, je m'angoisse, tel le vacancier qui ne se rappelle plus s'il a bien fermé le gaz et l'eau de son domicile et s'il ne s'ensuivra pas un incendie ou une inondation. Et, de même qu'un tel doute empêche notre vacancier de profiter de ses vacances, l'orthographe légalisée empêche le scripteur de jouir de l'écriture, ce geste heureux qui permet de mettre dans le tracé d'un mot *un peu plus* que sa simple intention de communiquer.

Réformer l'orthographe ? On l'a voulu plusieurs fois, on le veut périodiquement. Mais à quoi bon refaire un code, même amélioré, si c'est de nouveau pour l'imposer, le légaliser, en faire un instrument de sélection notablement arbitraire ? Ce n'est pas l'orthographe qui doit être réformée, c'est la loi qui en prescrit les minutes. Ce qui peut être demandé, c'est seulement ceci : un certain « laxisme » de l'institution. S'il me plaît d'écrire « correctement », c'est-à-dire « conformément », j'en suis bien libre, comme de trouver mon plaisir à lire aujourd'hui Racine ou Gide : l'orthographe légale n'est pas sans charme, car elle n'est pas sans perversité ; mais que les « ignorances » et les « étourderies » ne soient plus pénalisées ; qu'elles cessent d'être perçues comme des aberrations ou des débilités ; que la société accepte enfin (ou accepte de nouveau) de décrocher l'écriture de l'appareil d'État dont elle fait aujourd'hui partie ; bref, qu'on arrête d'exclure pour motif d'orthographe.

1976, *Le Monde de l'éducation.*

# 2

# DE L'ŒUVRE
# AU TEXTE

# La mort de l'auteur

Dans sa nouvelle *Sarrasine,* Balzac, parlant d'un castrat déguisé en femme, écrit cette phrase : « C'était la femme, avec ses peurs soudaines, ses caprices sans raison, ses troubles instinctifs, ses audaces sans cause, ses bravades et sa délicieuse finesse de sentiments. » Qui parle ainsi ? Est-ce le héros de la nouvelle, intéressé à ignorer le castrat qui se cache sous la femme ? Est-ce l'individu Balzac, pourvu par son expérience personnelle d'une philosophie de la femme ? Est-ce l'auteur Balzac, professant des idées « littéraires » sur la féminité ? Est-ce la sagesse universelle ? La psychologie romantique ? Il sera à tout jamais impossible de le savoir, pour la bonne raison que l'écriture est destruction de toute voix, de toute origine. L'écriture, c'est ce neutre, ce composite, cet oblique où fuit notre sujet, le noir-et-blanc où vient se perdre toute identité, à commencer par celle-là même du corps qui écrit.

*

Sans doute en a-t-il toujours été ainsi : dès qu'un fait est *raconté,* à des fins intransitives, et non plus pour agir directement sur le réel, c'est-à-dire finalement hors de toute fonction autre que l'exercice même du symbole, ce décrochage se produit, la voix perd son origine, l'auteur entre dans sa propre mort, l'écriture commence. Cependant, le sentiment de ce phénomène a été variable ; dans les sociétés ethnographiques, le récit n'est jamais pris en charge par une personne, mais par un médiateur, shaman ou récitant, dont on peut à la rigueur admirer la « performance » (c'est-à-dire la maîtrise du code narratif), mais jamais le « génie ». L'*auteur* est un personnage moderne, produit sans doute par notre société dans la mesure où, au sortir du Moyen Age, avec

61

l'empirisme anglais, le rationalisme français, et la foi personnelle de la Réforme, elle a découvert le prestige de l'individu, ou, comme on dit plus noblement, de la « personne humaine ». Il est donc logique que, en matière de littérature, ce soit le positivisme, résumé et aboutissement de l'idéologie capitaliste, qui ait accordé la plus grande importance à la « personne » de l'auteur. L'*auteur* règne encore dans les manuels d'histoire littéraire, les biographies d'écrivains, les interviews des magazines, et dans la conscience même des littérateurs, soucieux de joindre, grâce à leur journal intime, leur personne et leur œuvre ; l'image de la littérature que l'on peut trouver dans la culture courante est tyranniquement centrée sur l'auteur, sa personne, son histoire, ses goûts, ses passions ; la critique consiste encore, la plupart du temps, à dire que l'œuvre de Baudelaire, c'est l'échec de l'homme Baudelaire, celle de Van Gogh, c'est sa folie, celle de Tchaïkowski, c'est son vice : l'*explication* de l'œuvre est toujours cherchée du côté de celui qui l'a produite, comme si, à travers l'allégorie plus ou moins transparente de la fiction, c'était toujours finalement la voix d'une seule et même personne, l'*auteur*, qui livrait sa « confidence ».

*

Bien que l'empire de l'Auteur soit encore très puissant (la nouvelle critique n'a fait bien souvent que le consolider), il va de soi que certains écrivains ont depuis longtemps déjà tenté de l'ébranler. En France, Mallarmé, sans doute le premier, a vu et prévu dans toute son ampleur la nécessité de substituer le langage lui-même à celui qui jusque-là était censé en être le propriétaire ; pour lui, comme pour nous, c'est le langage qui parle, ce n'est pas l'auteur ; écrire, c'est, à travers une impersonnalité préalable — que l'on ne saurait à aucun moment confondre avec l'objectivité castratrice du romancier réaliste —, atteindre ce point où seul le langage agit, « performe », et non « moi » : toute la poétique de Mallarmé consiste à supprimer l'auteur au profit de l'écriture (ce qui est, on le verra, rendre sa place au lecteur). Valéry, tout embarrassé dans une psychologie du Moi, édulcora beaucoup la théorie mallarméenne, mais, se reportant par goût du classicisme aux leçons de la rhétorique, il ne cessa de tourner en doute et en dérision l'Auteur, accentua la nature linguistique et comme « hasardeuse » de son activité, et revendiqua tout au long de ses livres en prose en faveur de la condition essentiellement verbale de la littérature, en face de laquelle tout recours à l'intériorité de l'écrivain lui paraissait pure superstition. Proust lui-même, en dépit du caractère apparemment psychologique de ce que l'on appelle ses *analyses,* se donna visiblement pour tâche de brouiller inexorablement, par une subtilisation extrême, le rapport de l'écrivain et de ses personnages : en faisant du narrateur non celui qui a vu ou senti, ni même celui qui écrit, mais celui qui *va écrire* (le jeune homme du roman — mais, au fait, quel âge a-t-il et *qui* est-il ? — veut écrire, mais il ne le peut, et le roman finit quand enfin l'écriture devient possible), Proust a donné à l'écriture moderne son épopée : par un renversement radical, au lieu de mettre sa vie dans son roman, comme on le dit si souvent, il fit de sa vie même une œuvre dont son propre livre fut comme le modèle, en sorte qu'il nous soit bien évident que ce n'est pas Charlus qui imite Montesquiou, mais que Montesquiou, dans sa réalité anecdotique, historique, n'est qu'un fragment secondaire, dérivé, de Charlus. Le Surréalisme enfin, pour en rester à cette préhistoire de la modernité, ne pouvait sans doute attribuer au langage une place souveraine, dans la mesure où le langage est système, et où ce qui était visé par ce mouvement, c'était, romantiquement, une subversion directe des codes — d'ailleurs illusoire, car un code ne peut se détruire, on peut seulement le « jouer » — ; mais en recommandant sans cesse de décevoir brusquement les sens attendus (c'était la fameuse « saccade » surréaliste), en confiant à la main le soin d'écrire aussi vite que possible ce que la tête même ignore (c'était l'écriture automatique), en acceptant le principe et l'expérience d'une écriture à plusieurs, le Surréalisme a contribué à désacraliser l'image de l'Auteur. Enfin, hors la littérature elle-même (à vrai dire, ces distinctions deviennent périmées), la linguistique vient de fournir à la destruction de l'Auteur un instrument analytique précieux, en montrant que l'énonciation dans son entier est un processus vide, qui fonctionne parfaitement sans qu'il soit nécessaire de le remplir par la personne des interlocuteurs : linguistiquement, l'auteur n'est jamais rien de plus que celui qui écrit, tout comme *je* n'est autre que celui qui dit *je* : le langage connaît un « sujet », non une « personne », et ce sujet, vide en dehors de l'énonciation même qui le définit, suffit à faire « tenir » le langage, c'est-à-dire à l'épuiser.

\*

L'éloignement de l'Auteur (avec Brecht, on pourrait parler ici d'un véritable « distancement », l'Auteur diminuant comme une figurine tout au bout de la scène littéraire) n'est pas seulement un fait historique ou un acte d'écriture : il transforme de fond en comble le texte moderne (ou — ce qui est la même chose — le texte est désormais fait et lu de telle sorte qu'en lui, à tous ses niveaux, l'auteur s'absente). Le temps, d'abord, n'est plus le même. L'Auteur, lorsqu'on y croit, est toujours conçu comme le passé de son propre livre : le livre et l'auteur se placent d'eux-mêmes sur une même ligne, distribuée comme un *avant* et un *après* : l'Auteur est censé *nourrir* le livre, c'est-à-dire qu'il existe avant lui, pense, souffre, vit pour lui ; il est avec son œuvre dans le même rapport d'antécédence qu'un père entretient avec son enfant. Tout au contraire, le scripteur moderne naît en même temps que son texte ; il n'est d'aucune façon pourvu d'un être qui précéderait ou excéderait son écriture, il n'est en rien le sujet dont son livre serait le prédicat ; il n'y a d'autre temps que celui de l'énonciation, et tout texte est écrit éternellement *ici* et *maintenant*. C'est que (ou il s'ensuit que) *écrire* ne peut plus désigner une opération d'enregistrement, de constatation, de représentation, de « peinture » (comme disaient les Classiques), mais bien ce que les linguistes, à la suite de la philosophie oxfordienne, appellent un performatif, forme verbale rare (exclusivement donnée à la première personne et au présent), dans laquelle l'énonciation n'a d'autre contenu (d'autre énoncé) que l'acte par lequel elle se profère : quelque chose comme le *Je déclare* des rois ou le *Je chante* des très anciens poètes ; le scripteur moderne, ayant enterré l'Auteur, ne peut donc plus croire, selon la vue pathétique de ses prédécesseurs, que sa main est trop lente pour sa pensée ou sa passion, et qu'en conséquence, faisant une loi de la nécessité, il doit accentuer ce retard et « travailler » indéfiniment sa forme ; pour lui, au contraire, sa main, détachée de toute voix, portée par un pur geste d'inscription (et non d'expression), trace un champ sans origine — ou qui, du moins, n'a d'autre origine que le langage lui-même, c'est-à-dire cela même qui sans cesse remet en cause toute origine.

\*

Nous savons maintenant qu'un texte n'est pas fait d'une ligne de mots, dégageant un sens unique, en quelque sorte théologique (qui serait le « message » de l'Auteur-Dieu), mais un espace à dimensions multiples, où se marient et se contestent des écritures variées, dont aucune n'est originelle : le texte est un tissu de citations, issues des mille foyers de la culture. Pareil à Bouvard et Pécuchet, ces éternels copistes, à la fois sublimes et comiques, et dont le profond ridicule désigne *précisément* la vérité de l'écriture, l'écrivain ne peut qu'imiter un geste toujours antérieur, jamais originel ; son seul pouvoir est de mêler les écritures, de les contrarier les unes par les autres, de façon à ne jamais prendre appui sur l'une d'elles ; voudrait-il *s'exprimer*, du moins devrait-il savoir que la « chose » intérieure qu'il a la prétention de « traduire », n'est elle-même qu'un dictionnaire tout composé, dont les mots ne peuvent s'expliquer qu'à travers d'autres mots, et ceci indéfiniment : aventure qui advint exemplairement au jeune Thomas de Quincey, si fort en grec que pour traduire dans cette langue morte des idées et des images absolument modernes, nous dit Baudelaire, « il avait créé pour lui un dictionnaire toujours prêt, bien autrement complexe et étendu que celui qui résulte de la vulgaire patience des thèmes purement littéraires » *(les Paradis artificiels)* ; succédant à l'Auteur, le scripteur n'a plus en lui passions, humeurs, sentiments, impressions, mais cet immense dictionnaire où il puise une écriture qui ne peut connaître aucun arrêt : la vie ne fait jamais qu'imiter le livre, et ce livre lui-même n'est qu'un tissu de signes, imitation perdue, infiniment reculée.

\*

L'Auteur une fois éloigné, la prétention de « déchiffrer » un texte devient tout à fait inutile. Donner un Auteur à un texte, c'est imposer à ce texte un cran d'arrêt, c'est le pourvoir d'un signifié dernier, c'est fermer l'écriture. Cette conception convient très bien à la critique, qui veut alors se donner pour tâche importante de découvrir l'Auteur (ou ses hypostases : la société, l'histoire, la

psyché, la liberté) sous l'œuvre : l'Auteur trouvé, le texte est
« expliqué », le critique a vaincu ; il n'y a donc rien d'étonnant à ce
que, historiquement, le règne de l'Auteur ait été aussi celui du
Critique, mais aussi à ce que la critique (fût-elle nouvelle) soit
aujourd'hui ébranlée en même temps que l'Auteur. Dans l'écriture
multiple, en effet, tout est à *démêler*, mais rien n'est à *déchiffrer* ; la
structure peut être suivie, « filée » (comme on dit d'une maille de
bas qui part) en toutes ses reprises et à tous ses étages, mais il n'y a
pas de fond ; l'espace de l'écriture est à parcourir, il n'est pas à
percer ; l'écriture pose sans cesse du sens mais c'est toujours pour
l'évaporer : elle procède à une exemption systématique du sens.
Par là même, la littérature (il vaudrait mieux dire désormais
l'*écriture*), en refusant d'assigner au texte (et au monde comme
texte) un « secret », c'est-à-dire un sens ultime, libère une activité
que l'on pourrait appeler contre-théologique, proprement révolutionnaire, car refuser d'arrêter le sens, c'est finalement refuser
Dieu et ses hypostases, la raison, la science, la loi.

*

Revenons à la phrase de Balzac. Personne (c'est-à-dire aucune
« personne ») ne la dit : sa source, sa voix, n'est pas le vrai lieu de
l'écriture, c'est la lecture. Un autre exemple fort précis peut le faire
comprendre : des recherches récentes (J.-P. Vernant) ont mis en
lumière la nature constitutivement ambiguë de la tragédie grecque ;
le texte y est tissé de mots à sens double, que chaque personnage
comprend unilatéralement (ce malentendu perpétuel est précisément le « tragique ») ; il y a cependant quelqu'un qui entend
chaque mot dans sa duplicité, et entend de plus, si l'on peut dire, la
surdité même des personnages qui parlent devant lui : ce quelqu'un
est précisément le lecteur (ou ici l'auditeur). Ainsi se dévoile l'être
total de l'écriture : un texte est fait d'écritures multiples, issues de
plusieurs cultures et qui entrent les unes avec les autres en
dialogue, en parodie, en contestation ; mais il y a un lieu où cette
multiplicité se rassemble, et ce lieu, ce n'est pas l'auteur, comme
on l'a dit jusqu'à présent, c'est le lecteur : le lecteur est l'espace
même où s'inscrivent, sans qu'aucune ne se perde, toutes les
citations dont est faite une écriture ; l'unité d'un texte n'est pas
dans son origine, mais dans sa destination, mais cette destination

ne peut plus être personnelle : le lecteur est un homme sans histoire, sans biographie, sans psychologie ; il est seulement ce *quelqu'un* qui tient rassemblées dans un même champ toutes les traces dont est constitué l'écrit. C'est pourquoi il est dérisoire d'entendre condamner la nouvelle écriture au nom d'un humanisme qui se fait hypocritement le champion des droits du lecteur. Le lecteur, la critique classique ne s'en est jamais occupée ; pour elle, il n'y a pas d'autre homme dans la littérature que celui qui écrit. Nous commençons maintenant à ne plus être dupes de ces sortes d'antiphrases, par lesquelles la bonne société récrimine superbement en faveur de ce que précisément elle écarte, ignore, étouffe ou détruit ; nous savons que, pour rendre à l'écriture son avenir, il faut en renverser le mythe : la naissance du lecteur doit se payer de la mort de l'Auteur.

1968, Manteia.

# De l'œuvre au texte

C'est un fait que, depuis quelques années, un certain changement s'est opéré (ou s'opère) dans l'idée que nous nous faisons du langage et, par voie de conséquence, de l'œuvre (littéraire) qui doit à ce même langage au moins son existence phénoménale. Ce changement est évidemment lié au développement actuel (entre autres disciplines) de la linguistique, de l'anthropologie, du marxisme, de la psychanalyse (le mot « liaison » est employé ici d'une façon volontairement neutre : on ne décide pas d'une détermination, fût-elle multiple et dialectique). La nouveauté qui a incidence sur la notion d'œuvre ne provient pas forcément du renouvellement intérieur de chacune de ces disciplines, mais plutôt de leur rencontre au niveau d'un objet qui par tradition ne relève d'aucune d'elles. On dirait en effet que l'*interdisciplinaire*, dont on fait aujourd'hui une valeur forte de la recherche, ne peut s'accomplir par la simple confrontation de savoirs spéciaux ; l'interdisciplinaire n'est pas de tout repos : il commence *effectivement* (et non par la simple émission d'un vœu pieux) lorsque la solidarité des anciennes disciplines se défait, peut-être même violemment à travers les secousses de la mode, au profit d'un objet nouveau, d'un langage nouveau, qui ne sont ni l'un ni l'autre dans le champ des sciences que l'on visait paisiblement à confronter ; c'est précisément ce malaise de classification qui permet de diagnostiquer une certaine mutation. La mutation qui semble saisir l'idée d'œuvre ne doit pas, cependant, être surévaluée ; elle participe d'un glissement épistémologique, plus que d'une véritable coupure ; celle-ci, comme on l'a dit souvent, serait intervenue au siècle dernier, à l'apparition du marxisme et du freudisme ; aucune coupure nouvelle ne se serait produite depuis et l'on peut dire que, d'une certaine manière, depuis cent ans, nous sommes dans la répétition. Ce que l'Histoire, notre Histoire, nous permet aujourd'hui, c'est seulement de glisser, de varier, de dépasser, de répudier. De même que la science einsteinienne oblige à inclure dans l'objet étudié la *relativité des repères*, de même l'action conjuguée du marxisme, du freudisme et du structuralisme oblige, en littérature, à relativiser les rapports du scripteur, du lecteur et de l'observateur (du critique). En face de l'*œuvre* — notion traditionnelle, conçue pendant longtemps, et aujourd'hui encore, d'une façon, si l'on peut dire, newtonienne —, il se produit l'exigence d'un objet nouveau, obtenu par glissement ou renversement des catégories antérieures. Cet objet est le *Texte*. Je sais que ce mot est à la mode (moi-même, je suis entraîné à l'employer souvent), donc suspect à certains ; mais c'est précisément pour cela que je voudrais en quelque sorte me rappeler à moi-même les principales propositions à la croisée desquelles le Texte se trouve à mes yeux ; le mot « proposition » doit s'entendre ici dans un sens plus grammatical que logique : ce sont des énonciations, non des argumentations, des « touches », si l'on veut, des approches qui acceptent de rester métaphoriques. Voici ces propositions : elles concernent la méthode, les genres, le signe, le pluriel, la filiation, la lecture, le plaisir.

*

1. Le Texte ne doit pas s'entendre comme d'un objet computable. Il serait vain de chercher à départager matériellement les œuvres des textes. En particulier, il ne faut pas se laisser aller à dire : l'œuvre est classique, le texte est d'avant-garde ; il ne s'agit pas d'établir au nom de la modernité un palmarès grossier et de déclarer certaines productions littéraires *in* et d'autres *out* en raison de leur situation chronologique : il peut y avoir « du Texte » dans une œuvre très ancienne, et bien des produits de la littérature contemporaine ne sont en rien des textes. La différence est la suivante : l'œuvre est un fragment de substance, elle occupe une portion de l'espace des livres (par exemple dans une bibliothèque). Le Texte, lui, est un champ méthodologique. L'opposition pourrait rappeler (mais nullement reproduire terme à terme) la distinction proposée par Lacan : la « réalité » se montre, le « réel » se

démontre ; de même, l'œuvre se voit (chez les libraires, dans les fichiers, dans les programmes d'examen), le texte se démontre, se parle selon certaines règles (ou contre certaines règles) ; l'œuvre se tient dans la main, le texte se tient dans le langage : il n'existe que pris dans un discours (ou plutôt il est Texte par cela même qu'il le sait) ; le Texte n'est pas la décomposition de l'œuvre, c'est l'œuvre qui est la queue imaginaire du Texte. Ou encore : *le Texte ne s'éprouve que dans un travail, une production.* Il s'ensuit que le Texte ne peut s'arrêter (par exemple, à un rayon de bibliothèque) ; son mouvement constitutif est la *traversée* (il peut notamment traverser l'œuvre, plusieurs œuvres).

\*

2. De la même façon, le Texte ne s'arrête pas à la (bonne) littérature ; il ne peut être pris dans une hiérarchie ni même un simple découpage des genres. Ce qui le constitue est au contraire (ou précisément) sa force de subversion à l'égard des classements anciens. Comment classer Georges Bataille ? Cet écrivain est-il un romancier, un poète, un essayiste, un économiste, un philosophe, un mystique ? La réponse est si malaisée que l'on préfère généralement oublier Bataille dans les manuels de littérature ; en fait, Bataille a écrit des textes, ou même, peut-être, toujours un seul et même texte. Si le Texte pose des problèmes de classification (c'est d'ailleurs l'une de ses fonctions « sociales »), c'est qu'il implique toujours une certaine expérience de la limite (pour reprendre une expression de Philippe Sollers). Thibaudet parlait déjà (mais dans un sens très restreint) d'œuvres limites (telle la *Vie de Rancé*, de Chateaubriand, qui effectivement, aujourd'hui, nous apparaît comme un « texte ») : le Texte est ce qui se porte à la limite des règles de l'énonciation (la rationalité, la lisibilité, etc.). Cette idée n'est pas rhétorique, on n'y recourt pas pour faire « héroïque » : le Texte essaie de se placer très exactement *derrière* la limite de la *doxa* (l'opinion courante, constitutive de nos sociétés démocratiques, puissamment aidée par les communications de masse, n'est-elle pas définie par ses limites, son énergie d'exclusion, sa *censure* ?) ; en prenant le mot à la lettre, on pourrait dire que le Texte est toujours *paradoxal*.

\*

3. Le Texte s'approche, s'éprouve par rapport au signe. L'œuvre se ferme sur un signifié. On peut attribuer à ce signifié deux modes de signification : ou bien on le prétend apparent, et l'œuvre est alors l'objet d'une science de la lettre, qui est la philologie ; ou bien ce signifié est réputé secret, dernier, il faut le chercher, et l'œuvre relève alors d'une herméneutique, d'une interprétation (marxiste, psychanalytique, thématique, etc.) ; en somme, l'œuvre fonctionne elle-même comme un signe général, et il est normal qu'elle figure une catégorie institutionnelle de la civilisation du Signe. Le Texte, au contraire, pratique le recul infini du signifié, le Texte est dilatoire ; son champ est celui du signifiant ; le signifiant ne doit pas être imaginé comme « la première partie du sens », son vestibule matériel, mais bien au contraire comme son *après-coup* ; de même, l'*infini* du signifiant ne renvoie pas à quelque idée d'ineffable (de signifié innommable), mais à celle de *jeu* ; l'engendrement du signifiant perpétuel (à la façon d'un calendrier du même nom) dans le champ du Texte (ou plutôt dont le Texte est le champ) ne se fait pas selon une voie organique de maturation, ou selon une voie herméneutique d'approfondissement, mais plutôt selon un mouvement sériel de décrochements, de chevauchements, de variations ; la logique qui règle le Texte n'est pas compréhensive (définir « ce que veut dire » l'œuvre), mais métonymique ; le travail des associations, des contiguïtés, des reports, coïncide avec une libération de l'énergie symbolique (si elle lui faisait défaut, l'homme mourrait). L'œuvre (dans le meilleur des cas) est *médiocrement* symbolique (sa symbolique tourne court, c'est-à-dire s'arrête) ; le Texte est *radicalement* symbolique : *une œuvre dont on conçoit, perçoit et reçoit la nature intégralement symbolique est un texte*. Le Texte est de la sorte restitué au langage ; comme lui, il est structuré, mais décentré, sans clôture (notons, pour répondre au soupçon méprisant de « mode » qu'on porte quelquefois sur le structuralisme, que le privilège épistémologique reconnu actuellement au langage tient précisément à ce qu'en lui nous avons découvert une idée paradoxale de la structure : un système sans fin ni centre).

*

4. Le Texte est pluriel. Cela ne veut pas dire seulement qu'il a plusieurs sens, mais qu'il accomplit le pluriel même du sens : un pluriel *irréductible* (et non pas seulement acceptable). Le Texte n'est pas coexitence de sens, mais passage, traversée ; il ne peut donc relever d'une interprétation, même libérale, mais d'une explosion, d'une dissémination. Le pluriel du Texte tient, en effet, non à l'ambiguïté de ses contenus, mais à ce que l'on pourrait appeler la *pluralité stéréographique* des signifiants qui le tissent (étymologiquement, le texte est un tissu) : le lecteur du Texte pourrait être comparé à un sujet désœuvré (qui aurait détendu en lui tout imaginaire) : ce sujet passablement vide se promène (c'est ce qui est arrivé à l'auteur de ces lignes, et c'est là qu'il a pris une idée vive du Texte) au flanc d'une vallée au bas de laquelle coule un oued (l'oued est mis là pour attester un certain dépaysement) ; ce qu'il perçoit est multiple, irréductible, provenant de substances et de plans hétérogènes, décrochés : lumières, couleurs, végétations, chaleur, air, explosions ténues de bruits, minces cris d'oiseaux, voix d'enfants de l'autre côté de la vallée, passages, gestes, vêtements d'habitants tout près ou très loin ; tous ces incidents sont à demi identifiables : ils proviennent de codes connus, mais leur combinatoire est unique, fonde la promenade en différence qui ne pourra se répéter que comme différence. C'est ce qui se passe pour le Texte : il ne peut être lui que dans sa différence (ce qui ne veut pas dire son individualité) ; sa lecture est semelfactive (ce qui rend illusoire toute science inductive-déductive des textes : pas de « grammaire » du texte), et cependant entièrement tissée de citations, de références, d'échos : langages culturels (quel langage ne le serait pas ?), antécédents ou contemporains, qui le traversent de part en part dans une vaste stéréophonie. L'intertextuel dans lequel est pris tout texte, puisqu'il est lui-même l'entre-texte d'un autre texte, ne peut se confondre avec quelque origine du texte : rechercher les « sources », les « influences » d'une œuvre, c'est satisfaire au mythe de la filiation ; les citations dont est fait un texte sont anonymes, irrepérables et cependant *déjà lues* : ce sont des citations sans guillemets. L'œuvre ne dérange aucune philosophie moniste (il en est, on le sait, d'antagonistes) ; pour cette philoso-

73

phie, le pluriel est le Mal. Aussi, face à l'œuvre, le Texte pourrait bien prendre pour devise la parole de l'homme en proie aux démons (Marc, 5, 9) : « Mon nom est légion, car nous sommes plusieurs. » La texture plurielle ou démoniaque qui oppose le Texte à l'œuvre peut entraîner des remaniements profonds de lecture, là précisément où le monologisme semble être la Loi : certains des « textes » de l'Écriture sainte, récupérés traditionnellement par le monisme théologique (historique ou anagogique), s'offriront peut-être à une diffraction des sens (c'est-à-dire finalement à une lecture matérialiste), cependant que l'interprétation marxiste de l'œuvre, jusqu'ici résolument moniste, pourra se matérialiser davantage en se pluralisant (si toutefois les « institutions ». marxistes le permettent).

*

5. L'œuvre est prise dans un processus de filiation. On postule une *détermination* du monde (de la race, puis de l'Histoire) sur l'œuvre, une *consécution* des œuvres entre elles et une *appropriation* de l'œuvre à son auteur. L'auteur est réputé le père et le propriétaire de son œuvre ; la science littéraire apprend donc à *respecter* le manuscrit et les intentions déclarées de l'auteur, et la société postule une légalité du rapport de l'auteur à son œuvre (c'est le « droit d'auteur », à vrai dire récent, puisqu'il n'a été vraiment légalisé qu'à la Révolution). Le Texte, lui, se lit sans l'inscription du Père. La métaphore du Texte se détache ici encore de la métaphore de l'œuvre ; celle-ci renvoie à l'image d'un *organisme* qui croît par expansion vitale, par « développement » (mot significativement ambigu : biologique et rhétorique) ; la métaphore du Texte est celle du *réseau* ; si le Texte s'étend, c'est sous l'effet d'une combinatoire, d'une systématique (image d'ailleurs proche des vues de la biologie actuelle sur l'être vivant) ; aucun « respect » vital n'est donc dû au Texte : il peut être *cassé* (c'est d'ailleurs ce que faisait le Moyen Age avec deux textes pourtant autoritaires : l'Écriture sainte et Aristote) ; le Texte peut se lire sans la garantie de son père ; la restitution de l'inter-texte abolit paradoxalement l'héritage. Ce n'est pas que l'Auteur ne puisse « revenir » dans le Texte, dans son texte ; mais c'est alors, si l'on peut dire, à titre d'invité ; s'il est romancier, il s'y inscrit

comme l'un de ses personnages, dessiné dans le tapis ; son inscription n'est plus privilégiée, paternelle, aléthique, mais ludique : il devient, si l'on peut dire, un auteur de papier ; sa vie n'est plus l'origine de ses fables, mais une fable concurrente à son œuvre ; il y a réversion de l'œuvre sur la vie (et non plus le contraire) ; c'est l'œuvre de Proust, de Genet, qui permet de lire leur vie comme un texte : le mot « bio-graphie » reprend un sens fort, étymologique ; et, du même coup, la sincérité de l'énonciation, véritable « croix » de la morale littéraire, devient un faux problème : le *je* qui écrit le texte n'est jamais, lui aussi, qu'un *je* de papier.

\*

6. L'œuvre est ordinairement l'objet d'une consommation ; je ne fais ici nulle démagogie en me référant à la culture dite de consommation, mais il faut bien reconnaître que c'est aujourd'hui la « qualité » de l'œuvre (ce qui suppose finalement une appréciation du « goût ») et non l'opération même de la lecture qui peut faire des différences entre les livres : la lecture « cultivée » ne diffère pas structuralement de la lecture de train (dans les trains). Le Texte (ne serait-ce que par son « illisibilité » fréquente) décante l'œuvre (si elle le permet) de sa consommation et la recueille comme jeu, travail, production, pratique. Cela veut dire que le Texte demande qu'on essaie d'abolir (ou tout au moins de diminuer) la distance entre l'écriture et la lecture, non point en intensifiant la projection du lecteur dans l'œuvre, mais en les liant tous deux dans une même pratique signifiante. La distance qui sépare la lecture de l'écriture est historique. Dans les temps de la plus forte division sociale (avant l'instauration des cultures démocratiques), lire et écrire étaient à égalité des privilèges de classe : la Rhétorique, grand code littéraire de ces temps, apprenait à *écrire* (même si ce qui était alors ordinairement produit était des discours, non des textes) ; il est significatif que l'avènement de la démocratie ait renversé le mot d'ordre : ce dont l'École (secondaire) s'enorgueillit, c'est d'apprendre à (bien) *lire*, et non plus à écrire (le sentiment de cette carence redevient aujourd'hui à la mode : on réclame du maître qu'il enseigne au lycéen à « s'exprimer », ce qui est un peu remplacer une censure par un contresens).

En fait, *lire*, au sens de *consommer*, c'est ne pas *jouer* avec le texte. « Jouer » doit être pris ici dans toute la polysémie du terme : le texte lui-même *joue* (comme une porte, comme un appareil dans lequel il y a du « jeu ») ; et le lecteur joue, lui, deux fois : il *joue au* Texte (sens ludique), il cherche une pratique qui le re-produise ; mais, pour que cette pratique ne se réduise pas à une *mimésis* passive, intérieure (le Texte est précisément ce qui résiste à cette réduction), il *joue le* Texte ; il ne faut pas oublier que « jouer » est aussi un terme musical ; l'histoire de la musique (comme pratique, non comme « art ») est d'ailleurs assez parallèle à celle du Texte ; il fut une époque où, les amateurs actifs étant nombreux (du moins à l'intérieur d'une certaine classe), « jouer » et « écouter » constituaient une activité peu différenciée ; puis deux rôles sont successivement apparus : d'abord celui de l'*interprète*, auquel le public bourgeois (bien qu'il sût encore lui-même jouer quelque peu : c'est toute l'histoire du piano) déléguait son jeu ; puis celui de l'amateur (passif), qui écoute de la musique sans savoir en jouer (au piano a effectivement succédé le disque) ; on sait qu'aujourd'hui la musique post-sérielle a bouleversé le rôle de l' « interprète », à qui il est demandé d'être en quelque sorte le co-auteur de la partition qu'il complète, plus qu'il ne l' « exprime ». Le Texte est à peu près une partition de ce nouveau genre : il sollicite du lecteur une collaboration pratique. Grande novation, car l'œuvre, qui l'exécute ? (Mallarmé s'est posé la question : il veut que l'auditoire *produise* le livre.) Seul aujourd'hui le critique exécute l'œuvre (j'admets le jeu de mots). La réduction de la lecture à une consommation est évidemment responsable de l' « ennui » que beaucoup éprouvent devant le texte moderne (« illisible »), le film ou le tableau d'avant-garde : s'ennuyer veut dire qu'on ne peut pas produire le texte, le jouer, le défaire, le *faire partir*.

\*

7. Ceci amène à poser (à proposer) une dernière approche du Texte : celle du plaisir. Je ne sais s'il a jamais existé une esthétique hédoniste (les philosophies eudémonistes sont elles-mêmes rares). Certes, il existe un plaisir de l'œuvre (de certaines œuvres) ; je puis m'enchanter à lire et relire Proust, Flaubert, Balzac, et même, pourquoi pas, Alexandre Dumas ; mais ce plaisir, si vif soit-il, et

quand bien même il se serait dégagé de tout préjugé, reste partiellement (sauf un effort critique exceptionnel) un plaisir de consommation : car, si je puis lire ces auteurs, je sais aussi que je ne puis les *ré-écrire* (qu'on ne peut aujourd'hui écrire « comme ça ») ; et ce savoir assez triste suffit à me séparer de la production de ces œuvres, dans le moment même où leur éloignement fonde ma modernité (être moderne, n'est-ce pas connaître vraiment ce qu'on ne peut pas recommencer ?). Le Texte, lui, est lié à la jouissance, c'est-à-dire au plaisir sans séparation. Ordre du signifiant, le Texte participe à sa manière d'une utopie sociale ; avant l'Histoire (à supposer que celle-ci ne choisisse pas la barbarie), le Texte accomplit sinon la transparence des rapports sociaux, du moins celle des rapports de langage : il est l'espace où aucun langage n'a barre sur un autre, où les langages circulent (en gardant le sens circulaire du terme).

*

Ces quelques propositions ne constituent pas forcément les articulations d'une Théorie du Texte. Cela ne tient pas seulement aux insuffisances du présentateur (qui d'autre part, en bien des points, n'a fait que reprendre ce qui se cherche autour de lui). Cela tient à ce qu'une Théorie du texte ne peut se satisfaire d'une exposition méta-linguistique : la destruction du méta-langage, ou tout au moins (car il peut être nécessaire d'y recourir provisoirement) sa mise en suspicion, fait partie de la théorie elle-même : le discours sur le Texte ne devrait être lui-même que texte, recherche, travail de texte, puisque le Texte est cet espace *social* qui ne laisse aucun langage à l'abri, extérieur, ni aucun sujet de l'énonciation en situation de juge, de maître, d'analyste, de confesseur, de déchiffreur : la théorie du Texte ne peut coïncider qu'avec une pratique de l'écriture.

1971, *Revue d'esthétique*.

# La mythologie aujourd'hui

Il y a maintenant quinze ans[1], une certaine idée du mythe contemporain a été proposée. Cette idée, à vrai dire peu élaborée à son début (le mot gardait une valeur ouvertement métaphorique), comportait cependant quelques articulations théoriques. 1. Le mythe, proche de ce que la sociologie durkheimienne appelle une « représentation collective », se laisse lire dans les énoncés anonymes de la presse, de la publicité, de l'objet de grande consommation ; c'est un déterminé social, un « reflet ». 2. Ce reflet cependant, conformément à une image célèbre de Marx, est *inversé* : le mythe consiste à renverser la culture en nature, ou du moins le social, le culturel, l'idéologique, l'historique en « naturel » : ce qui n'est qu'un produit de la divison des classes et de ses séquelles morales, culturelles, esthétiques, est présenté (énoncé) comme « allant de soi » ; les fondements tout contingents de l'énoncé deviennent, sous l'effet de l'inversion mythique, le Bon Sens, le Bon Droit, la Norme, l'Opinion courante, en un mot l'*Endoxa* (figure laïque de l'Origine). 3. Le mythe contemporain est discontinu : il ne s'énonce plus en grands récits constitués, mais seulement en « discours » ; c'est tout au plus une *phraséologie*, un corpus de phrases (de stéréotypes) ; le mythe disparaît, mais il reste, d'autant plus insidieux, le *mythique*. 4. Comme parole (c'était après tout le sens de *muthos*), le mythe contemporain relève d'une sémiologie : celle-ci permet de « redresser » l'inversion mythique, en décomposant le message en deux systèmes sémantiques : un système connoté, dont le signifié est idéologique (et par

---

1. Les textes des *Mythologies* ont été écrits entre 1954 et 1956 ; le livre, paru en 1957, vient d'être republié en livre de poche, Éd. du Seuil, coll. « Points », 1970.

conséquent « droit », « non-inversé » ou, pour être plus clair, quitte à parler un langage moral, *cynique*), et un système dénoté (la littéralité apparente de l'image, de l'objet, de la phrase), dont la fonction est de naturaliser la proposition de classe en lui donnant la caution de la plus « innocente » des natures : celle du langage (millénaire, maternelle, scolaire, etc.).

Tel apparaissait, tel du moins m'apparaissait, le mythe aujourd'hui. Quelque chose a-t-il changé ? Ce n'est pas la société française, du moins à ce niveau, car l'histoire mythique est d'une autre longueur que l'histoire politique ; ce ne sont pas non plus les mythes ni même l'analyse ; il y a toujours, abondant, du mythique dans notre société : également anonyme, retors, fragmenté, bavard, offert à la fois à une critique idéologique et à un démontage sémiologique. Non, ce qui a changé depuis quinze ans, c'est la *science de la lecture,* sous le regard de laquelle le mythe, tel un animal, depuis longtemps capturé et observé, devient cependant un *autre objet.*

Une science du signifiant (même si elle se cherche encore) a en effet pris place dans le travail de l'époque ; sa fin est moins l'analyse du signe que sa dislocation. Concernant le mythe, et bien que ce soit là un travail qui reste à faire, la nouvelle sémiologie — ou la nouvelle mythologie — ne peut plus ou ne pourra plus séparer aussi facilement le signifiant du signifié, l'idéologique du phraséologique. Ce n'est pas que cette distinction soit fausse ou inefficace, mais elle est devenue en quelque sorte mythique : pas un étudiant qui ne dénonce le caractère bourgeois ou petit-bourgeois d'une forme (de vie, de pensée, de consommation) ; autrement dit, il s'est créé une *endoxa* mythologique : la dénonciation, la démystification (ou démythification) est devenue elle-même discours, corpus de phrases, énoncé catéchistique ; en face de quoi, la science du signifiant ne peut que se déplacer et s'arrêter (provisoirement) plus loin : non plus à la dissociation (analytique) du signe, mais à sa vacillation même : ce ne sont plus les mythes qu'il faut démasquer (l'*endoxa* s'en charge), c'est le signe lui-même qu'il faut ébranler : non pas révéler le sens (latent) d'un énoncé, d'un trait, d'un récit, mais fissurer la représentation même du sens ; non pas changer ou purifier les symboles, mais contester le symbolique lui-même. Il arrive un peu à la sémiologie (mythologique) ce qui est arrivé à la psychanalyse : elle a commencé, nécessairement, par établir des listes de symboles (une dent qui tombe, c'est le sujet châtré, etc.), mais aujourd'hui, beaucoup plus que ce lexique qui, sans être faux, ne l'intéresse plus (mais intéresse énormément les amateurs de vulgate psychanalytique), elle interroge la dialectique même du signifiant ; de même la sémiologie : elle a commencé par établir un lexique mythologique, mais aujourd'hui la tâche qui est devant elle est plutôt d'ordre syntaxique (de quelles articulations, de quels déplacements est fait le tissu mythique d'une société de haute consommation ?) ; dans un premier temps, on a visé la destruction du signifié (idéologique) ; dans un second temps, on vise la destruction du signe : à la « mythoclastie » succède, beaucoup plus large et portée à un autre niveau, une « sémioclastie ». Le champ historique s'est par là même étendu : ce n'est plus la (petite) société française ; c'est, bien au-delà, historiquement et géographiquement, toute la civilisation occidentale (gréco-judéo-islamo-chrétienne), unifiée sous une même théologie (l'essence, le monothéisme) et identifiée par le régime de sens qu'elle pratique, de Platon à *France-Dimanche*.

La science du signifiant apporte à la mythologie contemporaine une seconde rectification (ou un second élargissement). Le monde, pris en écharpe par le langage, est écrit, de part en part ; les signes, reculant sans cesse leurs fondements, transformant leurs signifiés en nouveaux signifiants, se citant les uns les autres à l'infini, ne s'arrêtent nulle part : l'écriture est généralisée. Si l'aliénation de la société oblige toujours à démystifier les langages (et notamment celui des mythes), la voie de ce combat n'est pas, n'est plus, le déchiffrement critique, c'est l'*évaluation*. Face à toutes les écritures du monde, à l'entrelacs des discours divers (didactiques, esthétiques, informatifs, politiques, etc.), il s'agit d'apprécier des niveaux de réification, des degrés de densité phraséologique. Arrivera-t-on à préciser une notion qui me paraît essentielle : celle de *compacité* d'un langage ? Les langages sont plus ou moins *épais* ; certains, les plus sociaux, les plus mythiques, présentent une homogénéité inébranlable (il y a une force du sens, il y a une guerre des sens) : tissé d'habitudes, de répétitions, de stéréotypes, de clausules obligées et de mots clefs, chacun constitue un *idiolecte* (notion qu'il y a vingt ans je désignais du nom d'écriture) ; plus donc que des mythes, ce sont aujourd'hui des idiolectes qu'il faut distinguer, décrire ; aux mythologies succéderait, plus formelle, et par là même, je crois, plus pénétrante, une idiolectologie, dont les concepts opératoires ne seraient plus le signe, le signifiant, le signifié et la connotation, mais la citation, la référence, le stéréotype. De la sorte, les langages, épais (tel le discours mythique) pourraient être pris dans l'enfilade d'une trans-écriture, dont le « texte » (qu'on appelle encore littéraire), antidote du mythe, occuperait le pôle, ou plutôt la région aérée, légère, espacée, ouverte, décentrée, noble et libre, là où l'écriture s'éploie contre l'idiolecte, c'est-à-dire à sa limite et le combattant. Le mythe doit être pris en effet dans une théorie générale du langage, de l'écriture, du signifiant, et cette théorie, appuyée sur les formulations de l'ethnologie, de la psychanalyse, de la sémiologie et de l'analyse idéologique, doit élargir son objet jusqu'à la *phrase*, ou mieux encore, jusqu'aux *phrases* (au pluriel de la phrase) ; j'entends par là que le mythique est présent partout où *l'on fait des phrases*, où *l'on raconte des histoires* (dans tous les sens des deux expressions) : du langage intérieur à la conversation, de l'article de presse au sermon politique, du roman (s'il en reste) à l'image publicitaire — toutes paroles qui pourraient être recouvertes par le concept d'*Imaginaire* lacanien.

Ceci n'est qu'un programme, peut-être même seulement une « envie ». Je crois pourtant que, même si la nouvelle sémiologie, préoccupée surtout, récemment, du texte littéraire, ne s'est plus appliquée aux mythes de notre temps depuis le texte final des *Mythologies*, où j'esquissais une première approche sémiotique de la parole sociale, elle est du moins consciente de sa tâche : non plus seulement *renverser* (ou *redresser*) le message mythique, le remettre à l'endroit, dénotation en bas et connotation en haut, nature en surface et intérêt de classe en profondeur, mais changer l'objet lui-même, engendrer un nouvel objet, départ d'une nouvelle science ; passer, toutes proportions gardées (on s'en doute), et pour reprendre le dessein d'Althusser, de Feuerbach à Marx, du jeune Marx au grand Marx.

1971, *Esprit*.

# Digressions

## 1. Formalisme

Il n'est pas sûr que le mot *formalisme* doit être tout de suite liquidé, car ses ennemis sont les nôtres, à savoir : les scientistes, les causalistes, les spiritualistes, les fonctionnalistes, les spontanéistes ; les attaques contre le formalisme se font toujours au nom du contenu, du sujet, de la Cause (mot ironiquement ambigu, puisqu'il renvoie à une foi et à un déterminisme, comme si c'était la même chose), c'est-à-dire au nom du signifié, au nom du Nom. Nous n'avons pas à prendre nos distances à l'égard du formalisme, mais seulement nos aises (l'aise, ordre du désir, est plus subversive que la distance, ordre de la censure). Le formalisme auquel je pense ne consiste pas à « oublier », à « négliger », à « réduire » le contenu (« l'homme »), mais seulement à *ne pas s'arrêter* au seuil du contenu (gardons provisoirement le mot) ; le contenu est *précisément* ce qui intéresse le formalisme, car sa tâche inlassable est en chaque occasion de le reculer (jusqu'à ce que la notion d'origine cesse d'être pertinente), de le déplacer selon un jeu de formes successives. N'est-ce pas ce qui arrive à la science physique elle-même, qui, depuis Newton, n'en finit pas de reculer la matière, non au profit de l'« esprit », mais au profit de l'aléatoire ? (Rappelons-nous Verne citant Poe : « Un hasard doit être incessamment la matière d'un calcul rigoureux. ») Ce qui est matérialiste, ce n'est pas la matière, c'est le recul, la levée des crans d'arrêt ; ce qui est formaliste, ce n'est pas la « forme », c'est le *temps* relatif, dilatoire, des contenus, la précarité des repères.

Pour nous déconditionner de toutes les philosophies (ou théologies) du signifié, c'est-à-dire de l'Arrêt, puisque nous autres, « littéraires », nous ne disposons pas du formalisme souverain, celui de la mathématique, il nous faut employer le plus de métaphores possible, car la métaphore est une voie d'accès au signifiant ; à défaut d'algorithme, c'est elle qui peut donner congé au signifié, surtout si on parvient à la désoriginer [1]. Je propose aujourd'hui celle-ci : la scène du monde (le monde comme scène) est occupée par un jeu de « décors » (de textes) : levez-en un, un autre apparaît derrière, et ainsi de suite. Pour raffiner, opposons deux théâtres. Dans les *Six Personnages* de Pirandello, la pièce se joue sur le fond « nu » du théâtre : pas de décors, seulement les murs, poulies et cordages de l'arrière-scène ; le personnage (le sujet) se constitue peu à peu à partir d'un « réel » défini par son caractère *a)* réduit, *b)* intérieur, *c)* causal ; il y a une machinerie, le sujet est un pantin ; aussi, en dépit de son modernisme (jouer sans décors, à même la cage de scène), ce théâtre reste spiritualiste : il oppose la « réalité » des causes, des dessous, des fonds, à l'« illusion » des toiles, des peintures, des effets. Dans *Une nuit à l'Opéra* des Marx Brothers, ce même problème est traité (sur le mode burlesque, évidemment : gage supplémentaire de vérité) : dans le final (éblouissant), la vieille sorcière du *Trouvère*, parodique d'elle-même, pousse imperturbablement sa chanson, le dos tourné à toute une valse de décors ; les uns montent, les autres descendent vivement ; la vieille est successivement adossée à des « contextes » différents, hétéroclites, impertinents (toutes les œuvres du répertoire, emmagasinées, fournissent des fonds fugitifs), dont elle ignore elle-même la permutation : chacune de ses phrases est un contre-sens. Ce charivari est bourré d'emblèmes : l'absence de fond remplacée par le pluriel roulant des décors, le codage des contextes (issu du répertoire d'opéra) et leur dérision, la polysémie délirante, et enfin l'illusion du sujet, chantant son imaginaire pour autant que l'autre

---

1. J'appelle métaphore inoriginée une chaîne de substitutions dans laquelle on s'abstient de repérer un terme premier, fondateur. La langue elle-même, parfois, produit des comparaisons sinon inoriginées, du moins inversées : l'*amadou* est une substance qui s'enflamme facilement ; il tire son nom (provençal) de l'amoureux qui s'enflamme : c'est le « sentimental » qui permet de nommer le « matériel ».

(le spectateur) le regarde, et qui croit parler adossé à un monde (à un décor) unique ; toute une scène du pluriel qui met en dérision le sujet : le *dissocie*.

# 2. Vide

L'idée de *décentrement* est certainement beaucoup plus importante que celle de *vide*. Celle-ci est ambiguë : certaines expériences religieuses s'accommodent très bien d'un *centre vide* (j'ai suggéré cette ambiguïté à propos de Tokyo, en rappelant que le centre vide de la ville était occupé par le palais de l'empereur). Ici encore, il faut refaire inlassablement nos métaphores. Tout d'abord, ce que nous abhorrons dans le *plein*, ce n'est pas seulement l'image d'une substance ultime, d'une compacité indissociable ; c'est aussi et surtout (du moins pour moi) une *mauvaise forme :* le plein, c'est subjectivement le souvenir (le passé, le Père), névrotiquement la répétition, socialement le stéréotype (il fleurit dans la culture dite de masse, dans cette civilisation endoxale qui est la nôtre). A l'opposé, le *vide* ne doit plus être conçu (imagé) sous la forme d'une absence (de corps, de choses, de sentiments, de mots, etc. : le *rien*) — nous sommes ici victimes de la physique ancienne ; nous avons une idée quelque peu chimique du vide. Le vide, c'est plutôt le nouveau, le retour du nouveau (qui est le contraire de la répétition). J'ai lu récemment dans une encyclopédie scientifique (mon savoir ne va évidemment pas au-delà) l'exposé d'une théorie physique (la plus récente, je crois) qui m'a donné quelque idée de ce fameux vide auquel je pense (je crois de plus en plus à la valeur métaphorique de la science) ; c'est la théorie de Chew et Mandelstram (1961), dite théorie du *bootstrap* (le *bootstrap* est la boucle de la botte par laquelle on peut la tirer et, idiomatiquement, l'occasion d'un proverbe : s'élever soi-même en se tirant par ses propres bottes) ; je cite : « Les particules existant dans l'univers ne seraient pas engendrées à partir de certaines particules plus élémentaires que d'autres [aboli le spectre ancestral de la filiation, de la détermination], mais elles représenteraient le bilan des interactions fortes à un instant donné [le monde : un système toujours provisoire de différences]. Autrement dit, l'ensemble des particules s'engendrerait lui-même *(self-consistance)*[1]. » Le vide dont nous parlons, ce serait en somme la *self-consistance* du monde.

## 3. Lisible

Le sens aboli, tout reste à faire, puisque le langage continue (la formule « tout reste à faire » renvoie évidemment au travail). Pour moi (peut-être ne l'ai-je pas assez dit), le prix du haïku est paradoxalement dans ceci qu'il est *lisible*. Ce qui — du moins dans ce monde *plein* — nous retranche le mieux du signe, ce n'est pas le *contraire* du signe, le non-signe, le non-sens (l'*illisible*, au sens courant), car ce non-sens est immédiatement récupéré par le sens (comme sens du non-sens) ; il est inutile de subvertir la langue en détruisant, par exemple, la syntaxe : c'est en fait une bien maigre subversion, qui, de plus, est loin d'être innocente, car, comme on l'a dit, « les petites subversions font les grands conformismes ». Le sens ne peut s'attaquer de front, par la simple assertion de son contraire ; il faut tricher, dérober, subtiliser (dans les deux acceptions du mot : raffiner et faire disparaître une propriété), c'est-à-dire à la rigueur parodier, mais encore mieux simuler. Le haïku, par toute une technique, voire un code métrique, a su évaporer le signifié ; il ne reste plus qu'un mince nuage de signifiant ; et c'est à ce moment-là, semble-t-il, que par une dernière torsion il prend le masque du lisible, copie, en les privant cependant de toute *référence*, les attributs du « bon message » (littéraire) : la clarté, la simplicité, l'élégance, la finesse. Le travail d'écriture auquel nous pensons aujourd'hui ne consiste ni à améliorer la communication ni à la détruire, mais à la *filigraner :* c'est en gros ce qu'a fait (parcimonieusement) l'écriture classique, qui est, pour cette raison, et quoi qu'il en soit, une écriture ; cependant, une nouvelle étape, amorcée ici et là dans le

1. *Encyclopédie Bordas*, « Les lois de la nature ».

dernier siècle, a commencé, où ce n'est plus le sens qui est rendu (libéralement) pluriel à l'intérieur d'un seul code (celui du « bien écrire »), mais l'ensemble même du langage (comme « hiérarchie fluctuante » de codes, de logiques) qui est visé, travaillé ; cela doit encore se faire dans l'apparence de la communication, car les conditions sociales, historiques, d'une libération du langage (par rapport aux signifiés, à la *propriété* du discours) ne sont nulle part encore réunies. D'où l'importance actuelle des concepts théoriques (directeurs) de paragramme, de plagiat, d'intertextualité, de fausse lisibilité.

## 4. Langue

« *La langue n'est pas une superstructure* », dites-vous. A ce sujet, deux remarques restrictives. D'abord, la proposition ne peut être sûre tant que la notion de « superstructure » n'est pas éclaircie, et elle est actuellement en plein remaniement (du moins je le souhaite). Ensuite ceci : si l'on conçoit une histoire « monumentale », il est certainement possible de reprendre la langue, les langues, dans une totalité structurale : il y a une « structure » de l'indo-européen (par opposition, par exemple, aux langues orientales) qui est en rapport avec les institutions de cette aire de civilisation : chacun sait que la grande coupure passe *entre* l'Inde et la Chine, l'indo-européen et les langues asiatiques, la religiosité bouddhique et le taoïsme ou le zen (le zen est apparemment bouddhique, mais il n'est pas du côté du bouddhisme ; le clivage dont je parle n'est pas celui de l'histoire des religions ; c'est précisément celui des langues, du langage).

Quoi qu'il en soit, même si la langue n'est pas une superstructure, le rapport à la langue est politique. Cela n'est peut-être pas sensible dans un pays historiquement et culturellement « tassé » comme la France : la langue n'est pas ici un thème politique ; cependant il suffirait de réveiller le problème (par n'importe quelle forme de recherche : élaboration d'une socio-linguistique engagée ou simple numéro spécial de revue), pour être sans doute stupéfait de son évidence, de son ampleur, de son acuité (par rapport à leur langue, les Français sont simplement *endormis,* chloroformés par des siècles d'autorité classique) ; dans des pays moins nantis, le rapport à la langue est brûlant ; dans les pays arabes naguère colonisés, la langue est un problème d'État où s'investit tout le politique. Je ne suis pas sûr d'ailleurs qu'on soit bien préparé à le résoudre : il manque une théorie politique du langage, une méthodologie qui permettrait de mettre à jour les processus d'*appropriation* de la langue et d'étudier la « propriété » des moyens d'énonciation, quelque chose comme *le Capital* de la science linguistique (je pense pour ma part qu'une telle théorie s'élaborera peu à peu à partir des balbutiements actuels de la sémiologie, dont ce sera en partie le sens historique) ; cette théorie (politique) devra notamment décider *où s'arrête la langue* et si elle s'arrête quelque part ; il prévaut actuellement dans certains pays encore embarrassés par l'ancienne langue coloniale (le français) l'idée *réactionnaire* que l'on peut séparer la langue de la « littérature », enseigner l'une (comme langue étrangère) et refuser l'autre (réputée « bourgeoise ») ; malheureusement, il n'y a pas de seuil à la langue, on ne peut arrêter la langue ; on peut à la rigueur fermer, isoler la grammaire (et donc l'enseigner canoniquement), mais non le lexique, encore moins le champ associatif, connotatif ; un étranger qui apprend le français se trouve très vite, ou du moins devrait se trouver, si l'enseignement était bien fait, devant les mêmes problèmes idéologiques qu'un Français face à sa propre langue ; la littérature n'est jamais que l'approfondissement, l'extension de la langue, et à ce titre elle est le champ idéologique le plus large, celui où se débat le problème structural dont j'ai parlé au début (je dis tout cela en fonction de mon expérience marocaine).

La langue est infinie (sans fin), et de cela il faut tirer les conséquences ; la langue commence avant la langue ; c'est ce que j'ai voulu dire à propos du Japon, en exaltant la communication que j'ai pratiquée là-bas, en dehors même d'une langue parlée que je ne connais pas, mais dans le bruissement, la respiration émotive de cette langue inconnue. Vivre dans un pays dont on ne connaît pas la langue, y vivre largement, en dehors des cantonnements touristiques, est la plus dangereuse des aventures (au sens naïf que cette expression peut avoir dans des romans pour la jeunesse) ;

c'est plus périlleux (pour le « sujet ») que d'affronter la jungle, car il faut *excéder* la langue, se tenir dans sa marge supplémentaire, c'est-à-dire dans son infini sans profondeur. Si j'avais à imaginer un nouveau Robinson, je ne le placerais pas dans une île déserte, mais dans une ville de douze millions d'habitants, dont il ne saurait déchiffrer ni la parole ni l'écriture : ce serait là, je crois, la forme moderne du mythe.

## 5. Sexualité

La délicatesse du jeu sexuel, c'est là une idée très importante et tout à fait inconnue, me semble-t-il, de l'Occident (motif majeur pour s'y intéresser). La raison en est simple. En Occident, la sexualité ne se prête, très pauvrement, qu'à un langage de transgression ; mais faire de la sexualité un champ de transgression, c'est encore la tenir prisonnière d'un binaire (*pour/contre*), d'un paradigme, d'un sens. Penser la sexualité comme un continent noir, c'est encore la soumettre au sens (*blanc/noir*). L'aliénation de la sexualité est consubstantiellement liée à l'aliénation du sens, par le sens. Ce qui est difficile, ce n'est pas de libérer la sexualité selon un projet plus ou moins libertaire, c'est de la dégager du sens, y compris de la transgression comme sens. Voyez encore les pays arabes. On y transgresse aisément certaines règles de la « bonne » sexualité par une pratique assez facile de l'homosexualité (à condition de ne jamais la *nommer* : mais c'est là un autre problème, le problème immense de la verbalisation du sexuel, barrée dans les civilisations à « honte », cependant que cette même verbalisation est chérie — confessions, représentations pornographiques — des civilisations à « culpabilité ») ; mais cette transgression reste implacablement soumise à un régime du sens strict : l'homosexualité, pratique transgressive, reproduit alors immédiatement en elle (par une sorte de colmatage défensif, de réflexe apeuré) le paradigme le plus pur qu'on puisse imaginer, celui de l'actif/passif, du possédant/possédé, du niqueur/niqué, du tapeur/tapé (ces mots « pieds-noirs » sont ici de circonstance : encore la valeur idéologique de la langue). Or, le paradigme, c'est le sens ; aussi, dans ces pays, toute pratique qui déborde l'alternative, la brouille ou simplement la retarde (ce que certains appellent dédaigneusement, là-bas, *faire l'amour*), est d'un même mouvement *interdite* et *inintelligible*. La « délicatesse » sexuelle s'oppose au caractère frustre de ces pratiques non sur le plan de la transgression, mais sur celui du sens ; on peut la définir comme un *brouillage du sens*, dont les voies d'énonciation sont ou des protocoles de « politesse », ou des techniques sensuelles, ou une conception nouvelle du « temps » érotique. On peut dire tout cela d'une autre manière : l'interdit sexuel est entièrement levé non au profit d'une « liberté » mythique (concept tout juste bon pour satisfaire les timides fantasmes de la société dite de masse), mais au profit de codes vides, ce qui exonère la sexualité du mensonge spontanéiste. Sade a bien vu cela : les pratiques qu'il énonce sont soumises à une combinatoire rigoureuse ; cependant elles restent marquées d'un élément mythique proprement occidental : une sorte d'éréthisme, de transe, ce que vous appelez très bien une sexualité *chaude* ; et c'est encore sacraliser le sexe en en faisant l'objet non d'un hédonisme, mais d'un *enthousiasme* (le dieu l'anime, le vivifie).

## 6. Signifiant

Le signifiant : il faut nous résoudre à abuser encore longtemps du mot (notons une fois pour toutes que nous n'avons pas à le définir, mais à l'employer, c'est-à-dire à le métaphoriser, à l'opposer — notamment au signifié, dont on a cru au début de la sémiologie qu'il était le simple corrélat, mais dont nous savons mieux aujourd'hui qu'il est l'adversaire). La tâche actuelle est double. D'une part il faut arriver à concevoir (j'entends par ce mot une opération plus métaphorique qu'analytique) comment peut s'énoncer contradictoirement *la profondeur et la légèreté du signifiant* (n'oublions pas que *léger* peut être un mot nietzschéen) ; car, d'un côté, le signifiant n'est pas « profond », il ne se développe pas selon un plan d'intériorité et de secret ; mais, d'un autre côté,

que faire de ce fameux signifiant sinon quelque chose comme
s'immerger en lui, plonger loin du signifié, dans la matière, dans le
texte ? Comment s'enfouir dans du léger ? Comment s'étendre
sans se gonfler et sans se creuser ? A quelle substance comparer le
signifiant ? Certainement pas à l'eau, fût-elle océanique, car les
mers ont un fond ; plutôt au ciel, à l'espace cosmique, en ce qu'il a
précisément d'*impensable*. D'autre part, cette même exploration
métaphorique devrait être menée sur le mot *travail* (qui, en fait,
bien plus que *signifié*, est le vrai corrélat de *signifiant*) ; c'est lui
aussi un mot-*numen* (un mot capable d'armer un discours) ; je
l'analyse comme suit : associé au problème du texte, il s'entend
dans l'acception que lui a donnée Julia Kristeva, de *travail
pré-sens :* travail hors du sens, de l'échange, du calcul, dans la
dépense, le jeu ; je crois que c'est cette direction qu'il faut
explorer ; encore faudrait-il prévenir certaines connotations :
éliminer complètement l'idée du *travail-peine*, et peut-être se
priver (par rigueur et tout au moins pour commencer) de la
métonymie qui donne à tout travail la caution prolétarienne — ce
qui permet évidemment de faire passer le « travail » du signifiant
dans le camp socialiste (où il est d'ailleurs diversement accueilli),
mais devrait peut-être se penser d'une façon plus lente, plus
patiente, plus dialectique. Cette grande question du « travail » est
en somme dans un creux, dans un blanc de notre culture ;
elliptiquement, je dirais que ce blanc est exactement le même que
celui qui annule jusqu'ici le rapport de Marx et de Nietzsche :
rapport des plus résistants, et où par conséquent il faut aller voir.
Qui s'en occupera ?

## 7. Armes

Vous opposez d'une manière très frappante les *signes* aux *armes*,
mais selon un processus encore substitutif, et vous ne pouvez faire
autrement ; car les signes et les armes, c'est la même chose ; tout
combat est sémantique, tout sens est guerrier ; le signifié est le nerf
de la guerre, la guerre est la structure même du sens ; nous sommes

actuellement dans la guerre non du sens (une guerre pour abolir le sens), mais des sens : des signifiés s'affrontent, munis de toutes les sortes d'armes possibles (militaires, économiques, idéologiques, voire névrotiques) ; il n'y a actuellement dans le monde aucun lieu institutionnel d'où le signifié soit banni (on ne peut aujourd'hui chercher à le dissoudre qu'en trichant avec les institutions, dans des lieux instables, fugitivement occupés, inhabitables, contradictoires au point d'en paraître parfois réactionnaires). Pour ma part, le paradigme sur lequel en toute rigueur (c'est-à-dire au-delà d'une position politique préférentielle) j'essaie de me régler, n'est pas *impérialisme/socialisme*, mais *impérialisme/autre chose* : cette levée de la marque au moment où le paradigme va se conclure, cette opposition rendue boiteuse par le raccourci, le supplément ou la déviation du *neutre*, cette béance d'utopie, il faut bien m'y résoudre, est le seul lieu où je puisse actuellement me tenir. L'impérialisme, c'est le *plein* ; en face, il y a le *reste*, non signé : un texte sans titre.

A partir d'un questionnaire de
Guy Scarpetta. 1971, *Promesses*.

# Le bruissement de la langue

La parole est irréversible, telle est sa fatalité. Ce qui a été dit ne peut se reprendre, *sauf à s'augmenter* : corriger, c'est, ici, bizarrement, ajouter. En parlant, je ne puis jamais gommer, effacer, annuler ; tout ce que je puis faire, c'est de dire « j'annule, j'efface, je rectifie », bref de parler encore. Cette très singulière annulation par ajout, je l'appellerai « bredouillement ». Le bredouillement est un message deux fois manqué : d'une part on le comprend mal, mais d'autre part, avec effort, on le comprend tout de même ; il n'est vraiment ni dans la langue ni hors d'elle : c'est un bruit de langage comparable à la suite des coups par lesquels un moteur fait entendre qu'il est mal en point ; tel est précisément le sens de la *ratée*, signe sonore d'un échec qui se profile dans le fonctionnement de l'objet. Le bredouillement (du moteur ou du sujet), c'est en somme une peur : j'ai peur que la marche vienne à s'arrêter.

*

La mort de la machine : elle peut être douloureuse à l'homme, s'il la décrit comme celle d'une bête (voir le roman de Zola). En somme, si peu sympathique que soit la machine (parce qu'elle constitue, sous la figure du robot, la plus grave des menaces : la *perte du corps*), il y a pourtant en elle la possibilité d'un thème euphorique : son *bon fonctionnement* ; nous redoutons la machine en ce qu'elle marche toute seule, nous en jouissons en ce qu'elle marche bien. Or, de même que les dysfonctions du langage sont en quelque sorte résumées dans un signe sonore : le bredouillement, de même le bon fonctionnement de la machine s'affiche dans un être musical : le *bruissement*.

*

93

Le bruissement, c'est le bruit de ce qui marche bien. Il s'ensuit ce paradoxe : le bruissement dénote un bruit limite, un bruit impossible, le bruit de ce qui, fonctionnant à la perfection, n'a pas de bruit ; bruire, c'est faire entendre l'évaporation même du bruit : le ténu, le brouillé, le frémissant, sont reçus comme les signes d'une annulation sonore.

Ce sont donc les machines heureuses qui bruissent. Lorsque la machine érotique, mille fois imaginée et décrite par Sade, agglomérat « pensé » de corps dont les sites amoureux sont soigneusement ajustés les uns aux autres, lorsque cette machine se met en marche, par les mouvements convulsifs des participants, elle tremble et bruit légèrement : bref, *ça marche,* et ça marche bien. Ailleurs, lorsque les Japonais d'aujourd'hui s'adonnent en masse, dans de grands halls, au jeu de la machine à sous (appelée là-bas *Pachinko*), ces halls sont emplis du bruissement énorme des billes, et ce bruissement signifie que quelque chose, collectivement, marche : le plaisir (énigmatique pour d'autres raisons) de jouer, d'agir le corps avec exactitude. Car le bruissement (on le voit par l'exemple sadien et par l'exemple japonais) implique une communauté de corps : dans les bruits du plaisir qui « marche », aucune voix ne s'élève, ne guide ou ne s'écarte, aucune voix ne se constitue ; le bruissement, c'est le bruit même de la jouissance plurielle — mais nullement massive (la masse, elle, tout au contraire, a une seule voix, et terriblement forte).

*

Et la langue, elle, peut-elle bruire ? Parole, elle reste, semble-t-il, condamnée au bredouillement ; écriture, au silence et à la distinction des signes : de toute manière, il reste toujours *trop de sens* pour que le langage accomplisse une jouissance qui serait propre à sa matière. Mais ce qui est impossible n'est pas inconcevable : le bruissement de la langue forme une utopie. Quelle utopie ? Celle d'une musique du sens ; j'entends par là que dans son état utopique la langue serait élargie, je dirais même *dénaturée,* jusqu'à former un immense tissu sonore dans lequel l'appareil sémantique se trouverait irréalisé ; le signifiant phonique, métrique, vocal, se déploierait dans toute sa somptuosité, sans que jamais un signe s'en détache (vienne *naturaliser* cette pure nappe de

94

jouissance), mais aussi — et c'est là le difficile — sans que le sens soit brutalement congédié, dogmatiquement forclos, bref châtré. Bruissante, confiée au signifiant par un mouvement inouï, inconnu de nos discours rationnels, la langue ne quitterait pas pour autant un horizon du sens : le sens, indivis, impénétrable, innommable, serait cependant posé au loin comme un mirage, faisant de l'exercice vocal un paysage double, muni d'un « fond » ; mais au lieu que la musique des phonèmes soit le « fond » de nos messages (comme il arrive dans notre Poésie), le sens serait ici le point de fuite de la jouissance. Et de même que, attribué à la machine, le bruissement n'est que le bruit d'une absence de bruit, de même, reporté à la langue, il serait ce sens qui fait entendre, une exemption de sens, ou — c'est la même chose — ce non-sens qui ferait entendre au loin un sens désormais libéré de toutes les agressions dont le signe, formé dans la « triste et sauvage histoire des hommes », est la boîte de Pandore.

C'est une utopie, sans doute ; mais l'utopie est souvent ce qui guide les recherches de l'avant-garde. Il existe donc ici et là, par moments, ce que l'on pourrait appeler des expériences de bruissement : telles certaines productions de la musique post-sérielle (il est bien significatif que cette musique accorde une importance extrême à la voix : c'est la voix qu'elle travaille, cherchant à dénaturer en elle le sens, mais non le volume sonore), certaines recherches de radiophonie ; tels encore les derniers textes de Pierre Guyotat ou de Philippe Sollers.

*

Bien plus, cette recherche autour du bruissement, nous pouvons la mener nous-mêmes, et dans la vie, dans les aventures de la vie ; dans ce que la vie nous apporte d'une manière impromptue. L'autre soir, voyant le film d'Antonioni sur la Chine, j'ai éprouvé tout d'un coup, au détour d'une séquence, le bruissement de la langue : dans une rue de village, des enfants, adossés à un mur, lisent à haute voix, chacun pour lui, tous ensemble, un livre différent ; cela bruissait de la bonne façon, comme une machine qui marche bien ; le sens m'était doublement impénétrable, par inconnaissance du chinois et par brouillage de ces lectures simultanées ; mais j'entendais, dans une sorte de perception hallucinée tant elle recevait intensément toute la subtilité de la scène, j'entendais la musique, le souffle, la tension, l'application, bref quelque chose comme un *but*. Quoi ! Suffit-il de parler tous ensemble pour faire bruire la langue, de la manière rare, empreinte de jouissance, qu'on vient de dire ? Nullement, bien sûr ; il faut à la scène sonore une érotique (au sens le plus large du terme), l'élan, ou la découverte, ou le simple accompagnement d'un émoi : ce qu'apportait précisément le visage des gosses chinois.

\*

Je m'imagine aujourd'hui un peu à la manière de l'ancien Grec, tel que le décrit Hegel : il interrogeait, dit-il, avec passion, sans relâche, le bruissement des feuillages, des sources, des vents, bref le frisson de la Nature, pour y percevoir le dessin d'une intelligence. Et moi, c'est le frisson du sens que j'interroge en écoutant le bruissement du langage — de ce langage qui est ma Nature à moi, homme moderne.

In *Vers une esthétique sans entraves*
(Mélanges Mikel Dufrenne)
© U.G.E., 1975.

# Jeunes chercheurs

Ce numéro de *Communications* est particulier : il n'a pas été conçu pour explorer un savoir ou illustrer un thème ; son unité, du moins son unité originelle, n'est pas dans son objet, mais dans le groupe de ses auteurs : ce sont tous des étudiants, récemment engagés dans la recherche ; ce qui a été volontairement rassemblé, ce sont les premiers travaux de jeunes chercheurs, suffisamment libres pour avoir conçu eux-mêmes leur projet de recherche et cependant encore soumis à une institution, celle du doctorat de troisième cycle. Ce sur quoi on s'interroge ici est donc principalement la recherche elle-même, ou du moins une certaine recherche, celle qui est encore liée au domaine traditionnel des arts et des lettres. C'est uniquement de cette recherche qu'il s'agira.

\*

Au seuil de son travail, l'étudiant subit une série de divisions. En tant que jeune, il appartient à une classe économique définie par son improductivité : il n'est ni possédant ni producteur ; il est hors de l'échange, et même, si l'on peut dire, hors de l'exploitation : socialement, il est exclu de toute nomination. En tant qu'intellectuel, il est entraîné dans la hiérarchie des travaux, il est censé participer à un luxe spéculatif, dont il peut cependant jouir car il n'en a pas la maîtrise, c'est-à-dire la disponibilité de communication. En tant que chercheur, il est voué à la séparation des discours : d'un côté le discours de la scientificité (discours de la Loi) et, de l'autre, le discours du désir, ou écriture.

\*

97

Le travail (de recherche) doit être pris dans le désir. Si cette prise ne s'accomplit pas, le travail est morose, fonctionnel, aliéné, mû par la seule nécessité de passer un examen, d'obtenir un diplôme, d'assurer une promotion de carrière. Pour que le désir s'insinue dans mon travail, il faut que ce travail me soit *demandé* non par une collectivité qui entend s'assurer de mon labeur (de ma peine) et comptabiliser la rentabilité des prestations qu'elle me consent, mais par une assemblée vivante de lecteurs en qui se fait entendre le désir de l'Autre (et non le contrôle de la Loi). Or dans notre société, dans nos institutions, ce qu'on demande à l'étudiant, au jeune chercheur, au travailleur intellectuel, n'est jamais son désir : on ne lui demande pas d'écrire, on lui demande ou de parler (au long d'innombrables exposés) ou de « rapporter » (en vue de contrôles réguliers).

On a voulu ici que le travail de recherche soit *dès ses débuts* l'objet d'une demande forte, formulée en dehors de l'institution et qui ne peut être que la demande d'écriture. Bien entendu, c'est seulement un petit morceau d'utopie qui est figuré dans ce numéro, car on se doute bien que la société n'est pas prête à concéder largement, institutionnellement, à l'étudiant, et singulièrement à l'étudiant « en lettres », ce bonheur : qu'on ait besoin de lui ; non de sa compétence ou de sa fonction futures, mais de sa passion présente.

*

Il est peut-être temps d'ébranler une certaine fiction : la fiction qui veut que la recherche s'expose, mais ne s'écrit pas. Le chercheur serait essentiellement un prospecteur de matériaux et c'est à ce niveau que se poseraient ses problèmes ; parvenu au moment de communiquer des « résultats », tout serait résolu ; « mettre en forme » ne serait plus qu'une vague opération finale, rapidement menée grâce à quelques techniques d'« expression » apprises au lycée et dont la seule contrainte serait de se soumettre au code du genre (« clarté », suppression des images, respect des lois du raisonnement). Pourtant, il s'en faut de beaucoup que, même en restant à de simples tâches d'« expression », l'étudiant en sciences sociales soit suffisamment armé. Et, lorsque l'objet de la recherche est le Texte (on reviendra sur ce mot), le chercheur est acculé à un dilemme, redoutable : ou bien parler du Texte selon le code conventionnel de l'écrivance, c'est-à-dire rester prisonnier de l'« imaginaire » du savant, qui se veut, ou, ce qui est bien pis, se croit extérieur à l'objet de son étude et prétend, en toute innocence, en toute assurance, mettre son propre langage en position d'exterritorialité ; ou bien entrer lui-même dans le jeu du signifiant, dans l'infini de l'énonciation, en un mot « écrire » (ce qui ne veut pas dire simplement « bien écrire »), retirer le « moi », qu'il croit être, de sa coque imaginaire, de ce code scientifique, qui protège mais aussi trompe, en un mot jeter le sujet à travers le blanc de la page, non pour l'« exprimer » (rien à voir avec la « subjectivité »), mais pour le disperser : ce qui est alors déborder le discours régulier de la recherche. C'est évidemment ce débordement, fût-il léger, auquel on permet, dans ce numéro-ci, d'entrer en scène : débordement variable selon les auteurs : on n'a pas cherché à donner une prime particulière à telle ou telle écriture ; l'important, c'est qu'à un niveau ou à un autre de son travail (savoir, méthode, énonciation) le chercheur décide de ne pas s'en laisser accroire par la Loi du discours scientifique (le discours de la science n'est pas forcément la science : en contestant le discours du savant, l'écriture ne dispense en rien des règles du travail scientifique).

\*

La recherche est faite pour être publiée, mais elle l'est rarement, surtout en ses débuts, qui ne sont pas forcément moins importants que sa fin : la réussite d'une recherche — surtout textuelle — ne tient pas à son « résultat », notion fallacieuse, mais à la nature *réflexive* de son énonciation ; c'est à tout instant de son parcours qu'une recherche peut retourner le langage sur lui-même et faire ainsi céder la mauvaise foi du savant : en un mot déplacer l'auteur et le lecteur. Cependant, on le sait, les travaux d'étudiants sont peu publiés : la thèse de troisième cycle est en fait un discours refoulé. En publiant des fragments de premières recherches, nous espérons combattre ce refoulement ; et ce que nous voudrions de la sorte libérer, ce n'est pas seulement l'auteur de l'article, c'est son lecteur, car le lecteur (et notamment le lecteur de revue) est lui aussi entraîné dans la division des langages spécialisés. Il faut que la recherche ne soit plus ce travail parcimonieux qui se joue soit dans la « conscience » du chercheur (forme douloureuse, autiste, du monologue), soit dans le pauvre va-et-vient qui fait du « directeur » d'une recherche son seul lecteur. Il faut que la recherche rejoigne la circulation anonyme du langage, la dispersion du Texte.

*

Ces études sont des recherches en ceci qu'elles veulent renouveler la lecture (des textes anciens). Renouveler la lecture : il ne s'agit pas de substituer de nouvelles règles scientifiques aux anciennes contraintes de l'interprétation, mais plutôt d'imaginer qu'une lecture *libre* devient enfin la norme des « études littéraires ». La liberté dont il s'agit n'est évidemment pas n'importe quelle liberté (la liberté est contradictoire avec *n'importe quoi*) : sous la revendication d'une liberté innocente reviendrait la culture apprise, stéréotypée (le spontané est le champ *immédiat* du *déjà-dit*) : ce serait immanquablement le retour du signifié. La liberté qui est mise en scène dans ce numéro est la liberté du signifiant : retour des mots, des jeux de mots, des noms propres, des citations, des étymologies, des réflexivités du discours, des mises en pages, des blancs, des combinatoires, des refus de langages. Cette liberté *doit* être une virtuosité : celle qui permet de lire enfin dans le texte tuteur, si ancien soit-il, la devise de toute écriture : *ça circule*.

*

L'interdisciplinaire, dont on parle beaucoup, ne consiste pas à confronter des disciplines déjà constituées (dont, en fait, aucune ne consent à *s'abandonner*). Pour faire de l'interdisciplinaire, il ne suffit pas de prendre un « sujet » (un thème) et de convoquer autour deux ou trois sciences. L'interdisciplinaire consiste à créer un objet nouveau, qui n'appartienne à personne. Le Texte est, je crois, l'un de ces objets.

*

Le travail sémiotique accompli en France depuis une quinzaine d'années a en effet mis au premier plan une notion nouvelle qu'il faut peu à peu substituer à la notion d'œuvre : c'est le Texte. Le Texte — que l'on ne peut cantonner au domaine traditionnel de la

« Littérature » — a été fondé théoriquement par un certain nombre d'écrits initiateurs : le Texte a d'abord été théorie. Les travaux (on voudrait pouvoir dire : les témoignages) qui sont rassemblés ici correspondent à ce moment où la théorie doit se fragmenter au gré de recherches particulières. Ce qui est mis en avant ici, c'est le passage de la théorie à la recherche : aucun de ces articles qui ne concerne un texte particulier, contingent, appartenant à la culture historique, mais aucun non plus qui ne soit issu de cette théorie préalable ou des méthodes d'analyse qui l'ont préparée.

*

En matière de « lettres », la réflexion sur la recherche conduit au Texte (ou, du moins, admettons aujourd'hui qu'elle a la liberté d'y conduire) : le Texte est donc, à l'égal de la recherche, l'objet de ce numéro.

Le Texte : ne nous méprenons ni sur ce singulier ni sur cette majuscule ; quand nous disons *le Texte*, ce n'est pas pour le diviniser, en faire la déité d'une nouvelle mystique, c'est pour dénoter une masse, un champ, obligeant à une expression partitive, et non numérative : tout ce qu'on peut dire d'une œuvre, c'est qu'il y a en elle *du Texte*. Autrement dit, en passant du texte au Texte, il faut changer la numération : d'une part, le Texte n'est pas un objet computable, c'est un champ méthodologique où se poursuivent, selon un mouvement plus « einsteinien » que « newtonien », l'énoncé et l'énonciation, le commenté et le commentant ; d'autre part, il n'y a pas nécessité à ce que le Texte soit exclusivement moderne : il peut y avoir *du* Texte dans des œuvres anciennes ; et c'est précisément la présence de ce germe inquantifiable qui oblige à troubler, à dépasser les anciennes divisions de l'Histoire littéraire ; l'une des tâches immédiates, évidentes, de la jeune recherche est de procéder à ces *relevés d'écriture*, à repérer ce qu'il peut y avoir de Texte dans Diderot, dans Chateaubriand, dans Flaubert, dans Gide : c'est ce que font beaucoup des auteurs réunis ici ; comme le dit l'un d'eux, parlant implicitement au nom de plusieurs de ses camarades : « Peut-être notre travail ne consiste-t-il qu'à repérer des lambeaux d'écriture pris dans une parole dont le Père reste le garant. » On ne peut mieux définir ce qui, dans l'œuvre ancienne, est Littérature, et ce qui est Texte. Autrement dit :

comment cette œuvre passée peut-elle *encore* être lue ? On créditera ces jeunes chercheurs de porter leur travail au niveau d'une tâche critique : l'évaluation actuelle d'une culture passée.

*

Toutes ces études forment un geste collectif : c'est le territoire même du Texte, qui est peu à peu tracé, colorié. Suivons un instant d'article en article la main commune qui, loin d'écrire la définition du Texte (il n'y en a pas : le Texte n'est pas concept), *décrit* (dé-scrit) la pratique d'écriture.

Tout d'abord ceci, qui est nécessaire pour comprendre et accepter l'éventail des articles qui sont réunis ici : le Texte déjoue toute typologie culturelle : montrer le caractère *illimité* d'une œuvre, c'est en faire un texte ; même si la réflexion sur le Texte commence à la littérature (c'est-à-dire à un objet constitué par l'institution), le Texte ne s'y arrête pas forcément ; partout où une activité de signifiance est mise en scène selon des règles de combinaison, de transformation et de déplacement, il y a du Texte : dans les productions écrites, bien sûr, mais aussi dans les jeux d'images, de signes, d'objets : dans les films, dans les bandes dessinées, dans les objets rituels.

Ceci encore : comme déploiement du signifiant, le Texte débat souvent dramatiquement avec le signifié qui tend à faire retour en lui : s'il succombe à ce retour, si le signifié triomphe, le texte cesse d'être Texte, en lui le stéréotype devient « vérité », au lieu d'être l'objet ludique d'une combinatoire seconde. Il est donc logique que le Texte engage son opérateur dans ce que l'on peut appeler un drame d'écriture (que l'on verra analysé ici à propos de Flaubert), ou son lecteur dans une évaluation critique préalable (c'est le cas du discours du Droit, évalué, ici, avant d'être analysé).

Cependant, l'approche principale et pour ainsi dire massive que l'on peut faire du Texte consiste à en explorer tous les manifestes signifiants : structures proprement dites, telles que la linguistique du discours peut les atteindre, configurations phoniques (jeux de mots, noms propres), mises en pages et mises en lignes, polysémies, rejets, annonces, associations, blancs, collages, tout ce qui met en cause la matière du livre se retrouvera ici, proposé au gré d'auteurs divers, de Flaubert à Claude Simon.

Enfin, le Texte est avant tout (ou après tout) cette longue opération à travers laquelle un auteur (un sujet énonciateur) découvre (ou fait découvrir au lecteur) *l'irrepérabilité* de sa parole et parvient à substituer le *ça parle* au *je parle*. Connaître l'imaginaire de l'expression, c'est le vider, puisque l'imaginaire est méconnaissance : plusieurs études, ici même, tentent d'évaluer l'imaginaire d'écriture (à propos de Chateaubriand, de Gide, de Michel Leiris) ou l'imaginaire du chercheur lui-même (à propos d'une recherche sur le suspense cinématographique).

Il ne faut pas penser que ces « prospects » divers contribuent à *cerner* le Texte ; c'est plutôt à l'éployer que tout le numéro travaille. Il faut donc résister à vouloir organiser, programmer ces études, dont l'écriture reste très diverse (c'est à regret que j'en suis venu à admettre la nécessité de présenter ce numéro, risquant ainsi de lui donner une unité dans laquelle tous les contributeurs ne se reconnaîtraient pas, et de prêter à chacun d'eux une voix qui n'est peut-être pas tout à fait la sienne : toute présentation, par son intention de synthèse, est une manière de concession au discours passé). Ce qu'il faudrait, c'est qu'à chaque moment du numéro, indépendamment de ce qui précède et de ce qui suit, la recherche, cette jeune recherche qui s'énonce ici, apparaisse à la fois comme la mise au jour de certaines structures d'énonciation (fussent-elles encore analysées dans le simple langage d'un exposé) et la critique même (l'autocritique) de toute énonciation : c'est d'ailleurs au moment où la recherche parvient à lier son objet à son discours et à déproprier notre savoir par la lumière qu'elle porte sur des objets mieux qu'inconnus : inattendus, c'est à ce moment-là qu'elle devient une véritable interlocution, un travail pour les autres, en un mot : une production sociale.

1972, *Communications.*

# 3

# DES LANGAGES
# ET DU STYLE

# La paix culturelle

Dire qu'il y a une culture bourgeoise est faux, parce que c'est toute notre culture qui est bourgeoise (et dire que notre culture est bourgeoise est un truisme fatigant, qui traîne dans toutes les universités). Dire que la culture s'oppose à la nature est incertain, parce qu'on ne sait pas très bien où sont les limites de l'une et de l'autre : où est la nature dans l'homme ? Pour se dire homme, il faut à l'homme un langage, c'est-à-dire la culture même. Dans le biologique ? On retrouve aujourd'hui dans l'organisme vivant les mêmes structures que dans le sujet parlant : la vie elle-même est construite comme un langage. Bref, tout est culture, du vêtement au livre, de la nourriture à l'image, et la culture est partout, d'un bout à l'autre des échelles sociales. Cette culture, décidément, est un objet bien paradoxal : sans contours, sans terme oppositionnel, *sans reste*.

Ajoutons même peut-être : sans histoire — ou du moins sans rupture, soumise à une répétition inlassable. Voici, à la télévision, un feuilleton américain d'espionnage : il y a cocktail sur un yacht, et les partenaires se livrent à une sorte de marivaudage mondain (coquetteries, répliques à double sens, jeux d'intérêts) ; mais *cela a déjà été vu ou dit* : non seulement dans des milliers de romans et de films populaires, mais dans les œuvres anciennes, qui ont appartenu à ce qui pourrait passer pour une *autre* culture, dans Balzac, par exemple : on croirait que la princesse de Cadignan s'est simplement *déplacée*, qu'elle a quitté le Faubourg Saint-Germain pour le yacht d'un armateur grec. Ainsi, la culture, ce n'est pas seulement ce qui revient, c'est aussi et surtout ce qui reste sur place, tel un cadavre impérissable : c'est un jouet bizarre que *l'Histoire ne casse jamais*.

Objet unique, puisqu'il ne s'oppose à rien, objet éternel, puisqu'il ne se casse jamais, objet paisible en somme, dans le sein duquel tout le monde est rassemblé sans conflit apparent : où est donc le *travail* de la culture sur elle-même, où sont ses contradictions, où est son malheur ?

Pour répondre, il nous faut, en dépit du paradoxe épistémologique de l'objet, risquer une définition, la plus vague qui soit, bien entendu : la culture est un *champ de dispersion*. De quoi ? Des langages.

Dans notre culture, dans la paix culturelle, la *Pax culturalis* à laquelle nous sommes assujettis, il y a une guerre inexpiable des langages : nos langages s'excluent les uns les autres ; dans une société divisée (par la classe sociale, l'argent, l'origine scolaire), le langage lui-même divise. Quelle portion de langage, moi, intellectuel, puis-je partager avec un vendeur des Nouvelles Galeries ? Sans doute, si nous sommes tous les deux français, le langage de la *communication* ; mais cette part est infime : nous pouvons échanger des informations et des truismes ; mais le reste, c'est-à-dire l'immense volume, le jeu entier du langage ? Comme il n'y a pas de sujet hors du langage, comme le langage, c'est ce qui constitue le sujet de part en part, la séparation des langages est un deuil permanent ; et ce deuil, il ne se produit pas seulement lorsque nous sortons de notre « milieu » (là où tout le monde parle le même langage), ce n'est pas seulement le contact matériel d'autres hommes, issus d'autres milieux, d'autres professions, qui nous déchire, c'est précisément cette « culture » que, en bonne démocratie, nous sommes censés avoir tous en commun : c'est au moment même où, sous l'effet de déterminations apparemment techniques, la culture semble s'unifier (illusion que reproduit assez bêtement l'expression « culture de masse »), c'est alors que la division des langages culturels est portée à son comble. Passez une simple soirée à votre poste de télévision (pour nous en tenir aux formes les plus communes de la culture) ; vous y recevrez, en dépit des efforts d'aplatissement général entrepris par les réalisateurs, plusieurs langages différents, dont il est impossible qu'ils répondent tous non seulement à votre désir (j'emploie ce mot au sens fort), mais même à votre intellection : il y a toujours dans la culture une portion de langage que l'autre (donc moi) ne comprend pas ;

mon voisin juge ennuyeux ce concerto de Brahms et moi je juge vulgaire ce sketch de variétés, imbécile ce feuilleton sentimental : l'ennui, la vulgarité, la bêtise sont les noms divers de la sécession des langages. Le résultat est que cette sécession ne sépare pas seulement les hommes entre eux, mais chaque homme, chaque individu est en lui-même déchiré ; en moi, chaque jour, s'accumulent, sans communiquer, plusieurs langages isolés : je suis fractionné, coupé, éparpillé (ce qui, ailleurs, passerait pour la définition même de la « folie »). Et, quand bien même je réussirais, moi, à parler le même langage toute la journée, combien de langages différents je suis obligé de recevoir ! Celui de mes collègues, de mon facteur, de mes étudiants, du commentateur sportif de la radio, de l'auteur classique que je lis le soir : c'est une illusion de linguiste que de considérer à égalité la langue que l'on parle et celle que l'on écoute, comme si c'était la même langue ; il faudrait ici reprendre la distinction fondamentale, proposée par Jakobson, entre la grammaire active et la grammaire passive : la première est monotone, la seconde est hétéroclite, voilà la vérité du langage culturel ; dans une société divisée, même s'il parvient à unifier son langage, chaque homme se débat contre l'*éclatement de l'écoute* : sous couvert de cette culture totale qui lui est institutionnellement proposée, c'est, chaque jour, la division schizophrénique du sujet qui lui est imposée ; la culture est d'une certaine façon le champ pathologique par excellence, où s'inscrit l'*aliénation* de l'homme contemporain (bon mot, à la fois social et mental).

Ainsi, semble-t-il, ce qui est recherché par chaque classe sociale, ce n'est pas la possession de la culture (soit qu'on veuille la conserver, soit qu'on veuille l'obtenir), car la culture est là, partout et à tout le monde ; c'est l'unité des langages, la coïncidence de la parole et de l'écoute. Comment donc aujourd'hui, dans notre société occidentale, divisée dans ses langages et unifiée dans sa culture, comment les classes sociales, celles que le marxisme et la sociologie nous ont appris à reconnaître, comment *regardent-elles vers* le langage de l'Autre ? Quel est le *jeu d'interlocution* (hélas, fort décevant) dans lequel, historiquement, elles sont prises ?

La bourgeoisie détient en principe toute la culture, mais depuis déjà longtemps (je parle pour la France) elle n'a plus de voix culturelle propre. Depuis quand ? Depuis que ses intellectuels, ses écrivains l'ont lâchée ; l'affaire Dreyfus semble avoir été dans notre pays la secousse fondatrice de ce détachement ; c'est d'ailleurs le moment où le mot « intellectuel » apparaît : l'intellectuel est le clerc qui essaie de rompre avec la bonne conscience de sa classe sinon d'origine (qu'un écrivain soit individuellement sorti de la classe laborieuse ne change rien au problème), du moins de consommation. Ici, aujourd'hui, *rien ne s'invente* : le bourgeois (propriétaire, patron, cadre, haut fonctionnaire) n'accède plus au langage de la recherche intellectuelle, littéraire, artistique, parce que ce langage le conteste ; il démissionne en faveur de la culture de masse ; ses enfants ne lisent plus Proust, n'écoutent plus Chopin, mais à la rigueur Boris Vian, la pop music. Cependant, l'intellectuel qui le menace n'en est pas plus triomphant pour cela ; il a beau se poser en représentant, en procureur du prolétariat, en oblat de la cause socialiste, sa critique de la culture bourgeoise ne peut emprunter que l'ancien langage de la bourgeoisie, qui lui est transmis par l'enseignement universitaire : l'idée de *contestation* devient elle-même une idée bourgeoise ; le public des écrivains intellectuels a pu se déplacer (encore que ce ne soit nullement le prolétariat qui les lise), non le langage ; certes l'intelligentsia cherche à *inventer* des langages nouveaux, mais ces langages restent *enfermés* : rien n'est changé à l'interlocution sociale.

Le prolétariat (les producteurs) n'a aucune culture propre ; dans les pays dits développés, son langage est celui de la petite-bourgeoisie, parce que c'est le langage qui lui est offert par les communications de masse (grande presse, radio, télévision) : la culture de masse est petite-bourgeoise. Des trois classes typiques, c'est aujourd'hui la classe intermédiaire, parce que c'est peut-être le siècle de sa promotion historique, qui cherche le plus à élaborer une culture originale, en ceci qu'elle serait *sa* culture : il est incontestable qu'un travail important se fait au niveau de la culture dite de masse (c'est-à-dire de la culture petite-bourgeoise) — ce pour quoi il serait ridicule de le bouder. Mais selon quelles voies ? Par les voies *déjà connues* de la culture bourgeoise : c'est en prenant et en dégradant les modèles (les *patterns*) du langage bourgeois (ses récits, ses types de raisonnement, ses valeurs psychologiques) que la culture petite-bourgeoise se fait et s'implante. L'idée de *dégradation* peut paraître morale, issue d'un bourgeois qui regrette l'excellence de la culture passée ; je lui donne, tout au contraire, un contenu objectif, structural : il y a dégradation parce qu'il n'y a pas invention ; les modèles sont *répétés* sur place, *aplatis*, en ceci que la culture petite-bourgeoise (censurée par l'État) exclut jusqu'à la contestation que l'intellectuel peut apporter à la culture bourgeoise : c'est l'immobilité, la soumission aux stéréotypes (la conversion des messages en stéréotypes) qui définit la dégradation. On peut dire que, dans la culture petite-bourgeoise, dans la culture de masse, c'est la culture bourgeoise qui revient sur la scène de l'Histoire, *mais comme une farce* (on connaît cette image de Marx).

Un jeu de furet semble ainsi régler la guerre culturelle : les langages sont bien séparés, comme les partenaires du jeu, assis à côté les uns des autres ; mais ce qui passe, ce qui fuit, c'est toujours le même anneau, la même culture : immobilité tragique de la culture, séparation dramatique des langages, telle est la double aliénation de notre société. Peut-on faire confiance au socialisme pour défaire cette contradiction, à la fois pour fluidifier, pluraliser la culture, et pour mettre fin à la guerre des sens, à l'exclusion des langages ? Il le faut bien ; quel espoir autrement ? Sans s'aveugler cependant devant la menace d'un nouvel ennemi qui guette *toutes* les sociétés modernes. Il semble bien en effet qu'un nouvel être historique soit apparu, se soit installé et se développe outrageusement, qui complique (sans la périmer) l'analyse marxiste (depuis que Marx et Lénine l'ont établie) : cette nouvelle figure est l'État (c'était là, d'ailleurs, le point énigmatique de la science marxiste) : l'appareil étatique est plus coriace que les révolutions — et la culture dite de masse est l'expression directe de cet étatisme : en France, actuellement, par exemple, l'État veut bien lâcher l'Université, s'en désintéresser, la concéder aux communistes et aux contestataires, car il sait bien que ce n'est pas là que se fait la culture conquérante ; mais pour rien au monde il ne se dessaisira de la Télévision, de la Radio ; en possédant ces voies de culture, c'est la culture réelle qu'il régente, et, en la régentant, il en fait *sa* culture : culture au sein de laquelle sont obligées de se rejoindre la classe intellectuellement démissionnaire (la bourgeoisie), la classe promotionnelle (la petite-bourgeoisie) et la classe muette (le

111

prolétariat). Aussi comprend-on que de l'autre côté, même si le problème de l'État est loin d'y être réglé, la Chine populaire ait précisément nommé « révolution culturelle » la transformation radicale de la société qu'elle a mise en œuvre.

1971, *Times Litterary Supplement.*
Inédit en français.

# La division des langages

Notre culture est-elle divisée ? Nullement ; tout le monde, dans notre France d'aujourd'hui, peut *comprendre* une émission de télévision, un article de *France-Soir*, l'ordonnance d'un repas de fête ; bien plus, on peut dire que, à part un petit groupe d'intellectuels, tout le monde consomme ces produits culturels : la participation objective est totale ; et, si l'on définissait la culture d'une société par la circulation des symboles qui s'y accomplit, notre culture apparaîtrait aussi homogène et cimentée que celle d'une petite société ethnographique. La différence, c'est que c'est seulement la *consommation* qui est générale dans notre culture, non la *production* : nous comprenons tous ce que nous écoutons en commun, mais nous ne parlons pas tous cela même que nous écoutons ; les « goûts » sont divisés, parfois même opposés d'une façon inexpiable : j'aime cette émission de musique classique qui insupporte à mon voisin, cependant que je ne puis supporter les comédies de boulevard qu'il adore ; chacun de nous ouvre son poste au moment où l'autre le ferme. Autrement dit, cette culture de notre temps, qui paraît si générale, si paisible, si communautaire, repose sur la division de deux activités de langage : d'un côté l'*écoute*, nationale, ou, si l'on préfère, les actes d'intellection ; de l'autre, sinon la parole, tout au moins la participation créative, et, pour être plus précis encore, *le langage du désir*, qui, lui, reste divisé : j'écoute d'un côté, j'aime (ou je n'aime pas) de l'autre : *je comprends et je m'ennuie* : à l'unité de la culture de masse répond dans notre société une division non seulement des langages, mais du langage lui-même. Certains linguistes — ne s'occupant cependant par statut que de la langue et non du discours — ont eu le pressentiment de cette situation : ils ont suggéré — sans être suivis jusqu'à présent — que l'on distingue franchement deux grammaires : une grammaire *active* ou grammaire de la langue en tant qu'elle est parlée, émise, produite, et une grammaire *passive* ou grammaire de la simple écoute. Portée, par une mutation translinguistique, au niveau du discours, cette division rendrait bien compte du paradoxe de notre culture, unitaire par son code d'écoute (de consommation), fragmentée par ses codes de production, de désir : la « paix culturelle » (aucun conflit apparent au niveau de la culture) renvoie à la division (sociale) des langages.

. Scientifiquement, cette division a été jusqu'ici quelque peu censurée. Certes, les linguistes savent qu'un idiome national (le français par exemple) comprend un certain nombre d'espèces ; mais la spécification qui a été étudiée, c'est la spécification géographique (dialectes, patois, parlers), non la spécification sociale ; sans doute on la postule, mais en la minimisant, en la réduisant à des « manières » de s'exprimer (argots, jargons, sabirs) ; et de toute manière, pense-t-on, l'unité idiomatique se reconstitue au niveau du locuteur, pourvu d'un langage à lui, d'une constante individuelle de parole, qu'on appelle un *idiolecte* : les *espèces* de langage ne seraient que des états intermédiaires, flottants, « amusants » (relevant d'une sorte de folklore social). Cette construction, qui prend son origine au XIX<sup>e</sup> siècle, correspond bien à une certaine idéologie — dont n'était pas exempt Saussure lui-même — qui met d'un côté la société (l'idiome, la langue) et de l'autre l'individu (l'idiolecte, le style) ; entre ces deux pôles, les tensions ne peuvent être que « psychologiques » : l'individu est censé lutter pour faire reconnaître son langage — ou pour ne pas être complètement étouffé sous le langage des autres. Encore la sociologie de cette époque n'a-t-elle pu saisir le conflit au niveau du langage : Saussure était plus sociologue que Durkheim n'était linguiste. C'est la littérature qui a pressenti la division des langages (restât-elle psychologique), plus que la sociologie (on ne s'en étonnera pas : la littérature contient tous les savoirs, il est vrai dans un état non scientifique : c'est une *Mathèsis*).

Le roman, dès lors qu'il est devenu réaliste, a fatalement rencontré sur son chemin la copie des langages collectifs ; mais en général l'imitation des langages de groupe (des langages socioprofessionnels) a été déléguée par nos romanciers à des personnages secondaires, à des comparses, chargés de « fixer » le réalisme social, cependant que le héros continue de parler un langage intemporel, dont la « transparence » et la neutralité sont censées s'accorder à l'universalité psychologique de l'âme humaine. Balzac, par exemple, a une conscience aiguë des langages sociaux ; mais, quand il les reproduit, il les *encadre*, un peu comme des morceaux de bravoure, des pièces emphatiquement rapportées ; il les marque d'un indice pittoresque, folklorique ; ce sont des caricatures de langages : ainsi du jargon de M. de Nucingen, dont le phonétisme est scrupuleusement reproduit, ou du langage-concierge de Mme Cibot, la portière du Cousin Pons ; il y a cependant chez Balzac une autre *mimèsis* du langage, plus intéressante, d'abord parce qu'elle est plus naïve, ensuite parce qu'elle est plus culturelle que sociale : c'est celle des *codes d'opinion courante* que Balzac reprend souvent à son compte, lorsqu'il commente lui-même incidemment l'histoire qu'il raconte : si par exemple Balzac fait passer dans l'anecdote la silhouette de Brantôme (dans *Sur Catherine de Médicis*), Brantôme parlera de femmes, exactement comme l'opinion commune (la *doxa*) attend de Brantôme qu'il honore son « rôle » culturel de « spécialiste » des histoires de femmes — sans qu'on puisse jurer, hélas, que Balzac lui-même soit bien conscient de sa propre démarche : car il croit reproduire le langage de Brantôme, alors qu'en fait il ne copie que la copie (culturelle) de ce langage. Ce soupçon de naïveté (certains diront : de vulgarité), on ne peut le porter sur Flaubert ; celui-là ne se laisse pas aller à reproduire de simples tics (phonétiques, lexicaux, syntaxiques) ; il essaie de prendre dans l'imitation des valeurs de langage plus subtiles et plus diffuses, et de saisir ce que l'on pourrait appeler des *figures de discours* ; et surtout, si l'on se réfère au livre le plus « profond » de Flaubert, *Bouvard et Pécuchet*, la *mimèsis* est sans fond, sans butée : les langages culturels — langages des sciences, des techniques, des classes aussi : la bourgeoisie — sont *cités* (Flaubert ne les prend pas au comptant), mais, par un mécanisme extrêmement subtil et qui commence seulement aujourd'hui à être démonté, l'auteur qui copie (contrairement à Balzac) reste en quelque sorte irrepérable, dans la mesure où Flaubert ne donne jamais à lire d'une façon certaine s'il se rend lui-même *définitivement extérieur* au discours qu'il « emprunte » :

115

situation ambiguë qui rend un peu illusoire l'analyse sartrienne ou marxiste de la « bourgeoisie » de Flaubert ; car, si Flaubert, bourgeois, parle le langage de la bourgeoisie, on ne sait jamais à partir de quel lieu cette énonciation s'opère : un lieu critique ? Distant ? « Empoissé » ? A la vérité, le langage de Flaubert est *utopique* et c'est ce qui en fait la modernité : ne sommes-nous pas en train d'apprendre (de la linguistique, de la psychanalyse), précisément, que le *langage est un lieu sans extérieur* ? Après Balzac et Flaubert — pour s'en tenir aux plus grands —, face à ce problème de la division des langages, on peut citer Proust, parce qu'on trouve dans son œuvre une véritable encyclopédie du langage ; sans revenir sur le problème général des signes chez Proust — que G. Deleuze a traité d'une façon remarquable — et pour en rester au langage articulé, on trouve dans cet auteur tous les états de la *mimèsis* verbale, c'est-à-dire des pastiches caractérisés (la lettre de Gisèle, qui mime la dissertation scolaire, le Journal des Goncourt), des idiolectes de personnages, chaque partenaire de *la Recherche du temps perdu* ayant son langage, à la fois caractériel et social (le seigneur médiéval Charlus, le snob Legrandin), des langages de clan (le langage des Guermantes), un langage de classe (Françoise et le « populaire », il est vrai, reproduit ici surtout en raison de sa fonction passéiste), un catalogue des *anomalies* linguistiques (le langage déformant, « métèque », du directeur du Grand Hôtel de Balbec), le relevé soigneux de phénomènes d'acculturation (Françoise contaminée par le langage « moderne » de sa fille) et de diaspora linguistique (le langage Guermantes « essaime »), une théorie des étymologies et du pouvoir fondateur du nom comme signifiant ; il ne manque même pas, à ce panorama subtil et complet des types de discours, l'*absence* (volontaire) de certains langages : le narrateur, ses parents, Albertine, n'ont pas de langage propre. Quelle que soit l'avance de la littérature dans la description des langages divisés, on voit cependant les limites de la *mimèsis* littéraire : d'une part, le langage rapporté ne parvient pas à sortir d'une vue folkloriste (on pourrait dire : coloniale) des langages exceptionnels ; le langage de l'*autre* est encadré, l'auteur (sauf peut-être dans le cas de Flaubert) en parle en situation d'exterritorialité ; la division des langages est reconnue souvent avec une perspicacité que la sociolinguistique

116

pourrait bien envier à ces auteurs « subjectifs », mais elle reste extérieure au descripteur : autrement dit, contrairement aux acquis de la science moderne, relativiste, l'observateur ne dit pas sa place dans l'observation ; la division des langages *s'arrête* à celui qui la décrit (s'il ne la dénonce pas) ; et, d'autre part, le langage social reproduit par la littérature reste *univoque* (toujours la division des grammaires dénoncée au début) : Françoise est seule à parler, nous la comprenons, mais personne, dans le livre, ne lui donne la réplique ; le langage observé est monologique, il n'est jamais pris dans une dialectique (au sens propre du terme) ; le résultat est que les morceaux de langages sont en fait traités comme autant d'*idiolectes* — et non comme un système total et complexe de *production* des langages.

Tournons-nous donc vers le traitement « scientifique » de la question : comment la science (sociolinguistique) voit-elle la division des langages ?

Ce n'est évidemment pas d'aujourd'hui que l'on postule une liaison entre la division des classes et la division des langages : la division du travail engendre une division des lexiques ; on peut même dire (Greimas) qu'un lexique est précisément le découpage imposé à la masse sémantique par la pratique d'un certain travail : pas de lexique sans un travail correspondant (il n'y a pas lieu de faire exception pour ce lexique général, « universel », qui n'est que le lexique « hors travail ») ; l'enquête sociolinguistique serait donc plus facile à mener dans des sociétés ethnographiques que dans nos sociétés historiques et développées, où le problème est très complexe ; chez nous, en effet, la division sociale des langages semble brouillée à la fois par le poids, la force unificatrice de l'idiome national, et par l'homogénéité de la culture dite de masse, comme on l'a suggéré ; une simple remarque phénoménologique suffit cependant à attester la validité des séparations linguistiques : il suffit de sortir un instant de son milieu et d'avoir à tâche, ne serait-ce qu'une heure ou deux, non seulement d'écouter d'autres langages que le nôtre, mais encore de participer aussi activement que possible à la conversation, pour percevoir, toujours avec embarras, parfois avec déchirement, l'étanchéité très grande des langages à l'intérieur de l'idiome français ; si ces langages ne communiquent pas (sauf sur « le temps qu'il fait »), ce n'est pas au niveau de la langue, comprise de tous, mais au niveau des discours (objet qui commence à rejoindre la linguistique) ; autrement dit, l'incommunication n'est pas à proprement parler d'ordre informationnel, mais d'ordre interlocutoire : d'un langage à l'autre, il y a incuriosité, indifférence : dans notre société, le langage du *même* nous suffit, nous n'avons pas besoin du langage de l'*autre* pour vivre : *à chacun suffit son langage*. Nous nous fixons au langage de notre canton social, professionnel, et cette fixation a valeur névrotique : elle nous permet de nous adapter tant bien que mal au morcellement de notre société.

Évidemment, dans les états historiques de la socialité, la division du travail ne se réfracte pas directement, comme un simple reflet, dans la division des lexiques et la séparation des langages : il y a *complexisation*, surdétermination ou contrariété des facteurs. Et, même dans des pays relativement égaux en développement, des différences, venues de l'histoire, peuvent persister ; je suis persuadé que, comparativement à d'autres pays qui ne sont pas plus « démocratiques » qu'elle, la France est particulièrement divisée : il y a en France, peut-être par tradition classique, une conscience très vive des *identités* et des *propriétés* de langage ; le langage de l'autre est perçu selon les arêtes les plus vives de son altérité : d'où les accusations si fréquentes de « jargon » et une vieille tradition d'ironie à l'égard des langages fermés, qui sont tout simplement les langages *autres* (Rabelais, Molière, Proust).

Face à la division des langages, disposons-nous d'une tentative de description scientifique ? Oui, et c'est évidemment la sociolinguistique. Sans vouloir aborder ici un procès en règle de cette discipline, il faut marquer cependant une certaine déception : la sociolinguistique n'a jamais traité du problème du langage *social* (en tant que langage divisé) ; il y a eu d'une part des rapprochements (à vrai dire épisodiques et indirects) entre la macrosociologie et la macrolinguistique, le phénomène « société » étant mis en rapport avec le phénomène « langage » ou « langue » ; il y a eu d'autre part, et si l'on peut dire à l'autre bout de l'échelle, quelques tentatives de description sociologique d'*îlots de langage* (*speech communitees*) : langage des prisons, des paroisses, formules de politesse, *baby-talks* ; la sociolinguistique (et c'est sur ce point que l'on peut se sentir déçu) renvoie à la séparation des groupes sociaux *en tant qu'ils luttent pour le pouvoir* ; la division des langages n'est pas pensée comme un fait total, mettant en cause les racines mêmes du régime économique, de la culture, de la civilisation, voire de l'histoire, mais seulement comme l'attribut empirique (nullement symbolique) d'une disposition mi-sociologique, mi-psychologique : le désir de *promotion* — vue pour le moins étroite, qui ne répond pas à notre attente.

La linguistique (et non plus la sociologie) a-t-elle fait mieux ? Elle a rarement mis en rapport des langages et des groupes sociaux, mais elle a procédé à des enquêtes historiques portant sur des vocabulaires, des lexiques doués d'une certaine autonomie (d'une certaine figure) sociale ou institutionnelle : c'est le cas de Meillet et du vocabulaire religieux indo-européen, de Benveniste, dont l'œuvre dernière sur les institutions indo-européennes est proprement admirable ; c'est le cas de Matoré qui tenta de fonder, il y a une vingtaine d'années, une véritable sociologie historique du vocabulaire (ou lexicologie) ; c'est plus récemment le cas de Jean Dubois, qui a décrit le vocabulaire de la Commune. La tentative qui montre le mieux l'intérêt et les limites de la linguistique socio-historique est peut-être celle de Ferdinand Brunot ; dans les tomes X et XI de sa monumentale *Histoire de la langue française des origines à 1900*[1], Brunot a étudié, avec minutie, le langage de la Révolution française. L'intérêt est le suivant : ce qui est étudié, c'est un langage *politique*, au sens plein du mot ; non pas un ensemble de tics verbaux destinés à « politiser » de l'extérieur le langage (comme il arrive souvent aujourd'hui), mais un langage qui s'élabore dans le mouvement même d'une *praxis* politique ; d'où le caractère plus *productif* que *représentatif* de ce langage : les mots, qu'ils soient évincés ou promus, sont liés presque magiquement à une efficacité réelle : en abolissant le mot, on croit abolir le référent ; en interdisant le mot « noblesse », c'est la noblesse que l'on croit interdire ; l'étude de ce langage politique pourrait fournir un bon cadre pour une analyse de notre propre discours politique (ou *politisé* ?) : mots affectivés, marqués d'un tabou ou d'un contre-tabou, mots chéris (*Nation, Loi, Patrie, Constitution*), mots exécrés (*Tyrannie, Aristocrate, Conjuration*), pouvoir exorbitant

1. Paris, Armand Colin, 1937.

de certains vocables, pourtant « pédants » (*Constitution, Fédéralisme*), « traductions » terminologiques, créations substitutives (*clergé → prêtraille, religion → fanatisme, objet religieux → hochets du fanatisme, soldats ennemis → vils satellites des despotes, impôts → contribution, domestique → homme de confiance, mouchards → agents de police, comédiens → artistes,* etc.), connotations effrénées (*révolutionnaire* finit par signifier *expéditif, accéléré* ; on dit *classer révolutionnairement des livres*). Quant à la limite, c'est la suivante : l'analyse ne saisit qu'en lexique ; il est vrai que la syntaxe du français n'a été que peu touchée par la secousse révolutionnaire (qui en fait s'efforça de la surveiller et de maintenir le bon usage classique) ; mais bien plutôt, peut-être, on dirait que la linguistique ne dispose pas encore des moyens pour analyser cette structure fine du discours qui se situe entre la « construction » grammaticale, trop lâche, et le vocabulaire, trop restreint, et qui correspond sans doute à la région des syntagmes figés (par exemple : « la pression des masses révolutionnaires ») ; le linguiste est alors entraîné à réduire la séparation des langages sociaux à des faits de lexique — voire de mode.

Ainsi la plus brûlante des situations, à savoir l'opacité même du rapport social, semble échapper à l'analyse scientifique traditionnelle. La raison fondamentale, me semble-t-il, est d'ordre épistémologique : face au discours, la linguistique en est restée, si l'on peut dire, à un stade newtonien : elle n'a pas encore opéré sa révolution einsteinienne ; elle n'a pas théorisé la place du linguiste (du repère observateur) dans le champ de l'observation. C'est cette relativisation qu'il faut d'abord postuler.

\*

Il est temps de donner un nom à ces langages sociaux découpés dans la masse idiomatique, et dont l'étanchéité, pour existentielle que nous l'ayons d'abord ressentie, suit, à travers tous les relais, toutes les nuances et les complications qu'il est licite de concevoir, la division et l'opposition des classes ; appelons ces langages de groupe des *sociolectes* (par opposition évidente à l'idiolecte, ou parler d'un seul individu). Le caractère principal du champ sociolectal, c'est qu'aucun langage ne peut lui être extérieur : toute parole est fatalement incluse dans un certain sociolecte. Cette contrainte a une conséquence importante pour l'analyste : il est lui-même pris dans le jeu des sociolectes. On dira que, dans d'autres cas, cette situation n'empêche nullement l'observation scientifique : c'est le cas du linguiste même qui doit décrire un idiome national, c'est-à-dire un champ auquel aucun langage (y compris le sien) n'échappe ; mais précisément : l'idiome est un champ unifié (il n'y a qu'une seule langue française), celui qui en parle n'est pas contraint de s'y situer. En revanche, le champ sociolectal est défini, lui, par sa division, sa sécession inexpiable, et c'est *dans* cette division que l'analyse doit prendre place. Il s'ensuit que la recherche sociolectale (qui n'existe pas encore) ne peut être commencée sans un acte initial, fondateur, d'*évaluation* (on voudrait donner à entendre ce mot dans le sens critique que Nietzsche a su lui donner). Cela veut dire que nous ne pouvons verser tous les sociolectes (tous les parlers sociaux), quels qu'ils soient, quel que soit leur contexte politique, dans un vague corpus indifférencié, dont l'indifférenciation, l'*égalité*, serait une garantie d'objectivité, de scientificité ; il nous faut refuser ici l'*adiaphorie* de la science traditionnelle, il nous faut accepter — ordre paradoxal aux yeux de beaucoup — que ce soient les *types* de sociolectes qui commandent l'analyse, et non l'inverse : *la typologie est antérieure à la définition*. Précisons encore que l'*évaluation* ne peut se réduire à l'*appréciation :* des savants très objectifs se sont donné le droit (légitime) d'*apprécier* les faits qu'ils décrivaient (c'est précisément ce qu'a fait F. Brunot avec la Révolution française) ; *évaluer* est un acte non subséquent, mais fondateur ; ce n'est pas une conduite « libérale », mais bien au contraire violente ; l'évaluation sociolectale, dès l'origine, vit le conflit des groupes et des langages ; en *posant* le concept sociolectal, l'analyste doit rendre compte *immédiatement* à la fois de la contradiction sociale et de la fracture du sujet savant (je renvoie ici à l'analyse lacanienne du « sujet supposé savoir »).

Donc, pas de description scientifique des langages sociaux (des sociolectes) sans une évaluation *politique* fondatrice. De même qu'Aristote, dans sa Rhétorique, distinguait deux groupes de preuves : les preuves *à l'intérieur de la technè (entechnoï)* et les preuves *hors de la technè (atechnoï)*, je suggère de distinguer dès l'origine deux groupes de sociolectes : les discours *dans le pouvoir,* (à l'ombre du pouvoir) et les discours *hors du pouvoir* (ou sans pouvoir, ou encore dans la lumière du non-pouvoir) ; recourant à des néologismes pédants (mais comment faire autrement ?), appelons les premiers des discours *encratiques,* et les seconds des discours *acratiques.*

Bien entendu, le rapport d'un discours au pouvoir (ou au hors-pouvoir) est très rarement direct, immédiat ; certes, la loi *défend,* mais son discours est déjà médiatisé par toute une culture juridique, par une *ratio* que presque tout le monde admet ; et seule la fabuleuse figure du Tyran pourrait produire une parole qui collerait instantanément à son pouvoir ( « *le Roi ordonna que...* »). En fait, le langage du pouvoir est toujours pourvu de structures de médiation, de conduction, de transformation, d'inversion (ainsi du discours de l'idéologie, dont Marx a indiqué le caractère *inversé* par rapport au pouvoir bourgeois). De même, le discours *acratique* ne se tient pas toujours déclarativement *contre* le pouvoir ; pour prendre un exemple particulier et actuel, le discours psychanalytique n'est pas directement lié (du moins en France) à une critique du pouvoir, et l'on peut pourtant le ranger dans les sociolectes acratiques. Pourquoi ? Parce que la médiation qui intervient entre le pouvoir et le langage n'est pas d'ordre politique, mais d'ordre culturel : reprenant une vieille notion aristotélicienne, celle de *doxa* (d'opinion courante, générale, « probable », mais non « vraie », « scientifique »), on dira que c'est la *doxa* qui est la médiation culturelle (ou discursive) à travers laquelle le pouvoir (ou le non-pouvoir) parle : le discours encratique est un discours conforme à la *doxa,* soumis à des codes, qui sont eux-mêmes les lignes structurantes de son idéologie ; et le discours acratique s'énonce toujours, à des degrés divers, contre la *doxa* (quel qu'il soit, c'est un discours *para-doxal*). Cette opposition n'exclut pas les nuances à l'intérieur de chaque type ; mais, structuralement, sa simplicité reste valide tant que le pouvoir et le non-pouvoir sont à leur place ; elle ne peut être (provisoirement) brouillée que dans les cas rares où il y a mutation de pouvoir (des lieux du pouvoir) ; ainsi du langage politique en période révolutionnaire : le langage révolutionnaire provient du langage acratique antécédent ; en passant au pouvoir, il garde son caractère acratique, tant qu'il y a lutte active au sein de la Révolution ; mais dès que celle-ci se tasse, dès que l'État est en place, l'ancien langage révolutionnaire devient lui-même *doxa,* discours encratique.

Le discours encratique — puisque nous avons soumis sa définition à la médiation de la *doxa* — n'est pas seulement le discours de la classe au pouvoir ; des classes hors du pouvoir ou qui essaient de le conquérir par des voies réformistes ou promotionnelles peuvent l'emprunter — ou tout au moins le recevoir avec consentement. Le langage encratique, soutenu par l'État, est partout : c'est un discours diffus, répandu et, si l'on peut dire, osmotique, qui *imprègne* les échanges, les rites sociaux, les loisirs, le champ socio-symbolique (surtout, bien évidemment, dans les sociétés à communications de masse). Non seulement le discours encratique ne se donne jamais pour systématique, mais il se constitue toujours comme *une opposition au système :* les alibis de nature, d'universalité, de bon sens, de clarté, les résistances anti-intellectualistes deviennent les figures tacites du système encratique. De plus, c'est un discours *plein :* en lui, *il n'y a pas de place* pour l'autre (d'où la sensation d'étouffement, d'empoissement qu'il peut provoquer chez celui qui n'y participe pas). Enfin, si l'on veut bien se référer au schéma marxien (« L'idéologie est une image *inversée* du réel »), le discours encratique — comme pleinement idéologique — présente le réel comme le renversement de l'idéologie. C'est en somme un langage *non marqué,* producteur d'une intimidation feutrée, en sorte qu'il est difficile de lui assigner des *traits* morphologiques — à moins d'arriver à reconstituer avec rigueur et précision (ce qui est un peu une contradiction dans les termes) *les figures du feutré.* C'est la nature même de la *doxa* (diffuse, pleine, « naturelle ») qui rend difficile une typologie interne des sociolectes encratiques ; il y a une *atypie* des discours du pouvoir : ce genre ne connaît pas d'espèces.

Les sociolectes acratiques sont sans doute plus faciles et plus intéressants à étudier : ce sont tous les langages qui s'élaborent hors de la *doxa* et sont dès lors refusés par elle (ordinairement sous le nom de *jargons*). En analysant le discours encratique, on sait à peu près à l'avance ce qu'on va trouver (ce pour quoi, *aujourd'hui,* l'analyse de la culture de masse marque visiblement le pas) ; mais le discours acratique est en gros le nôtre (celui du chercheur, de l'intellectuel, de l'écrivain) ; l'analyser, c'est nous analyser nous-mêmes en tant que nous parlons : opération toujours risquée et que pour cela même il faudra entreprendre : que pensent le marxisme, ou le freudisme, ou le structuralisme, ou la science (celle des sciences dites humaines) — pour autant que chacun de ces langages de groupe constitue un sociolecte acratique (*para-doxal*) —, que pensent-ils de leur propre discours ? Cette interrogation, qui n'est jamais assumée par le discours du pouvoir, est évidemment l'acte fondateur de toute analyse qui prétend ne pas s'extérioriser à son objet.

La rentabilité principale d'un sociolecte (hors les avantages que la possession d'un langage donne à tout pouvoir que l'on cherche à conserver ou à conquérir) est évidemment la sécurité qu'il procure : comme toute clôture, celle d'un langage exalte, assure tous les sujets qui sont *dedans,* rejette et offense ceux qui sont *dehors.* Mais comment un sociolecte agit-il au-dehors ? On le sait, il n'y a plus aujourd'hui d'art de la persuasion, il n'y a plus de rhétorique (sinon honteuse) ; on remarquera à ce sujet que la rhétorique aristotélicienne, étant fondée sur l'opinion du plus grand nombre, était de droit, et si l'on peut dire volontairement, déclarativement, une rhétorique endoxale, donc encratique (ce pour quoi, par un paradoxe qui n'est qu'apparent, l'aristotélisme peut encore fournir de très bons concepts à la sociologie des communications de masse) ; ce qui est changé, c'est que, dans la démocratie moderne, la « persuasion » et sa *technè* ne sont plus théorisées, parce que le systématique est censuré et parce que, sous l'effet d'un mythe proprement moderne, le langage est réputé « naturel », « instrumental ». On peut dire que c'est d'un seul mouvement que notre société refuse la rhétorique et « oublie » de théoriser la culture de masse (oubli flagrant dans la théorie marxiste postérieure à Marx).

En fait, les sociolectes ne relèvent pas d'une *technè* de persuasion, mais ils comportent *tous* des figures d'intimidation (même si le discours acratique paraît plus brutalement terroriste) : fruit de la division sociale, témoin de la guerre du sens, tout sociolecte (encratique ou acratique) vise à empêcher l'autre de parler (cela est aussi le sort du sociolecte libéral). Aussi, la division des deux grands types de sociolectes ne fait qu'opposer des types d'intimidation, ou, si l'on préfère, des modes de pression : le sociolecte encratique agit par *oppression* (du trop-plein endoxal, de ce que Flaubert aurait appelé la Bêtise) ; le sociolecte acratique (étant hors du pouvoir, il doit recourir à la violence) agit par *sujétion*, il met en batterie des figures offensives de discours, destinées à *contraindre* l'autre plus qu'à l'envahir ; et ce qui oppose ces deux intimidations, c'est encore une fois le rôle reconnu au système : le recours déclaré à un système pensé définit la violence acratique ; le brouillage du système, l'inversion du pensé en « vécu » (et non-pensé) définit la répression encratique : il y a un rapport inversé entre les deux systèmes de discursivité : *patent/caché*.

Un sociolecte n'a pas seulement un caractère intimidant pour ceux qui en sont exclus (en raison de leur situation culturelle, sociale) : il est aussi contraignant pour ceux qui le partagent (ou plutôt qui l'ont en partage). Ceci résulte, structuralement, du fait que le sociolecte, au niveau du discours, est une véritable langue ; à la suite de Boas, Jakobson a bien marqué qu'une langue se définit non par ce qu'elle *permet* de dire, mais parce qu'elle *oblige* à dire ; de même tout sociolecte comporte des « rubriques obligatoires », grandes formes stéréotypées hors desquelles la clientèle de ce sociolecte ne peut parler (ne peut penser). Autrement dit, comme toute langue, le sociolecte implique ce que Chomsky appelle une *compétence*, au sein de laquelle les variations de performance deviennent structuralement insignifiantes : le sociolecte encratique n'est pas entamé par les différences de *vulgarité* qui s'établissent entre ses locuteurs ; et, en face, chacun sait que le sociolecte marxiste peut être parlé par des imbéciles : la *langue* sociolectale ne s'altère pas au gré d'accidents individuels, mais seulement s'il se produit dans l'histoire une *mutation de discursivité* (Marx et Freud ont été eux-mêmes de ces mutants, mais depuis eux la discursivité qu'ils ont fondée ne fait que se répéter).

\*

Pour conclure ces quelques remarques, situées d'une façon ambiguë à mi-chemin entre l'essai et le programme de recherche, qu'il soit permis à l'auteur de rappeler qu'à ses yeux la division des langages sociaux, la sociolectologie, si l'on veut, est liée à un thème en apparence peu sociologique, qui a été jusqu'ici le domaine réservé des théoriciens de la littérature ; ce thème est ce qu'on appelle aujourd'hui l'*écriture*. Dans notre société aux langages divisés, l'écriture devient une valeur digne d'instituer un débat et un approfondissement théorique incessants, parce qu'elle constitue une *production du langage indivis*. Ayant perdu toute illusion, nous savons bien aujourd'hui qu'il ne s'agit pas pour l'écrivain de parler le « langage-peuple », comme Michelet en avait la nostalgie ; il ne s'agit pas d'aligner l'écriture sur le langage du plus grand nombre, car, dans une société aliénée, le plus grand nombre n'est pas l'universel, et parler ce langage-là (ce qui se fait dans la culture de masse, où l'on est à l'affût statistique du plus grand nombre d'auditeurs ou de téléspectateurs), c'est parler encore un langage particulier — fût-il majoritaire. Nous savons bien que le langage ne peut se réduire à la communication simple, c'est tout le sujet humain qui s'engage dans la parole et se constitue à travers elle. Dans les tentatives *progressistes* de la modernité, l'écriture tient une place éminente non en fonction de sa clientèle (fort réduite), mais en fonction de sa pratique : c'est parce qu'elle s'attaque aux rapports du sujet (toujours social : en est-il d'autre ?) et du langage, à la distribution périmée du champ symbolique et au procès du signe, que l'écriture apparaît bien comme une pratique de *contre-division* des langages : image sans doute utopique, en tout cas mythique, puisqu'elle rejoint le vieux rêve de la langue innocente, de la *lingua adamica* des premiers romantiques. Mais l'histoire, selon la belle métaphore de Vico, ne procède-t-elle pas en *spirale* ? Ne devons-nous pas *reprendre* (ce qui ne veut pas dire *répéter*) les anciennes images pour leur donner des contenus nouveaux ?

*Une civilisation nouvelle ?*
*Hommage à Georges Friedmann.*
© 1973, Gallimard.

# La guerre des langages

Dans mon pays, qui est le Sud-Ouest de la France, pays paisible de petits retraités, me promenant un jour, j'ai pu lire en quelques centaines de mètres, à la porte de trois villas, trois pancartes différentes : *Chien méchant. Chien dangereux. Chien de garde.* Ce pays, on le voit, a un sens très vif de la propriété. Mais l'intérêt n'est pas là ; il est dans ceci : ces trois expressions ne constituent qu'un seul et même message : *N'entrez pas* (sinon vous serez mordus). Autrement dit, la linguistique, qui ne s'occupe que des messages, ne pourrait rien en dire que de très simple et de très banal ; elle n'épuiserait pas, et de loin, le sens de ces expressions, car *ce sens est dans leur différence* : « *Chien méchant* » est agressif ; « *Chien dangereux* » est philantropique ; « *Chien de garde* » est apparemment objectif. Autrement dit encore, à travers un même message, nous lisons trois choix, trois engagements, trois mentalités, ou, si l'on préfère, trois imaginaires, trois alibis de la propriété ; par le langage de sa pancarte — par ce que j'appellerai son *discours*, puisque la langue est la même dans les trois cas —, le propriétaire de la villa s'abrite et se rassure derrière une certaine représentation, et je dirai presque un certain système de la propriété : ici sauvage (le chien, c'est-à-dire, bien sûr, le propriétaire, est méchant), là protecteur (le chien est dangereux, la villa est armée), là enfin légitime (le chien garde la propriété, c'est un droit légal). Ainsi, au niveau du message le plus simple (*N'entrez pas*), le langage (le discours) explose, se fractionne, s'écarte : il y a une *division* des langages, qu'aucune science simple de la communication ne peut prendre en charge ; la société, avec ses structures socio-économiques et névrotiques, intervient, qui construit le langage comme un espace de guerre.

127

Bien entendu, c'est la possibilité de dire une même chose de plusieurs façons, c'est la synonymie, qui permet au langage de se diviser ; et la synonymie est une donnée statutaire, structurale, et en quelque sorte naturelle du langage ; mais la guerre du langage, elle, n'est pas « naturelle » : elle se produit là où la société transforme la différence en conflit ; on a pu avancer qu'il y avait une convergence d'origine entre la division des classes sociales, la dissociation symbolique, la division des langages et la schize névrotique.

Car, l'exemple que j'ai donné, je l'ai volontairement pris *a minimo,* dans le langage d'une seule et même classe, celle des petits propriétaires, qui oppose dans son discours des *nuances* d'appropriation. A plus forte raison, au niveau de la société *sociale,* si je puis dire, le langage apparaît divisé par grandes masses. Cependant, il faut bien se persuader de trois choses qui ne sont pas simples : 1. la première est que la division des langages ne recouvre pas terme pour terme la division des classes : d'une classe à l'autre, il y a des glissements, des emprunts, des écrans, des relais ; 2. la deuxième est que la guerre des langages n'est pas la guerre des sujets : ce sont des systèmes langagiers qui s'affrontent, non des individualités, des *sociolectes,* non des *idiolectes* ; 3. la troisième est que la division des langages se marque sur un fond apparent de communication : l'idiome national ; pour être plus précis, je dirai qu'à l'échelle de la nation nous nous comprenons, nous ne communiquons pas : en mettant les choses au mieux, nous avons une pratique *libérale* du langage.

Dans les sociétés actuelles, la division des langages la plus simple porte sur leur rapport au Pouvoir. Il y a des langages qui s'énoncent, se développent, se marquent dans la lumière (ou l'ombre) du Pouvoir, de ses multiples appareils étatiques, institutionnels, idéologiques ; je les appellerai langages ou discours *encratiques.* Et, en face, il y a des langages qui s'élaborent, se cherchent, s'arment hors du Pouvoir et/ou contre lui ; je les appellerai langages ou discours *acratiques.*

Ces deux grandes formes de discours n'ont pas le même caractère. Le langage *encratique* est vague, diffus, apparemment « naturel », et donc peu repérable : c'est le langage de la culture de masse (grande presse, radio, télévision) et c'est aussi, en un sens, le langage de la conversation, de l'opinion courante (de la *doxa*) ; tout ce langage encratique est à la fois (contradiction qui fait sa force) *clandestin* (on ne peut facilement le reconnaître) et *triomphant* (on ne peut y échapper) : je dirai qu'il est *poisseux*.

Le langage *acratique*, lui, est séparé, coupant, détaché de la *doxa* (il est donc *paradoxal*) ; sa force de rupture vient de ce qu'il est *systématique*, il est construit sur une pensée, non sur une idéologie. Les exemples les plus immédiats de ce langage acratique seraient aujourd'hui : le discours marxiste, le discours psychanalytique et, permettez-moi d'ajouter, à un degré moindre, mais statutairement notable, le discours structuraliste.

Mais ce qui est peut-être le plus intéressant, c'est que, même dans la sphère acratique, il se produit de nouveau des divisions, des régionalités et des antagonismes de langage : le discours critique se fractionne en parlers, en enclos, en systèmes. Je tendrais volontiers à appeler ces systèmes discursifs des *Fictions* (c'est un mot de Nietzsche) ; et à voir dans les intellectuels, dans ceux qui forment, toujours d'après Nietzsche, la classe sacerdotale, la caste chargée d'élaborer, en artistes, ces Fictions de langage (la classe des prêtres n'a-t-elle pas été très longtemps la propriétaire et la technicienne des formules, c'est-à-dire du langage ?).

De là des rapports de force entre les systèmes discursifs. Qu'est-ce qu'un système fort ? C'est un système de langage qui peut fonctionner dans toutes les situations, et dont l'énergie subsiste, quelle que soit la médiocrité des sujets qui le parlent : la bêtise de certains marxistes, de certains psychanalystes ou de certains chrétiens n'entame en rien la force des systèmes, des discours correspondants.

A quoi tient la force de combat, le pouvoir de domination d'un système discursif, d'une Fiction ? Depuis la Rhétorique ancienne, définitivement étrangère à notre monde de langage, aucune analyse *appliquée* n'a encore mis au jour les armes du combat langagier : nous ne connaissons bien ni la physique, ni la dialectique, ni la stratégie de ce que j'appellerai notre *logosphère* — bien qu'il n'y ait pas de jour où chacun de nous ne soit soumis à des intimidations de langage. Il me semble que ces armes discursives sont au moins de trois sortes.

1. Tout système fort de discours est une *représentation* (au sens

théâtral : un *show*), une mise en scène d'arguments, d'agressions, de ripostes, de formules, un mimodrame, dans lequel le sujet peut engager sa jouissance hystérique.

2. Il existe certainement des *figures de système* (comme on disait autrefois des figures de rhétorique), des formes partielles de discours, montées en vue de donner au sociolecte une consistance absolue, de fermer le système, de le protéger et d'en exclure irrémédiablement l'adversaire : par exemple, lorsque la psychanalyse dit : « Le refus de la psychanalyse est une résistance qui relève elle-même de la psychanalyse », c'est une figure de système. D'une manière générale les figures de système visent à inclure l'autre dans le discours comme un simple objet, pour mieux l'exclure de la communauté des sujets qui parlent le langage fort.

3. Enfin, allant plus loin, on peut se demander si la phrase, comme structure syntaxique pratiquement close, n'est pas elle-même, déjà, une arme, un opérateur d'intimidation : toute phrase terminée, par sa structure assertive, a quelque chose d'impératif, de comminatoire. La désorganisation du sujet, son asservissement apeuré aux maîtres du langage, se traduit toujours par des phrases incomplètes, aux contours, à l'être, indécis. En fait, dans la vie courante, dans la vie apparemment libre, nous ne parlons pas par phrases. Et, inversement, il y a une maîtrise de la phrase qui est très proche d'un pouvoir : être fort, c'est *d'abord* finir ses phrases. La grammaire elle-même ne décrit-elle pas la phrase en termes de pouvoir, de hiérarchie : *sujet, subordonnée, complément, rection,* etc. ?

Puisque la guerre des langages est générale, que devons-nous faire ? Je dis nous, intellectuels, écrivains, praticiens du discours. De toute évidence nous ne pouvons fuir : par culture, par choix politique, il nous faut nous engager, participer à l'un des langages particuliers auxquels nous obligent notre monde, notre histoire. Et cependant nous ne pouvons renoncer à la jouissance, fût-elle utopique, d'un langage désitué, désaliéné. Il nous faut donc tenir dans une même main les deux rênes de l'engagement et de la jouissance, assumer une philosophie plurielle des langages. Or, cet *ailleurs* qui reste, si je puis dire, *dedans,* a un nom : c'est le *Texte.* Le Texte, qui n'est plus *l'œuvre,* est une production d'écriture, dont la consommation sociale n'est certes pas neutre (le Texte est peu lu), mais dont la production est souverainement libre, dans la mesure où (encore Nietzsche) elle ne respecte pas le Tout (la Loi) du langage.

Seule l'écriture, en effet, peut assumer le caractère *fictionnel* des parlers les plus sérieux, voire les plus violents, les replacer dans leur distance théâtrale ; je puis, par exemple, emprunter le parler psychanalytique dans sa richesse et son étendue, mais en user *in petto* comme d'un langage romanesque.

D'autre part, seule l'écriture peut *mélanger* les parlers (le psychanalytique, le marxiste, le structuraliste, par exemple), constituer ce qu'on appelle une *hétérologie* du savoir, donner au langage une dimension carnavalesque.

Seule, enfin, l'écriture peut se déployer *sans lieu d'origine ;* seule elle peut déjouer toute règle rhétorique, toute loi de genre, toute arrogance de système : l'écriture est *atopique* ; par rapport à la guerre des langages, qu'elle ne supprime pas, mais *déplace*, elle anticipe un état des pratiques de lecture et d'écriture, où c'est le désir qui circule, non la domination.

1973, *Le Conferenze dell' Associazione
Culturale Italiana.*

# L'analyse rhétorique

La littérature se présente à nous comme *institution* et comme *œuvre*. Comme institution, elle rassemble tous les usages et toutes les pratiques qui règlent le circuit de la chose écrite dans une société donnée : statut social et idéologique de l'écrivain, modes de diffusion, conditions de consommation, sanctions de la critique. Comme œuvre, elle est essentiellement constituée par un message verbal, écrit, d'un certain type. C'est à l'œuvre-objet que je voudrais m'en tenir, en suggérant de nous intéresser à un champ encore peu exploré (bien que le mot soit très ancien), celui de la *rhétorique*.

L'œuvre littéraire comprend des éléments qui ne sont pas spéciaux à la littérature ; j'en citerai au moins un, parce que le développement des communications de masse permet aujourd'hui de le retrouver d'une façon incontestable dans les films, dans les bandes dessinées et peut-être dans les faits divers, c'est-à-dire ailleurs que dans le roman : c'est le récit, l'histoire, l'argument, ce que Souriau a appelé, à propos du film, la diégèse. Il existe une forme diégétique commune à des arts différents, forme que l'on commence aujourd'hui à analyser selon des méthodes nouvelles inspirées de Propp. Cependant, face à l'élément de fabulation qu'elle partage avec d'autres créations, la littérature possède un élément qui la définit spécifiquement : son langage ; cet élément spécifique, l'école formaliste russe avait déjà cherché à l'isoler et à le traiter, sous le nom de *Literaturnost*, de « littératurité » ; Jakobson l'appelle *poétique* ; la poétique est l'analyse qui permet de répondre à cette question : qu'est-ce qui fait d'un message verbal une œuvre d'art ? C'est cet élément spécifique que, pour ma part, j'appellerai *rhétorique*, de façon à éviter toute restriction

133

de la poétique à la poésie et à bien marquer qu'il s'agit d'un plan général du langage commun à tous les genres, aussi bien à la prose qu'aux vers. Je voudrais me demander si une confrontation de la société et de la rhétorique est possible, et dans quelles conditions.

Pendant des siècles, de l'Antiquité au XIXᵉ siècle, la rhétorique a reçu une définition à la fois fonctionnelle et technique : c'est un art, c'est-à-dire un ensemble de contraintes, qui permet soit de persuader, soit, plus tard, de bien exprimer. Cette finalité déclarée fait évidemment de la rhétorique une institution sociale, et, paradoxalement, le lien qui unit les formes de langage aux sociétés est beaucoup plus immédiat que le rapport proprement idéologique ; dans la Grèce antique, la rhétorique est née très précisément des procès de propriété qui ont suivi les exactions des Tyrans dans la Sicile du Vᵉ siècle ; dans la société bourgeoise, l'art de parler selon certaines règles est à la fois un signe du pouvoir social et un instrument de ce pouvoir ; il n'est pas insignifiant que la classe qui couronne les études secondaires du jeune bourgeois s'appelle classe de rhétorique. Cependant, ce n'est pas à ce rapport immédiat (et d'ailleurs vite épuisé) que nous nous arrêterons, car, nous le savons, si le besoin social engendre certaines fonctions, ces fonctions une fois mises en marche, ou comme on dit *déterminées,* acquièrent une autonomie imprévue et s'offrent à de nouvelles significations. A la définition fonctionnelle de la rhétorique, je substituerai donc aujourd'hui une définition immanente, structurale, ou pour être encore plus précis : *informationnelle.*

On sait que tout message (et l'œuvre littéraire en est un) comprend au moins un plan de l'expression, ou plan des signifiants, et un plan du contenu, ou plan des signifiés ; la jonction de ces deux plans forme le signe (ou l'ensemble des signes). Cependant, un message constitué selon cet ordre élémentaire peut, par une opération de décrochage ou d'amplification, devenir le simple plan d'expression d'un second message, qui lui est de la sorte extensif ; en somme, le signe du premier message devient le signifiant du second. Nous sommes alors en présence de deux systèmes sémiotiques imbriqués l'un dans l'autre d'une façon régulière ; Hjelmslev a donné au second système ainsi constitué le nom de *sémiotique connotative* (par opposition au méta-langage, dans lequel le signe du premier message devient le signifié et non le signifiant du second message). Or, comme langage, la littérature est de toute évidence une sémiotique connotative; dans un texte littéraire, un premier système de signification, qui est la langue (par exemple le français), sert de simple signifiant à un second message, dont le signifié est différent des signifiés de la langue ; si je lis : *Faites avancer les commodités de la conversation,* je perçois un message dénoté qui est l'ordre d'amener les fauteuils, mais je perçois aussi un message connoté dont le signifié est ici la « préciosité ». En termes informationnels, on définira donc la littérature comme un double système dénoté-connoté ; dans ce double système, le plan manifeste et spécifique, qui est celui des signifiants du second système, constituera la Rhétorique ; les signifiants rhétoriques seront les connotateurs.

Défini en termes informationnels, le message littéraire peut et doit être soumis à une exploration systématique, sans laquelle il ne sera jamais possible de le confronter avec l'Histoire qui le produit, puisque l'être historique de ce message n'est pas seulement ce qu'il dit, mais aussi la façon dont il est fabriqué. Certes, la linguistique de la connotation, qu'on ne peut confondre avec l'ancienne stylistique, car celle-ci, étudiant des moyens d'expression, restait sur le plan de la parole, tandis que celle-là, étudiant des codes, se place sur le plan de la langue, cette linguistique n'est pas encore constituée ; mais certaines indications des linguistes contemporains permettent de proposer à l'analyse rhétorique au moins deux directions.

La première a été esquissée par Jakobson[1] qui distingue dans tout message six facteurs : un émetteur, un destinataire, un contexte ou référent, un contact, un code et enfin le message lui-même ; à chacun de ces facteurs correspond une fonction du langage ; tout discours mêle la plupart de ces fonctions, mais il reçoit sa marque de la dominance de telle ou telle fonction sur les autres ; par exemple, si l'accent est mis sur la personne émettrice, la fonction expressive ou émotive domine ; s'il est mis sur le destinataire, c'est la fonction connotative (exhortative ou supplicatoire) ; si c'est le référent qui reçoit l'accent, le discours est dénotatif (c'est le cas courant) ; si c'est le contact (entre l'émetteur

1. *Essais de linguistique générale*, Paris, Éd. de Minuit, 1963, chap. XI.

et le destinataire), la fonction phatique renvoie à tous les signes destinés à maintenir la communication entre les interlocuteurs ; la fonction méta-linguistique, ou d'élucidation, accentue le recours au code ; enfin, lorsque c'est le message lui-même, sa configuration, le côté palpable de ses signes qui sont accentués, le discours est poétique, au sens large du terme : c'est évidemment le cas de la littérature ; on pourrait dire que la littérature (œuvre ou texte) est spécifiquement un message qui met l'accent sur lui-même. Cette définition permet sans doute de mieux comprendre comment il se fait que la fonction communicative n'épuise pas l'œuvre littéraire, mais que celle-ci, résistant aux définitions purement fonctionnelles, se présente toujours d'une certaine façon comme une tautologie, puisque les fonctions intra-mondaines du message restent en définitive soumises à sa fonction structurale. Cependant, la cohésion et la déclaration de la fonction poétique peuvent varier avec l'Histoire ; et, d'autre part, synchroniquement, cette même fonction peut être « mangée » par d'autres fonctions, phénomène qui diminue en quelque sorte le taux de spécificité littéraire de l'œuvre. La définition de Jakobson comporte donc une perspective sociologique, puisqu'elle peut permettre d'évaluer à la fois le devenir du langage littéraire et sa situation par rapport aux langages non littéraires.

Une autre exploration du message littéraire est possible, de type cette fois-ci distributionnel. On sait que toute une partie de la linguistique s'occupe aujourd'hui de définir les mots moins par leur sens que par les associations syntagmatiques dans lesquelles ils peuvent prendre leur place ; pour parler grossièrement, les mots s'associent entre eux selon une certaine échelle de probabilité : *chien* s'associe volontiers à *aboyer*, mais difficilement à *miauler*, bien que syntaxiquement rien n'interdise l'association d'un verbe et d'un sujet ; on donne parfois à ce « remplissage » syntagmatique du signe le nom de *catalyse*. Or, la catalyse a un rapport étroit avec la spécialité du langage littéraire ; dans certaines limites, qui sont précisément à étudier, plus la catalyse est aberrante, et plus la littérature est patente. Naturellement, si l'on s'en tient aux unités littérales, la littérature n'est nullement incompatible avec une catalyse normale ; dans : *le ciel est bleu comme une orange*, aucune association littérale n'est déviante ; mais, si l'on se reporte à un

niveau supérieur d'unités, qui est précisément celui des connotateurs, on retrouve sans peine le trouble catalytique, car il est
statistiquement aberrant d'associer l'être du bleu à l'être de
l'orange. Le message littéraire peut donc être défini comme un
écart d'association des signes (P. Guiraud) ; opératoirement, par
exemple, face aux tâches normatives de la traduction automatique,
la littérature pourrait se définir comme l'ensemble des cas insolu-
bles offerts à la machine. On dira d'une autre manière que la
littérature est essentiellement un *système d'information coûteux*.
Cependant, si la littérature est uniformément luxueuse, il y a
plusieurs économies de luxe, qui peuvent varier avec les époques et
les sociétés ; dans la littérature classique, celle du moins qui
appartient à la génération anti-précieuse, les associations syntagmatiques restent dans des marges normales au niveau de la
dénotation, et c'est explicitement le niveau rhétorique qui supporte le coût élevé de l'information ; au contraire, dans la poésie
surréaliste (pour prendre deux extrêmes), les associations sont
aberrantes et l'information coûteuse au niveau même des unités
élémentaires. On peut raisonnablement espérer, ici encore, que la
définition distributionnelle du message littéraire fera apparaître
certaines liaisons entre chaque société et l'économie d'information
qu'elle assigne à sa littérature.

Ainsi, la forme même du message littéraire est dans un certain
rapport avec l'Histoire et avec la société, mais ce rapport est
particulier et ne recouvre pas nécessairement l'histoire et la
sociologie des contenus. Les connotateurs forment les éléments
d'un code, et la validité de ce code peut être plus ou moins longue ;
le code classique (au sens large) a duré en Occident pendant des
siècles, puisque c'est la même rhétorique qui anime un discours de
Cicéron ou un sermon de Bossuet ; mais il est probable que ce code
a subi une mutation profonde dans la seconde moitié du XIXᵉ siècle,
même si, encore maintenant, des écritures traditionnelles lui sont
assujetties. Cette mutation est sans doute en rapport avec la crise
de la conscience bourgeoise ; le problème toutefois n'est pas de
savoir si l'une reflète analogiquement l'autre, mais si, face à un
certain ordre de phénomènes, l'histoire n'intervient en quelque
sorte que pour modifier le rythme de leur diachronie ; en effet, dès
lors qu'on a affaire à des formes (et c'est évidemment le cas du code

rhétorique), les processus de changement sont plus de l'ordre de la translation que de l'évolution : il y a en quelque sorte épuisement successif des mutations possibles, et l'Histoire est appelée à modifier le rythme de ces mutations, non ces formes elles-mêmes ; il y a peut-être un certain devenir endogène de la structure du message littéraire, analogue à celui qui règle les changements de mode.

Il y a une autre façon d'apprécier le rapport de la rhétorique et de la société : c'est, si l'on peut dire, d'évaluer le degré de « franchise » du code rhétorique. Il est certain que le message littéraire de l'époque classique affichait délibérément sa connotation, puisque les figures constituaient un code transmissible par apprentissage (d'où les nombreux traités de l'époque) et qu'il n'était possible de former un message reconnu qu'en puisant dans ce code. Aujourd'hui, on le sait, cette rhétorique a éclaté ; mais en étudiant précisément ses débris, ses substituts ou ses lacunes, on pourrait sans doute rendre compte de la multiplicité des écritures et retrouver pour chacune d'elles la signification qu'elle détient dans notre société. On pourrait ainsi aborder d'une façon précise le problème du partage de la *bonne littérature* et des autres littératures, dont l'importance sociale est considérable, surtout dans une société de masse. Mais, ici encore, il ne faut pas attendre un rapport analogique entre un groupe d'usagers et sa rhétorique ; la tâche est plutôt de reconstituer un système général de sous-codes, dont chacun se définit dans un certain état de société par ses différences, ses distances et ses identités à l'égard de ses voisins : littérature d'élite et culture de masse, avant-garde et tradition, constituent formellement des codes différents placés au même moment, selon l'expression de Merleau-Ponty, en « modulation de coexistence » ; c'est cet ensemble de codes simultanés, dont la pluralité a été reconnue par Jakobson[1], qu'il faudrait étudier ; et, comme un code n'est lui-même qu'une certaine manière de distribuer une collection fermée de signes, l'analyse rhétorique devrait relever directement non de la sociologie proprement dite, mais plutôt de cette socio-logique, ou sociologie des formes de classement, que postulaient déjà Durkheim et Mauss.

1. *Op. cit.,* p. 213.

Telles sont, rapidement et abstraitement présentées, les perspectives générales de l'analyse rhétorique. C'est une analyse dont le projet n'est pas neuf, mais à laquelle les développements récents de la linguistique structurale et de la théorie de l'information donnent des possibilités renouvelées d'exploration ; mais, surtout, elle requiert de nous une attitude méthodologique peut-être nouvelle : car la nature formelle de l'objet qu'elle veut étudier (le message littéraire) oblige à décrire d'une façon immanente et exhaustive le code rhétorique (ou les codes rhétoriques) avant de mettre en rapport ce ou ces codes avec la société et l'Histoire qui les produisent et les consomment.

Colloque Goldmann, 1966.
Extrait de *Littérature et Société*,
© Éd. de l'Institut de sociologie de
l'Université libre de Bruxelles, 1967.

# Le style et son image

Je demande la permission de partir d'une considération personnelle : depuis vingt ans environ, ma recherche porte sur le langage
littéraire, sans que je puisse tout à fait me reconnaître dans le rôle
du critique ni dans celui du linguiste. Je voudrais m'autoriser de
cette situation ambiguë pour traiter d'une notion impure, qui est à
la fois une forme métaphorique et un concept théorique. Cette
notion est une *image*. Je ne crois pas en effet que le travail
scientifique puisse aller sans une certaine *image* de son objet (on le
sait, rien de plus résolument métaphorique que le langage des
mathématiciens ou celui des géographes) ; et je ne crois pas non
plus que l'image intellectuelle, héritière des anciennes cosmogonies
pythagoriciennes, à la fois spatiales, musicales et abstraites, soit
dépourvue d'une valeur théorique, qui la préserve de la contingence, sans la détourner exagérément vers l'abstraction. C'est donc
une image que je veux interroger ou, plus exactement, une *vision :*
comment *voyons*-nous le style ? Quelle est l'image du style qui me
gêne, quelle est celle que je souhaite ?

En simplifiant beaucoup (c'est le droit de la vision), il me semble
que le style (en laissant au mot son sens courant) a toujours été pris
dans un système binaire, ou, si l'on préfère, dans un paradigme
mythologique à deux termes ; ces termes ont, bien entendu,
changé de nom et même de contenu, selon les époques et les écoles.
Retenons deux de ces oppositions.

La première, la plus ancienne (elle dure encore, du moins bien
souvent, dans l'enseignement de la littérature), c'est celle du *Fond*
et de la *Forme ;* elle provient, on le sait, de l'un des premiers
classements de la Rhétorique classique, qui opposait *Res* et *Verba :*
de *Res* (ou matériaux démonstratifs du discours) dépendait l'*In-*

*ventio,* ou recherche de ce que l'on pouvait dire d'un sujet (*quaestio*) ; de *Verba* dépendait l'*Elocutio* (ou transformation de ces matériaux dans une forme verbale), laquelle *Elocutio* était en gros notre style. Le rapport du Fond et de la Forme était un rapport phénoménologique : la Forme était réputée l'apparence ou le vêtement du Fond, qui en était la vérité ou le corps ; les métaphores attachées à la Forme (au style) étaient donc d'ordre décoratif : *figures, couleurs, nuances ;* ou encore ce rapport de la Forme et du Fond était vécu comme un rapport expressif ou aléthique : il s'agissait pour le littérateur (ou le commentateur) d'établir un rapport *juste* entre le fond (la vérité) et la forme (l'apparence), entre le message (comme contenu) et son *medium* (le style), et qu'entre ces deux termes concentriques (l'un étant *dans* l'autre) il y eût une garantie réciproque. Cette garantie a fait l'objet d'un problème historique : la Forme peut-elle *déguiser* le Fond, ou doit-elle s'y asservir (au point de ne plus être alors une Forme codée) ? C'est ce débat qui oppose le long des siècles la rhétorique aristotélicienne (puis jésuite) et la rhétorique platonicienne (puis pascalienne). Cette vision subsiste, malgré le changement terminologique, lorsque nous considérons le texte comme la superposition d'un *signifié* et d'un *signifiant,* le signifié étant alors fatalement vécu (je parle ici d'une vision plus ou moins assumée) comme un secret qui se cache derrière le signifiant.

La seconde opposition, beaucoup plus récente, d'allure plus scientifique, tributaire en grande partie du paradigme saussurien *Langue/Parole* (ou *Code/Message*), est celle de la *Norme* et de l'*Écart*. Le style est alors vu comme l'exception (cependant codée) d'une règle ; il est l'aberration (individuelle et pourtant institutionnelle) d'un usage courant, qui est tantôt visé comme verbal (si l'on définit la norme par le langage parlé), tantôt comme prosaïque (si l'on oppose la Poésie à « autre chose »). De même que l'opposition *Fond/Forme* implique une vision phénoménologique, de même l'opposition *Norme/Écart* implique une vision finalement morale (sous couvert d'une logique de l'*endoxa*) : il y a réduction du systématique au sociologique (le code est ce qui est garanti statistiquement par le plus grand nombre d'usagers) et du sociologique au normal, lieu d'une sorte de nature sociale ; la littérature, espace du style, et parce qu'elle est spécifiquement cet espace, prend alors une fonction shamanique, que Lévi-Strauss a bien décrite dans son *Introduction à l'œuvre de M. Mauss* : elle est le lieu de l'anomalie (verbale), tel que la société le fixe, le reconnaît et l'assume en honorant ses écrivains, tout comme le groupe ethnographique fixe l'extra-nature sur le sorcier (à la façon d'un abcès de fixation qui limite la maladie), pour pouvoir la récupérer dans un procès de communication collective.

Je voudrais partir de ces deux visions, moins pour les détruire que pour les compliquer.

\*

Prenons d'abord l'opposition du Fond et de la Forme, du Signifié et du Signifiant. Nul doute qu'elle ne comporte une certaine part, irréductible, de vérité. L'Analyse structurale du récit dans ses acquis et ses promesses est tout entière fondée sur la conviction (et la preuve pratique) que l'on peut transformer un texte *donné* dans une version plus schématique, dont le métalangage n'est plus le langage intégral du texte originel, sans que l'identité narrative de ce texte soit changée : pour énumérer des fonctions, reconstituer des séquences ou distribuer des actants, mettre à jour en somme une grammaire narrative qui n'est plus la grammaire de la langue vernaculaire du texte, il faut bien *décoller* la pellicule stylistique (ou, plus généralement, élocutoire, énonciatrice) d'une autre couche de sens seconds (narratifs), par rapport auxquels les traits stylistiques sont sans pertinence : on les fait varier sans que la structure soit altérée. Que Balzac dise d'un vieillard inquiétant qu'il « conservait sur ses lèvres bleuâtres un rire fixe et arrêté, un rire implacable et goguenard comme celui d'une tête de mort » a exactement la même fonction narrative (ou, plus précisément, sémantique) que si nous transformons la phrase et que nous énonçons que le vieillard avait en lui quelque chose de funèbre et de fantastique (ce sème, lui, étant irréductible, puisqu'il est fonctionnellement nécessaire à la suite de l'histoire).

L'erreur cependant — et c'est ici qu'il nous faut modifier notre vision du Fond et de la Forme — serait d'arrêter en quelque sorte prématurément la soustraction du style ; ce que cette soustraction (possible, comme on vient de le dire) dénude, ce n'est pas un fond, un signifié, mais une autre forme, un autre signifiant, ou, si l'on préfère, un vocable plus neutre, un autre niveau, *qui n'est jamais le dernier* (car le texte s'articule toujours sur des codes qu'il n'épuise pas) ; les signifiés sont des formes, on le sait depuis Hjelmslev, encore mieux depuis les hypothèses récentes des psychanalystes, des anthropologues, des philosophes. Analysant récemment une nouvelle de Balzac, j'ai cru pouvoir mettre au jour, hors même du plan stylistique, dont je ne me suis pas occupé, et en restant à l'intérieur du volume signifié, un jeu de cinq codes différents : actionnel, herméneutique, sémique, culturel et symbolique ; les « citations » que l'auteur (ou plus exactement le performateur du texte) extrait de ces codes sont juxtaposées, mêlées, superposées à l'intérieur d'une même unité énonciative (une seule phrase, par exemple, ou, plus généralement, une « lexie », ou unité de lecture), de façon à former une tresse, un tissu, ou encore (étymologiquement) un texte. Voici un exemple : le sculpteur Sarrasine est amoureux d'une *prima donna* dont il ignore qu'elle est un castrat ; il l'enlève et la prétendue chanteuse se défend : « L'Italienne était armée d'un poignard. " Si tu approches, dit-elle, je serai forcée de te plonger cette arme dans le cœur. " » Y a-t-il, *derrière* l'énoncé, un signifié ? Nullement ; la phrase est comme la tresse de plusieurs codes : un code linguistique (celui de la langue française), un code rhétorique (antonomase, incise de l'*inquit*, apostrophe), un code actionnel (la défense armée de la victime est un terme de la séquence *Rapt*), un code herméneutique (le castrat donne le change sur son sexe en feignant de défendre sa vertu de femme) et un code symbolique (le couteau est un symbole castrateur).

Nous ne pouvons donc plus *voir* le texte comme l'agencement binaire d'un fond et d'une forme ; le texte n'est pas double, mais multiple ; dans le texte il n'y a que des formes, ou, plus exactement, le texte n'est dans son ensemble qu'une multiplicité de formes — sans fond. On dira métaphoriquement que le texte littéraire est une stéréographie : ni mélodique ni harmonique (ou du moins non pas sans relais), il est résolument contrapuntique ; il mêle les voix dans un volume, et non selon une ligne, fût-elle double. Sans doute, parmi ces voix (ces codes, ces systèmes, ces formes), certaines sont-elles plus particulièrement attachées à la substance verbale, au *jeu* verbal (la linguistique, la rhétorique),

144

mais c'est là une distinction historique, qui n'a de valeur que pour la littérature du Signifié (qui est en général la littérature que nous étudions) ; car il suffit de penser à quelques textes modernes, pour voir que, dans ces textes, le signifié (narratif, logique, symbolique, psychologique) fuyant encore davantage, il n'y a plus aucune possibilité d'opposer (même en nuançant) des systèmes de formes et des systèmes de contenus : le style est un concept historique (et non universel), qui n'a de pertinence que pour des œuvres historiques. A-t-il, au sein de cette littérature, une fonction définie ? Je le crois. Le système stylistique, qui est un système comme les autres, parmi les autres, a une fonction de naturalisation, ou de familiarisation, ou de domestication : les unités des codes de contenu sont en effet soumises à un discontinu grossier (les actions sont séparées, les notations caractérielles et symboliques sont disséminées, la marche de la vérité est fragmentée, retardée) ; le langage, sous les espèces élémentaires de la phrase, de la période, du paragraphe, superpose à ce discontinu sémantique, qui est fondé à l'échelle du discours, l'apparence d'un continu ; car, bien que le langage soit lui-même discontinu, sa structure est si ancienne dans l'expérience de chaque homme qu'il la vit comme une véritable nature : ne parle-t-on pas du « flux de la parole » ? Quoi de plus familier, de plus évident, de plus naturel, qu'une phrase lue ? Le style « nappe » les articulations sémantiques du contenu ; par voie métonymique, il naturalise l'histoire racontée, il l'innocente.

*

Tournons-nous maintenant vers la seconde opposition, celle de la Norme et de l'Écart, qui est en fait l'opposition du Code et du Message, puisque le style (ou l'effet littéraire) y est vécu comme un message aberrant qui « *surprend* » le code. Ici encore, il nous faut affiner notre vision, en partant de l'opposition, plutôt qu'en la détruisant.

Les traits de style sont indéniablement tirés d'un code, ou du moins d'un espace systématique (cette distinction paraît nécessaire si l'on veut respecter la possibilité d'un multi-code, ou encore l'existence d'un signifiant dont l'espace est réglé et cependant infini, d'un paradigme insaturable) : le style est une distance, une différence ; mais par rapport à quoi ? La référence est le plus souvent, implicitement ou explicitement, la langue parlée (dite « courante », « normale »). Cette proposition me paraît à la fois excessive et insuffisante : excessive parce que les codes de référence (ou de différence) du style sont nombreux, et que la langue parlée n'est jamais que l'un de ces codes (qu'il n'y a d'ailleurs aucune raison de privilégier en en faisant la langue *princeps*, l'incarnation du code fondamental, la référence absolue) ; insuffisante parce que, lorsqu'on y renvoie, l'opposition du parlé et de l'écrit n'est pas exploitée dans toute sa profondeur. Un mot sur ce dernier point.

On sait que l'objet de la linguistique, celui qui détermine à la fois son travail et ses limites, c'est la *phrase* (quelles que soient les difficultés de la définir) : au-delà de la phrase, point de linguistique, car c'est alors le discours qui commence et les règles de combinaison des phrases sont différentes de celles des monèmes ; mais, en deçà, pas de linguistique non plus, car on ne croit alors trouver que des syntagmes informes, incomplets, indignes : seule la phrase, pense-t-on, donne une garantie d'organisation, de structure, d'unité. Or, le langage parlé, qui est aussi, ne l'oublions pas, le langage intérieur[1], est essentiellement un langage *sub-phrastique* ; il peut, certes, comporter des phrases finies, mais cet accomplissement n'est pas exigé par la réussite et la rentabilité de la communication, c'est-à-dire par le code du genre : nous ne cessons de parler sans finir nos phrases. Écoutez une conversation : combien de phrases dont la structure est incomplète ou ambiguë, combien de subordonnées sans principale ou dont le rattachement est indécidable, combien de substantifs sans verbes, d'adversatifs sans corrélats, etc. ? Au point qu'il est abusif de parler encore de « phrases », même pour les déclarer incomplètes ou mal formées ; il vaudrait mieux parler, d'une façon plus neutre, de syntagmes dont la congrégation reste à décrire. Ouvrez au contraire un livre : pas une phrase qui n'y soit *terminée,* par une surdétermination d'opérateurs, à la fois structuraux, rythmiques et ponctuationnels.

D'où, en droit, deux linguistiques autonomes : une linguistique

---

1. Nous avons dû ici rétablir le texte. *(NdÉ)*

du syntagme et une linguistique de la phrase, une linguistique de la parole vocale et une linguistique de la trace écrite. En rétablissant cette distinction dans sa profondeur, nous ne ferions que suivre les recommandations de la philosophie, qui donne aujourd'hui à la parole et à l'écriture une ontologie différente ; c'est, dit-elle, par un abus paradoxal que la linguistique ne traite jamais que de l'écrit (du langage phrastique), tout en prétendant que la forme canonique du langage est la parole, dont l'écriture ne serait que la « transcription ».

Il nous manque, on le sait, une grammaire de la langue parlée (mais cette grammaire est-elle possible : n'est-ce pas la notion même de grammaire qui serait emportée par cette division de la communication ?), dans la mesure où nous ne disposons que d'une grammaire de la phrase. Cette carence détermine une nouvelle distribution des langages : il y a les langages de la phrase et les autres. Les premiers sont tous marqués par un caractère contraignant, une rubrique obligatoire : l'accomplissement de la phrase. Le style est évidemment l'un de ces langages écrits et son trait générique (ce qui le rattache au genre de l'écrit, mais ne le distingue pas encore de ses voisins), c'est qu'il oblige à fermer les phrases : par sa finitude, par sa « propreté », la phrase se déclare écrite, en route vers son état littéraire : la phrase est déjà, en soi, un objet stylistique : l'absence de bavure, en quoi elle s'accomplit, est en quelque sorte le premier critère du style ; on le voit bien par deux valeurs proprement stylistiques : la *simplicité* et la *frappe :* toutes deux sont des effets de *propreté,* l'un litotique, l'autre emphatique : si telle phrase de Claudel (« La nuit est si calme qu'elle me paraît salée ») est à la fois simple et frappée, c'est qu'elle accomplit la phrase dans sa plénitude nécessaire et suffisante. Ceci peut être mis en rapport avec plusieurs faits historiques : d'abord, une certaine hérédité gnomique du langage écrit (sentences divinatoires, formules religieuses, dont la clôture, typiquement phrastique, assurait la polysémie) ; ensuite, le mythe humaniste de la phrase vivante, effluve d'un modèle organique, à la fois clos et générateur (mythe qui s'exprime dans le traité *Du Sublime*) ; enfin, les tentatives, à vrai dire encore peu efficaces, tant la littérature, même subversive, est liée à la phrase, menées par la modernité pour faire éclater la clôture phrastique (*Coup de dés* de Mallarmé, hyper-prolifération de la phrase proustienne, destruction de la phrase typographique dans la poésie moderne).

La phrase, dans sa clôture et sa propreté, m'apparaît donc comme la détermination fondamentale de l'écriture. A partir de quoi bien des codes écrits sont possibles (à vrai dire, mal repérés) : écriture savante, universitaire, administrative, journalistique, etc., chacune pouvant être décrite en fonction de sa clientèle, de son lexique et de ses protocoles syntaxiques (inversions, figures, clausules, tous traits marquant l'identité d'une écriture collective par leur présence ou leur censure). Parmi toutes ces écritures, et avant même de parler de style au sens individuel où nous entendons ordinairement ce mot, il y a le langage *littéraire*, écriture véritablement collective dont il faudrait recenser les traits systématiques (et non seulement les traits historiques, comme on l'a fait jusqu'à présent) : qu'est-ce qui, par exemple, est permis dans un texte littéraire, mais ne l'est pas dans un article universitaire : inversions, clausules, ordre des compléments, licences syntaxiques, archaïsmes, figures, lexique ? Ce qu'il faut d'abord saisir, ce n'est pas l'idiolecte d'un auteur mais celui d'une institution (la littérature).

Ce n'est pas tout. L'écriture littéraire ne doit pas être seulement située par rapport à ses voisines les plus proches, mais aussi par rapport à ses modèles. J'entends par *modèles* non des sources, au sens philologique du terme (notons en passant que l'on a presque exclusivement posé le problème des sources sur le plan du contenu), mais des *patterns* syntagmatiques, des fragments typiques de phrases, des formules, si l'on veut, dont l'origine est irrepérable, mais qui font partie d'une mémoire collective de la littérature. *Écrire* est alors laisser venir à soi ces modèles et les *transformer* (au sens que ce mot a pris en linguistique).

Je signalerai librement à ce sujet trois faits, empruntés à une expérience récente. Le premier est un témoignage : ayant travaillé pendant assez longtemps une nouvelle de Balzac, je me surprends souvent maintenant à transporter spontanément dans les circonstances de la vie des bribes de phrases, des formulations issues spontanément du texte balzacien ; ce n'est pas le caractère mémoriel (banal) du phénomène qui m'intéresse ; c'est l'évidence que j'*écris* la vie (il est vrai dans ma tête) à travers ces formules héritées d'une écriture antérieure ; ou encore, plus précisément, la vie est cela même qui vient *déjà* constitué comme une écriture littéraire : l'écriture *naissante* est une écriture *passée*. Le deuxième fait est un exemple de transformation externe : lorsque Balzac écrit : « J'étais plongé dans l'une de ces rêveries profondes qui saisissent tout le monde, même un homme frivole, au sein des fêtes les plus tumultueuses », la phrase, si l'on excepte sa marque personnelle (« *J'étais plongé* »), n'est que la transformation d'un proverbe : *A fêtes tumultueuses, rêveries profondes* ; autrement dit, l'énonciation littéraire renvoie, par transformation, à une autre structure syntaxique : le *premier* contenu de la phrase est une autre forme (ici, la forme gnomique) et le style s'établit dans un travail de transformation qui s'exerce non sur des idées, mais sur des formes ; il resterait bien entendu à repérer les stéréotypes principaux (tel le proverbe) à partir desquels le langage littéraire s'invente et s'engendre. Le troisième fait est un exemple de transformation interne (que l'auteur engendre à partir de sa propre formule) : à un moment de son séjour à Balbec, le narrateur proustien essaie d'engager la conversation avec le jeune liftier du Grand Hôtel, mais celui-ci ne lui répond pas, dit Proust, « soit étonnement de mes paroles, attention à son travail, souci de l'étiquette, dureté de son ouïe, respect du lieu, crainte du danger, paresse d'intelligence ou consigne du directeur » ; la répétition de la même formule syntaxique (un nom et son complément) est évidemment un jeu, le style consiste alors : 1. à transformer une subordonnée virtuelle en syntagme nominal (*parce qu'il n'entendait pas bien* devient *la dureté de son ouïe*) ; 2. à répéter le plus longtemps possible cette formule transformationnelle à travers des contenus différents.

De ces trois remarques précaires, et comme improvisées, je voudrais simplement tirer une hypothèse de travail : considérer les traits stylistiques comme des *transformations*, dérivées soit de formules collectives (d'origine irrepérable, tantôt littéraire, tantôt pré-littéraire), soit, par jeu métaphorique, de formes idiolectales ; dans les deux cas, ce qui devrait dominer le travail stylistique, c'est la recherche de modèles, de *patterns* : structures phrastiques, clichés syntagmatiques, départs et clausules de phrases ; et ce qui devrait l'animer, c'est la conviction que le style est essentiellement un procédé citationnel, un corps de traces, une mémoire (presque au sens cybernétique du terme), un héritage fondé en culture et non en expressivité. Ceci permet de situer la *transformation* à laquelle on fait allusion (et par conséquent la stylistique transformation-nelle que l'on peut souhaiter) : elle peut certes avoir quelque affinité avec la grammaire transformationnelle, mais elle en diffère sur un point fondamental (celui où la linguistique, impliquant fatalement une certaine *vision* du langage, redevient idéologique) : les « modèles » stylistiques ne peuvent être assimilés à des « struc-tures profondes », à des formes universelles issues d'une logique psychologique ; ces modèles sont seulement des dépôts de culture (même s'ils semblent très anciens) ; ce sont des répétitions, non des fondements ; des citations, non des expressions ; des stéréotypes, non des archétypes.

\*

Pour en revenir à cette vision du style dont je parlais au début, je dirai qu'à mon avis elle doit consister aujourd'hui à *voir* le style dans le pluriel du texte : pluriel des niveaux sémantiques (des codes), dont la tresse forme le texte, et pluriel des citations qui se déposent dans l'un de ces codes que nous appelons « style » et que j'aimerais mieux appeler, du moins comme premier objet d'étude, *langage littéraire*. Le problème du style ne peut être traité que par rapport à ce que j'appellerai encore le *feuilleté* du discours ; et, pour continuer les métaphores alimentaires, je résumerai ces quelques propos en disant que, si jusqu'à présent on a *vu* le texte sous les espèces d'un fruit à noyau (un abricot, par exemple), la pulpe étant la forme et l'amande étant le fond, il convient de le voir plutôt maintenant sous les espèces d'un oignon, agencement superposé de pelures (de niveaux, de systèmes), dont le volume ne comporte finalement aucun cœur, aucun noyau, aucun secret, aucun principe irréductible, sinon l'infini même de ses enveloppes — qui n'enveloppent rien d'autre que l'ensemble même de ses surfaces.

Colloque de Bellagio, 1969.
Publication en anglais,
*Literary Style : a Symposium*,
ed. Seymour Chatman.
© Oxford University Press, 1971.
Inédit en français.

# 4

# DE L'HISTOIRE
# AU RÉEL

# Le discours de l'histoire

La description formelle des ensembles de mots supérieurs à la phrase (que l'on appellera par commodité *discours*) ne date pas d'aujourd'hui : de Gorgias au XIXᵉ siècle, ce fut l'objet propre de l'ancienne rhétorique. Les développements récents de la science linguistique lui donnent toutefois une nouvelle actualité et de nouveaux moyens : une linguistique du discours est peut-être désormais possible ; en raison de ses incidences sur l'analyse littéraire (dont on sait l'importance dans l'enseignement), elle constitue même l'une des premières tâches de la sémiologie.

Cette linguistique seconde, en même temps qu'elle doit rechercher les universaux du discours (s'ils existent), sous forme d'unités et de règles générales de combinaison, doit évidemment décider si l'analyse structurale permet de garder l'ancienne typologie des discours, s'il est bien légitime d'opposer toujours le discours poétique au discours romanesque, le récit fictif au récit historique. C'est sur ce dernier point que l'on voudrait proposer ici quelques réflexions : la narration des événements passés, soumise communément, dans notre culture, depuis les Grecs, à la sanction de la « science » historique, placée sous la caution impérieuse du « réel », justifiée par des principes d'exposition « rationnelle », cette narration diffère-t-elle vraiment, par quelque trait spécifique, par une pertinence indubitable, de la narration imaginaire, telle qu'on peut la trouver dans l'épopée, le roman, le drame ? Et, si ce trait — ou cette pertinence — existe, à quel lieu du système discursif, à quel niveau de l'énonciation, faut-il le placer ? Pour tenter de suggérer une réponse à cette question, on observera ici, d'une façon libre, nullement exhaustive, le discours de quelques grands historiens classiques, tels Hérodote, Machiavel, Bossuet et Michelet.

# 1. Énonciation

Et tout d'abord, dans quelles conditions l'historien classique est-il amené — ou autorisé — à désigner lui-même, dans son discours, l'acte par lequel il le profère ? En d'autres termes, quels sont, au niveau du discours — et non plus de la langue —, les *shifters* (au sens que Jakobson a donné à ce mot[1]) qui assurent le passage de l'énoncé à l'énonciation (ou inversement) ?

Il semble que le discours historique comporte deux types réguliers d'embrayeurs. Le premier type rassemble ce que l'on pourrait appeler les embrayeurs d'*écoute*. Cette catégorie a été repérée, au niveau de la langue, par Jakobson, sous le nom de *testimonial* et sous la formule $C^eC^{a1}/C^{a2}$ : outre l'événement rapporté ($C^e$), le discours mentionne à la fois l'acte de l'informateur ($C^{a1}$) et la parole de l'énonçant qui s'y réfère ($C^{a2}$). Ce *shifter* désigne donc toute mention des sources, des témoignages, toute référence à une *écoute* de l'historien, recueillant un *ailleurs* de son discours et le disant. L'écoute explicite est un choix, car il est possible de ne pas s'y référer ; elle rapproche l'historien de l'ethnologue, lorsqu'il fait mention de son informateur ; on trouve donc abondamment ce *shifter* d'écoute chez des historiens-ethnologues, comme Hérodote. Les formes en sont variées : elles vont des incises du type *comme je l'ai entendu, à notre connaissance,* au présent de l'historien, temps qui atteste l'intervention de l'énonciateur, et à toute mention de l'expérience personnelle de l'historien ; c'est le cas de Michelet, qui « écoute » l'Histoire de France à partir d'une illumination subjective (la révolution de Juillet 1830) et en fait état dans son discours. Le *shifter* d'écoute n'est évidemment pas pertinent du discours historique : on le trouve fréquemment dans la conversation et dans certains artifices d'exposition du roman (anecdotes racontées d'après certains informateurs fictifs dont il est fait mention).

1. R. Jakobson, *Essais de linguistique générale, op. cit.,* chap. IX.

Le second type de *shifters* couvre tous les signes déclarés par lesquels l'énonçant, en l'occurence l'historien, organise son propre discours, le reprend, le modifie en cours de route, en un mot y dispose des repères explicites. C'est un *shifter* important, et les « organisateurs » du discours peuvent recevoir des expressions variées ; elles peuvent toutes se ramener, cependant, à l'indication d'un mouvement du discours par rapport à sa matière, ou plus exactement le long de cette matière, un peu à la façon des déictiques temporels ou locatifs *voici/voilà* ; on aura donc, par rapport au flux de l'énonciation : l'immobilité (*comme nous l'avons dit plus haut*), la remontée (*altius repetere, replicare da più alto luogo*), la redescente (*ma ritornando all' ordine nostro, dico come...*), l'arrêt (*sur lui, nous n'en dirons pas plus*), l'annonce (*voici les autres actions dignes de mémoire qu'il fit pendant son règne*). Le shifter d'organisation pose un problème notable, qu'on ne peut ici qu'indiquer : celui qui naît de la coexistence, ou, pour mieux dire, du frottement de deux temps : le temps de l'énonciation et le temps de la matière énoncée. Ce frottement donne lieu à des faits de discours importants ; on en citera trois. Le premier renvoie à tous les phénomènes d'accélération de l'histoire : un nombre égal de « pages » (si telle est la mesure grossière du temps de l'énonciation) couvre des laps de temps variés (temps de la matière énoncée) : dans les *Histoires florentines* de Machiavel, la même mesure (un chapitre) couvre ici plusieurs siècles et là quelque vingt ans ; plus l'on se rapproche du temps de l'historien, plus la pression de l'énonciation se fait forte, plus l'histoire se ralentit ; il n'y a pas d'isochronie — ce qui est attaquer implicitement la linéarité du discours et laisse apparaître un « paragrammatisme » possible de la parole historique[1]. Le deuxième fait rappelle aussi, à sa manière, que le discours, quoique matériellement linéaire, confronté au temps historique, a pour charge, semble-t-il, d'approfondir ce temps : il s'agit de ce que l'on pourrait appeler l'histoire en zigzags ou en dents de scie : ainsi, à chaque personnage qui apparaît dans

1. A la suite de J. Kristeva (« Bakhtine, le mot, le dialogue et le roman », *Critique*, n° 239, avril 1967, p. 438-465), on désignera sous le nom de paragrammatisme (dérivé des Anagrammes de Saussure) les écritures doubles, qui contiennent un dialogue du texte avec d'autres textes, et postulent une nouvelle logique.

155

ses *Histoires*, Hérodote remonte vers les ancêtres du nouveau venu, puis revient à son point de départ, pour continuer un peu plus loin — et recommencer. Enfin, un troisième fait de discours, considérable, atteste le rôle destructeur des *shifters* d'organisation par rapport au temps chronique de l'histoire : il s'agit des inaugurations du discours historique, lieux où se rejoignent le commencement de la matière énoncée et l'exorde de l'énonciation[1]. Le discours de l'histoire connaît en général deux formes d'inauguration : tout d'abord, ce que l'on pourrait appeler l'ouverture performative, car la parole y est véritablement un acte solennel de fondation ; le modèle en est poétique, c'est le *je chante* des poètes ; ainsi, Joinville commence son histoire par un appel religieux (« *Au nom de Dieu le tout-puissant, je, Jehan, sire de Joinville, fais écrire la vie nostre Saint roi Louis* »), et le socialiste Louis Blanc lui-même ne dédaigne pas l'*introït* purificateur[2], tant le début de parole garde toujours quelque chose de difficile — disons de sacré ; ensuite, une unité beaucoup plus courante, la Préface, acte caractérisé d'énonciation, soit prospective lorsqu'elle annonce le discours à venir, soit rétrospective lorsqu'elle le juge (c'est le cas de la grande Préface dont Michelet couronna son *Histoire de France* une fois qu'elle fut entièrement écrite et publiée). Le rappel de ces quelques unités vise à suggérer que l'entrée de l'énonciation dans l'énoncé historique, à travers les *shifters* organisateurs, a moins pour but de donner à l'historien une possibilité d'exprimer sa « subjectivité », comme on le dit communément, que de « compliquer » le temps chronique de l'histoire en l'affrontant à un autre temps, qui est celui du discours lui-même, et que l'on pourrait appeler par raccourci le temps-papier ; en somme la présence, dans la narration historique, de signes explicites d'énonciation viserait à « déchronologiser » le « fil » historique et à restituer, ne serait-ce qu'à titre de réminiscence ou de nostalgie, un temps complexe, paramétrique, nullement linéaire, dont l'espace profond rappelle-

1. L'exorde (de tout discours) pose l'un des problèmes les plus intéressants de la rhétorique, dans la mesure où il est codification des ruptures de silence et lutte contre l'aphasie.
2. « Avant de prendre la plume, je me suis interrogé sévèrement, et, comme je ne trouvais en moi ni affections intéressées ni haines implacables, j'ai pensé que je pourrais juger les hommes et les choses sans manquer à la justice et sans trahir la vérité » (L. Blanc, *Histoire de dix ans*, Paris, Pagnerre, 1842, 6 vol.).

rait le temps mythique des anciennes cosmogonies, lié lui aussi par essence à la parole du poète ou du devin ; les *shifters* d'organisation attestent en effet — fût-ce par certains détours d'apparence rationnelle — la fonction prédictive de l'historien : c'est dans la mesure où il *sait* ce qui n'a pas été encore raconté que l'historien, tel l'agent du mythe, a besoin de doubler le dévidement chronique des événements par des références au temps propre de sa parole.

Les signes (ou *shifters*) dont on vient de parler portent uniquement sur le procès même de l'énonciation. Il en est d'autres qui mentionnent non plus l'acte d'énonciation, mais, selon la terminologie de Jakobson, ses protagonistes (T$^a$), destinataire ou énonçant. C'est un fait notable et passablement énigmatique que le discours littéraire comporte très rarement les signes du « lecteur » ; on peut même dire que ce qui le spécifie, c'est d'être — apparemment — un discours sans *tu*, bien qu'en réalité toute la structure de ce discours implique un « sujet » de la lecture. Dans le discours historique, les signes de destination sont communément absents : on en trouvera seulement lorsque l'Histoire se donne comme une leçon ; c'est le cas de l'*Histoire universelle* de Bossuet, discours adressé nommément par le précepteur au prince, son élève ; encore ce schéma n'est-il possible, d'une certaine manière, que dans la mesure où le discours de Bossuet est censé reproduire homologiquement le discours que Dieu lui-même tient aux hommes, sous forme précisément de l'Histoire qu'il leur donne : c'est parce que l'Histoire des hommes est l'Écriture de Dieu que Bossuet, médiateur de cette écriture, peut établir un rapport de destination entre le jeune prince et lui.

Les signes de l'énonçant (ou destinateur) sont évidemment beaucoup plus fréquents ; il faut y ranger tous les fragments de discours où l'historien, sujet vide de l'énonciation, se remplit peu à peu de prédicats variés destinés à le fonder comme une *personne*, pourvue d'une plénitude psychologique, ou encore (le mot est précieusement imagé) d'une *contenance*. On signalera ici une forme particulière de ce « remplissage », qui relève plus directement de la critique littéraire. Il s'agit du cas où l'énonciateur entend « s'absenter » de son discours et où il y a, par conséquent, carence systématique de tout signe renvoyant à l'émetteur du message historique : l'histoire semble se raconter toute seule. Cet accident a une carrière considérable, puisqu'il correspond en fait au discours historique dit « objectif » (dans lequel l'historien n'intervient jamais). En fait, dans ce cas, l'énonçant annule sa personne passionnelle, mais lui substitue une autre personne, la personne « objective » : le sujet subsiste dans sa plénitude, mais comme sujet objectif ; c'est ce que Fustel de Coulanges appelait significativement (et assez naïvement) la « chasteté de l'Histoire ». Au niveau du discours, l'objectivité — ou carence des signes de l'énonçant — apparaît ainsi comme une forme particulière d'imaginaire, le produit de ce que l'on pourrait appeler l'illusion référentielle, puisque ici l'historien prétend laisser le référent parler tout seul. Cette illusion n'est pas propre au discours historique : combien de romanciers — à l'époque réaliste — s'imaginent être « objectifs », parce qu'ils suppriment dans le discours les signes du *je* ! La linguistique et la psychanalyse conjuguées nous rendent aujourd'hui beaucoup plus lucides à l'égard d'une énonciation privative : nous savons que les carences de signes sont elles aussi signifiantes.

Pour en terminer rapidement avec l'énonciation, il faut mentionner le cas particulier — prévu par Jakobson, au niveau de la langue, dans la grille de ses *shifters* — où l'énonçant du discours est en même temps participant du procès énoncé, où le protagoniste de l'énoncé est le même que le protagoniste de l'énonciation ($T^e/T^a$), où l'historien, acteur lors de l'événement, en devient le narrateur : ainsi de Xénophon participant à la retraite des Dix Mille et s'en faisant après coup l'historien. L'exemple le plus illustre de cette conjonction du *je* énoncé et du *je* énonçant est sans doute le *il* de César. Ce *il* célèbre appartient à l'énoncé ; lorsque César devient explicitement énonçant, il passe au *nous* (*ut supra demonstravimus*). Le *il* césarien apparaît à première vue noyé parmi les autres participants du procès énoncé et, à ce titre, on a vu en lui le signe suprême de l'objectivité ; il semble pourtant que l'on puisse formellement le différencier ; comment ? en observant que ses prédicats sont constamment sélectionnés : le *il* césarien ne supporte que certains syntagmes, que l'on pourrait appeler syntagmes du chef (*donner des ordres, tenir des assises, visiter, faire faire, féliciter, expliquer, penser*), très proches, en fait, de certains performatifs, dans lesquels la parole se confond avec l'acte. Il y a d'autres exemples de ce *il*, acteur passé et narrateur présent (notamment chez Clausewitz) : ils montrent que le choix du pronom apersonnel n'est qu'un alibi rhétorique et que la situation véritable de l'énonçant se manifeste dans le choix des syntagmes dont il entoure ses actes passés.

## 2. Énoncé

L'énoncé historique doit se prêter à un découpage destiné à produire des unités du contenu, que l'on pourra ensuite classer. Ces unités du contenu représentent ce dont parle l'histoire ; en tant que signifiés, elles ne sont ni le référent pur ni le discours complet : leur ensemble est constitué par le référent découpé, nommé, déjà intelligible, mais non encore soumis à une syntaxe. On n'entreprendra pas ici d'approfondir ces classes d'unités, le travail serait prématuré ; on se bornera à quelques remarques préalables.

L'énoncé historique, tout comme l'énoncé phrastique, comporte des « existents » et des « occurrents », des êtres, des entités et leurs prédicats. Or, un premier examen laisse prévoir que les uns et les autres (séparément) peuvent constituer des listes relativement fermées, par conséquent maîtrisables, en un mot des *collections*, dont les unités finissent par se répéter, à travers des combinaisons évidemment variables ; ainsi, chez Hérodote, les existents se réduisent à des dynasties, des princes, des généraux, des soldats, des peuples et des lieux, et les occurrents à des actions telles que dévaster, asservir, s'allier, faire une expédition, régner, user d'un stratagème, consulter l'oracle, etc. Ces collections, étant (relativement) fermées, doivent s'offrir à certaines règles de substitution et de transformation et il doit être possible de les structurer — tâche plus ou moins facile, évidemment, selon les historiens ; les unités hérodotéennes, par exemple, dépendent en gros d'un seul lexique, celui de la guerre ; ce serait une question de savoir si, pour les historiens modernes, il faut attendre des associations plus complexes de lexiques différents et si, même dans ce cas, le discours historique n'est pas toujours fondé, finalement, sur des collections fortes (il vaut mieux parler de *collections*, non de *lexiques*, car nous sommes ici uniquement sur le plan du contenu). Machiavel semble avoir eu l'intuition de cette structure : au début de ses *Histoires florentines*, il présente sa « collection », c'est-à-dire la liste des objets juridiques, politiques, ethniques, qui seront ensuite mobilisés et combinés dans sa narration.

Dans le cas de collections plus fluides (chez des historiens moins archaïques qu'Hérodote), les unités du contenu peuvent toutefois recevoir une structuration forte non du lexique, mais de la thématique personnelle de l'auteur ; ces objets thématiques (récurrents) sont nombreux chez un historien romantique comme Michelet ; mais on peut très bien en trouver chez des auteurs réputés intellectuels : chez Tacite, la *fama* est une unité personnelle, et Machiavel assied son histoire sur une opposition thématique, celle du *mantenere* (verbe qui renvoie à l'énergie fondamentale de l'homme de gouvernement) et du *ruinare* (qui, au contraire, implique une logique de la décadence des choses)[1]. Il va de soi que, par ces unités thématiques, le plus souvent prisonnières d'un mot, on retrouve des unités du discours (et non plus du seul contenu) ; on atteint ainsi le problème de la nomination des objets historiques : le mot peut économiser une situation ou une suite d'actions ; il favorise la structuration dans la mesure où, projeté en contenu, il est lui-même une petite structure ; ainsi Machiavel se sert-il de la *conjuration* pour économiser l'explicitation d'une donnée complexe, désignant la seule possiblité de lutte qui subsiste lorsqu'un gouvernement est victorieux de toutes les inimitiés déclarées au grand jour. La nomination, en permettant une articulation forte du discours, en renforce la structure ; les histoires fortement structurées sont des histoires substantives : Bossuet, pour qui l'histoire des hommes est structurée par Dieu, use abondamment des successions de raccourcis substantifs[2].

---

1. Cf. E. Raimondi, *Opere di Niccolo Macchiavelli*, Milan, Ugo Mursia editore, 1966.

2. Exemple : « On y voit avant toutes choses l'innocence et la sagesse du jeune Joseph... ; ses songes mystérieux.. ; ses frères jaloux... ; la vente de ce grand homme... ; la fidélité qu'il garde à son maître... ; sa chasteté admirable ; les persécutions qu'elle lui attire ; sa prison et sa constance... » (Bossuet, *Discours sur l'histoire universelle*, in *Œuvres*, Paris, Gallimard, « Bibl. de la Pléiade », 1961, p. 674).

Ces remarques concernent aussi bien les occurrents que les existents. Les procès historiques eux-mêmes (quel que soit leur développement terminologique) posent — entre autres — un problème intéressant : celui de leur statut. Le statut d'un procès peut être assertif, négatif, interrogatif. Or, le statut du discours historique est uniformément assertif, constatif ; le fait historique est lié linguistiquement à un privilège d'être : on raconte ce qui a été, non ce qui n'a pas été ou ce qui a été douteux. En un mot, le discours historique ne connaît pas la négation (ou très rarement, d'une façon excentrique). Ce fait peut être curieusement — mais significativement — mis en rapport avec la disposition que l'on trouve chez un énonçant bien différent de l'historien, qui est le psychotique, incapable de faire subir à un énoncé une transformation négative[1] ; on peut dire que, en un certain sens, le discours « objectif » (c'est le cas de l'histoire positiviste) rejoint la situation du discours schizophrénique ; dans un cas comme dans l'autre, il y a censure radicale de l'énonciation (dont le sentiment permet, seul, la transformation négative), reflux massif du discours vers l'énoncé et même (dans le cas de l'historien) vers le référent : personne n'est là pour assumer l'énoncé.

Pour aborder un autre aspect, essentiel, de l'énoncé historique, il faut dire un mot des classes d'unités du contenu et de leur succession. Ces classes sont, à ce qu'indique un premier sondage, celles-là même que l'on a cru pouvoir découvrir dans le récit de fiction[2]. La première classe couvre tous les segments du discours qui renvoient à un signifié implicite, selon un procès métaphorique ; ainsi Michelet décrit-il le bariolage des vêtements, l'altération des blasons et le mélange des styles d'architecture, au début du XVe siècle, comme autant de signifiants d'un signifié unique, qui est la division morale du Moyen Age finissant ; cette classe est donc celle des indices, ou plus exactement des signes (c'est une classe très abondante dans le roman classique). La seconde classe d'unités est constituée par les fragments du discours de nature raisonnante, syllogistique, ou plus exactement enthymématique, puisqu'il s'agit

1. L. Irigaray, « Négation et transformation négative dans le langage des schizophrènes », *Langages*, n° 5, mars 1967, p. 84-98.
2. Cf. « Introduction à l'analyse structurale du récit », *Communications*, n° 8, novembre 1966. [Repris dans la coll. « Points », Éd. du Seuil, 1981.]

presque toujours de syllogismes imparfaits, approximatifs[1]. Les enthymèmes ne sont pas propres au discours historique ; ils sont fréquents dans le roman, où les bifurcations de l'anecdote sont en général justifiées aux yeux du lecteur par de pseudo-raisonnements de type syllogistique. L'enthymème dispose dans le discours historique un intelligible non symbolique, et c'est en cela qu'il est intéressant : subsiste-t-il dans des histoires récentes, dont le discours essaie de rompre avec le modèle classique, aristotélicien ? Enfin, une troisième classe d'unités — et non la moindre — reçoit ce qu'on appelle depuis Propp les « fonctions » du récit, ou points cardinaux d'où l'anecdote peut prendre un cours différent ; ces fonctions sont groupées syntagmatiquement en suites fermées, logiquement saturées, ou séquences ; ainsi, chez Hérodote, on trouve à plusieurs reprises, une séquence *Oracle*, composée de trois termes, dont chacun est alternatif (consulter ou non, répondre ou non, suivre ou non), et qui peuvent être séparés les uns des autres par d'autres unités étrangères à la séquence : ces unités sont ou bien les termes d'une autre séquence, et le schéma est alors d'imbrication, ou bien des expansions mineures (informations, indices), et le schéma est alors celui d'une catalyse qui remplit les interstices des noyaux.

En généralisant — peut-être abusivement — ces quelques remarques sur la structure de l'énoncé, on peut suggérer que le discours historique oscille entre deux pôles, selon la densité respective de ses indices et de ses fonctions. Lorsque, chez un historien, les unités indicielles prédominent (renvoyant à chaque instant à un signifié implicite), l'Histoire est entraînée vers une forme métaphorique, et avoisine le lyrique et le symbolique : c'est le cas, par exemple, de Michelet. Lorsque, au contraire, ce sont les unités fonctionnelles qui l'emportent, l'Histoire prend une forme métonymique, elle s'apparente à l'épopée : on pourrait donner en exemple pur de cette tendance l'histoire narrative d'Augustin Thierry. Il existe à vrai dire une troisième Histoire : celle qui, par la structure du discours, tente de reproduire la structure des choix

---

1. Voici le schéma syllogistique d'un passage de Michelet (*Histoire du Moyen Age*, t. III, liv. VI, chap. II) : 1. Pour détourner le peuple de la révolte, il faut l'occuper. 2. Or, le meilleur moyen, c'est de lui jeter un homme. 3. Donc, les princes choisirent le vieil Aubriot, etc.

vécus par les protagonistes du procès relaté ; en elle dominent les raisonnements ; c'est une histoire réflexive, que l'on peut appeler aussi histoire stratégique, et Machiavel en serait le meilleur exemple.

## 3. Signification

Pour que l'Histoire ne signifie pas, il faut que le discours se borne à une pure série instructurée de notations : c'est le cas des chronologies et des annales (au sens pur du terme). Dans le discours historique constitué (« nappé », pourrait-on dire), les faits relatés fonctionnent irrésistiblement soit comme des indices, soit comme des noyaux dont la suite elle-même a une valeur indicielle ; et, quand bien même les faits seraient présentés d'une façon anarchique, ils signifieraient au moins l'anarchie et renverraient à une certaine idée négative de l'histoire humaine.

Les signifiés du discours historique peuvent occuper au moins deux niveaux différents. Il y a d'abord un niveau immanent à la matière énoncée ; ce niveau retient tous les sens que l'historien donne volontairement aux faits qu'il rapporte (le bariolage des costumes du XVe siècle pour Michelet, l'importance de certains conflits pour Thucydide, etc.) ; de cette sorte peuvent être les « leçons », ou morales ou politiques, que le narrateur tire de certains épisodes (chez Machiavel, chez Bossuet). Si la « leçon » est continue, on atteint un second niveau, celui d'un signifié transcendant à tout le discours historique, transmis par la thématique de l'historien, que l'on est ainsi en droit d'identifier à la forme du signifié ; ainsi, l'imperfection même de la structure narrative chez Hérodote (née de certaines *séries* de faits sans fermeture) renvoie finalement à une certaine philosophie de l'Histoire, qui est la disponibilité du monde des hommes sous la loi des dieux ; ainsi encore, chez Michelet, la structuration très forte des signifiés particuliers, articulés en oppositions (antithèses au niveau du signifiant), a pour sens final une philosophie manichéiste de la vie et de la mort. Dans le discours historique de notre civilisation, le processus de signification vise toujours à « remplir » le sens de l'Histoire : l'historien est celui qui rassemble moins des faits que des signifiants et les relate, c'est-à-dire les organise aux fins d'établir un sens positif et de combler le vide de la pure série.

Comme on le voit, par sa structure même et sans qu'il soit besoin de faire appel à la substance du contenu, le discours historique est essentiellement élaboration idéologique, ou, pour être plus précis, *imaginaire*, s'il est vrai que l'imaginaire est le langage par lequel l'énonçant d'un discours (entité purement linguistique) « remplit » le sujet de l'énonciation (entité psychologique ou idéologique). On comprend dès lors que la notion de « fait » historique ait souvent, ici et là, suscité une certaine méfiance. Nietzsche disait déjà : « Il n'y a pas de faits en soi. Toujours il faut commencer par introduire un sens pour qu'il puisse y avoir un fait. » A partir du moment où le langage intervient (et quand n'interviendrait-il pas ?), le fait ne peut être défini que d'une manière tautologique : le noté procède du notable, mais le notable n'est — dès Hérodote, où le mot a perdu son acception mythique — que ce qui est digne de mémoire, c'est-à-dire digne d'être noté. On arrive ainsi à ce paradoxe qui règle toute la pertinence du discours historique (par rapport à d'autres types de discours) : le fait n'a jamais qu'une existence linguistique (comme terme d'un discours), et cependant tout se passe comme si cette existence n'était que la « copie » pure et simple d'une autre existence, située dans un champ extra-structural, le « réel ». Ce discours est sans doute le seul où le référent soit visé comme extérieur au discours, sans qu'il soit pourtant jamais possible de l'atteindre hors de ce discours. Il faut donc se demander avec plus de précision quelle est la place du « réel » dans la structure discursive.

Le discours historique suppose, si l'on peut dire, une double opération, fort retorse. Dans un premier temps (cette décomposition n'est évidemment que métaphorique), le référent est détaché du discours, il lui devient extérieur, fondateur, il est censé le régler : c'est le temps des *res gestae,* et le discours se donne simplement pour *historia rerum gestarum* : mais, dans un second temps, c'est le signifié lui-même qui est repoussé, confondu dans le référent ; le référent entre en rapport direct avec le signifiant, et le discours, chargé seulement d'*exprimer* le réel, croit faire l'économie du terme fondamental des structures imaginaires, qui est le signifié. Comme tout discours à prétention « réaliste », celui de l'histoire ne croit ainsi connaître qu'un schéma sémantique à deux termes, le référent et le signifiant ; la confusion (illusoire) du référent et du signifié définit, on le sait, les discours *sui-référentiels*, tel le discours performatif ; on peut dire que le discours historique est un discours performatif truqué, dans lequel le constatif (le descriptif) apparent n'est en fait que le signifiant de l'acte de parole comme acte d'autorité[1].

En d'autres termes, dans l'histoire « objective », le « réel » n'est jamais qu'un signifié informulé, abrité derrière la toute-puissance apparente du référent. Cette situation définit ce que l'on pourrait appeler l'*effet de réel*. L'élimination du signifié hors du discours « objectif », en laissant s'affronter apparemment le « réel » et son expression, ne manque pas de produire un nouveau sens, tant il est vrai, une fois de plus, que dans un système toute carence d'élément est elle-même signifiante. Ce nouveau sens — extensif à tout le discours historique et qui en définit finalement la pertinence —, c'est le réel lui-même, transformé subrepticement en signifié honteux : le discours historique ne suit pas le réel, il ne fait que le signifier, ne cessant de répéter *c'est arrivé*, sans que cette assertion puisse être jamais autre chose que l'envers signifié de toute la narration historique.

Le prestige du *c'est arrivé* a une importance et une ampleur véritablement historiques. Il y a un goût de toute notre civilisation pour l'effet de réel, attesté par le développement de genres spécifiques comme le roman réaliste, le journal intime, la littérature de document, le fait divers, le musée historique, l'exposition d'objets anciens, et surtout le développement massif de la photographie, dont le seul trait pertinent (par rapport au dessin) est précisément de signifier que l'événement représenté a *réellement*

---

1. Thiers a exprimé avec beaucoup de pureté et de naïveté cette illusion référentielle, ou cette confusion du référent et du signifié, en fixant ainsi l'idéal de l'historien : « Être simplement vrai, être ce que sont les choses elles-mêmes, n'être rien de plus qu'elles, n'être rien que par elles, comme elles, autant qu'elles. » (Cité par C. Jullian, *Historiens français du XIXe siècle*, Paris, Hachette, s.d., p. LXIII.)

eu lieu[1]. Sécularisée, la relique ne détient plus de sacré, sinon ce sacré même qui est attaché à l'énigme de ce qui a été, n'est plus et se donne pourtant à lire comme signe présent d'une chose morte. A l'inverse, la profanation des reliques est en fait destruction du réel lui-même, à partir de cette intuition que le réel n'est jamais qu'un sens, révocable lorsque l'histoire l'exige et demande une véritable subversion des fondements mêmes de la civilisation[2].

Se refusant à assumer le réel comme signifié (ou encore à détacher le référent de sa simple assertion), on comprend que l'histoire en soit venue, au moment privilégié où elle a tenté de se constituer en genre, c'est-à-dire au XIXᵉ siècle, à voir dans la relation « pure et simple » des faits la meilleure preuve de ces faits, et à instituer la narration comme signifiant privilégié du réel. Augustin Thierry s'est fait le théoricien de cette histoire narrative, qui puise sa « vérité » dans le soin même de sa narration, l'architecture de ses articulations et l'abondance de ses expansions (appelées en l'occurrence « détails concrets »)[3]. On ferme ainsi le cercle paradoxal : la structure narrative, élaborée dans le creuset des fictions (à travers les mythes et les premières épopées), devient à la fois signe et preuve de la réalité. Aussi, l'on comprend que l'effacement (sinon la disparition) de la narration dans la science historique actuelle, qui cherche à parler des structures plus que des chronologies, implique bien plus qu'un simple changement d'école : une véritable transformation idéologique ; la narration historique meurt parce que le signe de l'Histoire est désormais moins le réel que l'intelligible.

1967, *Information sur les sciences sociales.*

1. Cf. « La rhétorique de l'image », *Communications*, nº 4, novembre 1964. [Repris dans *l'Obvie et l'Obtus*, 1982. Cf. aussi *La Chambre claire*, 1980. *(NdÉ)*]

2. C'est le sens qu'il faut sans doute donner, au-delà de toute subversion proprement religieuse, au geste des Gardes Rouges profanant le temple du lieu où est né Confucius (janvier 1967) ; rappelons que l'expression « révolution culturelle » traduit, fort mal, « destruction des fondements de la civilisation ».

3. « On a dit que le but de l'historien était de raconter, non de prouver ; je ne sais, mais je suis certain qu'en histoire le meilleur genre de preuve, le plus capable de frapper et de convaincre tous les esprits, celui qui permet le moins de défiance et laisse le moins de doutes, c'est la narration complète... » (A. Thierry, *Récits des temps mérovingiens*, vol. II, Paris, Furne, 1851, p. 227).

# L'effet de réel

Lorsque Flaubert, décrivant la salle où se tient Mme Aubain, la patronne de Félicité, nous dit qu'« un vieux piano supportait, sous un baromètre, un tas pyramidal de boîtes et de cartons[1] », lorsque Michelet, racontant la mort de Charlotte Corday et rapportant que dans sa prison, avant l'arrivée du bourreau, elle reçut la visite d'un peintre qui fit son portrait, en vient à préciser qu'« au bout d'une heure et demie, on frappa doucement à une petite porte qui était derrière elle[2] », ces auteurs (parmi bien d'autres) produisent des notations que l'analyse structurale, occupée à dégager et à systématiser les grandes articulations du récit, d'ordinaire et jusqu'à présent, laisse pour compte, soit que l'on rejette de l'inventaire (en n'en parlant pas) tous les détails « superflus » (par rapport à la structure), soit que l'on traite ces mêmes détails (l'auteur de ces lignes l'a lui-même tenté[3]) comme des « remplissages » (catalyses), affectés d'une valeur fonctionnelle indirecte, dans la mesure où, en s'additionnant, ils constituent quelque indice de caractère ou d'atmosphère, et peuvent être ainsi finalement récupérés par la structure.

Il semble pourtant que, si l'analyse se veut exhaustive (et de quelle valeur pourrait bien être une méthode qui ne rendrait pas compte de l'intégralité de son objet, c'est-à-dire, en l'occurrence, de toute la surface du tissu narratif ?), en cherchant à atteindre,

---

1. G. Flaubert, « Un cœur simple », *Trois Contes*, Paris, Charpentier-Fasquelle, 1893, p. 4.
2. J. Michelet, *Histoire de France, La Révolution*, t. V, Lausanne, Éd. Rencontre, 1967, p. 292.
3. « Introduction à l'analyse structurale du récit », *Communications*, n° 8, 1966, p. 1-27. [Repris dans la coll. « Points », Éd. du Seuil 1981.]

pour leur assigner une place dans la structure, le détail absolu, l'unité insécable, la transition fugitive, elle doive fatalement rencontrer des notations qu'aucune fonction (même la plus indirecte qui soit) ne permet de justifier : ces notations sont scandaleuses (du point de vue de la structure), ou, ce qui est encore plus inquiétant, elles semblent accordées à une sorte de *luxe* de la narration, prodigue au point de dispenser des détails « inutiles » et d'élever ainsi par endroits le coût de l'information narrative. Car, si, dans la description de Flaubert, il est à la rigueur possible de voir dans la notation du piano un indice du standing bourgeois de sa propriétaire et dans celle des cartons un signe de désordre et comme de déshérence, propres à connoter l'atmosphère de la maison Aubain, aucune finalité ne semble justifier la référence au baromètre, objet qui n'est ni incongru ni significatif et ne participe donc pas, à première vue, de l'ordre du *notable* ; et dans la phrase de Michelet, même difficulté à rendre compte structuralement de tous les détails : que le bourreau succède au peintre, cela seul est nécessaire à l'histoire ; le temps que dura la pose, la dimension et la situation de la porte sont inutiles (mais le thème de la porte, la douceur de la mort qui frappe ont une valeur symbolique indiscutable). Même s'ils ne sont pas nombreux, les « détails inutiles » semblent donc inévitables : tout récit, du moins tout récit occidental de type courant, en possède quelques-uns.

La notation insignifiante[1] (en prenant ce mot au sens fort : apparemment soustraite à la structure sémiotique du récit) s'apparente à la description, même si l'objet semble n'être dénoté que par un seul mot (en réalité, le mot pur n'existe pas : le baromètre de Flaubert n'est pas cité en soi ; il est situé, pris dans un syntagme à la fois référentiel et syntaxique) ; par là est souligné le caractère énigmatique de toute description, dont il faut dire un mot. La structure générale du récit, celle du moins qui a été analysée ici et là jusqu'à présent, apparaît comme essentiellement *prédictive* ; en schématisant à l'extrême, et sans tenir compte des nombreux détours, retards, revirements et déceptions que le récit

---

1. Dans ce bref aperçu, on ne donnera pas d'exemples de notations « insignifiantes », car l'insignifiant ne peut se dénoncer qu'au niveau d'une structure très vaste : citée, une notation n'est ni signifiante ni insignifiante ; il lui faut un contexte déjà analysé.

impose institutionnellement à ce schéma, on peut dire que, à chaque articulation du syntagme narratif, quelqu'un dit au héros (ou au lecteur, peu importe) : si vous agissez de telle manière, si vous choisissez telle partie de l'alternative, voici ce que vous allez obtenir (le caractère *rapporté* de ces prédictions n'en altère pas la nature pratique). Tout autre est la description : elle n'a aucune marque prédictive ; « analogique », sa structure est purement sommatoire et ne contient pas ce trajet de choix et d'alternatives qui donne à la narration le dessin d'un vaste *dispatching*, pourvu d'une temporalité référentielle (et non plus seulement discursive). C'est là une opposition qui, anthropologiquement, a son importance : lorsque, sous l'influence des travaux de von Frisch, on s'est mis à imaginer que les abeilles pouvaient avoir un langage, il a bien fallu constater que, si ces animaux disposaient d'un système prédictif de danses (pour rassembler leur nourriture), rien n'y approchait d'une *description*[1]. La description apparaît ainsi comme une sorte de « propre » des langages dits supérieurs, dans la mesure, apparemment paradoxale, où elle n'est justifiée par aucune finalité d'action ou de communication. La singularité de la description (ou du « détail inutile ») dans le tissu narratif, sa solitude, désigne une question qui a la plus grande importance pour l'analyse structurale des récits. Cette question est la suivante : tout, dans le récit, est-il signifiant, et sinon, s'il subsiste dans le syntagme narratif quelques plages insignifiantes, quelle est en définitive, si l'on peut dire, la signification de cette insignifiance ?

Il faut d'abord rappeler que la culture occidentale, dans l'un de ses courants majeurs, n'a nullement laissé la description hors du sens et l'a pourvue d'une finalité parfaitement reconnue par l'institution littéraire. Ce courant est la rhétorique et cette finalité est celle du « beau » : la description a eu pendant longtemps une fonction esthétique. L'Antiquité avait très tôt adjoint aux deux genres expressément fonctionnels du discours, le judiciaire et le politique, un troisième genre, l'épidictique, discours d'apparat, assigné à l'admiration de l'auditoire (et non plus à sa persuasion), qui contenait en germe — quelles que fussent les règles rituelles de

1. F. Bresson, « La signification », *Problèmes de psycho-linguistique*, Paris, PUF, 1963.

son emploi : éloge d'un héros ou nécrologie — l'idée même d'une finalité esthétique du langage ; dans la néo-rhétorique alexandrine (celle du IIᵉ siècle après J.-C.), il y eut un engouement pour l'*ekphrasis*, morceau brillant, détachable (ayant donc sa fin en soi, indépendante de toute fonction d'ensemble), qui avait pour objet de décrire des lieux, des temps, des personnes ou des œuvres d'art, tradition qui s'est maintenue à travers le Moyen Age. A cette époque (Curtius l'a bien souligné[1]), la description n'est assujettie à aucun réalisme ; peu importe sa vérité (ou même sa vraisemblance) ; il n'y a aucune gêne à placer des lions ou des oliviers dans un pays nordique ; seule compte la contrainte du genre descriptif ; le vraisemblable n'est pas ici référentiel, mais ouvertement discursif : ce sont les règles génériques du discours qui font la loi.

Si l'on fait un saut jusqu'à Flaubert, on s'aperçoit que la fin esthétique de la description est encore très forte. Dans *Madame Bovary,* la description de Rouen (référent réel s'il en fut) est soumise aux contraintes tyranniques de ce qu'il faut bien appeler le vraisemblable esthétique, comme en font foi les corrections apportées à ce morceau au cours de six rédactions successives[2]. On y voit d'abord que les corrections ne procèdent nullement d'une considération accrue du modèle : Rouen, perçu par Flaubert, reste toujours le même, ou plus exactement, s'il change quelque peu d'une version à l'autre, c'est uniquement parce qu'il est nécessaire de resserrer une image ou d'éviter une redondance phonique réprouvée par les règles du beau style, ou encore de « caser » un bonheur d'expression tout contingent[3] ; on y voit ensuite que le tissu descriptif, qui semble à première vue accorder une grande importance (par sa dimension, le soin de son détail) à l'objet *Rouen,* n'est en fait qu'une sorte de fond destiné à recevoir les joyaux de quelques métaphores rares, l'excipient neutre, prosaïque, qui enrobe la précieuse substance symbolique, comme

1. E.R. Curtius, *La Littérature européenne et le Moyen Age latin,* Paris, PUF, 1956, chap. X.
2. Les six versions successives de cette description sont données par A. Albalat, *Le Travail du style,* Paris, Armand Colin, 1903, p. 72 *sq.*
3. Mécanisme bien repéré par Valéry, dans *Littérature,* lorsqu'il commente le vers de Baudelaire : « La servante au grand cœur... » (« Ce vers est *venu* à Baudelaire... Et Baudelaire a continué. Il a enterré la cuisinière dans une pelouse, ce qui est contre la coutume, mais selon la rime, etc. »)

si, dans Rouen, importaient seules les figures de rhétorique auxquelles la vue de la ville se prête, comme si Rouen n'était notable que par ses substitutions (*les mâts comme une forêt d'aiguilles, les îles comme de grands poissons noirs arrêtés, les nuages comme des flots aériens qui se brisent en silence contre une falaise*) ; on y voit enfin que toute la description est *construite* en vue d'apparenter Rouen à une peinture : c'est une scène peinte que le langage prend en charge (« Ainsi, vu d'en haut, le paysage tout entier avait l'air immobile comme une peinture ») ; l'écrivain accomplit ici la définition que Platon donne de l'artiste, qui est un faiseur au troisième degré, puisqu'il imite ce qui est déjà la simulation d'une essence[1]. De la sorte, bien que la description de Rouen soit parfaitement « impertinente » par rapport à la structure narrative de *Madame Bovary* (on ne peut la rattacher à aucune séquence fonctionnelle ni à aucun signifié caractériel, atmosphériel ou sapientiel), elle n'est nullement scandaleuse, elle se trouve justifiée sinon par la logique de l'œuvre, du moins par les lois de la littérature : son « sens » existe, il dépend de la conformité non au modèle, mais aux règles culturelles de la représentation.

Toutefois, la fin esthétique de la description flaubertienne est toute mêlée d'impératifs « réalistes », comme si l'exactitude du référent, supérieure ou indifférente à toute autre fonction, commandait et justifiait seule, apparemment, de le décrire, ou — dans le cas des descriptions réduites à un mot — de le dénoter : les contraintes esthétiques se pénètrent ici — du moins à titre d'alibi — de contraintes référentielles : il est probable que, si l'on arrivait à Rouen en diligence, la vue que l'on aurait en descendant la côte qui conduit à la ville ne serait pas « objectivement » différente du panorama que décrit Flaubert. Ce mélange — ce chassé-croisé — de contraintes a un double avantage : d'une part, la fonction esthétique, en donnant un sens « au morceau », arrête ce que l'on pourrait appeler le vertige de la notation ; car, dès lors que le discours ne serait plus guidé et limité par les impératifs structuraux de l'anecdote (fonctions et indices), plus rien ne pourrait indiquer pourquoi arrêter les détails de la description ici et non là ; si elle n'était pas soumise à un choix esthétique ou rhétorique, toute

1. Platon, *République*, X, 599.

« vue » serait inépuisable par le discours : il y aurait toujours un coin, un détail, une inflexion d'espace ou de couleur à rapporter ; et, d'autre part, en posant le référent pour réel, en feignant de le suivre d'une façon esclave, la description réaliste évite de se laisser entraîner dans une activité fantasmatique (précaution que l'on croyait nécessaire à l'« objectivité » de la relation) ; la rhétorique classique avait en quelque sorte institutionnalisé le fantasme sous le nom d'une figure particulière, l'hypotypose, chargée de « mettre les choses sous les yeux de l'auditeur » non point d'une façon neutre, constative, mais en laissant à la représentation tout l'éclat du désir (cela faisait partie du discours vivement éclairé, aux cernes colorés : l'*illustris oratio*) ; en renonçant déclarativement aux contraintes du code rhétorique, le réalisme doit chercher une nouvelle raison de décrire.

Les résidus irréductibles de l'analyse fonctionnelle ont ceci de commun, de dénoter ce qu'on appelle couramment le « réel concret » (menus gestes, attitudes transitoires, objets insignifiants, paroles redondantes). La « représentation » pure et simple du « réel », la relation nue de « ce qui est »(ou a été) apparaît ainsi comme une résistance au sens ; cette résistance confirme la grande opposition mythique du vécu (du vivant) et de l'intelligible ; il suffit de rappeler que, dans l'idéologie de notre temps, la référence obsessionnelle au « concret » (dans ce que l'on demande rhétoriquement aux sciences humaines, à la littérature, aux conduites) est toujours armée comme une machine de guerre contre le sens, comme si, par une exclusion de droit, ce qui vit ne pouvait signifier — et réciproquement. La résistance du « réel » (sous sa forme écrite, bien entendu) à la structure est très limitée dans le récit fictif, construit par définition sur un modèle qui, pour les grandes lignes, n'a d'autres contraintes que celles de l'intelligible ; mais ce même « réel » devient la référence essentielle dans le récit historique, qui est censé rapporter « ce qui s'est réellement passé » : qu'importe alors l'infonctionnalité d'un détail, du moment qu'il dénote « ce qui a eu lieu » ; le « réel concret » devient la justification suffisante du dire. L'histoire (le discours historique : *historia rerum gestarum*) est en fait le modèle de ces récits qui admettent de remplir les interstices de leurs fonctions par des notations structuralement superflues, et il est logique que le réalisme littéraire ait été, à quelques décennies près, contemporain du règne de l'histoire

« objective », à quoi il faut ajouter le développement actuel des techniques, des œuvres et des institutions fondées sur le besoin incessant d'authentifier le « réel » : la photographie (témoin brut de « ce qui a été là »), le reportage, les expositions d'objets anciens (le succès du *show* Toutankhamon le montre assez), le tourisme des monuments et des lieux historiques. Tout cela dit que le « réel » est réputé se suffire à lui-même, qu'il est assez fort pour démentir toute idée de « fonction », que son énonciation n'a nul besoin d'être intégrée dans une structure et que l'*avoir-été-là* des choses est un principe suffisant de la parole.

Dès l'Antiquité, le « réel » était du côté de l'Histoire ; mais c'était pour mieux s'opposer au vraisemblable, c'est-à-dire à l'ordre même du récit (de l'imitation ou « poésie »). Toute la culture classique a vécu pendant des siècles sur l'idée que le réel ne pouvait en rien contaminer le vraisemblable ; d'abord, parce que le vraisemblable n'est jamais que de l'opinable : il est entièrement assujetti à l'opinion (du public) ; Nicole disait : « Il ne faut regarder les choses comme elles sont en elles-mêmes ni telles que les sait celui qui parle ou qui écrit, mais par rapport seulement à ce qu'en savent ceux qui lisent ou qui entendent[1] » ; ensuite, parce qu'il est général, non particulier, ce qu'est l'Histoire, pensait-on (d'où la propension, dans les textes classiques, à fonctionnaliser tous les détails, à produire des structures fortes et à ne laisser, semble-t-il, aucune notation sous la seule caution du « réel ») ; enfin, parce que, dans le vraisemblable, le contraire n'est jamais impossible, puisque la notation y repose sur une opinion majoritaire, mais non pas absolue. Le grand mot qui est sous-entendu au seuil de tout discours classique (soumis au vraisemblable ancien), c'est: *Esto* (*Soit*, *Admettons...*). La notation « réelle », parcellaire, interstitielle, pourrait-on dire, dont on soulève ici le cas, renonce à cette introduction implicite, et c'est débarrassée de toute arrière-pensée postulative qu'elle prend place dans le tissu structural. Par là même, il y a rupture entre le vraisemblable ancien et le réalisme moderne ; mais, par là même aussi, un nouveau vraisemblable naît, qui est précisément le réalisme (entendons par là tout discours qui accepte des énonciations créditées par le seul référent).

1. Cité par R. Bray, *Formation de la doctrine classique*, Paris, Nizet, 1963, p. 208.

Sémiotiquement, le « détail concret » est constitué par la collusion *directe* d'un référent et d'un signifiant ; le signifié est expulsé du signe, et, avec lui, bien entendu, la possibilité de développer une *forme du signifié*, c'est-à-dire, en fait, la structure narrative elle-même (la littérature réaliste est, certes, narrative, mais c'est parce que le réalisme est en elle seulement parcellaire, erratique, confiné aux « détails », et que le récit le plus réaliste qu'on puisse imaginer se développe selon des voies irréalistes). C'est là ce que l'on pourrait appeler l'*illusion référentielle*[1]. La vérité de cette illusion est celle-ci : supprimé de l'énonciation réaliste à titre de signifié de dénotation, le « réel » y revient à titre de signifié de connotation ; car, dans le moment même où ces détails sont réputés dénoter directement le réel, ils ne font rien d'autre, sans le dire, que le signifier ; le baromètre de Flaubert, la petite porte de Michelet ne disent finalement rien d'autre que ceci : *nous sommes le réel* ; c'est la catégorie du « réel » (et non ses contenus contingents) qui est alors signifiée ; autrement dit, la carence même du signifié au profit du seul référent devient le signifiant même du réalisme : il se produit un *effet de réel*, fondement de ce vraisemblable inavoué qui forme l'esthétique de toutes les œuvres courantes de la modernité.

Ce nouveau vraisemblable est très différent de l'ancien, car il n'est ni le respect des « lois du genre » ni même leur masque, mais procède de l'intention d'altérer la nature tripartite du signe pour faire de la notation la pure rencontre d'un objet et de son expression. La désintégration du signe — qui semble bien être la grande affaire de la modernité — est certes présente dans l'entreprise réaliste, mais d'une façon en quelque sorte régressive, puisqu'elle se fait au nom d'une plénitude référentielle, alors qu'il s'agit au contraire, aujourd'hui, de vider le signe et de reculer infiniment son objet jusqu'à mettre en cause, d'une façon radicale, l'esthétique séculaire de la « représentation ».

*1968, Communications.*

1. Illusion clairement illustrée par le programme que Thiers assignait à l'historien : « Être simplement vrai, être ce que sont les choses elles-mêmes, n'être rien de plus qu'elles, n'être rien que par elles, comme elles, autant qu'elles » (cité par C. Jullian, *Historiens français du* XIXᵉ, *siècle*, Paris, Hachette, s.d., p. LXIII).

# L'écriture de l'événement

Décrire l'événement implique que l'événement a été écrit. Comment un événement peut-il être écrit ? Qu'est-ce que cela peut vouloir dire que « l'écriture de l'événement » ?

L'événement de Mai 68 semble avoir été écrit de trois façons, de trois écritures, dont la conjonction polygraphique forme peut-être son originalité historique.

## 1. La parole

Toute secousse nationale produit une floraison brusque de commentaires écrits (presse et livres). Ce n'est pas cela dont on veut parler ici. La parole de Mai 68 a eu des aspects originaux, qu'il faut souligner.

1. La parole radiophonique (celle des postes dits périphériques) a collé à l'événement, au fur et à mesure qu'il se produisait, d'une façon haletante, dramatique, imposant l'idée que la connaissance de l'actualité n'est désormais plus l'affaire de l'imprimé, mais de la parole. L'histoire « chaude », en train de se faire, est une histoire auditive[1], l'ouïe redevient ce qu'elle était au Moyen Age : non seulement le premier des sens (avant le tact et la vue), mais le sens qui fonde la connaissance (comme pour Luther il fondait la foi du chrétien). Ce n'est pas tout. La parole informative (du reporter) a été si étroitement mêlée à l'événement, à l'opacité même de son présent (il suffit de songer à certaines nuits de barricades), qu'elle

---

1. Il faut se rappeler ces rues remplies d'hommes immobiles, ne voyant rien, ne regardant rien, les yeux à terre, mais l'oreille collée au transistor élevé à hauteur du visage, figurant ainsi une nouvelle anatomie humaine.

était son sens immédiat et consubstantiel, sa façon d'accéder à un intelligible instantané ; cela veut dire que, dans les termes de la culture occidentale, où rien ne peut être perçu privé de sens, elle était l'événement même. La distance millénaire entre l'acte et le discours, l'événement et le témoignage, s'est amincie : une nouvelle dimension de l'histoire, liée désormais immédiatement à son discours, est apparue, alors que toute la « science » historique avait au contraire pour tâche de reconnaître cette distance, afin de la contrôler. Non seulement la parole radiophonique renseignait les participants sur le prolongement même de leur action (à quelques mètres d'eux), en sorte que le transistor devenait l'appendice corporel, la prothèse auditive, le nouvel organe science-fictionnel de certains manifestants, mais encore, par la compression du temps, le retentissement immédiat de l'acte, elle infléchissait, modifiait l'événement, en un mot l'écrivait : fusion du signe et de son écoute, réversibilité de l'écriture et de la lecture qui est demandée ailleurs, par cette révolution de l'écriture que la modernité essaie d'accomplir.

2. Les rapports de force entre les différents groupes et partis engagés dans la crise ont été essentiellement *parlés*, en ce sens que le déplacement tactique ou dialectique de ces rapports le long des journées de Mai s'est opéré *à travers et par* (confusion de la voie et de la cause qui marque le langage) le communiqué, la conférence de presse, la déclaration, le discours. Non seulement la crise a eu son langage, mais encore la crise a été langage (un peu au sens où André Glucksmann a pu parler du langage de la guerre) : c'est la parole qui a, en quelque sorte, labouré l'histoire, l'a fait exister comme un réseau de traces, comme une écriture opérante, déplaçante (ce n'est que par un préjugé poussiéreux que nous considérons la parole comme une activité illusoire, tapageuse et vaine, et que nous l'opposons aux actes) ; la nature « parlée » de la crise est ici d'autant plus visible qu'elle n'a eu, à proprement parler, aucun effet meurtrier, irrémédiable (la parole est en effet ce qui peut être « repris » ; son antonyme rigoureux, au point de la définir, ne peut être que la mort)[1].

1. L'insistance avec laquelle on a répété, de part et d'autre, que, quoi qu'il arrive, *après* ne pourrait plus être comme *avant* traduit sans doute, dénégative-

3. La parole étudiante a débordé si pleinement, fusant de partout, allant et s'inscrivant partout, que l'on aurait quelque droit à définir superficiellement — mais aussi peut-être essentiellement — la révolte universitaire comme une *Prise de la Parole* (comme on dit : *Prise de la Bastille*). Il apparaît rétrospectivement que l'étudiant était un être frustré de parole ; frustré, mais non privé : par origine de classe, par vague pratique culturelle, l'étudiant dispose du langage ; le langage ne lui est pas inconnu, il n'en a pas (ou n'en a plus) peur ; le problème était d'en prendre le pouvoir, l'usage actif. Aussi, par un paradoxe qui n'est qu'apparent, au moment même où la parole étudiante revendiquait au seul nom des contenus, elle comportait en fait un aspect profondément ludique ; l'étudiant a commencé de manier la parole comme une activité, un travail libre, et non, malgré les apparences, comme un simple instrument. Cette activité a pris des formes différentes, qui correspondent, peut-être, à des phases du mouvement étudiant le long de la crise.

*a*) Une parole « sauvage », fondée sur l'« invention », rencontrant par conséquent tout naturellement les « trouvailles » de la forme, les raccourcis rhétoriques, les joies de la formule, bref le *bonheur d'expression* (« *Il est interdit d'interdire* », etc.) ; très proche de l'écriture, cette parole (qui a frappé assez vivement l'opinion) a pris logiquement la forme de l'*inscription* ; sa dimension naturelle a été le mur, lieu fondamental de l'écriture collective.

*b*) Une parole « missionnaire », conçue d'une façon purement instrumentale, destinée à transporter « ailleurs » (aux portes des usines, sur les plages, dans la rue, etc.) les stéréotypes de la culture politique.

*c*) Une parole « fonctionnaliste », véhiculant les projets de réforme, assignant à l'Université une fonction sociale, ici politique, là économique, et retrouvant de la sorte certains des mots d'ordre de la technocratie antérieure (« adaptation de l'enseignement aux besoins de la société », « collectivisation de la

---

ment, la crainte (ou l'espoir) que précisément *après* redevienne *avant* : l'événement étant parole, il peut, mythiquement, s'annuler.

recherche », primauté du « résultat », prestige de « l'interdisciplinaire », « autonomie », « participation », etc.[1]).

La parole « sauvage » a été assez rapidement éliminée, embau-
mée dans les plis inoffensifs de la « littérature » (surréaliste) et les
illusions de la « spontanéité » ; en tant qu'écriture, elle ne pouvait
être qu'inutile (en attendant d'être intolérable) à toute forme de
pouvoir, possédé ou revendiqué ; les deux autres paroles restent
souvent mêlées : mélange qui reproduit assez bien l'ambiguïté
politique du mouvement étudiant lui-même, menacé, en raison de
sa situation historique et sociale, par le rêve d'une « social-
technocratie ».

## 2. Le symbole

Les symboles n'ont pas manqué dans cette crise, on l'a souvent
remarqué ; il en a été produit et consommé avec une grande
énergie ; et surtout, fait frappant, ils ont été *entretenus* par une
complaisance générale, partagée. Le paradigme des trois drapeaux
(rouge/noir/tricolore), avec ses associations pertinentes de termes
(rouge et noir contre tricolore, rouge et tricolore contre noir), a été
« parlé » (drapeaux hissés, brandis, enlevés, invoqués, etc.) par
tout le monde, ou presque : bel accord sinon sur les symboles, du
moins sur le système symbolique lui-même (qui, *en tant que tel*,
devrait être la cible finale d'une révolution occidentale). Même
avatar symbolique pour la barricade : symbole elle-même, dès
avant que la première fut construite, de Paris révolutionnaire, et
elle-même lieu d'investissement de tout un réseau d'autres symboles. Emblème complet, la barricade a permis d'irriter et de
démasquer d'autres symboles ; celui de la propriété, par exemple,
logé désormais, pour les Français, à ce qu'il est apparu, beaucoup
plus dans l'auto que dans la maison. D'autres symboles ont été

---

1. Si l'on rassemble ces mots d'ordre, dispersés dans bon nombre de motions,
comme les morceaux d'un puzzle, on s'aperçoit que l'image finale qu'ils forment
n'est rien d'autre que celle de l'Université américaine.

mobilisés : le monument (Bourse, Odéon), la manifestation, l'occupation, le vêtement, et bien entendu le langage, dans ses aspects les plus codés (c'est-à-dire symboliques, rituels[1]). Cet inventaire des symboles devrait être fait ; non tellement qu'on doive en attendre une liste très éloquente (c'est peu probable, en dépit ou à cause de la « spontanéité » qui a présidé à leur libération), mais parce que le régime symbolique sous lequel un événement fonctionne est étroitement lié au degré d'intégration de cet événement dans la société dont il est à la fois l'expression et la secousse : un champ symbolique n'est pas seulement une réunion (ou un antagonisme) de symboles ; il est aussi formé par un jeu homogène de règles, un recours consenti en commun à ces règles. Une sorte d'adhésion presque unanime[2] à un même discours symbolique semble avoir marqué finalement acteurs et adversaires de la contestation : presque tous ont mené le même jeu symbolique.

## 3. La violence

La violence que, dans la mythologie moderne, on rattache, comme si cela allait de soi, à la spontanéité et à l'effectivité, la violence, symbolisée ici concrètement puis verbalement par « la rue », lieu de la parole désenchaînée, du contact libre, espace contre-institutionnel, contre-parlementaire et contre-intellectuel, opposition de l'immédiat aux ruses possibles de toute médiation, la violence est une écriture : c'est (on connaît ce thème derridien) la trace dans son geste le plus profond. L'écriture elle-même (si l'on veut bien ne plus la confondre obligatoirement avec le style ou la littérature) est violente. C'est même ce qu'il y a de violence dans

1. Par exemple : lexique du travail révolutionnaire (« comités », « commissions », « motions », « points d'ordre », etc.), rituel de la communication (tutoiement, prénoms, etc.).
2. Le plus important, dans cet inventaire, serait au fond de repérer la façon dont chaque groupe a joué ou n'a pas joué le jeu symbolique : refus du drapeau (rouge ou noir), refus de la barricade, etc.

l'écriture qui la sépare de la parole, révèle en elle la force d'inscription, la pesée d'une trace irréversible. A cette écriture de la violence (écriture éminemment collective), il ne manque même pas un code ; de quelque façon qu'on décide d'en rendre compte : tactique ou psychanalytique, la violence implique un langage de la violence, c'est-à-dire des signes (opérations ou pulsions) répétés, combinés en figures (actions ou complexes), en un mot un système. Profitons-en pour redire que la présence (ou la postulation) du code n'intellectualise pas l'événement (contrairement à ce qu'énonce sans cesse la mythologie anti-intellectualiste) : l'intelligible n'est pas l'intellectuel.

Telles sont à première vue les orientations que pourrait prendre une description des traces dont se constitue l'événement. Cependant, ce genre de description risquerait d'être inerte si on ne la rattachait, dès le début, à deux postulats, de portée encore polémique.

Le premier consiste à séparer rigoureusement, selon la proposition de Derrida, les concepts de parole et d'écriture. La parole n'est pas seulement ce qui se parle réellement, mais aussi ce qui se transcrit (ou plutôt se translitère) de l'expression orale, et qui peut très bien s'imprimer (ou se ronéotyper) ; liée au corps, à la personne, au vouloir-saisir, elle est la voix même de toute revendication, mais pas forcément de la révolution. L'écriture, elle, est intégralement « ce qui est à inventer », la rupture vertigineuse d'avec l'ancien système symbolique, la mutation de tout un pan de langage. C'est dire, d'une part, que l'écriture (au sens où on l'entend ici, qui n'a rien à voir avec le beau style ou même le style littéraire) n'est nullement un fait bourgeois (ce que cette classe a élaboré, c'est plutôt une parole imprimée), et, d'autre part, que l'événement actuel ne peut fournir que quelques fragments marginaux d'écriture, dont on a vu qu'ils n'étaient pas forcément imprimés ; on tiendra pour suspects toute éviction de l'écriture, tout primat systématique de la parole, parce que, quel que soit l'alibi révolutionnaire, l'une et l'autre tendent à *conserver* l'ancien système symbolique et refusent de lier sa révolution à celle de la société.

Le second postulat consiste à ne pas attendre de la description scripturale un « déchiffrement ». Considérer l'événement sous l'angle des chances de mutation symbolique qu'il peut impliquer, cela veut dire d'abord rompre soi-même, autant qu'il est possible (ce n'est pas facile, cela demande un travail continu, commencé, il faut le rappeler, ici et là, depuis quelques années), avec le système de sens que l'événement, s'il se veut révolutionnaire, doit avoir à charge d'ébranler. Le versant critique de l'ancien système est l'*interprétation*, c'est-à-dire l'opération par laquelle on assigne à un jeu d'apparences confuses ou même contradictoires une structure unitaire, un sens profond, une explication « véritable ». A l'interprétation, il faut donc peu à peu substituer un discours nouveau, qui ait pour fin non le dévoilement d'une structure unique et « vraie », mais l'établissement d'un jeu de structures multiples : établissement lui-même *écrit*, c'est-à-dire décroché de la vérité de parole ; plus précisément encore, ce sont les relations qui nouent ces structures concomitantes, assujetties à des règles encore inconnues, qui doivent faire l'objet d'une théorie nouvelle.

1968, *Communications.*

# 5

# L'AMATEUR
# DE SIGNES

# L'éblouissement

Le *Berliner Ensemble* est venu en France pour la première fois en 1954. Certains de ceux qui l'on vu alors ont eu la révélation d'un système nouveau, qui périmait cruellement tout notre théâtre. Cette nouveauté n'avait rien de provocant et n'empruntait pas les manières habituelles de l'avant-garde. C'était ce que l'on pourrait appeler une révolution subtile.

Cette révolution venait de ce que le dramaturge (en l'occurrence Brecht lui-même) tenait pour parfaitement compatibles des valeurs que notre théâtre avait toujours répugné à réunir. Le théâtre brechtien, on le sait, est un théâtre *pensé*, une pratique élaborée à partir d'une théorie explicite, à la fois matérialiste et sémantique. Lorsqu'on a souhaité un théâtre politique éclairé par le marxisme et un art qui surveille rigoureusement ses signes, comment n'avoir pas été ébloui par le travail du *Berliner* ? De plus, nouveau paradoxe, ce travail politique ne refusait pas la beauté ; le moindre bleu, la matière la plus discrète, une boucle de ceinturon, un haillon gris formaient en toute occasion un tableau qui ne copiait jamais la peinture et cependant n'eût pas été possible sans un goût très raffiné : ce théâtre qui se voulait engagé ne craignait pas d'être *distingué* (mot qu'il faudrait libérer de sa futilité ordinaire pour lui donner un sens proche de la « distanciation » brechtienne). L'ensemble de ces deux valeurs produisait ce que l'on peut considérer comme un phénomène inconnu de l'Occident (et peut-être précisément Brecht l'avait-il appris de l'Orient) : *un théâtre sans hystérie*.

Enfin, dernière saveur, ce théâtre intelligent, politique et d'une ascétique somptuosité, était aussi, conformément d'ailleurs à un précepte de Brecht, un théâtre plaisant : jamais une tirade, jamais

185

un prêche, jamais, même, ce manichéisme édifiant qui oppose communément, dans tout art politique, les bons prolétaires et les mauvais bourgeois, mais toujours un argument inattendu, une critique sociale qui se mène hors de l'ennui des stéréotypes et mobilise le ressort le plus secret du plaisir, la subtilité. Un théâtre à la fois révolutionnaire, signifiant et voluptueux, qui pouvait dire mieux ?

Cette conjonction surprenante n'avait cependant rien de magique ; elle n'eût pas été possible sans une donnée matérielle, qui manquait — et qui manque encore — à notre théâtre. Pendant longtemps a régné chez nous, héritée d'une tradition spiritualiste que Copeau a très bien symbolisée, la conviction commode que l'on peut faire de l'excellent théâtre sans argent : la pauvreté des moyens devenait alors une valeur sublime, convertissait les acteurs en officiants. Or, le théâtre brechtien est un théâtre cher, par le soin inouï des mises en scène, par l'élaboration des costumes — dont le traitement réfléchi coûte infiniment plus que le haut luxe des scènes à grand spectacle —, par le nombre des répétitions, par la sécurité professionnelle des comédiens, si nécessaire à leur art. Ce théâtre à la fois populaire et raffiné est impossible dans une économie privée, où il ne pourrait être soutenu ni par le public bourgeois, qui fait l'argent, ni par le public petit-bourgeois, qui fait le nombre. Derrière la réussite du *Berliner,* derrière la perfection de son travail, chose que tout le monde pouvait constater, il fallait donc voir toute une économie, toute une politique.

Je ne sais ce qu'est devenu le *Berliner* depuis la mort de Brecht, mais je sais que le *Berliner* de 1954 m'a appris beaucoup de choses — et bien au-delà du théâtre.

1971, Le Monde.

# Un très beau cadeau

Jakobson a fait un très beau cadeau à la littérature : il lui a donné la linguistique. Certes, la Littérature ne l'a pas attendu pour savoir qu'elle était Langage : toute la Rhétorique classique, jusqu'à Valéry, en témoigne ; mais dès lors qu'une science du langage s'est cherchée (sous forme d'abord d'une linguistique historique et comparative des langues), elle s'est bizarrement désintéressée des effets de sens, succombant elle aussi, en ce siècle positiviste (le XIX<sup>e</sup>), au tabou des domaines réservés : d'un côté la Science, la Raison, le Fait ; de l'autre, l'Art, la Sensibilité, l'Impression. Jakobson a été mêlé dès sa jeunesse au redressement de cette situation : parce que ce linguiste a tenu à rester toujours un grand *amateur* de poésie, de peinture, de cinéma, parce que, au sein de sa recherche scientifique, il n'a pas censuré son plaisir d'homme cultivé, il a senti que le véritable fait scientifique de la modernité n'était pas le fait, mais la relation. A l'origine de la linguistique généralisée qu'il a dessinée, il y a eu un geste décisif d'*ouverture* des classifications, des castes, des disciplines : ces mots ont perdu avec lui leur relent séparatiste, pénal, raciste ; il n'y a plus de propriétaires (de la Littérature, de la Linguistique), les chiens de garde sont renvoyés à leur enclos.

Jakobson a investi la Littérature de trois façons. Tout d'abord, il a créé à l'intérieur même de la linguistique un département spécial, la Poétique ; ce secteur (et c'est là le nouveau de son travail, son apport historique), il ne l'a pas défini à partir de la Littérature (comme si la Poétique dépendait toujours du « poétique » ou de la « poésie »), mais à partir de l'analyse des fonctions du langage : toute énonciation qui met l'accent sur la forme du message est poétique ; il a pu de la sorte, *à partir d'une position linguistique,* rejoindre les formes vitales (et souvent les plus émancipées) de la Littérature : le droit à l'ambiguïté des sens, le système des substitutions, le code des figures (métaphore et métonymie).

Ensuite, plus fortement encore que Saussure, il a réclamé en faveur d'une pansémiotique, d'une science généralisée (et non pas seulement générale) des signes ; mais, ici encore, sa position est doublement d'avant-garde : car, d'une part, dans cette science, il garde au langage articulé une place prééminente (il sait bien que le langage est *partout,* et non simplement *à côté*), et, d'autre part, il adjoint immédiatement à la sémiotique les domaines de l'Art et de la Littérature, postulant ainsi d'emblée que la sémiologie est science de la signification — et non de la simple communication (il ôte ainsi à la linguistique tout risque de visée ou d'usage technocratiques).

Enfin, sa linguistique elle-même prépare admirablement ce que nous pouvons penser aujourd'hui du Texte : à savoir que le sens d'un signe n'est en fait que sa traduction en un autre signe, ce qui est définir le sens non comme un signifié dernier, mais comme un *autre* niveau signifiant ; à savoir aussi que le langage le plus courant comporte un nombre important d'énoncés méta-linguistiques, qui atteste la nécessité pour l'homme de penser son langage au moment même où il parle : activité capitale que la Littérature ne fait que porter à son plus haut degré d'incandescence.

Le style même de sa pensée, style brillant, généreux, ironique, expansif, cosmopolite, mobile et qu'on pourrait dire *diablement intelligent,* prédisposait Jakobson à cette fonction historique d'ouverture, d'abolition de la propriété disciplinaire. Un autre style est sans doute possible, fondé à la fois sur une culture plus historique et sur une notion plus philosophique du sujet parlant : je pense ici à l'œuvre inoubliable (et cependant quelque peu oubliée, me semble-t-il) de Benveniste, qu'on ne doit jamais dissocier (et Jakobson en serait d'accord) de tout *hommage* rendu au rôle décisif de la Linguistique dans la naissance de cet *autre chose* qui travaille notre siècle. Jakobson, lui, à travers toutes les propositions nouvelles et irréversibles dont est tissée son œuvre cinquantenaire, est pour nous cet acteur historique qui, d'un coup d'intelligence, fait tomber définitivement *dans le passé* des choses très respectables à quoi nous tenions : il convertit le préjugé en anachronisme. Tout son travail nous rappelle que « chacun de nous a définitivement compris qu'un linguiste sourd à la fonction poétique, comme un spécialiste de la littérature indifférent aux problèmes et ignorant des méthodes linguistiques, sont d'ores et déjà, l'un et l'autre, de flagrants anachronismes ».

1971, *Le Monde.*

# Pourquoi j'aime Benveniste

## 1

La prééminence actuelle des problèmes du langage agace certains, qui y voient une mode excessive. Il faudra pourtant qu'ils en prennent leur parti : nous ne faisons probablement que commencer à parler du langage : accompagnée des sciences qui tendent aujourd'hui à s'y rattacher, la linguistique entre dans l'aurore de son histoire : nous avons à découvrir le langage, comme nous sommes en train de découvrir l'espace : notre siècle sera peut-être marqué de ces deux explorations.

Tout livre de linguistique générale répond donc aujourd'hui à un besoin impérieux de la culture, à une exigence de savoir formulée par toutes les sciences dont l'objet est, de près ou de loin, mêlé de langage. Or la linguistique est difficile à exposer, partagée entre une spécialisation nécessaire et un projet anthropologique qui est en train d'éclater au grand jour. Aussi les livres de linguistique générale sont-ils peu nombreux, du moins en français ; il y a les *Éléments* de Martinet et les *Essais* de Jakobson ; il y aura, bientôt traduits, les *Prolégomènes* de Hjelmslev. Il y a aujourd'hui l'ouvrage de Benveniste.

C'est un recueil d'articles (unités normales de la recherche linguistique), dont certains sont déjà célèbres (sur l'arbitraire du signe, sur la fonction du langage dans la découverte freudienne, sur les niveaux de l'analyse linguistique). Les premiers textes portent sur une description de la linguistique actuelle : il faut recommander ici le très bel article que Benveniste consacre à Saussure, qui, en fait, n'a rien écrit à la suite de son mémoire sur les voyelles

191

indo-européennes, faute de pouvoir, pensait-il, accomplir d'un seul coup cette subversion totale de la linguistique passée dont il avait besoin pour édifier sa propre linguistique, et dont le « silence » a la grandeur et la portée d'un silence d'écrivain. Les articles qui suivent occupent les points cardinaux de l'espace linguistique : la *communication,* ou encore le signe articulé, situé par rapport à la pensée, au langage animal et au langage onirique ; la *structure* (j'ai évoqué le texte capital sur les niveaux de l'analyse linguistique : il faut signaler de plus le texte, fascinant de clarté, où Benveniste établit le système sublogique des prépositions en latin ; que ne nous a-t-on expliqué cela quand nous faisions des versions latines : tout s'éclaire par la structure) ; la *signification* (car c'est toujours du point de vue du sens que Benveniste interroge le langage) ; la *personne,* partie, à mon sens, décisive de l'ouvrage, où Benveniste analyse essentiellement l'organisation des pronoms et des temps. L'ouvrage se termine sur quelques études de lexique.

Tout cela forme le bilan d'un savoir impeccable, répond avec clarté et force aux questions de fait que tous ceux qui ont quelque intérêt pour le langage peuvent se poser. Mais ce n'est pas tout. Ce livre ne satisfait pas seulement une demande actuelle de la culture : il la devance, il la forme, la dirige. Bref, ce n'est pas seulement un livre indispensable ; c'est aussi un livre important, inespéré : c'est un très beau livre.

Lorsque la science dont on est spécialiste se trouve débordée par la curiosité d'amateurs de toutes sortes, il est très tentant d'en défendre jalousement la spécialité. Tout au contraire, Benveniste a le courage de placer délibérément la linguistique au départ d'un mouvement très vaste et d'y deviner déjà le développement futur d'une véritable science de la culture, dans la mesure où la culture est essentiellement langage ; il n'hésite pas à noter la naissance d'une nouvelle objectivité, imposée au savant par la nature symbolique des phénomènes culturels ; loin d'abandonner la langue au seuil de la société, comme si elle n'en était qu'un outil, il affirme avec espoir que « c'est la société qui commence à se reconnaître comme langue ». Or, il est capital pour tout un ensemble de recherches et de révolutions qu'un linguiste aussi rigoureux que Benveniste soit lui-même conscient des pouvoirs de sa discipline, et que, refusant de s'en constituer le propriétaire, il reconnaisse en elle le germe d'une nouvelle configuration des sciences humaines.

Ce courage se double d'une vue profonde. Benveniste — c'est là sa réussite — saisit toujours le langage à ce niveau très décisif où, sans cesser d'être pleinement du langage, il recueille tout ce que nous étions habitués à considérer comme extérieur ou antérieur à lui. Prenez trois contributions, des plus importantes : l'une sur la voix moyenne des verbes indo-européens, la deuxième sur la structure des pronoms personnels, la troisième sur le système des temps en français ; toutes trois traitent diversement d'une notion capitale en psychologie : celle de personne. Or, Benveniste parvient magistralement à *enraciner* cette notion dans une description purement linguistique. D'une manière générale, en plaçant le sujet (au sens philosophique du terme) au centre des grandes catégories du langage, en montrant, à l'occasion de faits très divers, que ce sujet ne peut jamais se distinguer d'une « instance du discours », différente de l'instance de la réalité, Benveniste fonde linguistiquement, c'est-à-dire scientifiquement, l'identité du sujet et du langage, position qui est au cœur de bien des recherches actuelles et qui intéresse aussi bien la philosophie que la littérature ; de telles analyses désignent peut-être l'issue d'une vieille antinomie, mal liquidée : celle du subjectif et de l'objectif, de l'individu et de la société, de la science et du discours.

Les livres de savoir, de recherche, ont aussi leur « style ». Celui-ci est d'une très grande classe. Il y a une beauté, une expérience de l'intellect, qui donne à l'œuvre de certains savants cette sorte de *clarté inépuisable,* dont sont aussi faites les grandes œuvres littéraires. Tout est clair dans le livre de Benveniste, tout peut y être reconnu immédiatement pour vrai ; et cependant aussi tout en lui ne fait que commencer.

1966, *La Quinzaine littéraire.*
Pour la parution des
*Essais de linguistique générale.*

## 2

La place de Benveniste dans le concert des grands linguistes qui marquent de leur influence tout le travail intellectuel de notre époque est tout à fait originale — au point d'être parfois, me semble-t-il, sous-estimée. Son œuvre est encore aujourd'hui deux fois paradoxale : à l'égard de la tradition et à l'égard de ce que j'appellerai l'avant-garde facile, celle qui répète au lieu de chercher.

Qu'est-ce donc qu'il nous dit ? D'abord ceci : que le langage ne se distingue jamais d'une socialité. Ce pur linguiste, dont les objets d'étude appartiennent apparemment à l'appareil de la linguistique générale, transcendante, ne cesse en réalité de prendre le langage dans ce qu'on pourrait appeler ses *concomitances* : le travail, l'histoire, la culture, les institutions, bref, tout ce qui fait le réel de l'homme. Le *Vocabulaire des institutions indo-européennes*, les études sur les noms d'agent, sur les préverbes *prae-* ou *vor-*, sont des textes qui dénaturent la discipline linguistique, accomplissent ce mouvement subversif par quoi le découpage disciplinaire s'effondre et une nouvelle science, sans nom, apparaît ; c'est le moment où la linguistique cesse de détenir un *leadership* théâtral et devient vraiment la « sociologie » universelle : la science de la société qui parle, qui est société *précisément parce qu'elle parle*. A ce niveau, le travail de Benveniste est toujours critique ; démystificateur, il s'emploie inlassablement à *renverser* des préjugés savants et à éclairer d'une lueur implacable (car cet homme de science est rigoureux) le fond social du langage. Ce pouvoir, Benveniste le tient de la situation juste — mais aujourd'hui rare, mésestimée — de son travail : c'est un linguiste des *langues*, et non seulement un linguiste du langage.

A l'autre bout de la chaîne (mais l'hiatus n'étonnera que les esprits légers qui continuent imperturbablement à opposer histoire et structure), Benveniste a donné un corps scientifique à une notion qui a pris la plus grande importance dans le travail de l'avant-garde : l'énonciation. L'énonciation n'est pas l'énoncé (bien sûr), et elle n'est pas non plus (proposition plus subtile et plus révolutionnaire) la simple présence de la subjectivité dans le discours ; elle est l'acte, renouvelé, par lequel le locuteur prend possession de la langue (se l'approprie, dit justement Benveniste) : le sujet n'est pas antérieur au langage ; il ne devient sujet que pour autant qu'il parle ; en somme, il n'y a pas de « sujets » (et, partant, point de « subjectivité »), il n'y a que des locuteurs ; bien plus — et c'est le rappel incessant de Benveniste —, il n'y a que des *interlocuteurs*.

De ce point de vue, Benveniste élargit considérablement la notion de *shifter*, avancée avec brio par Jakobson ; il fonde une linguistique nouvelle, qui n'existe nulle part ailleurs que chez lui (et surtout pas chez Chomsky) : la linguistique de l'interlocution ; le langage, et partant le monde entier, s'articule sur cette forme : *je/tu*. On comprend dès lors l'insistance de Benveniste à traiter, tout le long de son œuvre, des pronoms dits personnels, de la temporalité, de la diathèse, de la composition (acte privilégié d'appropriation du lexique). On comprend aussi pourquoi, très tôt, Benveniste a su établir un pont entre la linguistique et la psychanalyse ; pourquoi encore ce spécialiste du vieux persan a pu, sans se forcer, comprendre — ou du moins s'interdire expressément de censurer — les recherches nouvelles de la sémiologie (Metz, Schefer) et le travail de l'avant-garde sur la langue. L'intérêt direct du nouveau livre de Benveniste est là : c'est le livre de l'énonciation.

Les dons intellectuels d'un savant (non ce qui lui est donné, mais ce qu'il nous donne) tiennnent, j'en suis persuadé, à une force qui n'est pas seulement celle du savoir et de la rigueur, mais aussi celle de l'écriture, ou, pour reprendre un mot dont on connaît maintenant l'acception radicale, de l'énonciation. La langue que s'approprie Benveniste (puisque telle est sa définiton de l'énonciation) n'est pas *tout à fait* celle des savants ordinaires, et ce léger déplacement suffit à constituer une écriture. L'écriture de Benveniste est très difficile à décrire parce qu'elle est *presque* neutre ; seul parfois un mot, à force d'être juste, pourrait-on dire, tant la justesse semble s'accumuler en lui, brille, ravit comme un charme, emporté par une syntaxe dont la mesure, l'ajustement et l'exactitude (toutes qualités d'un ébéniste) attestent le plaisir que ce savant a pris à former sa phrase. L'écriture de Benveniste présente ainsi ce mélange subtil de dépense et de réserve qui fonde le texte, ou, mieux encore, la musique. Benveniste écrit *silencieusement* (la musique n'est-elle pas un art du silence intelligent ?), comme jouent les plus grands musiciens : il y a du Richter dans Benveniste.

Travaillant avec lui, avec ses textes (qui ne sont jamais de simples articles), nous reconnaissons toujours la générosité d'un homme qui semble écouter le lecteur et lui prêter de son intelligence, même dans les sujets les plus particuliers, les plus improbables. Nous lisons d'autres linguistes (il le faut bien), mais nous aimons Benveniste.

1974, *La Quinzaine littéraire*.
Pour la parution des
*Essais de linguistique générale, II.*

# L'étrangère

Quoique récente, la sémiologie a déjà une histoire. Dérivée d'une formulation tout olympienne de Saussure (« On peut concevoir une science qui étudie la vie des signes au sein de la vie sociale »), elle ne cesse de s'éprouver, de se fractionner, de se désituer, d'entrer dans ce grand carnaval des langages décrit par Julia Kristeva. Son rôle historique est actuellement d'être l'intruse, la troisième, celle qui dérange ces bons ménages exemplaires, dont on nous fait un casse-tête, et que forment, paraît-il, l'Histoire et la Révolution, le Structuralisme et la Réaction, le déterminisme et la science, le progressisme et la critique des contenus. De ce « remue-ménage », puisque ménages il y a, le travail de Julia Kristeva est aujourd'hui l'orchestration finale : il en active la poussée et lui donne sa théorie.

Lui devant déjà beaucoup (et dès le début), je viens d'éprouver une fois de plus, et cette fois-ci dans son ensemble, la force de ce travail. *Force* veut dire ici *déplacement*. Julia Kristeva change la place des choses: elle détruit toujours *le dernier préjugé*, celui dont on croyait pouvoir se rassurer et s'enorgueillir ; ce qu'elle déplace, c'est le *déjà-dit*, c'est-à-dire l'insistance du signifié, c'est-à-dire la bêtise ; ce qu'elle subvertit, c'est l'autorité, celle de la science monologique, de la filiation. Son travail est entièrement neuf, exact, non par puritanisme scientifique, mais parce qu'il prend toute la place du lieu qu'il occupe, l'emplit *exactement*, obligeant quiconque s'en exclut à se découvrir en position de résistance ou de censure (c'est ce qu'on appelle d'un air très choqué : le terrorisme).

Puisque j'en suis à parler d'un *lieu* de la recherche, je dirai que pour moi l'œuvre de Julia Kristeva est cet avertissement : que

nous allons toujours trop lentement, que nous perdons du temps à
« croire », c'est-à-dire à nous répéter et à nous complaire, qu'il
suffirait souvent d'un petit supplément de liberté dans une pensée
nouvelle pour gagner des années de travail. Chez Julia Kristeva, ce
supplément est théorique. Qu'est-ce que la théorie ? Ce n'est ni
une abstraction, ni une généralisation, ni une spéculation, c'est une
réflexivité ; c'est en quelque sorte le regard retourné d'un langage
sur lui-même (ce pour quoi, dans une société privée de la pratique
socialiste, condamnée par là à *discourir,* le discours théorique est
transitoirement nécessaire). C'est en ce sens que, pour la première
fois, Julia Kristeva donne la théorie de la sémiologie : « *Toute
sémiotique ne peut se faire que comme critique de la sémiotique.* »
Une telle proposition ne doit pas s'entendre comme un vœu pieux
et hypocrite (« Critiquons les sémioticiens qui nous précèdent »),
mais comme l'affirmation que, dans son discours même, et non au
niveau de quelques clausules, le travail de la science sémiotique est
tissé de retours destructeurs, de coexistences contrariées, de
défigurations productives.

La science des langages ne peut être olympienne, positive
(encore moins positiviste), in-différente, adiaphorique, comme dit
Nietzsche ; elle est elle-même (parce qu'elle est langage du langage)
*dialogique* — notion mise à jour par Julia Kristeva à partir de
Bakhtine, qu'elle nous a fait découvrir. Le premier acte de ce
dialogisme, c'est, pour la sémiotique, de se penser à la fois et
contradictoirement comme science et comme écriture — ce qui, je
crois, n'a jamais été fait par aucune science, sauf peut-être par la
science matérialiste des présocratiques, et qui permettrait peut-
être, soit dit en passant, de sortir de l'impasse *science bourgeoise*
(parlée) / *science prolétarienne* (écrite, du moins postulative-
ment).

La valeur du discours kristévien, c'est que ce discours est
homogène à la théorie qu'il énonce (et cette homogénéité est la
théorie même) : en lui la science est écriture, le signe est dialogique, le fondement est destructeur ; s'il paraît « difficile » à certains,
c'est précisément parce qu'il est *écrit.* Cela veut dire quoi ?
D'abord, qu'il affirme et pratique à la fois la formalisation et son
déplacement, la mathématique devenant en somme assez analogue
au travail du rêve (d'où beaucoup de criailleries). Ensuite, qu'il

assume au titre même de la théorie le glissement terminologique des définitions dites scientifiques. Enfin, qu'il installe un nouveau type de transmission du savoir (ce n'est pas le savoir qui fait problème, c'est sa transmission) : l'écriture de Kristeva possède à la fois une discursivité, un « développement » (on voudrait donner à ce mot un sens « cycliste » plus que rhétorique) et une formulation, une frappe (trace de saisissement et d'inscription), une germination ; c'est un discours qui agit moins parce qu'il « représente » une pensée que parce que, immédiatement, sans la médiation de la terne écrivance, il la produit et la destine. Cela veut dire que la sémanalyse, Julia Kristeva est la seule à pouvoir la faire : son discours n'est pas propédeutique, il ne ménage pas la possibilité d'un « enseignement » ; mais cela veut dire aussi, à l'inverse, que ce discours nous transforme, nous déplace, nous donne des mots, des sens, des phrases qui nous permettent de travailler et déclenchent en nous le mouvement créatif même : la permutation.

En somme, ce que Julia Kristeva fait apparaître, c'est une critique de la *communication* (la première, je crois, après celle de la psychanalyse). La communication, montre-t-elle, tarte à la crème des sciences positives (telle la linguistique), des philosophies et des politiques du « dialogue », de la « participation » et de l'« échange », la communication est une *marchandise*. Ne nous rappelle-t-on pas sans cesse qu'un livre « clair » s'achète mieux, qu'un tempérament communicatif se place facilement ? C'est donc un travail politique, celui-là même que fait Julia Kristeva, que d'entreprendre de réduire théoriquement la communication au niveau marchand de la relation humaine, et de l'intégrer comme un simple niveau fluctuant à la signifiance, au Texte, appareil hors sens, affirmation victorieuse de la Dépense sur l'Échange, des Nombres sur la Comptabilité.

Tout cela fera-t-il son chemin ? Cela dépend de l'inculture française : celle-ci semble aujourd'hui clapoter doucement, monter autour de nous. Pourquoi ? Pour des raisons politiques, sans doute ; mais ces raisons semblent curieusement déteindre sur ceux qui devraient le mieux leur résister : il y a un petit nationalisme de l'intelligentsia française ; celui-ci ne porte pas, bien sûr, sur les nationalités (Ionesco n'est-il pas, après tout, le Pur et Parfait Petit-Bourgeois Français ?), mais sur le refus opiniâtre de *l'autre langue.* L'autre langue est celle que l'on parle d'un lieu politiquement et idéologiquement inhabitable : lieu de l'interstice, du bord, de l'écharpe, du boitement : lieu *cavalier* puisqu'il traverse, chevauche, panoramise et offense. Celle à qui nous devons un savoir nouveau, venu de l'Est et de l'Extrême-Orient, et ces instruments nouveaux d'analyse et d'engagement que sont le paragramme, le dialogisme, le texte, la productivité, l'intertextualité, le nombre et la formule, nous apprend à travailler dans la différence, c'est-à-dire par-dessus les différences au nom de quoi on nous interdit de faire germer ensemble l'écriture et la science, l'Histoire et la forme, la science des signes et la destruction du signe : ce sont toutes ces belles antithèses, confortables, conformistes, obstinées et suffisantes, que le travail de Julia Kristeva prend en écharpe, balafrant notre jeune science sémiotique d'un trait *étranger* (ce qui est bien plus difficile qu'étrange), conformément à la première phrase de *Sèméiotikè* : « *Faire de la langue un travail,* œuvrer dans la *matérialité* de ce qui, pour la société, est un moyen de contact et de compréhension, n'est-ce pas se faire, d'emblée, étranger à la langue ? »

1970, *La Quinzaine littéraire.*
Pour la parution de
*Sèméiotikè.*

# Le retour du poéticien

Lorsqu'il se place devant l'œuvre littéraire, le poéticien ne se demande pas : qu'est-ce que cela veut dire ? D'où est-ce que ça vient ? A quoi est-ce que ça se rattache ? Mais, plus simplement et plus difficilement : *comment est-ce que c'est fait ?* Cette question a déjà été posée trois fois dans notre histoire : la Poétique a trois patrons : Aristote (qui donna dans sa *Poétique* la première analyse structurale des niveaux et des parties de l'œuvre tragique), Valéry (qui demanda que l'on établît la littérature comme un objet de langage), Jackobson (qui appelle *poétique* tout message qui met l'accent sur son propre signifiant verbal). La Poétique est donc à la fois très ancienne (liée à toute la culture rhétorique de notre civilisation) et très neuve, dans la mesure où elle peut aujourd'hui profiter du renouvellement important des sciences du langage.

Genette — et ceci définit la personnalité de son travail — maîtrise à la fois le passé et le présent de la Poétique : il est d'un même mouvement rhétoricien et sémioticien ; les *figures* sont pour lui des formes logiques, des manières de discours, dont le champ n'est pas seulement un petit groupe de mots, mais la structure du texte dans son entier ; c'est donc à juste titre que l'œuvre écrite de Genette s'appelle *Figures (I, II, III)* ; car appartiennent à la Figure non seulement l'image poétique, mais aussi, par exemple, la forme du récit, objet actuel de la narratologie. Le travail de Genette se tient de la sorte dans un espace vaste et actuel : c'est un travail à la fois critique (apparenté à la critique littéraire), théorique (militant en vue d'une théorie de la littérature, objet si négligé en France), pratique (appliqué à des œuvres précises), épistémologique (proposant, grâce au texte, une nouvelle dialectique du particulier et du général) et pédagogique (poussant à renouveler l'enseignement de la littérature et en donnant les moyens).

201

Le poéticien : jusqu'à ces derniers temps, ce personnage aurait pu passer pour le parent pauvre du poète. Mais, précisément, la poétique que pratique Genette a pour objet tout le faire du langage — ou le faire de tout le langage. Non seulement la poétique inclut dans son champ le récit (dont l'analyse est déjà bien développée) et sans doute demain l'essai, le discours intellectuel — pour autant qu'il veut bien *s'écrire* —, mais aussi, se retournant sur son propre langage, elle consent, elle s'oblige à se considérer elle-même, d'une certaine manière, comme objet de poétique. Ce retour, qui est bien plus important qu'un simple élargissement, tend à faire du poéticien un écrivain, à abolir la distance hiérarchique entre le « créateur » et le « glossateur ». Autrement dit, le poéticien accepte le retour du signifiant dans son propre discours. C'est du moins le cas de Genette. Je ne juge pas ici l'écriture au nom du « style » (cependant parfait chez Genette), mais selon la sorte de puissance fantasmatique qui fait qu'un scripteur se laisse aller au démon de classer et de nommer, accepte de mettre son discours en scène. Cette puissance, Genette la possède, sous des dehors d'une extrême discrétion — elle-même au reste suffisamment retorse pour en devenir *gourmande* (attribut capital du plaisir d'écrire et de lire).

Genette classe, vigoureusement et rigoureusement (notamment les figures du récit chez Proust, puisque c'est l'objet principal de son dernier livre) : il divise et subdivise des formes, et c'est le premier point où le poéticien devient poète, car c'est créer dans le profil de l'œuvre (ici le roman de Proust) un *second tableau,* relevant moins d'un méta-langage que, plus simplement, d'un second langage (qui n'est pas le dernier, puisque moi-même, entre autres, j'écris sur Genette). La description que fait Genette des modes du récit proustien me fait penser à ce texte où Edgar Poe, tout en même temps, décrit, démonte et *crée* le Joueur d'échecs de Maetzel : un homme est caché dans l'automate, mais *il ne se voit pas* ; le problème (pour Poe, et procurativement pour Genette) n'est pas de décrire l'homme (l'objet caché), ni même à proprement parler la façon dont on le cache (puisque l'intérieur de la machine est apparemment toujours visible), mais le déplacement très subtil des écrans, portes et volets, qui fait que l'homme *n'est jamais là où l'on regarde* ; de même Genette voit Proust là où nous ne le regardons pas ; et, dès lors, peu importe qu'il y soit : ce n'est pas l'occupant du sens qui détermine l'œuvre, c'est *sa place* ; et, dès lors aussi, Proust, l'arôme proustien, revient en force et circule dans la machine de Genette ; les citations passent dans une lumière nouvelle, elles engendrent un vibrato différent de celui auquel nous avait habitués une lecture compacte de l'œuvre.

Et puis Genette *nomme* ce que sa classification trouve : il discute des acceptions reçues, il crée des néologismes, il vivifie d'anciens noms, il construit une terminologie, c'est-à-dire un réseau d'objets verbaux subtils et nets ; or, le souci (ou le courage) néologique est ce qui fonde le plus directement ce que j'appellerai le grand romanesque critique. Faire du travail d'analyse une fiction élabo-rée, c'est peut-être aujourd'hui une entreprise de pointe : non pas contre la vérité et au nom de l'impressionnisme subjectif, mais au contraire parce que la vérité du discours critique n'est pas d'ordre référentiel, mais d'ordre langagier : il n'y a d'autre vérité au langage que de s'avouer langage ; les bons critiques, les savants utiles seront ceux qui annonceront la couleur de leur discours, qui y apposeront clairement la signature du signifiant. C'est ce que fait Genette (son « après-propos » ne laisse aucun doute sur son projet d'écriture).

Voici maintenant en quoi le projet de Genette nous concerne : ce qu'il repère en Proust, avec prédilection (il le souligne lui-même), ce sont les déviances narratives (ce par quoi le récit proustien contrarie l'idée que nous pouvons avoir d'un récit simple, linéaire, « logique »). Or, les déviances (par rapport à un code, à une grammaire, à une norme) sont toujours des manifestations d'écri-ture : là où la règle se transgresse, là apparaît l'écriture comme excès, puisqu'elle prend en charge un langage *qui n'était pas prévu.* En somme, ce qui intéresse Genette, chez Proust, c'est l'écriture, ou, pour être plus précis, la différence qui sépare le style de l'écriture. Le terme de *déviance* serait sans doute gênant si l'on entendait qu'il existe un modèle anthropologique du récit (dont le créateur « s'écarterait »), ou encore une ontologie narrative (dont l'œuvre serait quelque rejeton monstrueux) ; en réalité, le « modèle » narratif n'est lui-même qu'une « idée » (une fiction), un souvenir de lecture. J'aimerais mieux dire que Genette prend dans la réserve proustienne et expose les lieux où l'histoire « *dérape* » (cette métaphore vise à respecter le mouvement, la productivité du texte). Or, une théorie du « dérapage » est nécessaire *précisément aujourd'hui*. Pourquoi ? Parce que nous sommes dans ce moment historique de notre culture où le récit ne peut encore abandonner une certaine lisibilité, une certaine conformité à la pseudo-logique narrative que la culture a mise en nous et où, par conséquent, les seules novations possibles consistent non à détruire l'histoire, l'anecdote, mais à la dévier : à faire déraper le code tout en ayant l'air de le respecter. C'est cet état très fragile du récit, à la fois conforme et déviant, que Genette a su voir et nous faire voir dans l'œuvre de Proust. Son travail est à la fois structural et historique parce qu'il précise les conditions auxquelles la novation narrative est possible sans être suicidaire.

1972, *La Quinzaine littéraire*.
Pour la parution de
*Figures III*.

# Apprendre et enseigner

Avant même que le rideau se lève sur le livre, Metz nous dit son « propre », tout ce qu'il y a d'inimitable dans sa voix. Écoutons l'ouverture de son dernier ouvrage : « Le tome I de ce recueil, élaboré en 1967 et paru en 1968 (2e éd. 1971) groupait des articles écrits entre 1964 et 1967, parus entre 1964 et 1968. Ce tome II est formé de textes ultérieurs (écrits entre 1967 et 1971, parus entre 1968 et 1972), ainsi que deux inédits rédigés en 1971 (les textes no 8 et 9)[1]. »

Ces précisions numériques sont certes requises par le code scientifique — ou du moins érudit — de l'exactitude ; mais qui ne sent qu'ici, dans ce mélange d'insistance et d'élégance qui en marque l'énoncé, il y a quelque chose *en plus* ? Quoi ? Précisément la voix même du sujet. Face à n'importe quel message, Metz, si l'on peut dire, *en rajoute* ; mais ce qu'il rajoute n'est ni oiseux, ni vague, ni digressif, ni verbeux : c'est un supplément mat, l'entête- ment de l'idée à se dire complètement. Qui connaît Metz sous le triple aspect de l'écrivain, de l'enseignant et de l'ami est toujours frappé par ce paradoxe, qui n'est qu'apparent : d'une exigence radicale de précision et de clarté naît un ton libre, comme rêveur, et je dirais presque comme drogué (Baudelaire ne faisait-il pas du H la source d'une *précision* inouïe ?) : là règne une exactitude *enragée*. Dès lors nous sommes dans la Dépense — et non dans le seul savoir : lorsque Metz énonce des chiffres, des références, lorsqu'il résume, lorsqu'il classe, lorsqu'il clarifie, lorsqu'il invente, lorsqu'il propose (et en toutes ces opérations son labeur est actif, inlassable, efficace), il ne fait pas que communiquer, il

1. *Essais sur la signification au cinéma*, t. II, Paris, Klincksieck, 1972.

205

*donne*, au sens plein du terme : il y a véritablement *don*, de savoir, de langage, don du sujet en tant qu'il prend à cœur d'énoncer (lui, dont le travail vient si explicitement de la linguistique, ne nous dit-il pas, à sa manière, que l'erreur de cette science est de nous faire croire que les messages « s'échangent » — toujours l'idéologie de l'Échange — alors que le *réel* de la parole est précisément de se donner ou de se reprendre, bref de *demander* ?). Il y a deux façons de subvertir la légalité du savoir (inscrite dans l'Institution) : ou le disperser ou le *donner*. Metz choisit de donner ; la manière dont il traite un problème de langage et/ou de cinéma est toujours généreuse : non par l'invocation d'idées « humaines », mais par la sollicitude incessante dont il entoure le lecteur, prévenant avec patience sa demande d'éclaircissement, dont il sait qu'elle est toujours au fond une demande d'amour.

*

Il est peut-être deux moyens d'éviter la maîtrise (n'est-ce pas aujourd'hui l'enjeu de tout enseignement, de tout « rôle » intellectuel ?) : ou produire un discours troué, elliptique, dérivant et dérapant ; ou, à l'inverse, charger le savoir d'un excès de clarté. C'est la voie choisie (savourée ?) par Metz. Christian Metz est un didacticien merveilleux ; lorsqu'on le lit, on sait tout, comme si on l'avait appris soi-même. Le secret de cette efficacité n'est pas difficile à trouver : lorsque Metz enseigne un savoir, un classement, une synthèse, lorsqu'il met au point des concepts nouveaux, il manifeste toujours, par la perfection didactique de l'énoncé, qu'*il s'enseigne à lui-même* ce qu'il est censé communiquer aux autres. Son discours — c'est là son propre, sa vertu idiolectale — parvient à confondre deux temps : celui de l'assimilation et celui de l'exposition. On comprend alors comment il se fait que la *transparence* de ce discours n'est pas réductrice : la substance (hétéroclite) du savoir s'éclaircit sous nos yeux ; ce qui reste n'est ni un schéma ni un type, mais plutôt une « solution » du problème, suspendue un instant sous nos yeux à seule fin que nous puissions la traverser et l'habiter nous-mêmes. Metz sait et invente beaucoup de choses, et, ces choses, il les dit très bien : non point par maîtrise (Metz n'en remontre jamais à personne), mais par *talent* : par ce mot ancien, il faut entendre non quelque disposition innée, mais la soumission heureuse du savant, de l'artiste, à l'effet qu'il veut produire, à la rencontre qu'il veut susciter : pourrait-on dire : au *transfert*, dont il accepte ainsi, lucidement, hors de tout imaginaire scientifique, qu'il soit le principe même de l'écriture.

*

Une œuvre théorique — qui ne fait que commencer — s'édifie ainsi à partir d'un mouvement (un peu comme on dit : mouvement d'humeur, mouvement du cœur) ; Metz a voulu secouer la fatigue d'un stéréotype : « *Le cinéma est un langage* ». Et si on y allait voir ? Si, tout d'un coup, l'on saisissait la métaphore — dérisoire à force d'être répétée — dans la lumière implacable de la Lettre ? De ce pari, neuf et comme innocent (tout retour à la lettre ne l'est-il pas ?), Metz a tiré une œuvre dont les anneaux se déroulent selon un projet implacable et souple : car, dans notre temps, la sensibilité au langage changeant rapidement, Metz en suit les détours et les éclatements ; il n'est pas l'homme d'une sémiologie (d'une grille), mais d'un objet : le texte filmique, moire où se lisent des dessins différents, selon les moments de notre discours intellectuel. Telle est, je crois, la place historique de Metz (il n'y a pas de petite histoire) : il a su donner à ce qui n'était (ou risquait de n'être) qu'une métaphore la plénitude d'une pertinence scientifique : en cela il est fondateur, comme l'atteste sa place singulière et reconnue dans la sémiotique générale et dans l'analyse du fait cinématographique ; cependant, ayant fondé, il se déplace : le voici maintenant aux prises avec la psychanalyse. C'est peut-être en cela que la sémiologie lui doit et lui devra beaucoup : de lui avoir conquis, dans le domaine qu'il a choisi, un droit de mutation. Par son travail, Metz nous fait entendre que la sémiologie n'est pas une science comme les autres (ce qui ne lui interdit pas d'être rigoureuse), et qu'elle ne veut nullement se substituer aux grandes *épistèmès* qui sont comme la vérité historique de notre siècle, mais plutôt qu'elle en est la servante : servante vigilante qui, par la représentation des pièges du Signe, les garde de tomber dans ce que ces grands savoirs nouveaux prétendent dénoncer : le dogmatisme, l'arrogance, la théologie, bref, ce monstre : le Dernier Signifié.

1975, *Ça.*

# 6

# LECTURES

*Pour des raisons stylistiques — disons plus juste-
ment : méthodologiques, et plus justement encore :
textuelles —, ces* lectures *ont été réparties en deux
groupes, que sépareront trois* relectures *— de Michelet
et Brecht.* (NdÉ)

*(Manque ici une préface à la* Bête humaine *de Zola,
parue en italien — Rizzoli, 1976 —, dont l'original
semble avoir été perdu.)*

# La rature

> *« Jamais je n'aurai le temps, si je dois*
> *raturer sans fin ce que j'ai à dire. »*

Dans toute l'œuvre de Cayrol *quelqu'un vous parle*, mais on ne sait jamais qui. S'agit-il de narrateurs particuliers, dont l'individualité est renouvelée roman après roman, et Gaspard diffère-t-il d'Armand comme Fabrice de Julien Sorel ? Est-ce un narrateur unique, dont la voix reprend de livre en livre ? Est-ce Cayrol lui-même, à peine abrité derrière cet autre qui parle ? La personne du narrateur, dans toute cette œuvre, reste techniquement indécise ; on ne trouvera ici ni la duplicité narrative du roman classique, ni la complexité du *je* proustien, ni le *moi* du poète ; en littérature, ordinairement, la personne est une idée achevée (même si elle parvient à se faire ambiguë) : aucun romancier ne peut commencer à écrire, s'il n'a choisi la personne profonde de son récit : écrire, c'est, en somme, décider (pouvoir décider) *qui* va parler. Or, l'homme cayrolien est à peine un personnage ; il ne dispose d'aucune certitude pronominale ; soit qu'il reste directement très en deçà de l'identité (dans les premiers romans), soit qu'apparemment constitué il ne cesse pourtant de défaire sa personne par une déception continuelle du souvenir et du récit, il n'est jamais qu'une voix (qu'on ne peut même pas dire anonyme, car ce serait la qualifier), et encore cette voix ne confie-t-elle son indécision d'origine à aucune technique romanesque : ni collective ni cependant nommée, c'est la voix de *quelqu'un*.

Sans cesse posée et retirée, la personne du narrateur n'est en effet, ici, que le support parcimonieusement prêté à une parole très mobile, à peine *attachée*, et qui va de lieux en lieux, d'objets en objets, de souvenirs en souvenirs, tout en restant partout une pure substance articulée. Ceci est à peine une métaphore ; il y a, chez Cayrol, substituée à la sensibilité visuelle des écrivains et des poètes, une véritable imagination de la voix. D'abord, la voix peut surgir, couler on ne sait d'où ; insituée, elle est pourtant là, quelque part, autour de vous, derrière vous, à côté de vous, mais en somme jamais *devant* vous ; la vraie dimension de la voix, c'est l'indirecte, la latérale ; elle prend l'autre par le côté, l'effleure et s'en va ; elle peut toucher sans dire son origine ; elle est donc le signe même de l'innommé, ce qui naît ou reste de l'homme, si on lui ôte la matérialité du corps, l'identité du visage ou l'humanité du regard ; c'est la substance à la fois la plus humaine et la plus inhumaine ; sans elle, pas de communication entre les hommes, mais avec elle, aussi, le malaise d'un *double*, venu insidieusement d'une sur-nature, chtonienne ou céleste, bref d'un dépaysement ; un test connu dit que personne ne supporte bien d'entendre sa propre voix (au magnétophone) et souvent même on ne la reconnaît pas ; c'est que la voix, si on la détache de sa source, fonde toujours une sorte de familiarité étrange, qui est, en définitive, celle-là même du monde cayrolien, monde qui s'offre à la reconnaissance par sa précision, et cependant s'y refuse par son déracinement. La voix est encore un autre signe : celui du temps ; aucune voix n'est immobile, aucune voix ne cesse de *passer* ; bien plus, ce temps que la voix manifeste n'est pas un temps serein ; si égale et discrète qu'elle soit, si continu que soit son flux, toute voix est menacée ; substance symbolique de la vie humaine, il y a toujours à son origine un cri et à sa fin un silence ; entre ces deux moments, se développe le temps fragile d'une parole ; substance fluide et menacée, la voix est donc la vie même, et c'est peut-être parce qu'un roman de Cayrol est toujours un roman de la voix pure et seule qu'il est toujours aussi un roman de la vie fragile.

On dit de certaines voix qu'elles sont caressantes. La voix cayrolienne donne au monde une caresse dérisoire, une caresse perdue. Comme la caresse, la parole reste ici à la surface des choses, la surface est son domaine. Cette description superficielle des objets, on en a fait un trait commun à un certain nombre de romanciers contemporains ; pourtant, à l'inverse d'un écrivain comme Robbe-Grillet, chez Cayrol, la surface n'est pas l'objet d'une perception qui en épuise l'existence ; sa façon de décrire est

souvent *profonde*, elle donne aux choses un rayonnement métaphorique qui ne rompt pas avec une certaine écriture romantique ;
c'est que la surface est pour Cayrol non une qualité (par exemple
optique), mais une *situation* des choses. Cette situation superficielle des objets, des paysages, des souvenirs, même, est, si l'on
veut, *basse*, comme on pourrait le dire d'un monde vu du ras du
plancher ; on ne trouvera ici, de la part de l'écrivain, aucun
sentiment de puissance ou d'*élévation* à l'égard des choses décrites ; le regard et la voix qui les suivent *au ras* restent prisonniers (et
nous avec eux) de leur surface ; tous les objets (et il y en a beaucoup
dans les romans de Cayrol) sont minutieusement parcourus, mais
cette minutie est captive, en elle quelque chose ne peut s'élever, et
le monde très complet que l'écriture caresse reste frappé d'une
sorte de sous-familiarité ; l'homme n'entre pas bien dans l'usage
des choses qu'il croise dans sa vie, non parce qu'il les sublime
(comme ce serait le cas dans un roman traditionnel, dévolu à la
psychologie), mais au contraire parce qu'il ne parvient pas à
s'élever à cet usage, parce qu'il reste condamné à un certain *en deçà*
des objets qu'il ne peut rejoindre dans leur altitude exacte.

Cette *littérature du plancher* (Cayrol lui-même, un jour, a
employé l'expression) pourrait avoir pour animal totem la souris.
Car la souris, comme l'homme cayrolien, s'attaque aux choses ;
elle en laisse peu sur son passage, s'intéressant à tout ce que son
regard oblique, venu de terre, peut accrocher ; une obstination
menue, jamais triomphante et jamais découragée, l'anime ; tout en
restant au ras des choses, elle les voit toutes ; ainsi de la description
cayrolienne, qui parcourt de son pas fragile et insistant les
innombrables objets dont la vie moderne bourre l'existence du
narrateur ; ce trottement de la souris, à la fois sauté et glissé, il
donne son ambiguïté à la description cayrolienne (importante, car
les romans de Cayrol sont essentiellement *extérieurs*) ; cette
description ne fait grâce de rien, elle glisse à la surface de tout, mais
son glissement n'a pas l'euphorie du vol ou de la nage, il n'appelle
aucune résonance du côté des substances nobles de l'imaginaire
poétique, l'aérien ou le liquide ; c'est un glissement terrestre, un
glissement du plancher, dont le mouvement apparent est fait de
menues saccades, d'un discontinu rapide et pudique : les « trous »
de la description ne sont même pas ici des silences chargés, mais

seulement une impuissance humaine à lier les accidents des choses : il y a un malheur cayrolien de ne pouvoir remettre une logique familière, un ordre raisonnable entre les phénomènes que le temps et le voyage font défiler devant le narrateur. C'est ici que l'on retrouve, sous une forme dérisoire, le thème de la caresse : au caressant, il faut opposer, quoique procédant de lui, une sorte de perception égratignante des choses, un toucher crissant promené sur le monde des objets (mais la soie aussi peut crisser, et souvent rien de plus somptueux, dans sa modestie, qu'une description cayrolienne) ; d'où tant d'images du rêche, du grignoté et de l'acide, formes dérisoires d'une sensation qui ne parvient jamais à retrouver le continu heureux de la caresse ; le *lisse*, ailleurs thème miraculeux du « sans couture », est ici un élément qui « tourne », se couvre d'une sorte d'âpreté superficielle : la surface des choses se met à vibrer, à grincer légèrement.

Ce thème du rêche, de la caresse manquée, cache une image plus désespérante encore, celle d'un *certain froid*. L'égratignure n'est en somme que le monde actif du *frileux*. Chez Cayrol, où les marines abondent, de Dieppe à Biarritz, le vent est toujours aigrelet ; il blesse légèrement, mais plus sûrement que le grand froid, fait frissonner continûment sans altérer pourtant la marche des choses, sans les *étonner* ; le monde continue, familier, tout proche, et pourtant on y a froid. Ce froid cayrolien n'est pas celui des grandes immobilités, il laisse intacte, agile même, la vie, mais cependant la décolore, la vieillit ; l'homme cayrolien, si vulnérable qu'il soit, n'est jamais transi, paralysé ; il marche toujours, mais son milieu physique le crispe sans cesse : le monde est *à réchauffer*. Ce froid retenu, c'est, comme le dit quelque part Cayrol, un vent oublié. C'est qu'au fond toute la crispation frileuse de l'habitat cayrolien est celle de l'oubli ; chez Cayrol, pas de ruines nobles, restes *debout*, fragments solides et bien plantés d'anciens édifices somptueux ; même pas — ou peu — de demeures délabrées, défaites ; tout est au contraire en place, mais frappé d'une sorte d'oubli ouvert qui fait frissonner (n'est-ce pas l'un des thèmes de *Muriel* ?) ; rien dans ce monde cayrolien n'est abîmé, les objets fonctionnent, mais tout y est *déshérité*, comme cette chambre des *Corps étrangers*, que le narrateur découvre un jour dans sa propre maison, sous le papier collé du mur, et où les objets du passé (peut-être même un cadavre ?) sont là, immobiles, oubliés, enchantés sans enchantement, frissonnant au vent « pointu » de la cheminée.

Peut-être faut-il aller plus loin, quitter cette dernière image, encore trop poétique, du *frileux*, donner à ces thèmes de la vie insistante et déçue un autre nom, à la fois plus vulgaire et plus terrible, celui de la *fatigue*. La fatigue est un mode d'existence méconnu ; on en parle peu ; c'est une couleur de vie qui n'a même pas le prestige de l'atroce ou du maudit : quelle parole faire, avec de la fatigue ? Elle est pourtant la dimension du temps : infinie, elle est l'infini même. La perception superficielle de l'homme cayrolien, cette caresse suspendue, saccadée, bien vite tournée en crispation, dont il essaie de suivre le monde, cela n'est peut-être rien d'autre qu'un certain contact avec la fatigue. (« Pourquoi tout se complique-t-il dès qu'on y touche ? », dit quelque part un personnage cayrolien.) Ce qui épuise est inépuisable, telle est peut-être la vérité de cette conscience aiguë, obstinée, qui ne lâche jamais le monde et cependant ne peut jamais s'y reposer. Fatigue, mais non pas lassitude : l'homme cayrolien n'est ni déprimé ni indifférent, il ne s'éteint pas, il ne s'en va pas ; il surveille, il combat, il participe, il a l'énergie même de la fatigue. « Tu parais endolori », dit quelqu'un dans *la Gaffe*, « et pourtant je ne connais personne de plus dur au mal que toi... Tu es inattaquable quand on touche à tes réserves secrètes. » Ce monde fragile, sensitif, est un monde résistant ; sous l'aigre et le pointu du vent, derrière l'oubli qui décolore les choses, derrière ce pas attentif et crispé, quelque chose (ou quelqu'un) brûle, dont la réserve reste cependant secrète, comme une force qui ne connaît jamais son nom.

Cette force est secrète parce qu'elle est non dans le héros décrit par le livre, mais dans le livre lui-même. On peut dire d'une façon raccourcie que c'est la force de Cayrol lui-même, la force qui le fait écrire. On s'est longtemps interrogé pour savoir ce qui passait de l'auteur dans une œuvre ; mais plus encore que sa vie ou son temps, c'est la force même de l'écrivain qui passe dans son œuvre. Autrement dit, la littérature est elle-même une dimension morale du livre : pouvoir écrire une histoire est le sens dernier de cette histoire. Ceci explique qu'avec un monde extrêmement démuni Cayrol puisse faire passer une puissance, une violence, même (je pense à *Muriel*), mais cette puissance n'est pas intérieure à ce monde, c'est la puissance de l'écrivain Cayrol, la puissance de la littérature : on ne peut jamais couper le sens d'un monde romanesque du sens même du roman. Il est donc vain de se demander en fonction de quelle philosophie, intérieure à l'homme cayrolien, mais pudiquement tue, la déshérence de ce monde peut être récupérée, car il suffit que la littérature prenne en charge jusqu'au bout « ce qui ne va pas dans le monde » (comme c'est le cas ici) pour que l'absurde cesse. Conduit jusqu'au bord du froid et de l'inutile, tout lecteur de Cayrol se retrouve *en même temps* doué d'une chaleur et d'un sens de vivre, qui lui sont donnés par le spectacle même de quelqu'un qui écrit. Aussi, ce qui peut-être demandé à ce lecteur, c'est de se confier à l'œuvre non pour ce qu'elle porte de philosophie, mais pour ce qu'elle porte de littérature.

\*

De même que les substances ne s'offrent jamais qu'à une sorte de caresse manquée, à une perception discontinue et comme sautée, de même le temps cayrolien est un temps *mangé*, grignoté insidieusement par places. Et, lorsque l'objet de ce temps est une vie (comme dans *les Corps étrangers*), quelque chose surgit, qui fait tout le roman cayrolien (ce thème sera sensible aux spectateurs de *Muriel*) : la mauvaise foi du souvenir.

Tout roman de Cayrol pourrait s'appeler : *Mémoires d'un amnésique*. Non que le narrateur mette beaucoup d'effort à se rappeler sa vie : elle semble lui venir tout naturellement au souvenir, comme il appartient aux mémoires courantes ; cependant, plus le récit se développe, plus il apparaît *troué* ; des épisodes s'enchaînent mal, quelque chose grince dans la distribution des actes (on devrait dire plus exactement, s'agissant d'un roman : leur *dispatching*) ; mais surtout, sans qu'on puisse jamais prendre le narrateur en flagrant délit de prétérition (ou de mensonge), l'ensemble d'un récit apparemment régulier renvoie peu à peu à la sensation d'un oubli majeur, disposé quelque part dans l'existence, et qui irradie malencontreusement sous elle, la mange, la marque d'une allure *fausse*. Autrement dit, le récit cayrolien est soumis à un montage, dont la rapidité et l'éparpille-

ment désignent un dérèglement très particulier du temps, que
Cayrol lui-même a décrit d'avance dans *Lazare* et que l'on trouve
illustré dans le montage de *Muriel*. Cet oubli, dans lequel les
personnages se débattent sans bien le savoir, cet oubli n'est pas une
censure ; l'univers cayrolien n'est pas chargé d'une faute cachée, à
jamais innommée ; devant ce monde, il n'y a rien à déchiffrer ; ce
qui y manque, ce ne sont pas des fragments de temps coupable,
mais seulement des fragments de temps pur, ce qu'il est nécessaire
au romancier de ne pas dire pour séparer un peu l'homme de sa
propre vie et de la vie des autres, pour le rendre à la fois familier et
inattaché.

Autre forme de ce temps mangé : les souvenirs sont interchan-
geables à l'intérieur d'une même vie, ils font l'objet d'un troc,
analogue à celui du trafiquant et receleur Gaspard (un camembert
contre une chambre à air) : le souvenir est à la fois matière à recel et
à trafic ; le héros des *Corps étrangers* a ainsi deux enfances, qu'il
cite à comparaître, selon qu'il lui est nécessaire de se donner une
origine fermière ou abandonnée ; le temps cayrolien est fait de
morceaux rapportés, volés, pourrait-on dire, et, entre ces morceaux, il y a un *jeu*, qui fait tout le roman. *Les Corps étrangers*
commencent par une revue de tous les objets qui peuvent
indûment entrer dans le corps, par négligence ou malheur ; mais,
pour l'homme cayrolien, le véritable corps étranger, c'est en
définitive le temps : cet homme n'est pas taillé dans la même durée
que les autres hommes, le temps lui est rapporté, tantôt trop court
quand il oublie, tantôt trop grand quand il invente. Car ce temps
injuste (inajusté), il faut bien lutter avec lui, et tout le roman
consiste d'une certaine façon à dire les efforts d'un homme pour
retrouver le temps exact des autres hommes. Ainsi naît tout
au long du monologue cayrolien (surtout dans *les Corps étrangers*) une parole dénégatrice, dont la fonction n'est pas de nier les
fautes, mais d'une façon plus élémentaire, moins psychologique, de raturer sans cesse le temps. La rature cayrolienne est
cependant seconde : le narrateur ne cherche pas à gommer ce qui
existe, à faire l'oubli sur ce qui a été, mais bien au contraire à
repeindre le vide du temps de quelques couleurs pleines, à repasser
sur les trous de sa mémoire un souvenir inventé, destiné bien
moins à l'innocenter (bien que le collaborateur Gaspard ait grand

besoin d'un temps arrangé) qu'à lui faire rejoindre le temps des autres, c'est-à-dire à l'*humaniser*.

Car c'est au fond la grande affaire du roman cayrolien : dire — avec toute la puissance de récupération de la littérature dont on a parlé — comment un homme est séparé des autres hommes non par la singularité romantique de son destin, mais par une sorte de vice de sa temporalité. La couleur propre de ce monde cayrolien, c'est en effet que les êtres y sont d'un seul et même mouvement *médiocres et insolites, naturels et incompréhensibles*. Aussi nous ne savons jamais si le héros de ce monde est « sympathique », si nous pouvons l'aimer jusqu'au bout. Toute notre littérature traditionnelle a joué sur la positivité du héros romanesque, mais ici nous nous sentons dépaysés devant un être dont nous connaissons bien le monde, mais dont nous ignorons le temps secret : son temps n'est pas le nôtre, et pourtant il nous parle familièrement de lieux, d'objets et d'histoires que nous avons en commun avec lui : il est de chez nous, et pourtant il vient de « quelque part » (mais d'où ?). Face à ce héros ordinaire et singulier, il se produit alors un sentiment de solitude, mais cette solitude n'est pas simple ; car, lorsque la littérature nous présente un héros solitaire, c'est sa solitude même que nous comprenons, que nous aimons et que par là même nous faisons cesser : ni le héros ni son lecteur ne sont plus seuls, puisqu'ils sont seuls ensemble. L'art de Cayrol va plus loin : il nous fait voir une solitude et nous empêche cependant d'y participer ; non seulement la littérature ne récupère pas la solitude cayrolienne, mais encore elle s'emploie à la purifier de toute complaisance positive : ce n'est pas un homme seul que nous voyons vivre (auquel cas il ne serait plus tout à fait seul), c'est un homme qui nous impose, vis-à-vis de lui, cette *tenace insensibilité* dont il est parlé dans *Lazare*. Ainsi, par un dernier accomplissement de l'œuvre, le lecteur vit le héros cayrolien exactement comme celui-ci vit le monde : sensible et insensible, installé dans cette sympathie « parasitaire » qui marque ce monde où l'on ne peut jamais aimer que par procuration.

On sait d'où vient explicitement cette œuvre : des camps de concentration. La preuve en est que *Lazare parmi nous*, œuvre qui opère la première jonction entre l'expérience des camps et la réflexion littéraire, contient en germe avec une grande exactitude

218

toute l'œuvre postérieure de Cayrol. *Pour un romanesque laza-réen* est un programme qui s'accomplit encore aujourd'hui d'une façon à peu près littérale : le meilleur commentaire de *Muriel*, c'est *Lazare*. Ce qu'il faut suggérer, sinon expliquer, c'est comment une telle œuvre, dont le germe est dans une histoire datée, est cependant pleinement littérature d'aujourd'hui.

La première raison en est peut-être que le Concentrationnat n'est pas mort ; il se fait dans le monde d'étranges poussées concentrationnaires, insidieuses, déformées, familières, coupées de leur modèle historique, mais diffuses à la façon d'un style ; les romans de Cayrol sont ce passage même de l'événement concen-trationnaire au quotidien concentrationnaire : en eux nous retrou-vons aujourd'hui, vingt ans après les Camps, une certaine forme du malaise humain, une certaine qualité de l'atroce, du grotesque ou de l'absurde, dont nous recevons le choc devant certains événements ou pis encore devant certaines images de notre temps.

La seconde raison, c'est que l'œuvre de Cayrol, dès son début, a été immédiatement moderne ; toutes les techniques littéraires dont nous créditons aujourd'hui l'avant-garde, et singulièrement le nouveau roman, se trouvent non seulement dans l'œuvre entière de Cayrol, mais encore, à titre de programme conscient, dans le *Romanesque lazaréen* (texte qui date de 1950) : l'absence d'anec-dote, la disparition du héros au profit d'un personnage anonyme réduit à sa voix ou à son regard, la promotion des objets, le silence affectif, dont on ne sait s'il est pudeur ou insensibilité, le caractère ulysséen de l'œuvre, qui est toujours longue marche d'un homme dans un espace et dans un temps labyrinthiques. Si cependant l'œuvre de Cayrol est restée en dehors des débats théoriques de ces dernières années sur le roman, c'est parce que son auteur s'est toujours refusé à la systématiser, et aussi parce que la communauté technique dont on vient de parler est loin d'être complète ; le nouveau roman (à supposer qu'on puisse l'unifier) pose des descriptions *mates*, l'insensibilité du personnage se communiquant aux choses dont il parle, en sorte que le monde du nouveau roman (que je réduirais pour ma part volontiers au monde de Robbe-Grillet) est un monde neutre. Le monde de Cayrol, au contraire, même si l'amour n'y est que parasitaire (selon l'expression de l'auteur), est un monde vibrant d'adjectifs, rayonnant de métapho-res ; certes les objets sont promus à un rang romanesque nouveau, mais l'homme continue à les toucher sans cesse d'un langage subjectif, il leur donne tout de suite non seulement un nom, mais encore une raison, un effet, un rapport, une image. C'est ce *commentaire* du monde, qui n'est plus ici seulement énoncé, mais *orné*, c'est lui qui fait de l'œuvre de Cayrol une communication très particulière : privée de toute intention expérimentale et cependant audacieuse, à la fois émancipée et intégrée, violente sans le théâtre de la violence, concentrationnaire et actuelle, c'est une œuvre qui *échappe* sans cesse en avant, poussée par sa propre fidélité à elle-même, vers le *nouveau* que réclame notre temps.

Postface à *Les Corps étrangers*
de Jean Cayrol. © U.G.E., 1964.

# Bloy

Quittant la Grande-Chartreuse où il vient de faire retraite, Marchenoir (alias Léon Bloy) reçoit du Père général un billet de mille francs. Ceci est étrange : d'ordinaire, la charité se fait *en nature,* non *en espèces* ; Marchenoir ne s'y trompe pas ; il perçoit dans le geste du chartreux un juste scandale : celui qui consiste à regarder l'argent en face, comme un métal, non comme un symbole.

Bloy a toujours considéré l'argent non dans ses causes, ses conséquences, ses transformations et ses substitutions, mais dans son opacité, comme un objet entêté, soumis au plus douloureux des mouvements : la répétition. Le *Journal* de Bloy n'a, à vrai dire, qu'un interlocuteur : l'argent. Ce sont sans cesse plaintes, invectives, démarches, échecs, courses après les quelques louis nécessaires au feu, à la nourriture, au loyer ; la misère de l'homme de lettres n'est ici nullement symbolique ; c'est une misère comptable, dont la description inlassable est bien accordée à l'un des moments les plus durs de la société bourgeoise. Ce caractère désirable de l'argent (et non de la richesse) est énoncé par Léon Bloy à travers un comportement dont l'aveu reste singulier : avec assurance, orgueil, même, l'écrivain ne cesse de « taper » tout le monde, amis, relations, inconnus. Il va de soi qu'au « tapeur » Léon Bloy correspond une armée de « lâcheurs » (« Je suis celui qu'il faut lâcher ») : immobile, engorgé, l'argent se refuse à la plus élémentaire des transformations : la circulation.

Par demandes et refus ressassés, Bloy édifie ainsi une expérience profonde (parce que archaïque) de l'argent : objet d'une demande immédiate et répétée (la psychanalyse n'aurait sans doute pas grand-peine à retrouver là une relation maternelle), l'argent, pour

221

Bloy, résiste à toute raison. Bourget ayant osé écrire que « ce n'est pas le manque d'argent qui fait que les pauvres sont pauvres, mais que c'est leur caractère qui les a faits tels et qu'il est impossible d'y rien changer », Bloy ne manque pas de relever vertement ce mot assez ignoble. Pour Bloy, la pauvreté ne peut être réduite par aucun discours (psychologique, politique ou moral), elle s'entête à n'être qu'elle-même et se refuse impitoyablement à toute sublimation. « La pauvreté véritable est involontaire et son essence est de ne pouvoir jamais être désirée. » Bloy n'a pu avoir ce mot profond que parce que l'argent a été, au fond, la grande et la seule idée de son œuvre : il est toujours revenu au secret du métal (« ...on n'a jamais exprimé la sensation de mystère que dégage ce mot étonnant »), il n'a cessé d'en toucher l'opacité, explorant par ses mots, comme tout poète, à la façon d'un homme qui promène ses mains sur un mur, ce qu'il ne comprenait pas et qui le fascinait.

L'argent, dans l'œuvre de Bloy, a deux faces : une face sinon positive (ce serait le sublimer), du moins interrogative, manifestée dans la Prostitution : « ...cette prostitution figurative du Sexe dont les seuls cafards ont une ostensible horreur et que je m'obstine à croire mystérieuse et inexpliquée » ; et une face imbécile : « Avez-vous remarqué l'imbécillité prodigieuse de l'argent, l'infaillible bêtise, l'éternelle gaffe de tous ceux qui le possèdent ? » Sous cette double face, l'argent forme l'argument explicite du *Désespéré*, livre-blason de Bloy, articulé à la fois sur la défiguration de la prostituée (accomplie symboliquement au moment où elle cesse de se prostituer) et sur l'atroce misère de l'artiste (lorsqu'il refuse de se prostituer).

On touche ici à la veine essentielle de toutes les œuvres de Bloy : la séparation de l'écrivain et de sa société, qui est la bourgeoisie. Toutes les chroniques de Bloy dessinent une sorte de pandémonium de l'écrivain arrivé, c'est-à-dire prostitué à la bourgeoisie (« ...cette bourgeoisie féroce, adipeuse et lâche, qui nous apparaît comme la vomissure des siècles »). On le sait, en cette fin de siècle, le mot désignait un mal esthétique, une vulgarité écœurante, intolérable à l'artiste ; cette vue a paru, depuis, partielle, et toute la littérature de cette époque (depuis Flaubert) s'est trouvée compromise par la cécité qui lui cachait, dans le bourgeois, le capitaliste. La littérature, cependant, peut-elle être autre chose que très indirectement lucide ? Pour constituer sa parole, pour l'inventer et la développer dans sa vérité même, l'écrivain ne peut parler que de ce qui l'aliène lui-même, car on ne peut écrire par procuration ; et ce qui aliène l'écrivain, dans le bourgeois, c'est la bêtise ; la vulgarité bourgeoise n'est sans doute que le signe d'un mal plus profond, mais l'écrivain est condamné à travailler sur des signes, pour les varier, les épanouir, non pour les déflorer : sa forme est la métaphore, non la définition.

Le travail de Bloy a donc été de métaphoriser le bourgeois. Ses dégoûts désignent toujours d'une façon sûre l'écrivain parvenu, tel que la bourgeoisie le récupère et le délègue. Il suffit d'être *reconnu* par l'institution bourgeoise (la presse, les salons, l'Église) pour être condamné par l'art. Les démystifications virulentes énoncées par Bloy visent donc indifféremment toutes les idéologies, du moment qu'elles apparaissent *nanties*, de Veuillot à Richepin, du Père Didon à Renan. Bloy ne fait guère de différence entre le populisme de Vallès et les charités de la duchesse de Galliera, platement encensée par la presse pour la donation fabuleuse de millions, qu'elle n'avait, dit-il, qu'à *restituer*. A l'inverse, aucun des rares écrivains qu'il a soutenus n'était du côté de l'Avoir ; ou plus précisément le regard de Bloy sur Barbey d'Aurevilly, sur Baudelaire ou sur Verlaine, est comme une manière de les galvaniser, de les rendre impropres à tout usage bourgeois. La parole de Léon Bloy n'est pas faite d'idées ; son œuvre est cependant critique dans la mesure où il a su discerner dans la littérature de son temps ses résistances à l'ordre, son pouvoir d'irrécupération, le scandale permanent qu'elle a pu constituer à l'égard des collectivités et des institutions, bref l'infini recul des questions qu'elle posait, en un mot encore : son *ironie*. Parce qu'il a toujours vu dans l'art un contre-argent, il ne s'est presque jamais trompé : les écrivains qu'il a éreintés (Dumas fils, Daudet, Bourget, Sarcey) nous apparaissent bien, aujourd'hui, comme des fantoches définitifs ; en revanche, Bloy a été l'un des tout premiers à reconnaître Lautréamont, et, dans Lautréamont, prophétie singulièrement pénétrante, la transgression sans retour de la littérature elle-même : « Quant à la forme littéraire, il n'y en a pas. C'est de la lave liquide. C'est insensé, noir et dévorant. » N'a-t-il pas vu dans Sade « une famine enragée d'absolu », préfigurant ainsi d'un mot, unique sans doute à son époque, toute la théologie inversée dont Sade a été l'objet depuis ?

Qui sait ? Peut-être cet état négatif de la parole littéraire, Bloy le cherchait-il lui-même à travers ce style emporté et apprêté qui ne dit, en somme, jamais rien d'autre que la passion des mots. En cette fin de siècle bourgeois, la destruction du style ne pouvait peut-être se faire qu'à travers les excès du style. L'invective systématique, maniée sans aucune limite d'objets (la gifle surréaliste au cadavre d'Anatole France est bien timide auprès des profanations de Bloy), constitue d'une certaine façon une expérience radicale du langage : le bonheur de l'invective n'est qu'une variété de ce *bonheur d'expression,* que Maurice Blanchot a justement retourné en expression du bonheur. Face à une société compteuse, où l'argent ne se délivre que sous le régime de la compensation (de la prostitution), la parole de l'écrivain pauvre est essentiellement dispendieuse ; chez Bloy, elle se donne, infiniment plaisante, *pour un nul salaire* ; elle apparaît ainsi non comme un sacerdoce, un art ou même un instrument, mais comme une activité, liée aux zones profondes du désir et du plaisir. C'est sans doute cette volupté invincible du langage, attestée par une extraordinaire « richesse » d'expressions, qui frappe les choix idéologiques de Bloy d'une sorte d'irréalisme inconséquent : que Bloy ait été furieusement catholique, qu'il ait injurié pêle-mêle l'Église conformiste et moderniste, les protestants, les francs-maçons, les Anglais et les démocrates, que ce forcené de l'incongru se soit engoué pour Louis XVIII ou Mélanie (la bergère de la Salette), ce n'est là rien de plus qu'une matière variable, récusable, qui n'abuse aucun lecteur de Bloy ; l'illusion, ce sont les contenus, les idées, les choix, les croyances, les professions, les causes ; la réalité, ce sont les mots, l'érotique du langage, que cet écrivain pauvre, *de salaire nul,* a pratiquée avec fureur et dont il nous fait encore aujourd'hui partager l'emportement.

1966, in *Tableau de la littérature française.* © Gallimard, 1974.

# Trois relectures

# Aujourd'hui, Michelet

Il y a vingt ans, lisant Michelet, j'avais été frappé par l'insistance thématique de cette œuvre : chaque figure revient toujours, affublée des mêmes épithètes, issus d'une lecture à la fois corporelle et morale ; ce sont en somme des « épithètes de nature », qui apparentent l'Histoire de Michelet à l'épopée homérique : Bonaparte est cireux et fantasmagorique, exactement comme Athéna est la déesse aux yeux pers. Aujourd'hui, sans doute parce que ma lecture est imprégnée des idées qui ont modifié la conception du texte depuis vingt ans (appelons grossièrement l'ensemble de ces idées « structuralisme » ou « sémiologie »), c'est autre chose qui me frappe (à côté de l'évidence thématique, toujours aussi vive) ; cette chose, c'est un certain trouble de la discursivité. Si l'on s'en tient à l'impression de lecture, Michelet, lorsqu'il raconte une histoire (l'Histoire), souvent *n'est pas clair* (je pense à sa dernière œuvre, l'*Histoire du XIXe siècle*, qui n'est en fait que l'histoire du Consulat et de l'Empire) ; on ne comprend pas bien, du moins à première vue, l'enchaînement des faits ; je défie quiconque n'a de l'Histoire de France qu'une très ancienne connaissance scolaire de comprendre quoi que ce soit au scénario du 18 Brumaire, tel que l'esquisse Michelet : quels étaient les acteurs ? Où étaient-ils ? Dans quel ordre les opérations se sont-elles succédées ? Toute la scène est pleine de trous : intelligible au niveau de chaque phrase (rien de plus clair que le style de Michelet), elle devient énigmatique au niveau du discours.

Il y a trois raisons à ce trouble. D'abord, la discursivité de Michelet est continûment elliptique ; Michelet pratique à outrance l'asyndète, la rupture, il saute des liaisons, se soucie peu de la distance qui s'établit entre ses phrases (c'est ce qu'on a appelé son style vertical) ; il s'agit là — phénomène stylistique très intéressant et peu étudié, je crois — d'une structure *erratique*, qui privilégie des énoncés-blocs, sans que l'auteur s'inquiète de la visibilité des interstices, des béances : chaque idée est présentée sans cet excipient anodin dont nous colmatons ordinairement notre discours ; cette structure est évidemment « poétique » (on la retrouve dans la poésie et dans l'aphorisme) et s'accorde tout à fait à la structure thématique dont j'ai parlé au début ; ce que l'analyse thématique avait trouvé, l'analyse sémiologique, sans doute, le confirmerait, le prolongerait.

Ensuite, comme on le sait, l'énonciation est pétrie de jugements ; Michelet ne pose pas d'abord pour juger ensuite : il opère une confusion immédiate, véritable *écrasement*, entre le *notable* et le *condamnable* (ou le *louable*) : « Deux hommes bien sincères, Daunou et Dupont de l'Eure... » ; « Pour terminer enfin une comédie ridicule... » ; « Sieyès bravement répondit... » ; etc. Le récit de Michelet est ouvertement au second degré ; c'est une narration (il vaudrait mieux dire une énonciation) qui se greffe sur un récit sous-jacent, que l'on suppose déjà connu ; ici encore, on retrouve une constante : ce qui intéresse Michelet, c'est le *prédicat*, c'est ce qui s'ajoute au fait (au « sujet ») ; on dirait que pour Michelet le discours ne commence statutairement qu'à l'attribut ; l'être du langage n'est pas le constatif (le thétique), mais l'appréciatif (l'épithétique) : toute la grammaire de Michelet est optative ; nous savons bien que l'indicatif, dont notre enseignement a fait un mode simple, un mode fondamental — tous les verbes se conjuguent d'abord à l'indicatif —, est en fait un mode compliqué (le degré zéro du subjonctif et de l'optatif, a-t-on pu dire), acquis probablement fort tard ; le « lyrisme » de Michelet tient moins à sa subjectivité qu'à la structure logique de son énonciation : il pense par attributs — prédicats —, non par êtres, constats, et c'est ce qui explique chez lui ces troubles de la rationalité discursive ; le raisonnement, ou l'exposition rationnelle, « claire », consiste à progresser de thèse en thèse (de verbe en verbe), et non à déployer *sur place* le tourbillon des adjectifs ; pour Michelet, les prédicats, n'étant plus tenus par l'être du sujet, peuvent être contradictoires : si tel héros « mauvais » (Bonaparte) accomplit une action « bonne », Michelet dit simplement que c'est « inexplicable » ;

c'est que la tyrannie du prédicat entraîne une sorte de carence du sujet (au sens logique ; mais, s'agissant de discours, le sens logique n'est pas loin du sens psychologique : le discours purement prédicatif, n'est-ce pas précisément celui du délire paranoïaque ?).

Enfin, et c'est peut-être le plus troublant, ce n'est pas seulement l'enchaînement des faits qui vacille chez Michelet, c'est le fait lui-même. *Qu'est-ce qu'un fait ?* C'est là un problème de dimension philosophique, le pont aux ânes de l'épistémologie historique. Michelet, lui, accepte le trouble de la notion. Ce n'est pas que son Histoire manque de « faits », et souvent des plus précis ; mais ces faits ne sont jamais là où on les attend ; ou encore leur résonance morale est évaluée, *non leur taille* ; le fait michelétiste oscille entre l'excès de précision et l'excès d'évanescence ; il n'a jamais sa dimension *exacte* : Michelet nous dit qu'au 18 Brumaire (10 novembre) on avait allumé des poêles dans la grande salle de l'Orangerie et qu'il y avait devant la porte un tambour en tapisserie : mais la démission de Barras ? Les deux temps de l'opération ? Le rôle de Sieyès, de Talleyrand ? Nulle mention de ces faits, ou du moins nulle mention qui « sorte » d'un discours étrange (pour nos habitudes de lecture historique) quelque élément franchement narratif. En somme, ce que Michelet trouble, c'est la *proportion* des faits (faut-il rappeler que la critique des *relations* est beaucoup plus subversive que celle des *notions* ?). Philosophiquement, du point de vue, au moins, d'une certaine philosophie, c'est Michelet qui a raison. Le voici, bien paradoxalement, aux côtés de Nietzsche : « Il n'y a pas de fait en soi. Ce qui arrive est un groupe de phénomènes, choisis et groupés par un être qui les interprète... Il n'y a pas d'état de fait en soi, il faut au contraire y introduire d'abord *un sens avant même qu'il puisse y avoir un état de fait.* » Michelet est en somme l'écrivain (l'historien) du *avant même* : son Histoire est emportée non parce que son discours est rapide, impatient, non parce que son auteur est passionné, mais parce qu'elle n'arrête pas le langage au fait, parce que, dans cette immense mise en scène d'une réalité millénaire, *le langage précède le fait à l'infini :* proposition rude aux yeux d'un historien classique (mais, dès lors que l'Histoire se structuralise, ne se rapproche-t-elle pas de la philosophie actuelle du langage ?), proposition bienfaisante aux yeux du théoricien moderne qui pense que, comme toute science (c'est là le problème des « sciences humaines »), la science historique, n'étant pas algorithmique, rencontre fatalement un discours, et *dès lors tout commence*. Nous devons savoir gré à Michelet (parmi d'autres dons qu'il nous a faits — dons ignorés, refoulés) de nous avoir représenté, à travers le pathos de son époque, les *conditions réelles* du discours historique et de nous inviter à dépasser l'opposition mythique de la « subjectivité » et de l'« objectivité » (cette distinction n'est que propédeutique : nécessaire au niveau de la recherche), pour lui substituer l'opposition de l'*énoncé* et de l'*énonciation*, du produit de l'enquête et de la production du texte.

*

Le procès qui a été fait à Michelet par de nombreux historiens, par l'opinion courante même — et dont Lucien Febvre a rappelé ironiquement les arguments[1] —, ce procès n'est pas seulement, bien entendu, un procès scientifique (portant sur les informations et les interprétations de l'historien), mais aussi un procès d'écriture : Michelet est pour beaucoup (non pour tous : à preuve Lucien Febvre lui-même) un mauvais historien *parce qu'il écrit*, au lieu de simplement « rédiger ». Nous n'entendons plus aujourd'hui l'écriture comme le simple produit d'une maîtrise du style. Ce qui fait Michelet écrivain (praticien de l'écriture, opérateur de texte), ce n'est pas son style (qui n'est pas toujours très bon, étant précisément parfois l'*affiche* du style), c'est ce que nous appellerions aujourd'hui *l'excès du signifiant*. Cet excès se lit *dans les marges de la représentation*. Certes, Michelet est un écrivain classique (lisible) : il raconte ce qu'il sait, il décrit ce qu'il voit, son langage imite la réalité, il ajuste le signifiant au référent et produit de la sorte des signes *clairs* (pas de « clarté » sans une conception classique du signe, le signifiant d'un côté, le référent de l'autre, le premier au service du second). La lisibilité de Michelet, cependant, n'est pas sûre ; elle est souvent risquée, compromise par des excès, des brouillages, des ruptures, des fuites ; entre ce que Michelet

1. Lucien Febvre, *Michelet*, « Traits », Genève-Paris, Éd. des Trois Collines, 1946.

prétend voir (le référent) et sa description (le tissu des signifiants), il y a souvent un reste — ou un trou. On a vu que chez lui la narrativité était facilement troublée par des ellipses, des asyndètes, l'indécision même du concept de « fait ». Le signifiant (au sens sémanalytique du mot : mi-sémiologique, mi-psychanalytique) fait pression en bien d'autres points. On peut donner pour emblème à cette royauté du signifiant le règne de ce que l'on pourrait appeler la tentation étymologique. L'étymologie d'un nom est du point de vue du signifiant un objet privilégié, parce qu'elle représente à la fois la *lettre* et l'*origine* (toute une histoire de la science étymologique, de la philosophie étymologique, de Cratyle au Brichot de Proust, serait à faire) ; et, de même que toute une partie de *la Recherche du Temps perdu* sort du nom de *Guermantes*, toute l'Histoire michelétiste du XIX<sup>e</sup> siècle sort d'un jeu de mots étymologique : *Buonaparte*, la Bonne Part, le gros lot ; Napoléon est ramené à son nom, ce nom à son étymologie, et cette étymologie, tel un signe magique, engage le porteur du nom dans une thématique fatale : celle de la loterie, du hasard sinistre, du joueur, figure fantasmagorique que Michelet substitue sans nuance au héros national ; vingt années de notre Histoire dépendent de cette *origine* de Bonaparte : origine (et c'est l'excès fou du texte) qui n'est nullement historique, sociologique, politique (c'eût été une origine référentielle), mais *littérale* : ce sont les lettres du Nom qui fondent le récit michelétiste ; ce récit est donc véritablement un *rêve*, tel que la psychanalyse actuelle pourrait l'analyser.

Ce poids, ou cet entrain du signifiant, si on lit Michelet, il ne faut pas s'en servir contre lui. Nous savons peut-être — du moins mieux aujourd'hui qu'hier — ce qu'est la science historique, mais le discours de l'Histoire ? L'Histoire, aujourd'hui, ne *se raconte* plus, son rapport au discours est différent. Michelet est condamné au nom d'une discursivité nouvelle, qui ne pouvait être la sienne, celle de son temps ; il y a en somme hétérogénéité complète entre ces deux Histoires (et pas seulement fautes, manquements de la première vis-à-vis de la seconde). Michelet a raison contre tous les historiens de son temps, et cette raison représente dans son œuvre la part qui nous paraît aujourd'hui juste. Michelet n'a pas « déformé » la « réalité » (ou il a fait beaucoup plus que cela), il a situé le point d'affleurement de cette « réalité » et de son discours dans un lieu inattendu ; il a déplacé le niveau de perception de l'Histoire ; dans son œuvre historique, les exemples abonderaient (faits de mentalité collective, mœurs, réalités écologiques, histoire matérielle, tout ce qui s'est épanoui dans l'Histoire ultérieure), mais l'exemple que je veux donner, de cette « décision perceptive », je le prends dans son histoire naturelle (*la Mer*). Ayant à décrire la terrible tempête d'octobre 1859, par un coup d'audace qui l'apparente aux poètes symbolistes, Michelet la décrit *de l'intérieur* ; mais là où il va plus loin, c'est que cet intérieur n'est pas ici métaphorique, subjectif, mais littéral, spatial : la description est entièrement menée de l'intérieur de la pièce où la tempête le tient enfermé ; autrement dit, il décrit *ce qu'il ne voit pas*, non pas *comme s'il le voyait* (ce serait une voyance poétique assez banale), mais comme si la réalité de la tempête était une matière inouïe, venue d'un autre monde, perceptible à tous nos organes, sauf à celui de la vue. C'est là une perception véritablement droguée, l'économie de nos cinq sens y étant bouleversée. Michelet connaissait d'ailleurs l'enjeu *physiologique* de sa description : la tempête le provoque à faire une expérience *sur son propre corps*, tel n'importe quel priseur de haschisch ou de mescaline : « Je persistais à travailler, curieux de voir si cette force sauvage réussirait à opprimer, entraver un libre esprit. Je maintins ma pensée active, maîtresse d'elle-même. J'écrivais et je m'observais. A la longue seulement, la fatigue et la privation de sommeil blessaient en moi une puissance, la plus délicate de l'écrivain, je crois, le sens du rythme. Ma phrase venait inharmonique. Cette corde, dans mon instrument, la première se trouva cassée. » L'hallucination n'est pas loin : « (Les vagues) ... me faisaient l'effet d'un épouvantable *mob*, d'une horrible populace, non d'hommes, mais de chiens aboyants, un million, un milliard de dogues acharnés, ou plutôt fous... Mais que dis-je ? des chiens, des dogues ? ce n'était pas cela encore. C'étaient des apparitions exécrables et innommées, des bêtes sans yeux ni oreilles, n'ayant que des gueules écumantes. » Si l'on dit que c'est toute l'Histoire de Michelet qui est de la sorte hallucinée, ce n'est pas en lui le sens historique que l'on déprécie, c'est un langage moderne que l'on exalte : cette intuition ou ce courage qu'il a eu, de faire *comme si* notre discours traversait le monde, le temps, de part en part, à l'infini, comme si les hallucinations d'hier étaient les vérités de demain, et ainsi de suite.

\*

Il y a deux moyens de démystifier un grand homme : l'abaisser comme individu, ou le dissoudre dans une généralité historique, en faire le produit déterminé d'une situation, d'un moment, le délégué d'une classe. Michelet n'a pas ignoré ce second moyen, il a indiqué à plusieurs reprises les liens de Bonaparte et de la Finance, procédé qui va déjà dans le fil de la critique marxiste ; mais le fond — ou l'obsession — de sa démonstration, c'est de déprécier Bonaparte *dans son corps*. Le corps humain — il vaudrait mieux dire le corps historique, tel que le voit Michelet — n'existe, on le sait, qu'à proportion des affections et des dégoûts qu'il provoque ; c'est à la fois un corps érotique (impliquant désir ou répulsion : pulsion) et un corps moral (Michelet est *pour* ou *contre,* selon des principes moraux avoués). C'est, si l'on veut, un corps qui se tient tout entier dans l'espace d'une métaphore : par exemple, celle de la *nausée,* spasme physique et rejet philosophique. Relisant Michelet après bien des années, je suis de nouveau saisi par le caractère *impérieux* de ses portraits. Le portrait est pourtant un genre facilement ennuyeux, car il ne suffit par de décrire un corps pour le faire exister (désirer) ; Balzac, par exemple, n'obtient jamais un rapport érotique entre lui (et donc nous-mêmes) et ses personnages ; ses portraits sont mortels. Michelet, lui, ne décrit pas (du moins dans le portrait auquel je pense ici, celui de Bonaparte) : dans le corps entier (pesamment parcouru, organe après organe, par Balzac), il pointe vivement deux ou trois lieux et les ressasse ; chez Bonaparte (on devrait dire *sur* lui), ce sont les cheveux, châtains, mais si lustrés de pommade qu'ils en paraissent noirs, la figure jaune, cireuse, *sans cils et sans sourcils,* les yeux gris comme une vitre de verre, et les dents blanches, très blanches. (« Mais qu'il est noir, ce Bonaparte ! ... Il est noir, mais quelles dents blanches ! ») Ce portrait est saisissant, mais ce qui atteste le pouvoir de Michelet (l'excès de son texte, son échappée loin de toute rhétorique), c'est qu'on n'arrive pas très bien à dire pourquoi ; ce n'est pas que son art soit indicible, mystérieux, réfugié dans un « coup de patte », un « je ne sais quoi » ; c'est plutôt qu'il s'agit d'un art pulsionnel, qui branche directement le corps (celui de Bonaparte *et* celui de Michelet) sur le langage, sans passer par aucun relais rationnel (entendons par là l'assujettissement de la description à une grille, soit anatomique — c'est celle qui est observée par Balzac —, soit rhétorique — on le sait, le portrait relevait traditionnellement d'un code fort, la prosopographie). Or, des pulsions, il n'est jamais possible de parler directement ; tout ce qu'on peut faire, c'est en deviner le lieu ; chez Michelet, ce lieu, de proche en proche, se laisse situer : c'est au sens large — incluant des états de la matière, mi-visuels, mi-tactiles — *la couleur*. Les couleurs de Bonaparte sont sinistres (noir, blanc, gris, jaune) ; ailleurs — hors de l'Histoire, dans la Nature —, la couleur est jubilatoire ; voyez la description des insectes : « ...êtres charmants, êtres bizarres, monstres admirables, en ailes de feu, en cuirasses d'émeraudes, vêtus d'émaux de cent sortes, armés d'appareils étranges, aussi brillants que menaçants, les uns en acier bruni, glacé d'or, les autres à houppes soyeuses, feutrées de noir velours : tels à fins pinceaux de soie fauve sur un riche fond acajou ; celui-ci en velours grenat piqué d'or ; puis des bleus lustrés inouïs, relevés de points veloutés ; ailleurs des rayures métalliques, alternées de velours mats » ; pression, pulsion de la couleur multiple (telle qu'elle se perçoit derrière la paupière fermée), qui va jusqu'à la transgression perceptive : « Je succombai, je fermai les yeux et demandai grâce ; car mon cerveau se prenait, s'aveuglait, devenait obtus. » Et toujours cette faculté de *faire signifier* la pulsion sans cependant jamais la déraciner du corps ; ici, le bariolage renvoie à la profusion inépuisable de la nature génératrice d'insectes ; mais là, tout d'un coup, c'est le contraire, la réduction audacieuse à une couleur obsessionnelle : la chaîne des Pyrénées, c'est quoi ? *Du vert* : « Aux Pyrénées, les verts d'eau si singuliers de leurs gaves, certaines prairies d'émeraude... le marbre vert... » Il ne faut pas dire que Michelet est « peintre » : la couleur va bien au-delà de la peinture (je renvoie ici aux notations récentes de J.-L. Schefer et de Julia Kristeva) ; la couleur est de l'ordre de la succulence, elle appartient au corps profond ; elle met dans le texte de Michelet des zones, des plages offertes à une lecture que l'on pourrait qualifier de *nutritive*.

\*

Oui, le signifiant est somptueux, chez Michelet. Et pourtant Michelet n'est pas lu. Peut-être le signifiant est-il trop fort (véritable poison), si on lit Michelet comme un historien ou comme un moraliste — ce qui a été son rôle public jusqu'à ce qu'il tombe dans l'oubli. Nos langages sont codés, il ne faut pas l'oublier : la société s'interdit, par mille moyens, de les mêler, de transgresser leur séparation et leur hiérarchie ; le discours de l'Histoire, celui de la grande idéologie morale (ou celui de la philosophie) sont maintenus purs de tout désir : en ne lisant pas Michelet, c'est son désir que nous censurons. Ainsi, parce qu'il brouille la loi discriminatoire des « genres », Michelet manque une première fois sa place : les gens sérieux, conformistes, l'excluront de leur lecture. Mais par un second déplacement, ce prince du signifiant, aucune avant-garde (ou plus simplement : la « littérature ») ne le reconnaît. Cette seconde exclusion est plus intéressante, plus actuelle aussi ; il faut en dire un mot, car c'est ici que l'on peut comprendre non seulement pourquoi Michelet n'est pas lu des lecteurs actifs, productifs (des jeunes, si l'on veut), mais aussi, plus généralement, quelles sont certaines des intolérances de la lecture contemporaine.

Ce que nous ne tolérons pas, c'est le *pathos* (resterait d'ailleurs à savoir si nous n'avons pas le nôtre). Le discours de Michelet est évidemment plein de ces mots apparemment vagues et sublimes, de ces phrases nobles et émues, de ces pensées empanachées et conformistes, dans lesquels nous ne voyons plus que des objets distants, des curiosités assez indigestes du romantisme français : tout un *vibrato* qui ne bouge plus rien en nous (*Action*, *Nature*, *Éducation*, *Peuple*, etc.) ; comment recevoir aujourd'hui une phrase (prise au hasard) telle que : « Le Père est pour l'enfant une révélation de justice », etc. ? Ce langage majuscule ne passe plus, pour des raisons diverses, qui tiennent à la fois à l'Histoire[1] et au langage (rien de plus important et de moins étudié que la mode des

---

1. Si je mets ici même une majuscule à l'Histoire, ce n'est pas pour la diviniser ; c'est pour distinguer l'Histoire, science et matière de cette science, de l'histoire, anecdote.

mots) ; et, ne passant plus, ce langage s'accumule dans le discours de Michelet et fait barrière : si le livre ne nous tombe pas des mains — car le signifiant est là pour le relancer —, il nous faut du moins continuellement le décanter, *cliver* Michelet — et, ce qui est pire que tout, l'*excuser*.

Ce déchet pathétique est très fort chez Michelet. On peut dire paradoxalement ceci : c'est ce qui est le plus sincère qui vieillit le plus vite (la raison, d'ordre psychanalytique, en est que la « sincérité » appartient à l'ordre de l'imaginaire : là où l'inconscient s'ignore le mieux). De plus, il faut bien l'accepter, aucun écrivain ne produit jamais aucun discours *pur* (irréprochable, intégralement incorruptible) : l'œuvre se délite sous le temps, à la manière d'un relief karstique ; il y a toujours chez les plus grands, les plus audacieux, ceux que nous aimons le plus, des lieux de discours parfaitement antipathiques. C'est la sagesse de l'accepter (ou, d'une façon plus vive, plus agressive, c'est le pluriel même de l'écriture qui nous y oblige). Nous ne pouvons cependant en être quitte à l'égard de Michelet avec ce simple libéralisme, il faut aller plus loin. Ces mots, dont la magie est morte pour nous, il est possible de les rénover.

Tout d'abord, ces mots ont eu, en leur temps, un sens vivant, parfois même âprement combatif. Michelet les employait avec passion *contre* d'autres mots, eux-mêmes actifs, oppresseurs (le langage va toujours d'une marche polémique). Ici, la culture historique doit aider notre lecture : il nous faut deviner quel était l'enjeu du langage, au temps où Michelet écrivait. Le sens historique d'un mot (non dans l'acception étroite de la philologie, mais dans celle, beaucoup plus large, de la lexicologie : je pense au mot « civilisation » étudié par Lucien Febvre), ce sens doit toujours être évalué *dialectiquement* : car tantôt le rappel de l'Histoire encombre et contraint la lecture présente, l'assujettit à une égalité intempestive, et il faut alors s'en libérer avec la plus grande désinvolture ; et tantôt, au contraire, l'Histoire sert à revivifier le mot et alors, ce sens historique, il faut le retrouver comme un élément savoureux, non point autoritaire, témoin d'une vérité, mais libre, pluriel, consommé dans le plaisir même d'une *fiction* (celle de notre lecture). En somme, s'agissant d'un *texte,* il nous faut user de la référence historique *avec cynisme* : la rejeter si elle réduit et amoindrit notre lecture, l'accepter au contraire si elle l'étend et la fait plus délectable.

Plus un mot est d'usage magique, plus il a une fonction mobile : on peut l'employer à tout. Ce mot, c'est un peu un mot-mana, un mot-joker : il peut être vide, c'est vrai, mais il tient aussi, en même temps, *la plus grande place* ; et la justification du mot, c'est moins son sens que sa place, sa relation à d'autres mots. Le mot ne vit qu'en fonction de son contexte, et ce contexte doit s'entendre de façon illimitée : c'est tout le système thématique et idéologique de l'écrivain, et c'est aussi notre propre situation de lecteur, dans toute son ampleur et sa fragilité. Le mot « Liberté » est usé (à force d'avoir été employé par des imposteurs) ? Mais l'Histoire peut en ramener la terrible actualité ; nous sentons bien aujourd'hui que la liberté, au sens que ce mot avait depuis la Révolution française, était une entité trop abstraite (trop particulière aussi : liberté de presse, de pensée) pour satisfaire aux exigences concrètes du travailleur aliéné dans son travail et son loisir ; mais telle crise peut amener à se replier sur l'abstraction même du mot ; cette abstraction redeviendra une force, et Michelet sera de nouveau lisible (rien ne dit que la montée de certains périls « écologiques » ne revivifie le mot michelétiste de « Nature » : cela commence déjà). En somme, les mots ne meurent jamais, parce que ce ne sont pas des « êtres », mais des fonctions : ils subissent seulement des avatars (au sens propre), des réincarnations (ici encore, le texte de Febvre, publié au lendemain de l'occupation nazie, montre bien comment *alors*, en 1946, l'œuvre de Michelet faisait de nouveau brusquement écho aux souffrances des Français opprimés par l'occupation étrangère et le fascisme).

*

Ce qui nous sépare de Michelet, c'est, évidemment et principalement, le passage du marxisme : non seulement l'avènement d'un nouveau type d'analyse politique, mais aussi tout un train implacable de démystifications conceptuelles et verbales. Michelet sans doute n'aurait rien compris à la rationalité marxiste (je doute qu'il en ait eu connaissance, bien qu'il soit mort en 1874) ; son idéologie, au sens propre du mot, était petite-bourgeoise ; mais il a assumé ouvertement la morale (même si le mot est désagréable) qui est présente, comme un quantum inévitable, dans tout choix politique : son œuvre est effectivement *politique*, non par ses voies d'analyse, peu réalistes, peu dialectiques, mais par le *projet*, qui était de repérer impitoyablement les éléments *intolérables* de l'Histoire et de la socialité. Le mot « Peuple », si important pour lui (c'était un mot de la Révolution), ne peut plus s'analyser aujourd'hui comme de son temps ; nous ne parlons plus du Peuple ; mais nous disons encore : « les forces, les masses populaires » ; et Michelet a eu avec le « populaire » un rapport vivant, un rapport juste, car il a su placer ce rapport au cœur même de sa situation d'écrivain (c'est-à-dire de son métier). J'en donnerai pour preuve celle qui me touche aujourd'hui le plus : non pas tous ses témoignages sur la condition ouvrière (ils ne sont pourtant pas négligeables), mais cette parole grave : « Je suis né peuple, j'avais le peuple dans le cœur... Mais sa langue, sa langue, elle m'était inaccessible. Je n'ai pu le faire parler. » Michelet pose là le problème actuel, le problème brûlant, de la séparation sociale des langages. Au temps de Michelet, ce qu'il appelait le Peuple certes n'était pas vide de langage (ce qui serait inconcevable), mais du moins ce langage du Peuple (au fait, quel était-il ?) était situé, faute de communications de masse, faute d'écoles, hors de la pression des modèles bourgeois et petits-bourgeois ; vouloir parler « populaire » — même si l'on n'y parvenait pas —, c'était prétendre avec vraisemblance rejoindre une certaine « spontanéité », un état extra-idéologique du langage (bien sensible dans d'exquises chansons populaires) ; aujourd'hui, cette matière romantique est détruite : le langage « populaire » n'est rien d'autre que le langage bourgeois abâtardi, généralisé, vulgarisé, embaumé dans une sorte de « sens commun », dont la presse, la télévision, la radio sont le lieu de diffusion, toutes classes sociales réunies. Pour Michelet, le langage-peuple était une terre promise ; pour nous, c'est un purgatoire qu'il faut traverser (d'où, chez certains, le refus *révolutionnaire* d'en emprunter le passage). Il n'y a rien de plus tragique et de plus accablant, pour Michelet et pour nous — tant il annonce de difficultés —, que ce texte qui termine un chapitre d'un livre de Michelet (*Nos Fils*, 1869), pourtant plein de *pathos* : « Après l'horrible et ténébreuse affaire du 24 juin 1848, courbé, accablé de douleurs, je dis à Béranger : " Oh, qui saura parler au peuple ?... Sans cela nous mourrons. " Cet esprit ferme et froid répondit : " Patience ! ce sont eux qui feront leurs livres. " Dix-huit ans sont passés. Et ces livres, où sont-ils ? »

Peut-être ce problème, venu du vieux Michelet, est-il celui de *demain*.

1972, *L'Arc.*

# Modernité de Michelet

Michelet n'est pas à la mode, Michelet n'est pas moderne. Le grand historien est tombé lui-même dans la trappe de l'Histoire. Pourquoi ?

C'est une question sévère, dramatique même, du moins pour un sujet qui tout à la fois aime profondément l'œuvre de Michelet et veut participer à l'avènement de ces nouvelles valeurs dont l'offensive forme ce qu'on appelle commodément l'avant-garde. Ce sujet croit alors vivre dans la contradiction — ce que notre civilisation, depuis Socrate, tient pour la plus grave des blessures qu'un sujet humain puisse recevoir des autres et de lui-même. Et cependant : si ce n'était pas ce sujet-là qui était contradictoire, mais la Modernité elle-même ? La censure évidente que l'avant-garde impose à Michelet se retournerait alors contre elle au titre d'une illusion, d'une fantasmagorie négative qu'il faut expliquer : l'Histoire — dont fait partie la Modernité — peut être injuste, dirais-je parfois imbécile ? C'est Michelet lui-même qui nous l'a appris.

La Modernité de Michelet — j'entends sa modernité effective, scandaleuse, et non sa modernité humaniste, au nom de quoi nous l'inviterions à rester toujours jeune dans l'histoire des lettres françaises —, la modernité de Michelet, je la vois éclater au moins en trois points.

Le premier intéresse les historiens. Michelet, on le sait, a fondé ce qu'on appelle aujourd'hui encore avec timidité l'ethnologie de la France : une façon de prendre les hommes morts du passé non dans une chronologie ou une Raison, mais dans un réseau de comportements charnels, dans un système d'aliments, de vêtements, de pratiques quotidiennes, de représentations mythiques, d'actes amoureux. Michelet dévoile ce que l'on pourrait appeler le *sensuel*

239

de l'Histoire : avec lui le corps devient le fondement même du savoir et du discours, du savoir comme discours. C'est l'instance du corps qui unifie toute son œuvre, du corps médiéval — ce corps qui avait le goût des larmes — au corps gracile de la Sorcière : la Nature elle-même, mer, montagne, animalité, ce n'est jamais que le corps humain en expansion, et, si l'on peut dire, en contact. Son œuvre correspond à un niveau de perception inédit qui est encore largement occulté par les sciences dites humaines. Cette façon de déporter l'intelligible historique reste très singulière, car elle contredit la croyance qui continue à nous dire que pour comprendre il faut abstraire, et, en quelque sorte, décorporer la connaissance.

La deuxième modernité de Michelet intéresse l'épistémologie. Toute l'œuvre de Michelet postule — et souvent accomplit — une science véritablement nouvelle, pour laquelle on combat encore. Ne l'appelons pas encore science de l'Inconscient, ni même plus largement *Symbolique* ; appelons-la du nom très général que Freud dans son *Moïse* lui a donné, la *science du déplacement : Entstellungswissenschaft*. Comment pourrions-nous dire (sans craindre le néologisme) ? La *Métabologie* ? Peu importe. Sans doute des opérations de déplacement, de substitution, métaphorique ou métonymique, ont marqué de tous temps le *logos* humain, même lorsque ce *logos* est devenu science positive. Mais ce qui assigne une place déjà grandiose à Michelet dans ce nouveau discours de la Science, c'est que dans toute son œuvre — peut-être sous l'influence de Vico, qui, il ne faut pas l'oublier, bien avant le structuralisme contemporain, a donné, pour chiffres de l'Histoire humaine, les grandes figures de la Rhétorique — la substitution, l'équivalence symbolique est une voie systématique de connaissance, ou, si l'on préfère, la connaissance ne se sépare pas des voies, de la structure même du langage. Lorsque Michelet nous dit par exemple, littéralement, que « *le café est l'alibi du sexe* », il formule en sous-main une logique nouvelle qui s'épanouit aujourd'hui dans tout le savoir : le freudien, le structuraliste, et, je n'hésite pas à le dire, le marxiste lui-même, tous preneurs de cette science des substitutions, devraient se sentir à l'aise dans l'œuvre de Michelet.

La troisième modernité de Michelet est la plus difficile à perce-

voir, peut-être même à admettre, car elle se donne sous un nom
dérisoire : celui du parti pris. Michelet est l'homme du parti pris —
combien de critiques, d'historiens, superbement installés dans le
confort de la science objective, le lui ont reproché ! Pour écrire, si
l'on peut dire, il prend parti : tout son discours est ouvertement
issu d'un choix, d'une évaluation du monde, des substances, des
corps ; pas de fait qui ne soit précédé de sa propre valeur : le sens et
le fait sont donnés en même temps, proposition inouïe aux yeux de
la Science. Un philosophe l'a assumée : Nietzsche. Nietzsche et
Michelet sont séparés par la plus implacale des distances, celle du
style. Et pourtant, voyez comment Michelet *évalue* son siècle, le
XIXᵉ siècle : sous une figure bien connue de Nietzsche, puis de
Bataille (lecteur averti de Michelet, il ne faut pas l'oublier) : celle
de l'Ennui, de l'aplatissement des valeurs. Le sursaut de Michelet
dans son siècle, siècle qu'il jugeait en quelque sort « éteint »,
c'est d'avoir obstinément brandi la Valeur comme une sorte de
flamme apocalytique, car l'idée la plus moderne — idée qu'il
partage précisément avec Nietzsche et Bataille —, c'est que nous
sommes dans la fin de l'Histoire, et, cela, quelle avant-garde
oserait encore le reprendre à son compte ? C'est brûlant, c'est
dangereux.

Cependant, on l'a dit, la modernité de Michelet ne perce pas.
Pourquoi ? En Michelet, un certain langage fait obstacle, pèse
comme une peau morte sur son œuvre, l'empêche d'essaimer.
Dans le combat de la modernité, la force historique d'un auteur se
mesure à la dispersion des citations qu'on en fait. Or, Michelet se
disperse mal, il n'est pas cité.

Ce langage est ce qu'il faut bien appeler le *pathos* de Michelet.
Ce pathos n'est pas constant, car le style de Michelet est
heureusement hétéroclite, jusqu'au baroque (la modernité aurait là
une raison supplémentaire de récupérer le texte michelétiste), mais
*il revient toujours,* il enferme Michelet dans la répétition, dans
l'échec. Or, qu'est-ce qui se répète dans un langage ? C'est la
signature. Certes Michelet fulgure sans cesse, il est sans cesse
nouveau, mais la puissance énorme et continue de son écriture est
aussi sans cesse signée par une marque idéologique, et c'est cette
marque, cette signature, que la modernité refuse. Michelet écrit
naïvement son idéologie et c'est ce qui le perd. Là où Michelet croit

être vrai, sincère, ardent, inspiré, c'est là qu'il apparaît aujourd'hui mort, embaumé : *démodé* jusqu'au rebut.

La puissance actuelle d'un écrivain passé se mesure aux *détours* qu'il a su imposer à l'idéologie de sa classe. L'écrivain ne peut jamais détruire son idéologie d'origine, il ne peut que tricher avec elle. Michelet n'a pas su ou n'a pas voulu tricher avec le langage hérité du Père : petit imprimeur, puis gérant d'une maison de santé, républicain, voltairien, en un mot petit-bourgeois. Or, l'idéologie petite-bourgeoise, parlée à nu, comme ce fut le cas pour Michelet, est de celles qui aujourd'hui ne pardonnent pas, car c'est encore largement la nôtre, celle de nos institutions, de nos écoles et, dès lors, elle ne peut être prise à *contretemps,* comme nous pouvons le faire de l'idéologie progressiste de la bourgeoisie du XVIIIe siècle. D'un point de vue *moderne,* Diderot est lisible, Michelet presque plus. Tout son pathos, Michelet le tient en fait de son idéologie de classe, de l'idée, la fiction pourrait-on dire, selon laquelle les institutions républicaines ont pour fin non de supprimer la division du capital et du salariat, mais d'atténuer et en quelque sorte d'harmoniser leur antagonisme. De là, d'une part, tout un discours unitaire (nous dirions aujourd'hui : un discours du signifié) qui ne peut qu'aliéner à Michelet toute la lecture psychanalytique, et, d'autre part, une pensée organiciste de l'Histoire, qui ne peut que lui fermer la lecture marxiste.

Alors, que faire ? Rien. Que chacun se débrouille avec le texte de Michelet selon son propre bonheur. Visiblement, nous ne sommes pas encore mûrs pour une lectre *discriminatoire,* qui accepterait de fragmenter, de distribuer, de pluraliser, de décrocher, de dissocier le texte d'un auteur selon la loi du Plaisir. Nous sommes encore des théologiens, non des dialecticiens. Nous préférons jeter l'enfant avec l'eau de la baignoire plutôt que de nous salir. Nous ne sommes pas encore assez « *éduqués* » pour lire Michelet.

1974, *Revue d'histoire littéraire de la France.*

# Brecht et le discours : contribution à l'étude de la discursivité

## Le troisième discours

*Pauvre B.B. :* c'est le titre d'un poème de Bertolt Brecht, écrit en 1921 (Brecht a vingt-trois ans). Ce ne sont pas les initiales de la gloire ; c'est la personne réduite à deux bornes ; ces deux lettres (et encore : répétitives) encadrent un vide, et ce vide, c'est l'apocalypse de l'Allemagne weimarienne ; de ce vide va surgir (vers 1928-1930) le marxisme brechtien. Il y a donc dans l'œuvre de Brecht deux discours : d'abord, un discours apocalyptique (anarchisant) ; il s'agit de dire et de produire la destruction, sans chercher à voir ce qui vient « *après* », car « *après* » est tout aussi indésirable ; de ce discours relèvent les premières pièces de Brecht (*Baal, Tambours dans la nuit, Dans la jungle des villes*) ; ensuite, un discours eschatologique : une critique est édifiée *en vue de* faire cesser la fatalité de l'aliénation sociale (ou la croyance en cette fatalité) : ce qui ne va pas dans le monde (la guerre, l'exploitation) est *remédiable* : le temps de la guérison est concevable ; de ce second discours relève toute l'œuvre de Brecht postérieure à *l'Opéra de quat' sous.*

Un troisième discours manque : le discours apologétique. Il n'y a chez Brecht nul catéchisme marxiste : aucun stéréotype, aucun recours à la vulgate. Sans doute la forme théâtrale l'a protégé de ce danger, puisque, au théâtre, comme dans tout texte, l'origine de l'énonciation est irrepérable : impossible la collusion, sadique, du sujet et du signifié (cette collusion produit le discours fanatique), ou celle, mystificatrice, du signe et du référent (celle-là produit le discours dogmatique) ; mais dans ses essais même[1], Brecht ne se donne jamais la facilité de *signer* l'origine de son discours, d'y apposer l'estampille de l'empire marxiste : son langage n'est pas une monnaie. Dans le marxisme même, Brecht est un inventeur permanent ; il réinvente les citations, accède à l'inter-texte : « Il pensait dans d'autres têtes ; et, dans la sienne, d'autres que lui pensaient. C'est cela la vraie pensée. » La vraie pensée est plus importante que la pensée (idéaliste) de la vérité. Autrement dit, dans le champ marxiste, le discours de Brecht n'est jamais un discours de prêtre.

## La secousse

Tout ce que nous lisons et entendons, nous recouvre comme une nappe, nous entoure et nous enveloppe comme un milieu : c'est la logosphère. Cette logosphère nous est donnée par notre époque, notre classe, notre métier : c'est une « donnée » de notre sujet. Or, déplacer ce qui est donné ne peut être que le fait d'une secousse ; il nous faut ébranler la masse équilibrée des paroles, déchirer la nappe, déranger l'ordre lié des phrases, briser les structures du langage (toute structure est un édifice de niveaux). L'œuvre de Brecht vise à élaborer une pratique de la secousse (non de la subversion : la secousse est beaucoup plus « réaliste » que la subversion) ; l'art critique est celui qui ouvre une crise : qui déchire, qui craquèle le nappé, fissure la croûte des langages, délie et dilue l'empoissement de la logosphère ; c'est un art *épique* : qui discontinue les tissus de paroles, éloigne la représentation sans l'annuler.

Qu'est-ce donc que cet éloignement, cette discontinuité qui provoque la secousse brechtienne ? C'est seulement une lecture qui détache le signe de son effet. Savez-vous ce qu'est une épingle japonaise ? C'est une épingle de couturière, dont la tête est garnie

---

1. Je pense ici — et continûment tout au long de ce texte — à *Écrits sur la politique et la société*, Paris, L'Arche, 1970, œuvre capitale et passée, me semble-t-il, à peu près inaperçue.

d'un minuscule grelot, de telle sorte qu'on ne puisse l'oublier dans le vêtement terminé. Brecht refait la logosphère en y laissant les épingles à grelots, les signes pourvus de leur menu cliquetis : ainsi, lorsque nous entendons un langage, nous n'oublions jamais d'où il vient, comment il a été fait : la secousse est une *re-production* : non une imitation, mais une production décrochée, déplacée : *qui fait du bruit.*

Donc, mieux qu'une sémiologie, ce qu'il faudrait retenir de Brecht, c'est une sismologie. Structuralement, qu'est-ce qu'une secousse ? Un moment difficile à tenir (et donc antipathique à l'idée même de « structure ») ; Brecht ne veut pas qu'on retombe sous la chape d'un autre nappé, d'une autre « nature » langagière : pas de héros positif (le héros positif est toujours poisseux), pas de pratique hystérique de la secousse : la secousse est nette, *discrète* (aux deux sens du mot), rapide, au besoin répétée, mais jamais *installée* (ce n'est pas un théâtre de la subversion : pas de grande machine contestataire). Par exemple : s'il y a un champ qui soit enfoui sous le nappé de la logosphère quotidienne, c'est bien celui des rapports de classes ; or, Brecht ne le subvertit pas (ce n'est pas le rôle qu'il assigne à sa dramaturgie : et d'ailleurs comment un *discours* subvertirait-il ces rapports ?), il lui imprime une secousse, lui accroche une épingle à grelot : c'est par exemple l'ivresse de Puntila, déchirure passagère et récurrente, imposée au sociolecte du gros propriétaire ; contrairement à tant de scènes du théâtre et du cinéma bourgeois, Brecht ne traite nullement l'ivresse en soi (ennui poisseux des scènes de pochards) : elle n'est jamais que l'agent qui modifie un rapport, et par conséquent *le donne à lire* (un rapport ne peut être lu que *rétrospectivement* lorsque, quelque part, en un point quelconque, si éloigné, si ténu soit-il, ce rapport a bougé). A côté d'un traitement aussi exact (parce que retenu à sa stricte économie), combien dérisoires apparaissent tant de films sur la « drogue » ! Sous l'alibi de l'*under-ground*, c'est toujours la drogue « en soi » qui est représentée, ses effets, ses méfaits, ses extases, son style, bref ses « attributs », non ses fonctions : permet-elle de *lire* d'une façon critique quelque configuration prétendument « naturelle » des rapports humains ? Où est la secousse de lecture ?

# Répéter doucement

Dans ses *Écrits sur la politique*, Brecht donne un exercice de lecture : il lit devant nous un discours nazi (de Hess), et suggère les règles de lecture véridique d'un tel genre d'écrit[1].

Brecht rejoint ainsi le groupe des Donneurs d'Exercices, des « Régulants » ; ceux qui donnent non pas des réglementations, mais des moyens réglés pour arriver à une fin ; de la même façon, Sade a donné les règles du plaisir (c'est un véritable exercice que Juliette impose à la belle comtesse de Donis), Fourier celles du bonheur, Loyola celles de la communication divine. Les règles enseignées par Brecht visent à rétablir la vérité d'un écrit : non pas sa vérité métaphysique (ou philologique), mais sa vérité historique : la vérité d'un écrit gouvernemental dans un pays fasciste : vérité-action, vérité *produite*, et non pas assertée.

L'exercice consiste à saturer l'écrit mensonger en intercalant entre ses phrases le complément critique qui démystifie chacune d'elles : « Légitimement fiers de l'esprit de sacrifice... », commençait pompeusement Hess au nom de l'« Allemagne » ; et Brecht doucement, complète : « Fiers de la générosité de ces possédants qui ont sacrifié un peu de ce que les non-possédants leur avaient sacrifié... », etc. Chaque phrase est retournée parce qu'elle est supplémentée : la critique ne retranche pas, elle ne supprime pas, elle ajoute.

Pour produire le supplément véridique, Brecht recommande de *répéter doucement* l'écrit, l'exercice. La critique est d'abord produite dans une sorte de clandestinité : ce qui est lu, c'est le texte *pour soi*, non *en soi* ; la voix basse est *celle qui me concerne* : voix réflexive (et parfois érotique), productrice d'intelligible, voix originelle de la lecture. Répéter l'exercice (lire plusieurs fois l'écrit), c'est libérer peu à peu ses « suppléments » ; ainsi le haïku compense-t-il sa brièveté insigne par la répétition : le poème minuscule se psalmodie trois fois, en échos ; cette pratique est si

1. *Op. cit.*, p. 150.

bien codée que l'amplitude des suppléments (la « longueur de résonance ») porte un nom : c'est l'*hibiki* ; quant à l'infini des liaisons libérées par la répétition, c'est l'*outsouri*.

Ce qui est étonnant, à la limite supportable du paradoxe, c'est que cette pratique raffinée, étroitement liée à une érotique du texte, est appliquée par Brecht à la lecture d'un écrit détestable. La destruction du discours monstrueux est menée ici selon une technique amoureuse ; elle mobilise non les armes réductrices de la démystification, mais plutôt les caresses, les amplifications, les subtilités ancestrales du mandarinat littéraire, comme s'il n'y avait pas, d'un côté, la rigueur vengeresse de la science marxiste (celle qui connaît le réel des discours fascistes), et, de l'autre, les complaisances de l'homme de lettres, mais comme s'il était naturel, au contraire, de *prendre plaisir à la vérité*, comme si l'on avait le droit très simple, le droit *immoral* de soumettre l'écrit bourgeois à une critique formée elle-même par les techniques de lecture d'un certain passé bourgeois ; et en effet d'où viendrait la critique du discours bourgeois, sinon de ce discours lui-même ? La discursivité est, jusqu'ici, sans alternative.

## L'enchaînement

Du fait qu'elles s'enchaînent, dit Brecht, les erreurs produisent une illusion de vérité ; le discours de Hess peut paraître vrai, dans la mesure où c'est un discours *suivi*. Brecht fait le procès de l'enchaînement, du discours enchaîné (gardons le jeu de mots) ; toute la pseudo-logique du discours — les liaisons, les transitions, le nappé de l'élocution, bref le continu de la parole — détient une sorte de force, engendre une illusion d'assurance : le discours enchaîné est indestructible, triomphant. La première attaque est donc de le discontinuer : mettre en morceaux, littéralement, l'écrit erroné est un acte polémique. « Dévoiler », ce n'est pas tellement retirer le voile que le dépiécer ; dans le voile, on ne commente ordinairement que l'image de ce qui cache ou dérobe ; mais l'autre sens de l'image est aussi important : le *nappé*, le *tenu*, le *suivi* ;

attaquer l'écrit mensonger, c'est séparer le tissu, mettre le voile en plis cassés.

La critique du *continuum* (ici appliquée au discours) est constante chez Brecht. L'une de ses premières pièces, *Dans la jungle des villes*, paraît encore énigmatique à beaucoup de commentateurs parce que deux partenaires s'y livrent un match incompréhensible non au niveau de chacune de ses péripéties, mais au niveau de l'ensemble, c'est-à-dire *selon une lecture continue* ; le théâtre de Brecht est, dès ce moment, une suite (non une conséquence) de fragments coupés, privés de ce qu'on appelle en musique l'effet Zeigarnik (cet effet vient de ce que la résolution finale d'une séquence musicale lui donne rétroactivement son sens). Le discontinu du discours empêche le sens final de « prendre » : la production critique n'attend pas ; elle se veut instantanée et répétée : c'est la définition même du théâtre épique selon Brecht. L'épique, c'est ce qui coupe (cisaille) le voile, désagrège la poix de la mystification (voir la préface de *Mahagonny*).

## La maxime

L'éloge du fragment (de la scène qui vient « pour elle-même ») n'est pas celui de la maxime. La maxime n'est pas un fragment ; d'abord, parce que la maxime est en général le départ d'un raisonnement implicite, l'amorce d'un continu qui se développe subrepticement dans l'inter-texte de sagesse qui habite le lecteur ; ensuite, parce que le fragment brechtien n'est jamais généralisant, il n'est pas « concis », il ne « ramasse » pas ; il peut être fort lâche, détendu, nourri de contingences, de spécifications, de données dialectiques ; la maxime, elle, est un énoncé dont on soustrait l'Histoire : il reste le bluff de la « Nature ».

D'où la surveillance incessante exercée par Brecht sur la maxime. Le Héros est condamné, on peut le dire, parce que la maxime est son langage « naturel » (« Partout où l'on trouve de grandes vertus, on peut être sûr qu'il y a quelque chose qui va de travers ») ; de même pour la Grande Coutume, car elle s'appuie sur des vérités

gnomiques : « Qui fait le premier pas doit aussi faire le second » :
qui dit cela et sous cette forme ? C'est le code culturel, dont la
fausse logique est abusive, car qui fait le premier pas ne doit pas
faire nécessairement le second. Briser la coutume, c'est d'abord
briser la maxime, le stéréotype : sous la règle, découvrez l'abus ;
sous la maxime, découvrez l'enchaînement ; sous la Nature,
découvrez l'Histoire.

## La métonymie

Dans son discours, Hess parle sans cesse de l'Allemagne. Mais
l'Allemagne, ce n'est rien d'autre, ici, que les possédants allemands. Le Tout est donné, abusivement, pour la partie. La
synecdoque est totalitaire : c'est un coup de force. « Le tout pour
la partie », cette définition de la métonymie veut dire : une partie
*contre* une autre partie, les possédants allemands *contre* le reste de
l'Allemagne. Le prédicat (« allemands ») devient le sujet (« les
Allemands ») : il se produit une sorte de putsch logique ; la
métonymie devient une arme de classe.

Comment lutter contre la métonymie ? Comment, *au niveau du
discours*, ramener la somme à ses parties, comment défaire le Nom
abusif ? C'est là un problème très brechtien. Au théâtre, la
défection du Nom est facile, car il ne s'y représente, par force, que
des corps. Doit-on parler du « Peuple » sur la scène (car ce mot
lui-même peut être métonymique, engendrer des abus), il faut bien
diviser le concept : dans *Lucullus*, le « Peuple », c'est la réunion
d'un paysan, d'un esclave, d'un maître d'école, d'une marchande
de poisson, d'un boulanger, d'une courtisane. Brecht dit quelque
part que la Raison, ce n'est jamais que ce que pense l'ensemble des
gens raisonnables : le concept (toujours abusif ?) est ramené à une
sommation de corps historiques.

Cependant, la dé-nomination — ou l'ex-nomination —, *parce
que infiniment subversive*, est difficile à tenir. Il est tentant
d'innocenter une Cause, d'excuser les erreurs et les bêtises de ses
partisans, en séparant l'excellence du Nom de l'imbécillité des

sujets. Berdiaeff a écrit autrefois une brochure intitulée : *De la dignité du christianisme et de l'indignité des chrétiens* ; ah, si l'on pouvait de la sorte purifier le discours marxiste du dogmatisme des sujets marxistes, la Révolution de l'hystérie des sujets révolutionnaires, et d'une façon générale l'Idée de la névrose de ses supporters ! Mais c'est en vain : le discours politique est fondamentalement métonymique, car il ne peut s'établir que sur la force du langage, et cette force, c'est la métonymie elle-même. Ainsi revient dans le discours la figure religieuse majeure, celle de la Contagion, de la Faute, de la Terreur, c'est-à-dire, dans tous ces cas, la sujétion par violence de la partie au tout, du corps au Nom ; le discours religieux est bien le modèle de tout discours politique : aucune théologie ne pourrait reconnaître que la Foi, ce n'est rien d'autre que l'ensemble des gens qui croient. Or, du point de vue de la « coutume » marxiste, Brecht est ici très hérétique : il résiste à toutes les métonymies ; il y a une sorte d'individualisme brechtien : le « Peuple », c'est une collection d'individus rassemblés sur la scène ; la « Bourgeoisie », c'est ici un propriétaire, là un riche, etc. Le théâtre oblige à défaire le Nom. J'imagine très bien quelque théoricien, gagné à la longue par le dégoût des Noms, et, cependant nullement résigné à verser dans le refus de tout langage, j'imagine donc cet épigone brechtien renonçant à ses discours passés et décidant de n'écrire plus que des romans.

## Le signe

Oui, le théâtre de Brecht est un théâtre du Signe. Mais si l'on veut comprendre en quoi cette sémiologie peut être, plus profondément, une sismologie, il faut toujours se rappeler que l'originalité du signe brechtien, c'est d'*être lu deux fois* : ce que Brecht nous donne à lire, c'est, par décrochement, le regard d'un lecteur, non directement l'objet de sa lecture ; car cet objet ne nous parvient que par l'acte d'intellection (acte aliéné) d'un premier lecteur qui est déjà sur la scène. Le meilleur exemple de ce « tour », paradoxalement, je ne l'emprunterai pas à Brecht, mais à mon expérience personnelle (une copie est facilement plus exemplaire que l'original ; « du Brecht » peut être plus brechtien que « Brecht »).

Voici donc une « scène de rue » dont j'ai été le spectateur. La grande plage de Tanger, l'été, est fort surveillée ; on interdit de s'y déshabiller, non par pudeur sans doute, mais plutôt pour obliger les baigneurs à utiliser les cabines payantes qui bordent la promenade — c'est-à-dire pour que les « pauvres » (cette catégorie existe au Maroc) ne puissent avoir accès à la plage, réservée de la sorte aux bourgeois et aux touristes. Sur la promenade, un adolescent seul, triste et miséreux (signes *pour moi*, j'en conviens, relevant d'une lecture *simple*, qui n'est pas encore brechtienne), déambule ; un policier (presque aussi crasseux que lui) le croise et le parcourt du regard, je *vois* le regard, je le vois arriver et s'arrêter aux *chaussures* ; le flic donne alors l'ordre au garçon de quitter la plage au plus court.

Cette scène comporte deux commentaires. Le premier prendra en charge l'indignation que suscitent en nous l'embrigadement des plages, la sujétion morne du jeune garçon, l'arbitraire de la police, la ségrégation de l'argent, le régime marocain ; or, ce commentaire ne serait pas celui de Brecht (mais ce serait certainement sa « réaction »). Le second commentaire établira le jeu spéculaire des signes ; il comprendra d'abord que, dans le vêtement du garçon, il est un trait qui est le signe majeur de la misère : la chaussure ; c'est là qu'éclate dans toute sa violence le signe social (il y avait encore naguère chez nous, du temps qu'il y avait « des pauvres », une mythologie de la chaussure déjetée : si l'intellectuel pourrit par la tête, comme le poisson, le pauvre, lui, pourrit par les pieds, ce pour quoi Fourier, voulant inverser l'ordre civilisé, imagine un corps de savetiers flamboyants) ; et, dans la chaussure, le point extrême de la misère, c'est la vieille chaussure de basket, sans lacets, la tige aplatie sous le talon, telle que précisément la portait notre jeune garçon. Mais ce que ce second commentaire notera surtout, c'est que ce signe est lu par le flic lui-même : c'est lorsque, descendant le long du corps, son regard perçoit l'infâme savate, que le policier, d'un seul coup, par un véritable saut paradigmatique, range le miséreux dans la classe des expulsés : nous comprenons qu'il a compris — et pourquoi il a compris. Le jeu, peut-être, ne s'arrête pas là : le flic lui-même est presque aussi déjeté que sa victime : sauf précisément les chaussures ! Rondes, luisantes, solides, démodées, comme toutes les chaussures de flic. Voilà dès lors, que nous lisons *deux aliénations en regard* (situation esquissée dans une scène d'une pièce méconnue de Sartre, *Nékrassov*). Notre extériorité n'est pas simple : elle fonde une critique *dialectique* (et non manichéiste). La « vérité-action », c'est de réveiller le garçon, mais c'est aussi de réveiller le flic.

# Le plaisir

Le théâtre doit faire plaisir, Brecht l'a dit mille fois : les grandes tâches critiques (liquidation, théorisation, mise en crise) n'excluent pas le plaisir.

Le plaisir brechtien est surtout un sensualisme ; il n'a rien d'orgiaque, il est plus oral qu'érotique, c'est le « bon-vivre » (plus que le « bien-vivre »), le « bien-manger », non au sens français, mais au sens rural, forestier, bavarois. Dans la plupart des pièces de Brecht, il y a de la nourriture qui passe (notons que la nourriture est au carrefour du Besoin et du Désir ; c'est donc alternativement un thème réaliste et un thème utopiste) ; le héros brechtien le plus complexe (ce n'est donc pas du tout un « héros »), Galilée, est un homme sensuel : ayant tout abdiqué, seul au fond de la scène, il mange de l'oie et des lentilles, cependant que devant nous, hors de lui, ses livres sont fébrilement empaquetés, ils vont traverser les frontières et diffuser l'esprit scientifique, antithéologique.

Le sensualisme brechtien ne s'oppose pas à l'intellectualisme ; il y a circulation de l'un à l'autre : « Pour une pensée vigoureuse, je donnerais n'importe quelle femme, presque n'importe laquelle. Il y a bien moins de pensées que de femmes. La politique n'est bonne que quand il y a suffisamment de pensées (que les temps morts sont ennuyeux là aussi !)... » La dialectique est une jouissance. Il est donc possible de concevoir, *révolutionnairement*, une culture du plaisir ; l'apprentissage du « goût » est progressiste ; Paul Vlassov, le fils militant de la Mère, est différent de son père en ceci (à ce que dit sa mère) : il lit des livres et il est difficile sur la soupe. Dans les *Propositions pour la paix* (1954), Brecht esquisse le programme d'une École d'esthétique : les objets usuels (les ustensiles) doivent être des lieux de beauté, il est licite de récupérer des styles anciens (aucune prime progressiste au meuble « moderne »). Autrement dit, l'esthétique s'absorbe dans un art de vivre : « Tous les arts contribuent au plus grand de tous : l'art de vivre » ; il s'agit donc moins de faire des tableaux que des meubles, des vêtements, des couverts qui auraient recueilli tout le suc des arts « purs » ; l'avenir socialiste de l'art ne serait donc pas l'œuvre (sinon à titre de jeu productif), mais l'objet d'usage, lieu d'un épanouissement *ambigu* (mi-fonctionnel, mi-ludique) du signifiant. Le cigare est un emblème capitaliste, soit ; mais *s'il fait plaisir* ? Doit-on ne plus le fumer, entrer dans la métonymie de la Faute sociale, refuser de se compromettre dans le Signe ? Il serait peu dialectique de le penser : ce serait jeter l'enfant avec l'eau de la baignoire. L'une des tâches de l'ère critique, c'est précisément de pluraliser l'objet, de séparer le plaisir du signe ; il faut désémantiser l'objet (ce qui ne veut pas dire : le désymboliser), donner une secousse au signe : que le signe *tombe*, comme une mauvaise peau. Cette secousse est le fruit même de la liberté dialectique : celle qui juge toute chose en termes de réalité, et prend les signes conjointement pour des opérateurs d'analyse et des jeux, jamais pour des lois.

1975, *L'Autre Scène.*

# F.B. [1]

## 1. Éclats de langage

Les textes de F. B. peuvent bien être les signes avant-coureurs d'une grande œuvre *liée*, l'auteur n'oblige en rien son lecteur, et ce que chacun de ces textes nous dit, c'est son accomplissement. Ce qui est accompli, ici, c'est l'écriture. De toutes les matières de l'œuvre, seule l'écriture, en effet, peut se diviser sans cesser d'être totale : un fragment d'écriture est toujours une essence d'écriture. C'est pourquoi, qu'on le veuille ou non, tout fragment est fini, du moment qu'il est écrit ; c'est pourquoi aussi on ne peut comparer une œuvre brisée à une œuvre suivie ; c'est pourquoi enfin personne ne parvient à nier la grandeur des œuvres fragmentaires : grandeur non de la ruine ou de la promesse, mais grandeur du silence qui suit tout achèvement (seule l'érudition, qui est le contraire de la lecture, peut regarder les *Pensées* de Pascal comme une œuvre inachevée). Parce qu'ils sont écrits, les textes de F. B. ne sont ni des esquisses, ni des notations, ni des matériaux, ni des exercices ; ils ne font penser ni au carnet ni au journal : ce sont des *éclats de langage*. Edgar Poe prétendait qu'il n'existe pas de long poème ; il voyait par exemple dans le *Paradis perdu* « une suite

---

1. Inédit, ce texte fut écrit en marge de fragments d'un jeune écrivain, qui ne semble pas avoir poursuivi dans cette voie, celle de la littérature, par la suite, et n'a rien publié. Texte, donc, écrit en marge et à l'intention de celui dont il prend à témoin la démarche. Il y doit un ton et une adresse clairement ludiques. Ce qui ne l'empêche pas — tout au contraire — de constituer un système de propositions aiguës sur un nouveau type de romanesque — on n'a pas dit : de roman — où l'on ne peut manquer de reconnaître *in nucleo*, dès 1964, certains traits de la pratique ultime — les dernières et les plus neuves réalisations — de Barthes écrivain. (*NdÉ*)

d'excitations poétiques coupée *inévitablement* de dépressions ».
F. B. fait l'économie de ces dépressions ; son écriture est d'un luxe
sans perte, c'est-à-dire *sans durée ;* c'est l'écriture, et non l'histoire, qui cesse elle-même, ici, d'être inégale, donc ennuyeuse,
donc périodiquement laide, comme il arrive à tant d'œuvres
belles : tout est remis à l'écriture, mais cette délégation n'a rien à
voir avec le travail de la forme ; l'artisanat n'est plus la condition
nécessaire du style ; Stendhal se moquait déjà de Chateaubriand et
ne corrigeait pour ainsi dire rien. L'écrivain donne ici sa peine non
à la matière verbale, mais à la décision d'écrire : tout se passe *avant*
l'écriture. Le moindre texte de F. B. dit cette « transumption »
antérieure ; le luxe tendre et somptueux d'une écriture *absolument*
*libre,* dans laquelle il n'y a pas un atome de mort, invulnérable à
force de grâce, dit la décision primitive qui fait du langage le salut
fragile d'une *certaine* souffrance.

## 2. Incidents

Puissance de l'écriture : ces textes sont aussi, à leur manière, des
éclats de roman. Du roman, les textes de F. B. ont deux signes
indestructibles : d'abord l'incertitude de la conscience narrative,
qui ne dit jamais franchement *il* ou *je* ; ensuite une manière cursive
c'est-à-dire une continuité qui apparente l'écriture aux formes liées
de la nature (eau, plante, mélodie) ; on ne prélève rien d'un roman,
on le « dévore » (ce qui veut dire que le lié de la lecture romanesque
ne provient pas du soin que l'on pourrait prendre à tout lire, mais
bien au contraire de la course rapide qui vous fait *oublier* certains
morceaux de l'itinéraire : le continu d'écriture est une affaire de
*vitesse,* et cette vitesse n'est peut-être en définitive que celle de la
main). Ainsi des textes de F. B. : eux aussi on les « dévore » : un
très petit espace de mots enferme ici (paradoxe de l'écriture) une
essence de continuité. L'écriture de F. B., si tôt qu'elle s'achève
(toujours trop tôt), a cependant *déjà* coulé : légère, profonde,
luminescente comme la mer dont elle parle souvent, elle nous
mène, nous donne à la fois l'idée du but et du détour ; elle n'est

jamais enfermée, *frappée* (mot qui se réfère à la glace, à la blessure, à l'étonnement, toutes choses étrangères à l'écriture de F. B.) ; physiquement subtile, elle participe de l'essence romanesque parce que sa fin (au double sens du terme) n'est jamais aphoristique ; sa brièveté (matérielle) n'induit à aucun gnomisme ; situation paradoxale pour des textes courts, ils constatent, ils ne jugent pas : du roman, ils ont la profonde *amoralité* ; en eux règne le temps fondamental des littératures libres, la dernière conquête du langage (si l'on en croit sa préhistoire) : l'*indicatif*. Pour cette raison, on pourrait appeler les textes de F. B. non des fragments, mais des *incidents,* choses qui *tombent*, sans heurt et cependant d'un mouvement qui n'est pas infini : continu discontinu du flocon de neige. On pourrait dire ceci d'une autre façon : la brièveté de la maxime a pour fonction d'installer en nous une certaine ambiguïté et réversibilité du sens, sa figure est l'ellipse ; les textes de F. B. sont à l'opposé de ce régime d'écriture : ils ne sont pas « brefs », retournés et renversés sur eux-mêmes ; ils ont le *développement* de la métaphore infinie (comme on dit le développement d'une roue), ils ont la longueur et l'élan de la ligne (cette idée vestimentaire) ; l'auteur peut les arrêter très vite, ils ont *déjà* le souffle du temps : refusant le temps du roman, c'est pourtant une écriture *qui a le temps*. Ce qui règne en elle, ce n'est pas l'ambiguïté, c'est le mystère.

## 3. La description

Les « descriptions » du roman sont nécessaires et par là même ingrates ; ce sont des « services » ou mieux encore des servitudes ; l'anecdote oblige l'auteur à livrer certaines informations sur les lieux et les personnages ; communiquant un statut, ce sont des sortes d'arrêts et il arrive souvent qu'on les lise avec ennui. Renonçant encore au roman, F. B. prend cependant les parties mortes du roman et en fait une matière active. Ainsi, dans l'un de ses plus beaux textes, F. B. décrit un jeune garçon qui marche dans les rues de Rome ; on ne sait, on ne saura jamais d'où vient, où va, à quoi sert ce jeune garçon, il n'est rattaché à aucune logique narrative ; cependant son créateur lui donne un *suspense* ; mieux le garçon est décrit, plus nous sommes curieux de son essence, tendus vers *quelque chose que nous devons comprendre*. F. B. substitue ainsi à la grammaire de l'anecdote une nouvelle intelligibilité : celle du désir. Le désir lui-même devient histoire et intelligence, il y a enfin coïncidence de la description et du suspense. Dans une description romanesque, si elle n'est pas trop mauvaise, l'histoire pénètre de loin tous les détails, les faisant concourir à un sens général (la pauvreté d'une demeure, l'austérité d'un personnage) ; le désir rend de même ici la description « profonde » ou, si l'on préfère, *aliénée* : le désir devient *ratio, logos* : pouvoir qu'il ne peut tenir de son assouvissement, mais seulement de la parole, et toute la littérature est justifiée. De même que l'anecdote déborde toujours vers un certain sens, qu'on a appelé longtemps *destin*, de même le désir raconté perd mystérieusement sa contingence : la gêne, la tristesse, la lucidité, le sommeil, la ville, la mer, deviennent les noms du désir. D'où cette littérature nouvelle qui joue à la fois de la métaphore et du récit, de la variation d'être et de l'enchaînement d'actes : quelque chose comme les nouveaux *Caractères*, non ceux des mœurs, mais ceux des corps.

## 4. Sublimation

Ainsi, F. B. ne tait pas seulement la moralité du récit, mais aussi sa logique (c'est peut-être la même chose) ; ses descriptions sont des subversions, elles n'induisent pas, elles détachent et « outre-passent ». Comment ? Chaque texte *part* comme un roman, chaque texte est un simulacre de roman : il y a des objets, des personnages, une situation, un narrateur, bref une instance réaliste ; mais très vite (c'est-à-dire à la fois d'un seul coup et insensiblement, comme si nous décollions de la terre), toute cette familiarité du roman se met à bouger *ailleurs* : nous sommes soulevés vers un autre sens (ce qui sera donné de ce sens n'est rien de plus que : il est *autre* ; une altérité pure, qui est la défini-

tion suffisante de l'étrange) : un personnage arrive dans une gare ;
la gare est décrite, puis tout d'un coup elle *est* le lieu, ou mieux
encore le triomphe du désir ; or, cette identité est immédiate : la
gare ne *devient* pas autre chose qu'elle-même, il n'y a pas
métaphore, emportement de la vision ; par un illogisme spécial,
nous recevons la succession et la coïncidence des deux lieux. Ce
montage très particulier efface quelque chose dont la littérature
peut très difficilement se débarrasser : l'étonnement de ses propres
notations ; l'écriture de F. B. n'est jamais à aucun degré complice
de l'effet qu'elle produit : c'est une écriture *sans clin d'œil*. Un
autre texte commence à la façon d'un roman d'aventures : un
homme pénètre dans un hangar d'avions et y assomme le pilote qui
s'y est endormi ; très vite, une description « trop » amoureuse du
jeune pilote (tout est dans ce « trop ») dépayse ce départ classique ;
le fantasme « prend », et, sans quitter le cadre du récit traditionnel,
la scène d'évasion change d'être et *se retrouve* scène érotique. Pour
F. B. le roman est *à merci* ; il prête au désir ses départs ; la
narration est comme une rampe de vol ; mais ce qui se passe au
bout n'est plus de l'ordre de la successibilité des événements,
autrement dit du suspense, mais de l'ordre des essences. Dans le
roman (le vrai), le désir est fort par ses actes, ses effets, les
situations qu'il produit ; il est toujours traité selon une logique
causale (ce qui le moralise à tous coups) ; dans les brefs romans
simulés de F. B., tout s'arrête au désir, tout le glorifie (théologi-
quement, la glorification est la manifestation de l'essence) ; le
roman s'efface comme un rideau qui s'ouvre afin de montrer le
désir dans sa « gloire ». Vérité des renversements : le désir sublime
la raison.

## 5. Éros

Certes le désir rôde dans toute littérature, depuis que le langage,
devenu souverain, inutile, s'est mis à *dire* quelque chose qui a été
appelé *beauté* ; mais ce désir écrit n'a jamais été jusqu'ici que
l'élément d'une algèbre morale, psychologique, théologique : la

littérature servait à comprendre le désir, au nom d'un ensemble plus vaste ; toute littérature tendait ainsi à la morale, c'est-à-dire à une économie du bien et du mal, de l'obscur et du lumineux : Éros raconté veut dire autre chose qu'Éros. Dans les textes de F. B., le mouvement est inverse : c'est Éros qui « comprend » ; il n'y a ici rien qui ne relève de lui ; l'amour des garçons forme un cercle pur en dehors duquel il n'y a plus rien ; toute la transcendance est concentrée ; ce cercle est cependant formel ; sa clôture ne vient pas de la société, ou encore d'un choix existentiel, comme dans d'autres œuvres de même objet : c'est seulement l'écriture qui le trace ; le désir des garçons n'est jamais, ici, culturalisé, il a le naturel de ce qui est sans cause et sans effet, il est à la fois sans liberté et sans fatalité. Ce naturel a de grandes conséquences sur l'écriture (à moins plutôt qu'il n'en sorte) : ce qui est écrit n'appelle pas *autre chose* ; douce et riche en même temps, l'écriture est cependant *mate* ; s'accordant en cela aux langages les plus neufs d'aujourd'hui, mais sans leur froideur, elle s'interdit et nous interdit toute *induction* ; parce qu'il n'y a en eux aucune ellipse, de ces textes nous ne pouvons rien inférer. Or, le prix d'un art, dans un monde encombré, se définit par les opérations privatives dont il a l'audace : non pour satisfaire à une esthétique de la contrainte (de modèle classique), mais pour soumettre pleinement le sens, lui ôter toute issue secondaire. On peut dire que, venant au terme d'une tradition très lourde, une littérature du désir est la chose la plus difficile ; celle de F. B. ne tire pas son essence érotique du réalisme des figures, mais d'une soumission inconditionnée à Éros, choisi comme le seul dieu de l'œuvre (Satan est éliminé, et donc Dieu). Ce règne assuré, rien ne paraîtrait plus *déplacé* qu'un gestuaire érotique. Les textes de F. B. ne sont donc pas dans la tradition érotique (au sens courant du terme), dans la mesure même où Éros n'y est pas un rassemblement et une nomination (de « postures »), mais un principe souverain d'écriture. Il faut donc opposer aux *érotiques* traditionnelles, un *érotisme* nouveau ; dans le premier cas, l'écrivain est entraîné à surenchérir sur la description de « ce qui s'est passé », jusqu'à ce qu'il ait trouvé à Éros une transcendance — Dieu, Satan ou l'Innommé —, alors que dans les « incidents » écrits par F. B., Éros étant l'ultime intelligence, il ne peut connaître aucun paroxysme. Autre différence : toute érotique est lourde, ou crispée ; l'érotisme est ici, au contraire, léger (l'écriture court à la surface des rencontres sans les accomplir) et profond (l'écriture est la pensée des choses) ; c'est un air, un espace, on pourrait dire une géométrie, puisque nous avons maintenant des géométries qui subtilisent le cosmos ; il est là, sans provocation et sans complicité : non pas naïf, car Éros sait tout, il est *sage* ; et c'est là peut-être la note extrême de cette écriture, que le désir y soit une figure de la *sophrosunia*. La grâce et la sagesse : c'est cette *impossibilité* que les Anciens donnaient pour la perfection, la représentant dans le mythe si beau du *puer senilis*, de l'adolescent maître de tous les âges. Depuis longtemps déjà notre littérature, dans le meilleur des cas, emporte, mais ne séduit pas ; un tel *charme* est donc nouveau.

## 6. Général, individuel, particulier

Tremblement de la *Sehnsucht* romantique, faite d'une confusion rêveuse du sensuel et du sensible, et cependant profond silence métaphysique : F. B. ne prend du langage, catégorie du général, que l'extrême bord particulier, n'induisant jamais à une sentence, ne résumant jamais la description sous cette parole lyrique ou morale que l'ancienne rhétorique avait reconnue sous le nom d'épiphonème : dans l'écriture de F.B., rien ne vient jamais *sur* ce qui est écrit : métal soyeux et inductile. F. B. occupe au milieu des écritures une situation *dangereuse*. Le langage étant général (et donc moral), la littérature est condamnée à l'universel ; tout ce qui arrive en littérature est originellement culturel : les pulsions n'y naissent qu'habillées d'un langage antérieur ; la généralité dont on crédite depuis des siècles l'écrivain, le félicitant sans fin de faire de l'humain avec de l'individuel, est en réalité une servitude terrible : comment se louer d'une contrainte imposée par la nature même du langage ? Le problème de l'écrivain est donc au contraire de retrouver un particulier ultime en dépit de l'instrument général et moral qui lui est donné. C'est ce problème qui est *traité* (mais non discuté) dans les textes de F. B. ; ici l'auteur s'apprend et nous apprend que *le particulier n'est pas l'individuel* ; c'est, bien au contraire, si l'on peut dire, la part impersonnelle et incollective de l'homme ; on ne trouvera donc dans ces textes rien qui ait un rapport avec une personne *formée*, c'est-à-dire avec une histoire, une vie, un caractère ; mais on n'y trouvera non plus aucun miroir d'humanité. En d'autres termes, la substance de cette écriture n'est pas le « vécu » (le « vécu » est banal et c'est précisément lui que l'écrivain doit combattre), mais ce n'est pas non plus la raison (catégorie générale adoptée sous des ruses diverses par toutes les littératures faciles) ; ce conflit célèbre, si apparemment irréductible aux yeux de certains qu'il les empêche d'écrire, F. B. en rejette les termes, et c'est par ce refus *innocent* qu'il est en passe d'accomplir l'utopie d'un langage particulier. Cette action a une grande conséquence critique : bien que les textes de F. B. puissent être décrits comme *étant*, rien au monde ne peut les empêcher de *devenir* : objet parfait et cependant à faire, selon des voies qui appartiennent à l'auteur seul ; atteint dans l'écriture, le particulier lutte ici avec l'*œuvre* que toute société, morale, exige de celui qui écrit.

# 7. Technique

La littérature a pour matière la catégorie générale du langage ; pour se faire, non seulement elle doit tuer ce qui l'a engendrée, mais encore, pour ce meurtre, elle n'a à sa disposition d'autre instrument que ce même langage qu'elle doit détruire. Ce retournement *presque* impossible fait les textes de F. B. : c'est ce *presque* qui est l'espace étroit où l'auteur écrit. Ceci ne peut se faire sans une *technique*, qui est non forcément un apprentissage, mais, selon la définition d'Aristote, la faculté de produire ce qui peut être ou n'être pas. La fin de cette technique est de décrire un monde choisi non comme un monde désirable, mais comme le désirable même ; le désir n'est pas ici l'attribut d'une création qui lui préexisterait, il est tout de suite une substance ; autrement dit, encore, l'auteur ne découvre pas (sous l'action d'une subjectivité privilégiée) que le monde est désirable, il le détermine désirable ; c'est donc le temps du jugement, le temps psychologique, qui est éludé ici : particulier, mais non point individuel, l'auteur ne raconte pas ce qu'il voit, ce qu'il ressent, il ne déroule pas les précieuses épithètes qu'il a le bonheur de trouver, il n'agit pas en psychologue qui se servirait d'un langage heureux pour énumérer les attributs originaux de sa vision, il agit tout de suite en écrivain ; il ne fait pas les corps désirables, il fait le désir corporel, intervertissant par le paradoxe même de l'écriture la substance et l'attribut : tout est transporté aux objets, pour dire non ce qu'ils sont (que sont-ils ?), mais l'essence de désir qui les constitue, exactement comme la luminescence constitue le phosphore ; dans les textes de F. B., il n'y a jamais aucun objet *in-désirable*. L'auteur crée ainsi une vaste métonymie du désir : écriture *contagieuse* qui reverse sur son lecteur le désir même dont elle a formé les choses.

## 8. Signum facere

L'ancienne rhétorique distinguait la *disposition* de l'*élocution*. De la disposition (*taxis*) dépendaient les grandes unités de l'œuvre, son montage d'ensemble, son « développement » ; de l'élocution (*lexis*), les figures, les tours, ce que nous appellerions aujourd'hui l'écriture, c'est-à-dire une classe (et non une somme) de « détails ». Les textes de F. B. sont pleinement (du moins pour le moment) des textes d'*élocution*. L'unité d'élocution a un nom très ancien : c'est le *chant*. Le chant n'est pas une euphonie ou une qualité des images, c'est, selon le mythe orphique, une manière de *tenir* le monde sous son langage. Ce qui chante ici, ce ne sont pas directement les mots, c'est cette écriture seconde, cette écriture mentale qui se forme et avance « entre les choses et les mots ». Il s'agit donc d'une sorte de chant antérieur (comme on parle d'une vie antérieure). Vico parle à un certain moment des *universaux de l'imagination* : voilà l'espace où F. B. forme une écriture *particulière*, sans tradition et sans provocation ; ni drapée, ni cependant « naturelle », cette écriture élude tous les modèles sans revêtir à aucun moment la lourde signalétique de l'originalité. De là peut-être son amitié nue, coupée de tout humanisme. Lire F. B., c'est à tout moment former en soi des adjectifs : frais, simple, soyeux, léger, sensible, juste, intelligent, désirable, fort, riche (Valéry : « *Après tout, l'objet de l'artiste, l'unique objet, se réduit-il à obtenir une épithète* »), mais pour finir ces adjectifs se délogent les uns les autres, la vérité n'est que dans l'ensemble et l'ensemble ne peut supporter aucune définition ; la fonction même de cette écriture est de dire ce que nous ne pourrons jamais dire d'elle : si nous le pouvions, elle ne serait plus justifiée. F. B. se tient au point juste d'une double postulation : d'une part, son écriture *fait du sens,* ce en quoi nous ne pouvons la nommer, car ce sens est infiniment plus lointain que nous ; et, d'autre part, elle *fait signe. Signum facere,* telle pourrait être la devise de ces textes : ces phrases, ce tout de phrases flotte dans la tête comme une mémoire future, prédéterminant la parole de la dernière modernité.

1964

# La face baroque

La culture française a toujours attaché, semble-t-il, un privilège très fort aux « idées », ou, pour parler d'une façon plus neutre, au contenu des messages. Importe au Français le « quelque chose à dire », ce qu'on désigne couramment d'un mot phoniquement ambigu, monétaire, commercial et littéraire : le fond (ou le fonds ou les fonds). En fait de signifiant (on espère pouvoir désormais employer ce mot sans avoir à s'excuser), la culture française n'a connu pendant des siècles que le travail du style, les contraintes de la rhétorique aristotélo-jésuite, les valeurs du « bien-écrire », elles-mêmes centrées, d'ailleurs, par un retour obstiné, sur la transparence et la distinction du « fond ». Il a fallu attendre Mallarmé pour que notre littérature conçoive un signifiant libre, sur quoi ne pèserait plus la censure du faux signifié, et tente l'expérience d'une écriture enfin débarrassée du refoulement historique où la maintenaient les privilèges de la « pensée ». Encore l'entreprise mallarméenne, tant la résistance est vive, ne peut-elle être, ici et là, que « variée », c'est-à-dire répétée, à travers des œuvres rares, qui sont toutes de combat : étouffée deux fois dans notre histoire, au moment de la poussée baroque et de la poétique mallarméenne, l'écriture française est toujours en situation de refoulement.

Un livre vient nous rappeler qu'en dehors des cas de communication transitive ou morale (*Passez-moi le fromage* ou *Nous désirons sincèrement la paix au Viêtnam*) il y a un plaisir du langage, de même étoffe, de même soie que le plaisir érotique, et que ce plaisir du langage est sa vérité. Ce livre vient non de Cuba (il ne s'agit pas de folklore, même castriste), mais de la langue de Cuba, de ce texte cubain (villes, mots, boissons, vêtements, corps,

265

odeurs, etc.), qui est lui-même inscription de cultures et d'époques diverses. Or, il se passe ceci, qui nous importe à nous, Français : transportée dans notre langue, cette langue cubaine en subvertit le paysage : c'est l'une des très rares fois où une traduction parvient à déplacer sa langue de sortie, au lieu, simplement, de la rejoindre. Si le baroque verbal est espagnol selon l'histoire, gongoresque ou quévédien, et si cette histoire est présente dans le texte de Severo Sarduy, national et « maternel » comme toute langue, ce texte nous dévoile aussi la face baroque qui est dans l'idiome français, nous suggérant ainsi que l'écriture peut tout faire d'une langue, et en premier lieu lui rendre sa liberté.

Ce baroque (mot provisoirement utile tant qu'il permet de provoquer le classicisme invétéré des lettres françaises), dans la mesure où il manifeste l'ubiquité du signifiant, présent à tous les niveaux du texte, et non, comme on le dit communément, à sa seule surface, modifie l'identité même de ce que nous appelons un récit, sans que le plaisir du conte soit jamais perdu. *Écrit en dansant* est composé de trois épisodes, de trois *gestes* — mot qui reprend ici le titre du premier livre de Severo Sarduy et que l'on voudra bien entendre aussi bien au masculin qu'au féminin —, mais on n'y trouvera aucune de ces prothèses narratives (personnalité des protagonistes, situation des lieux et des temps, clins d'œil de celui qui raconte, et Dieu, qui voit dans le cœur des personnages) dont on marque d'ordinaire le droit abusif (et d'ailleurs illusoire) de la réalité sur le langage. Severo Sarduy raconte bien « quelque chose », qui nous aspire vers sa fin et se dirige vers la mort de l'écriture, mais ce quelque chose est librement déplacé, « séduit » par cette *souveraineté* du langage, que Platon entendait déjà récuser chez Gorgias, inaugurant ce refoulement de l'écriture qui marque notre culture occidentale. On voit donc se déployer dans *Écrit en dansant*, texte hédoniste et par là même révolutionnaire, le grand thème propre au signifiant, le seul prédicat d'essence qu'il puisse supporter en toute vérité, et qui est la métamorphose : cubaines, chinoises, espagnoles, catholiques, droguées, théâtrales, païennes, circulant des caravelles aux self-services et d'un sexe à l'autre, les créatures de Severo Sarduy passent et repassent à travers la vitre d'un babil épuré qu'elles « refilent » à l'auteur, démontrant ainsi que cette vitre n'existe pas, qu'il n'y a rien à voir *derrière* le langage, et que la parole loin d'être l'attribut final et la dernière touche de la statue humaine, comme le dit le mythe trompeur de Pygmalion, n'en est jamais que l'étendue irréductible. Cependant, que les humanistes se rassurent, du moins à moitié. L'allégeance donnée à l'écriture par tout sujet, celui qui écrit et celui qui lit, acte qui n'a aucun rapport avec ce que le refoulement classique, par une méconnaissance intéressée, appelle le « verbalisme » ou plus noblement la « poésie », ne supprime aucun des « plaisirs » de la lecture, pour peu qu'on veuille bien en trouver le rythme juste. Le texte de Severo Sarduy mérite tous les adjectifs qui forment le lexique de la valeur littéraire : c'est un texte brillant, allègre, sensible, drôle, inventif, inattendu et cependant clair, culturel même, continûment affectueux. Je crains cependant que, pour être reçu sans difficulté dans la bonne société des lettres, il lui manque ce soupçon de remords, ce rien de faute, cette ombre de signifié, qui transforme l'écriture en leçon et la récupère de la sorte, sous le nom de « belle œuvre », comme une marchandise utile à l'économie de l' « humain ». Peut-être ce texte a-t-il aussi une chose en trop, qui gênera : l'énergie de parole, qui suffit à l'écrivain pour se rassurer.

1967, *La Quinzaine littéraire.*
Pour la parution de
*Écrit en dansant.*

# Ce qu'il advient au Signifiant

*Éden, Éden, Éden,* est un texte libre : libre de tout sujet, de tout objet, de tout symbole : il s'écrit dans ce creux (ce gouffre ou cette tache aveugle) où les constituants traditionnels du discours (celui qui parle, ce qu'il raconte, la façon dont il s'exprime) seraient *de trop.* La conséquence immédiate est que la critique, puisqu'elle ne peut parler ni de l'auteur, ni de son sujet, ni de son style, ne peut plus rien sur ce texte : il faut « entrer » dans la langage de Guyotat ; non pas y croire, être complice d'une illusion, participer à un fantasme, mais écrire ce langage avec lui, à sa place, le signer en même temps que lui.

Être dans le langage (comme on dit : être dans le coup) : cela est possible parce que Guyotat produit non une manière, un genre, un objet littéraire, mais un élément nouveau (que ne l'ajoute-t-on aux quatre Éléments de la cosmogonie ?) ; cet élément est une phrase : substance de parole qui a la spécialité d'une étoffe, d'une nourriture, phrase unique qui ne finit pas, dont la beauté ne vient pas de son « report » (le réel à quoi elle est supposée renvoyer), mais de son souffle, coupé, répété, comme s'il s'agissait pour l'auteur de nous représenter non des scènes imaginées, mais la scène du langage, en sorte que le modèle de cette nouvelle *mimèsis* n'est plus l'aventure d'un héros, mais l'aventure même du signifiant : ce qu'il lui advient.

*Éden, Éden, Éden,* constitue (ou devrait constituer) une sorte de poussée, de choc historique : toute une action antérieure, apparemment double, mais dont nous voyons de mieux en mieux la coïncidence, de Sade à Genet, de Mallarmé à Artaud, est recueillie, déplacée, purifiée de ses circonstances d'époque ; il n'y a plus ni Récit ni Faute (c'est sans doute la même chose), il ne reste plus que le désir et le langage, non pas celui-ci exprimant celui-là, mais placés dans une métonymie réciproque, indissoluble.

La force de cette métonymie, souveraine dans le texte de Guyotat, laisse prévoir une censure forte, qui trouvera réunies là ses deux pâtures habituelles, le langage et le sexe ; mais aussi cette censure, qui pourra prendre bien des formes, par sa force même, sera immédiatement démasquée : condamnée à être excessive si elle censure le sexe et le langage *en même temps,* condamnée à être hypocrite si elle prétend censurer seulement le sujet et non la forme, ou inversement : dans les deux cas, condamnée à révéler son essence de censure.

Cependant, quelles qu'en soient les péripéties institutionnelles, la publication de ce texte est importante : tout le travail critique, théorique, en sera avancé, sans que le texte cesse jamais d'être séducteur : à la fois inclassable et indubitable, repère nouveau et départ d'écriture.

Préface à *Éden, Éden, Éden,*
de P. Guyotat. © Gallimard, 1970.

# Les sorties du texte

Voici un texte de Bataille : *le Gros Orteil*[1].

Ce texte, je ne vais pas l'expliquer. Je vais seulement énoncer quelques fragments qui seront comme les *sorties* du texte. Ces fragments seront en état de rupture plus ou moins accentuée les uns par rapport aux autres : je n'essaierai pas de lier, d'organiser ces sorties ; et pour être sûr de déjouer toute liaison (toute planification du commentaire), pour éviter toute rhétorique du « développement », du sujet développé, j'ai donné un nom à chacun de ces fragments, et j'ai mis ces noms (ces fragments) dans l'ordre alphabétique — qui est, comme chacun le sait, tout à la fois un ordre et un désordre, un ordre privé de sens, le degré zéro de l'ordre. Ce sera une sorte de dictionnaire (Bataille en donne un à la fin de *Documents*) qui prendra en écharpe le texte tuteur.

## Aplatissement des valeurs

Il y a, chez Nietzsche et chez Bataille, un même thème : celui du Regret. Une certaine forme du présent est dépréciée, une certaine forme du passé est exaltée ; ce présent ni ce passé ne sont à vrai dire historiques ; ils se lisent tous les deux selon le mouvement ambigu, formel, d'une *décadence*. Est ainsi née la possibilité d'un regret non réactionnaire, d'un regret *progressiste*. La *décadence* n'est pas lue,

1. Georges Bataille, *Documents*, Paris, Mercure de France, 1968, p. 75-82. [Repris dans le t. I des *Œuvres complètes*, Paris, Gallimard, 1970.]

271

contrairement à la connotation courante du mot, comme un état sophistiqué, hyperculturel, mais au contraire comme *un aplatissement des valeurs* : retour de la tragédie en force (Marx), clandestinité de la dépense festive dans la société bourgeoise (Bataille), critique de l'Allemagne, maladie, épuisement de l'Europe, thème du *dernier homme,* du puceron « qui rapetisse toute chose » (Nietzsche). On pourrait ajouter les diatribes de Michelet contre le XIX<sup>e</sup> siècle — son siècle —, siècle de l'Ennui. Chez tous, même écœurement soulevé par l'aplatissement bourgeois : le bourgeois ne détruit pas la valeur, il l'*aplatit,* la rapetisse, fonde un système du mesquin. C'est un thème à la fois historique et éthique : chute du monde hors du tragique, montée de la petite bourgeoisie, écrite sous l'espèce d'un *avènement* : la révolution (chez Marx) et le surhomme (chez Nietzsche) sont des secousses vitales appliquées à l'aplatissement ; toute l'hétérologie de Bataille est du même ordre : électrique. Dans cette histoire apocalyptique de la valeur, *le Gros Orteil* renvoie à deux temps : un temps ethnologique (marqué dans le texte par les verbes au présent), le temps « des hommes », « des gens », qui anthropologiquement, déprécient le bas et exaltent le haut, et un temps historique (marqué par les épisodes au passé), qui est le temps de la chrétienté et de sa quintessence, l'Espagne, pour qui le bas est purement et scrupuleusement censuré (la pudeur). Telle est la dialectique de la valeur : quand elle est anthropologique, la mise au rebut (au crachat) du pied désigne le lieu même d'une séduction : la séduction est là où l'on cache *sauvagement,* la valeur est dans la transgression sauvage de l'interdit ; mais, quand elle est historique, sublimée sous la figure de la pudeur, la condamnation du pied devient une valeur refoulée, aplatie, qui appelle le démenti du *Rire.*

## Codes du savoir

Dans le texte de Bataille, il y a de nombreux codes « poétiques » : thématique (haut/bas, noble/ignoble, léger/boueux), amphibologique (le mot « érection » par exemple), métaphorique

(« l'homme est un arbre ») ; il y a aussi des codes de savoir : anatomique, zoologique, ethnologique, historique. Il va de soi que le texte *excède* le savoir — par la valeur ; mais, même à l'intérieur du champ du savoir, il y a des différences de pression, de « sérieux », et ces différences produisent une hétérologie. Bataille met en scène deux savoirs. Un savoir endoxal : c'est celui de Salomon Reinach, et des Messieurs du Comité de rédaction de *Documents* (revue d'où est extrait le texte considéré) ; savoir citationnel, référentiel, révérentiel. Et un savoir plus lointain, produit par Bataille (par sa culture personnelle). Le code de ce savoir est ethnologique ; il correspond assez à ce qu'on appelait autrefois le *Magasin pittoresque*, recueil de « curiosités » — linguistiques, ethnographiques ; il y a dans ce discours du second savoir une référence double : celle de l'*étrange* (de l'*ailleurs*) et celle du *détail* ; ainsi se produit un début d'ébranlement du savoir (de sa loi) par sa futilisation, sa miniaturisation ; au bout de ce code, il y a l'*étonnement* (« écarquiller les yeux ») ; c'est le savoir paradoxal en ceci qu'il s'étonne, se dé-naturalise, ébranle le « cela va de soi ». Cette chasse du fait ethnologique est certainement très proche de la chasse romanesque : le roman est en effet une *mathèsis* truquée, en route vers un *détournement* du savoir. Ce frottement de codes d'origines diverses, de styles divers, est contraire à la monologie du savoir, qui consacre les « spécialistes » et dédaigne les polygraphes (les amateurs). Il se produit en somme un savoir burlesque, hétéroclite (étymologiquement : qui penche d'un côté et de l'autre) : c'est déjà une opération d'écriture (l'écrivance, elle, impose la séparation des savoirs — comme on dit : la séparation des genres) ; venue du mélange des savoirs, l'écriture tient en échec « les arrogances scientifiques[1] » et tout en même temps maintient une lisibilité apparente : discours dialectique qui pourrait être celui du journalisme, s'il n'était aplati sous l'idéologie des communications de masse.

---

1. *Documents*, p. 23.

# Commencement

Le « commencement » est une idée de rhéteur : de quelle manière commencer un discours ? Pendant des siècles, on a débattu le problème. Bataille pose la question du commencement là où on ne l'avait jamais posée : *où commence le corps humain ?* L'animal commence par la bouche : « la bouche est le commencement, ou, si l'on veut, la proue des animaux... Mais l'homme n'a pas une architecture simple comme les bêtes, et il n'est même pas possible de dire où il commence[1]. » Ceci pose la question du sens du corps (n'oublions pas qu'en français — ambiguïté précieuse — *sens* veut dire à la fois *signification* et *vectorisation*). Donnons trois états de cette question.

1. Dans le corps animal, un seul élément est marqué, le *commencement*, la bouche (la gueule, le museau, les mandibules, l'organe de prédation) ; étant seul notable (ou noté), *cet élément ne peut être un terme* (un *relatum*) : il n'y a donc pas de paradigme, et partant pas de sens. L'animal est en quelque sorte pourvu d'un commencement mythologique : il y a, si l'on peut dire, ontogenèse à partir d'un être, l'être de la manducation.

2. Lorsque le corps humain est pris dans le discours psychanalytique, il y a sémantisation (« sens »), parce qu'il y a paradigme, opposition de deux « termes » : la bouche, l'anus. Ces deux termes permettent deux trajets, deux « récits » ; d'une part, le trajet de la nourriture, qui va de la succulence à l'excrément : le sens naît ici d'une temporalité, celle de la transformation alimentaire (la nourriture sert de repère extérieur) ; d'autre part, le trajet de la genèse libidinale ; à l'opposition (sémantique) de l'oral et de l'anal se superpose une extension syntagmatique : le stade anal suit le stade oral ; c'est alors une autre histoire qui donne son sens au corps humain, une histoire phylogénétique : comme espèce, réalité anthropologique, le corps se donne un sens en se développant.

1. *Ibid.*, p. 171.

3. Bataille n'exclut pas la psychanalyse, mais elle n'est pas sa référence ; un texte sur le pied, comme l'est notre texte, appellerait naturellement une immense référence au fétichisme. Or, il n'y a ici qu'une rapide allusion au « fétichisme classique ». Pour Bataille, le corps ne commence nulle part, c'est l'espace du *n'importe où* ; on ne peut y reconnaître un sens qu'au prix d'une opération violente : *subjective-collective* ; le sens surgit grâce à l'intrusion d'une *valeur* : le *noble* et l'*ignoble* (le haut et le bas, la main et le pied).

## Déjouer

Le texte de Bataille apprend comment il faut se conduire avec le savoir. Il ne faut pas le rejeter, il faut même parfois feindre de le mettre au premier plan. Cela ne gênait nullement Bataille que le comité de rédaction de *Documents* fût composé de professeurs, de savants, de bibliothécaires. Il faut faire surgir le savoir là où on ne l'attend pas. On l'a dit, ce texte, qui concerne une partie du corps humain, évite discrètement, mais obstinément, la psychanalyse ; le jeu (discursif) du savoir est capricieux, retors : les « hauts talons » paraissent sur la scène du texte, et cependant Bataille élude le stéréotype attendu sur le talon-phallus (que les gardiens des musées coupent aux femmes qui percutent les beaux parquets cirés !) ; et cependant encore, par un troisième tour, Bataille parle aussitôt après de la sexualité, en l'amenant par une transition (« en outre ») faussement naïve. Le savoir est émietté, pluralisé, comme si l'*un* du savoir était sans cesse amené à se diviser en deux : la synthèse est truquée, déjouée ; le savoir est là, non détruit, mais déplacé ; sa nouvelle place est — selon un mot de Nietzsche — celle d'une *fiction* : le sens précède et prédétermine le fait, la valeur précède et prédétermine le savoir. Nietzsche : « Il n'y a pas de fait en soi. Ce qui arrive est un groupe de phénomènes choisis et groupés par un être qui les interprète... Il n'y a pas d'état de fait en soi ; il faut au contraire y introduire d'abord un sens avant même qu'il puisse y avoir un fait. » Le savoir serait en somme une fiction interprétative. Ainsi, Bataille assure le truquage du savoir par un émiettement des codes, mais surtout par une irruption de la valeur (le *noble* et l'*ignoble*, le *séduisant* et l'*aplati*). Le rôle de la valeur n'est pas un rôle de destruction, ni même de dialectisation, ni même encore de subjectivisation ; c'est peut-être, tout simplement, un rôle de *repos*... « il me suffit de savoir que la vérité possède une *grande puissance*. Mais il faut qu'elle puisse *lutter*, et qu'elle ait une opposition, et que l'on puisse de temps en temps *se reposer* d'elle dans le non-vrai. Autrement, elle deviendrait pour nous ennuyeuse, sans goût et sans force et elle nous rendrait également ainsi » (Nietzsche). En somme, le savoir est retenu comme puissance, mais il est combattu comme ennui ; la valeur n'est pas ce qui méprise, relativise ou rejette le savoir, mais ce qui le désennuie, ce qui en repose ; elle ne s'oppose pas au savoir selon une perspective polémique, mais selon un sens structural ; il y a alternance du savoir et de la valeur, repos de l'un par l'autre, selon une sorte de *rythme amoureux*. Et voilà, en somme, ce qu'est l'écriture, et singulièrement l'écriture de l'essai (nous parlons de Bataille), le rythme amoureux de la science et de la valeur : hétérologie, jouissance.

# Habillé

Chez les anciens Chinois, le mari ne doit pas voir les pieds nus de sa femme : « Les Turques Du Volga considèrent comme immoral de montrer leurs pieds nus et se couchent même avec des bas. » Il faudrait prolonger le petit dossier ethnographique constitué par Bataille ; rappeler les « *petting-parties* » des USA, l'usage de certaines populations arabes chez lesquelles la femme ne se déshabille pas pour faire l'amour ; le tic, rapporté par un auteur contemporain, de certains gigolos qui enlèvent tout leur vêtement, sauf leurs chaussettes. Tout cela amènerait à poser le rapport de l'habillement et de la pratique amoureuse ; ce n'est pas du tout le problème, abondamment traité, du strip-tease ; car notre société, qui se croit « érotique », ne parle jamais des pratiques réelles de l'amour, du corps en état d'amour : c'est ce que nous connaissons le moins les uns des autres — non peut-être par tabou moral, mais par tabou de futilité. Il faudrait en somme — et ce ne serait pas si banal que ça en a l'air —, il faudrait repenser la *nudité*. En fait, pour nous, le *nu* est une valeur plastique, ou même érotico-plastique ; autrement dit, le *nu* est toujours en position de *figuration* (c'est l'exemple même du strip-tease) ; lié étroitement à l'idéologie de la représentation, c'est la figure par excellence, la figure de la figure. Repenser le *nu* voudrait donc dire, d'une part, concevoir la nudité comme un concept historique, culturel, occidental (grec ?), et, d'autre part, la faire passer du *Tableau* des corps à un ordre des *pratiques* érotiques. Or, à partir du moment où l'on commence à entrevoir la complicité du *nu* et de la représentation, on est amené à suspecter son pouvoir de jouis-sance : le nu serait un objet culturel (lié peut-être à un ordre du *plaisir*, mais non à celui de la perte, de la jouissance), et par conséquent, pour finir, un objet moral : le nu n'est pas pervers.

## Idiomatique

Comment faire parler le corps ? On peut faire passer dans le texte les codes du savoir (de ce savoir qui a trait au corps) ; on peut aussi faire état de la *doxa*, de l'opinion des gens sur le corps (ce qu'ils en disent). Il y a un troisième moyen, auquel Bataille recourt systématiquement (et qui est intéressant du point de vue du travail actuel sur le texte) : c'est d'articuler le corps non sur le discours (celui des autres, celui du savoir, ou même le mien propre), mais sur la *langue* : laisser intervenir les idiomatismes, les explorer, les déplier, représenter leur lettre (c'est-à-dire leur signifiance) ; *bouche* entraînera vers « bouche à feu » (expression cannibale du canon), « bouche close » (« belle comme un coffre-fort ») ; *œil* suscitera une exploration complète de tous les idiotismes dans lesquels ce mot entre ; de même pour *pied* (« pied plat », « bête comme un pied », etc.). Par cette voie, le corps s'engendre à même la langue : idiomatisme et étymologisme sont les deux grandes *ressources* du signifiant (preuve *a contrario* : l'écrivance, qui n'est pas l'écriture, censure ordinairement le travail de ce qui, dans la langue, est à la fois son centre pondérant et son excès ; avez-vous jamais vu une métaphore dans une étude de sociologie ou dans un article du *Monde* ?). Il s'agit chez Bataille d'un travail textuel du même type, de la même énergie productrice que l'on voit à l'œuvre, à la besogne, à la scène, dans *Lois* de Philippe Sollers.

## Orteil

Il faut rappeler, sans plus — car c'est déjà toute une richesse —, la lexicographie du mot. *Orteil,* c'est un doigt de pied, n'importe lequel ; cela vient de *articulus,* le petit membre ; c'est-à-dire *das Kleines,* la petite chose, le phallus enfantin. Dans l'expression « le gros orteil », la signifiance est renforcée : d'une part, *gros* est répulsif (*grand* ne l'est pas) ; et, d'autre part, le diminutif (*articulus*) peut l'être aussi (le nanisme trouble) : l'orteil est séduisant-repoussant ; fascinant comme une contradiction : celle du phallus tumescent et miniaturisé.

## Paradigme

On a parlé de la *valeur.* Ce mot a été pris dans un sens nietzschéen ; la valeur, c'est la fatalité d'un paradigme intraitable : *noble/vil.* Or, chez Bataille, la valeur — qui régit tout le discours — repose sur un paradigme particulier, anomique, parce que ternaire. Il y a, si l'on peut dire, trois pôles : le *noble/l'ignoble/*le *bas.* Donnons le monnayage terminologique de ces trois termes (les exemples sont pris dans notre texte et dans l'article sur la notion de Dépense[1]).

1. Georges Bataille, *La Part maudite,* Éd. de Minuit, coll. « Critique », 1967.

1. Pôle « *Noble* » : « formes sociales grandes et libres » ; « généreux, orgiaque, démesuré » ; « lumière trop forte, splendeur accrue » ; « la générosité » ; « la noblesse ».

2. Pôle « *Ignoble* » : « maladie, épuisement. Honte de soi-même. Hypocrisie mesquine. Obscurité. Éructations honteuses. Allure effacée. Derrière les murs. Conventions chargées d'ennui et déprimantes. Avilir. Rancœurs fastidieuses. Simagrées. Société moisie. Petites parades. Un industriel sinistre et sa vieille épouse, plus sinistre encore. Services inavouables. Couples d'épiciers. L'hébétude et la basse idiotie. Pur et superficiel. La cuisine poétique ».

3. Pôle « *Bas* » : « Crachat. Boue. Le sang ruisselle. La rage. Jeu des lubies et des effrois. Les flots bruyants des viscères. Hideusement cadavérique. Orgueilleux et criard. La discorde violente des organes. »

L'hétérologie de Bataille consiste en ceci : il y a contradiction, paradigme simple, canonique, entre les deux premiers termes : *noble* et *ignoble* (« la division fondamentale des classes d'hommes en nobles et ignobles ») ; *mais* le troisième terme n'est pas régulier : *bas* n'est pas le terme neutre (ni noble ni ignoble) et ce n'est pas non plus le terme mixte (noble et ignoble). C'est un terme indépendant, plein, excentrique, irréductible : le terme de la séduction *hors la loi* (structurale).

Le *bas* est en effet valeur à deux titres : d'une part, il est ce qui est hors de la singerie d'autorité[1] ; d'autre part, il est pris dans le paradigme *haut/bas*, c'est-à-dire dans la simulation d'un sens, d'une forme, et de la sorte il déjoue l'*en-soi* de la matière : « ...le matérialisme actuel, j'entends un matérialisme n'impliquant pas que la matière est la chose en soi[2]. » En somme, le vrai paradigme, c'est celui qui met en regard deux valeurs positives (le *noble*/le *bas*) dans le champ même du matérialisme ; et c'est le terme normale-

---

1. « Car il s'agit avant tout de ne pas se soumettre, et avec soi sa raison, à quoi que ce soit de plus élevé, à quoi que ce soit qui puisse donner à l'être que je suis, à la raison qui arme cet être, une autorité d'emprunt. Cet être et sa raison ne peuvent se soumettre en effet qu'à ce qui est plus *bas*, à ce qui ne peut servir en aucun cas à singer une autorité quelconque... La matière basse est extérieure et étrangère aux aspirations idéales humaines et refuse de se laisser réduire aux grandes machines ontologiques résultant de ces aspirations. » (*Documents*, p. 103).

2. *Ibid.*, p. 102.

ment contradictoire (l'*ignoble*) qui devient le neutre, le médiocre (la valeur négative, dont la négation n'est pas contrariété, mais aplatissement). Nietzsche encore : « Qu'est-ce qui est médiocre dans l'homme moyen ? Il ne comprend pas que l'*envers des choses* est nécessaire. » Autrement dit, une fois de plus : l'appareil du sens n'est pas détruit (le babil est évité), mais il est *excentré,* rendu boiteux (c'est le sens étymologique de « scandaleux »). Ce jeu est assuré par deux opérations : d'une part le sujet (de l'écriture) détourne *in extremis* le paradigme : la *pudeur,* par exemple, n'est pas niée au profit de son contraire attendu, légal et structural (l'exhibitionnisme) ; un troisième terme surgit : le *Rire,* qui déjoue la Pudeur, le *sens* de la Pudeur ; et d'autre part, la langue, la langue elle-même, est audacieusement distendue : *bas* est employé au titre de valeur positive, laudatrice (« le bas matérialisme de la gnose »), mais son adverbe corrélatif, *bassement,* qui selon la langue, devrait avoir la même valeur que l'adjectif original, est employé négativement, dépréciativement (« l'orientation bassement idéaliste du Surréalisme ») : c'est le thème de l'aplatissement qui sépare, comme une valeur violente, coupante, le mot-souche et son rejeton.

## Quoi et qui ?

Le savoir dit de toute chose : « *Qu'est-ce que c'est ?* » Qu'est-ce que c'est que le gros orteil ? Qu'est-ce que c'est ce texte ? Qui est Bataille ? Mais la valeur, selon le mot d'ordre nietzschéen, prolonge la question : *qu'est-ce que c'est pour moi ?*

Le texte de Bataille répond d'une façon nietzschéenne à la question : *qu'est-ce que le gros orteil, pour moi, Bataille ?* Et par déplacement : qu'est-ce que ce texte, *pour moi,* qui le lis ? (Réponse : c'est le texte que j'aurais désiré écrire.)

Il est donc nécessaire — et peut-être urgent — de revendiquer ouvertement en faveur d'une *certaine* subjectivité : la subjectivité du non-sujet opposée en même temps à la subjectivité du sujet (impressionnisme) et à la non-subjectivité du sujet (objectivisme).

On peut concevoir cette révision sous deux formes : d'abord, revendiquer en faveur du *pour-moi* qui est dans tout « Qu'est-ce que c'est ? », demander et protéger l'intrusion de la valeur dans le discours du savoir. Ensuite, s'attaquer au *qui*, au sujet de l'interprétation ; ici encore, Nietzsche : « On n'a pas le droit de demander *qui donc* interprète ? C'est l'interprétation elle-même, forme de la volonté de puissance, qui existe (non comme un " être ", mais comme un processus, un devenir) en tant que passion... » ; « Pas de sujet mais une activité, une invention créatrice, ni " causes " ni " effets " ».

## Vocables

La valeur surgit à même certains mots, certains termes, certains *vocables* (« vocable » est bon, car cela veut dire à la fois : appellation et patronage d'un Saint : or, il s'agit de *mots-numen*, de mots-signes, de mots-avis). Ces vocables font irruption dans le discours du savoir : le vocable serait cette marque qui discriminerait l'écriture de l'écrivance (ainsi d'une expression comme « la saleté la plus écœurante », qu'aucun discours « scientifique » ne tolérerait). Il faudrait sans doute — il faudra un jour — une théorie des mots-valeurs (des vocables). On peut noter, en attendant : les vocables sont des mots sensibles, des mots subtils, des mots amoureux, dénotant des séductions ou des répulsions (des appels de jouissance) ; un autre morphème de valeur, c'est parfois l'italique ou le guillemet ; le guillemet sert à encadrer le code (à dénaturaliser, à démystifier le mot), l'italique, au contraire, est la trace de la pression subjective qui est imposée au mot, d'une insistance qui se substitue à sa consistance sémantique (les mots en italique sont très nombreux chez Nietzsche). Cette opposition entre les mots-savoir et les mots-valeur (les noms et les vocables), Bataille lui-même semble en avoir eu une conscience théorique. Mais, dans son exposé[1], il y a un chassé-croisé terminologique : le

1. *Documents*, p. 45.

« mot » est l'élément de l'analyse philosophique, du système ontologique, « dénotant les propriétés qui permettent une action extérieure », tandis que l'« aspect » (notre « vocable ») est ce qui « introduit les valeurs décisives des choses », provient « des mouvements décisifs de la nature ».

Il y a donc dans le texte (de Bataille et selon Bataille) tout un tissu de la valeur (par vocables, graphismes), tout « un faste verbal ». Linguistiquement, ces vocables, ce serait quoi ? (Bien entendu, la linguistique ne le sait pas et ne veut pas le savoir ; elle est adiaphorique, indifférente.) J'indique seulement quelques hypothèses.

1. Contrairement à tout un préjugé moderniste qui ne prête attention qu'à la syntaxe, comme si la langue ne pouvait s'émanciper (entrer dans l'avant-garde) qu'à ce niveau-là, il faut reconnaître un certain erratisme des mots : certains sont, dans la phrase, comme des blocs erratiques ; le rôle du mot (dans l'écriture) peut être de couper la phrase, par sa brillance, par sa différence, sa puissance de fissure, de séparation, par sa situation fétiche. Le « style » est plus palpable qu'on ne croit.

2. Bataille disait : « Un dictionnaire commencerait à partir du moment où il ne donnerait plus le sens mais les besognes des mots[1]. » C'est une idée très linguistique (Bloomfield, Wittgenstein) ; mais *besogne* va plus loin (c'est d'ailleurs un mot-valeur) ; nous passons de l'*usage,* de l'*emploi* (notions fonctionnelles) au travail du mot, à la jouissance du mot : comment le mot « farfouille », dans l'inter-texte, dans la connotation, agit en se travaillant lui-même ; c'est en somme le *pour-moi* nietzschéen du mot.

3. Le tissu des mots-valeurs constitue un *appareil* terminologique, un peu comme on dit « appareil de pouvoir » : il y a une force de rapt du mot ; le mot fait partie d'une guerre des langages.

4. Pourquoi ne pas concevoir (un jour) une « linguistique » de la valeur — non plus au sens saussurien (*valant-pour*, élément d'un système d'échange), mais au sens quasi moral, guerrier — ou encore érotique ? Les mots-valeurs (les vocables) mettent le désir

1. *Documents.* p. 177.

dans le texte (dans le tissu de l'énonciation) — et l'en font sortir : le désir n'est pas dans le texte par les mots qui le « représentent », qui le racontent, mais par des mots suffisamment découpés, suffisamment brillants, triomphants, pour se faire aimer, à la façon de fétiches.

Colloque de Cerisy-la-Salle, 1972.
Extrait de *Bataille*, coll. 10/18.
© U.G.E., 1973.

# Lecture de Brillat-Savarin

## Degrés

Brillat-Savarin (que nous appellerons désormais B.-S.) constate que le champagne est excitant dans ses premiers effets et stupéfiant dans ceux qui suivent (je n'en suis pas si sûr : pour ma part, je le dirais plutôt du whisky). Voilà posée à propos d'un rien (mais le goût implique une philosophie du rien) l'une des catégories formelles les plus importantes de la modernité : celle de l'*échelonnement* des phénomènes. Il s'agit d'une forme du temps, beaucoup moins connue que le rythme, mais présente dans un nombre si grand de productions humaines qu'il ne serait pas trop d'un néologisme pour la désigner : appelons ce « décrochage », cette échelle du champagne, une « bathmologie ». La bathmologie, ce serait le champ des discours soumis à un jeu de *degrés*. Certains langages sont comme le champagne : ils développent une signification postérieure à leur première écoute, et c'est dans ce recul du sens que naît la littérature. L'échelonnement des effets du champagne est grossier, tout physiologique, conduisant de l'excitation à l'engourdissement ; mais c'est bien ce même principe de décalage, épuré, qui règle la qualité du goût : le goût est ce sens même qui connaît et pratique des appréhensions multiples et successives : des entrées, des retours, des chevauchements, tout un contrepoint de la sensation : à l'*étagement* de la vue (dans les grandes jouissances panoramiques) correspond l'*échelonnement* du goût. B.-S. décompose ainsi *dans le temps* (car il ne s'agit pas d'une analyse simple) la sensation gustative : 1. *directe* (lorsque la saveur impressionne encore la langue antérieure) ; 2. *complète* (lorsque la

285

saveur passe à l'arrière-bouche) ; 3. *réfléchie* (au moment final du jugement). Tout le *luxe* du goût est dans cette échelle ; la soumission de la sensation gustative au temps permet en effet de la développer un peu à la façon d'un récit, ou d'un langage : temporalisé, le goût connaît des surprises et des subtilités ; ce sont les parfums et les fragrances, constitués à l'avance, si l'on peut dire, comme des souvenirs : rien n'eût empêché la madeleine de Proust d'être analysée par B.-S.

## Besoin/désir

Si B.-S. avait écrit son livre aujourd'hui, il n'eût pas manqué de mettre au nombre des perversions ce goût de la nourriture qu'il défendait et illustrait. La perversion est, si l'on peut dire, l'exercice d'un désir qui ne sert à rien, tel celui du corps qui s'adonne à l'amour sans idée de procréation. Or, B.-S. a toujours marqué, au plan de la nourriture, la distinction du besoin et du désir : « Le plaisir de manger exige sinon la faim, au moins l'appétit ; le plaisir de la table est le plus souvent indépendant de l'un et de l'autre. » A une époque où le bourgeois n'avait aucune culpabilité sociale, B.-S. use d'une opposition cynique : il y a d'un côté l'*appétit naturel*, qui est de l'ordre du besoin, et de l'autre l'*appétit de luxe*, qui est de l'ordre du désir. Tout est là, en effet : l'espèce a *besoin* de la procréation pour survivre, l'individu a *besoin* de manger pour subsister ; et cependant la satisfaction de ces deux besoins ne suffit pas à l'homme : il lui faut mettre en scène, si l'on peut dire, le *luxe* du désir, amoureux ou gastronomique : supplément énigmatique, inutile, la nourriture désirée — celle que décrit B.-S. — est une perte inconditionnelle, une sorte de cérémonie ethnographique par laquelle l'homme célèbre son pouvoir, sa liberté de brûler son énergie « pour rien ». En ce sens, le livre de B.-S. est de bout en bout le livre du « proprement humain », car c'est le désir (en ce qu'il se parle) qui distingue l'homme. Ce fond anthropologique donne un cachet paradoxal à *la Physiologie du goût* : car ce qui s'exprime à travers les joliesses du style, le ton mondain des

anecdotes et la futilité gracieuse des descriptions, c'est la grande
aventure du désir. La question, cependant, reste entière de savoir
pourquoi le sujet social (du moins dans nos sociétés) doit assumer
la perversion sexuelle dans un style noir, farouche, maudit, comme
la plus pure des transgressions, tandis que la perversion gastronomique, décrite par B.-S. (et dans l'ensemble on ne voit pas
comment on pourrait la décrire autrement), implique toujours une
sorte d'aveu aimable et gentiment complaisant qui ne sort jamais
du *bon ton*.

## Le corps du gastronome

La nourriture provoque un plaisir *interne* : intérieur au corps,
enfermé en lui, non point même sous la peau, mais dans cette zone
profonde, centrale, d'autant plus originelle qu'elle est molle,
embrouillée, perméable, et qu'on appelle, au sens très général, les
entrailles ; bien que le goût soit l'un des cinq sens reconnus,
classés, de l'homme, et bien que ce sens soit localisé (sur la langue
et, comme le décrit très bien B.-S., dans toute la bouche), la
jouissance gustative est diffuse, étendue à tout le tapis secret des
muqueuses ; elle relève de ce que l'on devrait bien considérer
comme notre sixième sens — si B.-S., précisément, ne réservait
cette place au sens génésique — et qui est la *cénesthésie*, sensation
globale de notre corps interne. B.-S., certes, comme tout le
monde, reconnaît cette disposition diffuse du plaisir de nourriture : c'est le *bien-être* qui suit les bons repas ; mais, curieusement,
cette sensation interne, il ne l'analyse pas, il ne la détaille pas, il ne
la « poétise » pas ; lorsqu'il veut saisir les effets voluptueux de la
nourriture, c'est sur le corps adverse qu'il va les chercher ; ces
effets sont en quelque sorte des signes, pris dans une interlocution : on déchiffre le plaisir de l'autre ; parfois même, s'il s'agit
d'une femme, on l'épie, on le *surprend* comme si l'on avait affaire à
un petit rapt érotique ; la convivialité, le plaisir de bien manger
ensemble, est donc une valeur moins innocente qu'il n'y paraît ; il
y a dans la mise en scène d'un bon repas autre chose que l'exercice

d'un code mondain, eût-il une très ancienne origine historique ; il rôde autour de la table une vague pulsion scopique : on regarde (on guette ?) sur l'autre les effets de la nourriture, on saisit comment le corps se travaille de l'intérieur ; tels ces sadiques qui jouissent de la montée d'un émoi sur le visage de leur partenaire, on observe les changements du corps qui se nourrit bien. L'indice de ce plaisir qui monte est, selon B.-S., une qualité thématique très précise : la *luisance* ; la physionomie s'épanouit, le coloris s'élève, les yeux brillent, cependant que le cerveau se rafraîchit et qu'une douce chaleur pénètre tout le corps. La luisance est évidemment un attribut érotique : elle renvoie à l'état d'une matière à la fois incendiée et mouillée, le désir donnant au corps son éclair, l'extase sa radiance (le mot est de B.-S.) et le plaisir sa lubrification. Le corps du gourmand est ainsi vu comme une peinture doucement radieuse, illuminée *de l'intérieur*. Ce sublime comporte cependant un grain subtil de trivialité ; on perçoit très bien ce supplément inattendu dans le tableau de la belle gourmande (« une jolie gourmande sous les armes », dit B.-S.) : elle a les yeux brillants, les lèvres vernissées, et elle mord son aile de perdrix ; sous l'hédonisme aimable, qui est le genre obligé des descriptions de convivialité, il faut lire alors dans la luisance un autre indice : celui de l'agression carnassière, dont la femme, paradoxalement, est ici porteuse ; la femme ne dévore pas la nourriture, elle mord, et cette morsure irradie ; peut-être, dans cet éclair assez brutal, faut-il percevoir une pensée anthropologique : par à-coups, le désir revient à son origine et se renverse en besoin, la gourmandise en appétit (transporté à l'ordre amoureux, ce renversement ramènerait l'humanité à la simple pratique de la pariade). L'étrange est que, dans le tableau excessivement civilisé que B.-S. donne continûment des usages gastronomiques, la note stridente de la Nature — de notre *fond* naturel — est donnée par la femme. On sait que, dans l'immense mythologie que les hommes ont élaborée autour de l'idéal féminin, la nourriture est systématiquement oubliée ; on voit communément la femme en état d'amour ou d'innocence ; on ne la voit jamais manger : c'est un corps glorieux, purifié de tout besoin. Mythologiquement, la nourriture est affaire d'hommes ; la femme n'y prend part qu'à titre de cuisinière ou de servante ; elle est celle qui prépare ou sert, mais ne mange pas.

D'une note légère, B.-S. subvertit deux tabous : celui d'une femme pure de toute activité digestive, et celui d'une gastronomie qui serait de pure réplétion : il met la nourriture dans la Femme, et dans la Femme l'appétit (les appétits).

## L'antidrogue

Baudelaire en voulait à B.-S. de n'avoir pas bien parlé du vin. Pour Baudelaire, le vin, c'est le souvenir et l'oubli, la joie et la mélancolie ; c'est ce qui permet au sujet de se transporter hors de lui-même, de faire céder la consistance de son moi au profit d'états dépaysés, étrangers et étranges ; c'est une voie de déviance ; bref, c'est une drogue.

Or, pour B.-S., le vin n'est nullement un conducteur d'extase. La raison en est claire : le vin fait partie de la nourriture, et la nourriture, pour B.-S., est essentiellement conviviale ; le vin ne peut donc relever d'un protocole solitaire : on boit en même temps qu'on mange, et l'on mange toujours à plusieurs ; une socialité étroite surveille les plaisirs de nourriture ; certes, des fumeurs de H peuvent s'assembler en bandes, comme le font les convives d'un bon repas ; mais c'est en principe pour que chacun puisse mieux « partir » dans son rêve singulier ; or, cet écart est interdit au convive gastronome, parce que, en mangeant, il se soumet à une pratique communautaire rigoureuse : la conversation. La conversation (à plusieurs) est en quelque sorte la loi qui garde le plaisir culinaire de tout risque psychotique et maintient le gourmand dans une « saine » rationalité : en parlant — en devisant — cependant qu'il mange, le convive confirme son moi et se protège de toute fuite subjective, par l'imaginaire du discours. Le vin, pour B.-S., n'a aucun privilège particulier : comme la nourriture et avec elle, il amplifie légèrement le corps (le rend « brillant »), mais ne le mute pas. C'est une antidrogue.

# Cosmogonies

Portant sur des substances transformables, la pratique culinaire amène tout naturellement l'écrivain qui en parle à traiter d'une thématique générale de la matière. De même que les anciennes philosophies donnaient beaucoup d'importance aux états fondamentaux de la matière (l'eau, le feu, l'air, la terre) et tiraient de ces états des sortes d'attributs génériques (l'aérien, le liquide, le brûlant, etc.) qui pouvaient passer dans toutes les formes de discours, à commencer par le discours poétique, de même la nourriture, par le traitement de ses substances, prend une dimension cosmogonique. L'état *vrai* de la nourriture, celui qui détermine l'avenir *humain* de l'aliment, pense B.-S., c'est l'état liquide : le goût résulte d'une opération chimique qui se fait toujours par voie humide, et « il n'y a rien de sapide que ce qui est déjà dissous ou prochainement soluble ». La nourriture, et c'est normal, rejoint ici le grand thème maternel et thalassal : l'eau est nourricière ; fondamentalement, la nourriture est un bain intérieur, et ce bain — précision sur laquelle insiste B.-S. — n'est pas seulement vital, il est aussi heureux, paradisiaque ; car c'est de lui que dépend le goût, c'est-à-dire le bonheur de manger.

Le liquide est l'état antérieur ou postérieur de l'aliment, son histoire totale, et donc sa vérité. Mais dans son état solide, sec, la matière alimentaire connaît des différences de valeur. Prenez les grains naturels du café : vous pouvez les piler ou les moudre. B.-S. préfère de beaucoup la première méthode de réduction, dont il fait honneur aux Turcs (n'achète-t-on pas très cher le mortier et le pilon de bois qui ont servi longtemps à triturer les grains ?). De la supériorité d'une manipulation sur l'autre, B.-S., jouant au savant, donne des preuves expérimentales et théoriques. Mais il n'est pas difficile de deviner la « poétique » de cette différence : le moulu relève d'une mécanique ; la main s'applique au moulin comme une force, non comme un art (à preuve que le moulin manuel s'est tout naturellement converti en moulin électrique) ; ce que le moulin produit ainsi — en quelque sorte abstraitement —, c'est une poussière de café, une substance sèche et dépersonnalisée ; au contraire, le pilé vient d'un ensemble de gestes corporels (presser, tourner de diverses façons), et ces gestes sont directement transmis par la plus noble, la plus humaine des matières, le bois ; ce qui sort du mortier n'est plus une simple poussière, mais une poudre, substance dont toute une mythologie atteste la vocation alchimique, qui est de s'allier à l'eau pour produire des breuvages magiques : la poudre de café est, si l'on peut dire, irrigable, plus proche donc du grand état de la matière alimentaire, qui est le liquide. Dans le petit conflit qui oppose le pilé au moulu, il faut donc lire un reflet du grand mythe qui travaille aujourd'hui, plus que jamais, l'humanité technicienne : l'excellence de l'outil (opposé à la machine), la précellence de l'artisanal sur l'industriel, en un mot la nostalgie du Naturel.

## La recherche de l'essence

Scientifiquement, à la fin du XVIIIe siècle, le mécanisme de la digestion est à peu près élucidé : on sait donc comment la liste la plus variée et la plus hétéroclite d'aliments qu'on puisse imaginer (tous ceux que l'humanité, depuis l'origine de la vie, a pu découvrir et ingérer) produit une même substance vitale, par laquelle l'homme survit. Avec un léger décalage historique, à partir de 1825, la chimie découvre les corps simples. Toute l'idéologie culinaire de B.-S. s'arme d'une notion à la fois médicale, chimique et métaphysique : celle d'une essence simple, qui est le *suc* nutritif (ou gustatif — puisque, pour B.-S., il n'y a en fait de nourriture que *goûtée*). L'état achevé de l'aliment est donc le jus, essence liquide et raréfiée d'un morceau de nourriture. La réduction à l'essence, ou quintessence, vieux rêve alchimiste, impressionne beaucoup B.-S. : il en jouit comme d'un spectacle surprenant ; le cuisinier du prince de Soubise, tel un magicien des *Mille et Une Nuits*, n'a-t-il pas conçu d'enfermer cinquante jambons dans un flacon de cristal pas plus gros que le pouce ? Équations miraculeuses : l'être du

291

jambon est dans son jus, et ce jus est lui-même réductible à un suc, à une essence — dont seul est digne le cristal. L'essence alimentaire ainsi projetée prend une *aura* divine ; la preuve en est que, tel le feu prométhéen, hors des lois humaines, on peut la voler : des Anglais se faisant cuire un gigot dans une auberge, B.-S. en vole le suc (pour se faire des œufs au jus) ; il incise la viande qui tourne, et en dérobe la quintessence par effraction (de plus, trait d'anglophobie).

# Éthique

On a pu dévoiler la physique du plaisir amoureux (tension/détente), mais le plaisir gustatif, lui, échappe à toute réduction, et par conséquent à toute science (à preuve la nature hétéroclite des goûts et des dégoûts à travers l'histoire et la terre). B.-S. parle comme un savant et son livre est une physiologie ; mais sa science (le sait-il ?) n'est qu'une ironie de science. Toute la jouissance gustative tient dans l'opposition de deux valeurs : l'*agréable* et le *désagréable*, et ces valeurs sont tout simplement tautologiques : est *agréable* ce qui agrée et *désagréable* ce qui désagrée. B.-S. ne peut aller plus loin : le goût vient d'un « pouvoir appréciateur », tout comme, chez Molière, le sommeil vient d'une vertu dormitive. La science du goût se retourne donc en éthique (c'est le sort habituel de la science). B.-S. associe immédiatement à sa physiologie (que pourrait-il faire d'autre, s'il veut continuer à discourir ?) des qualités morales. Il y en a deux principales. La première est légale, castratrice : c'est l'*exactitude* (« De toutes les qualités du cuisinier, la plus indispensable est l'exactitude ») ; on retrouve ici la règle classique : pas d'art sans contrainte, pas de plaisir sans ordre ; la seconde est bien connue des morales de la Faute : c'est le *discernement*, qui permet de séparer avec finesse le Bien du Mal ; il y a une casuistique du goût : le goût doit être toujours en alerte, s'exercer à la subtilité, à la minutie ; B.-S. cite avec respect les gourmands de Rome, qui savaient distinguer au goût les poissons pêchés entre les ponts de la Ville et ceux qu'on avait pris plus bas, ou ces chasseurs qui parviennent à percevoir la saveur particulière de la cuisse sur laquelle la perdrix s'est appuyée en dormant.

## La langue

Cadmus, qui apporta l'écriture en Grèce, avait été le cuisinier du roi de Sidon. Donnons ce trait mythologique pour apologue au rapport qui unit le langage et la gastronomie. Ces deux puissances n'ont-elles pas le même organe ? Et plus largement le même appareil, producteur ou appréciateur : les joues, le palais, les fosses nasales, dont B.-S. rappelle le rôle gustatif et qui font le beau chant ? Manger, parler, chanter (faut-il ajouter : embrasser ?) sont des opérations qui ont pour origine le même lieu du corps : langue coupée, et plus de goût ni de parole.

Platon avait rapproché (il est vrai en mauvaise part) la rhétorique et la cuisine. B.-S. ne profite pas explicitement de ce précédent : chez lui, pas de philosophie du langage. Comme la symbolique n'est pas son fort, c'est dans des remarques empiriques qu'il faut chercher l'intérêt de ce gastronome pour le langage, ou plus exactement pour les langues. Cet intérêt est très grand. B.-S., il le rappelle, connaît cinq langues ; il possède ainsi un répertoire immense de mots de toutes les livrées, qu'il prend pour son usage, dans différentes cases de son cerveau, sans vergogne. B.-S. est en cela très moderne : il est persuadé que la langue française est pauvre, et qu'il est donc licite d'emprunter ou de voler des mots ailleurs ; de même, il apprécie le charme des langues marginales, telle la langue populaire ; il transcrit et cite avec plaisir le patois de son pays, le Bugey. Enfin, chaque fois qu'il en a l'occasion, si éloigné que ce soit du discours gastrosophique qui est le sien, il note telle ou telle curiosité linguistique : « faire les bras » veut dire : jouer du piano en levant les coudes, comme si l'on était étouffé par le sentiment ; « faire les yeux » veut dire : les lever au ciel comme si on allait se pâmer ; « faire des brioches » (cette métaphore devait lui plaire) veut dire : manquer un trait, une intonation. Son attention au langage est donc méticuleuse, comme doit l'être l'art du cuisinier.

Il faut cependant aller plus loin que ces preuves contingentes d'intérêt. B.-S. est certainement lié à la langue — comme il le fut à la nourriture — par un rapport amoureux : il désire les mots, dans leur matérialité même. N'a-t-il pas cette invention étonnante de classer les mouvements de la langue, lorsqu'elle participe à la manducation, à l'aide de mots étrangement savants ? Il y a, entre autres, la *spication* (lorsque la langue se forme en épi) et la *verrition* (lorsqu'elle balaie). Double jouissance ? B.-S. se fait linguiste, il traite la nourriture comme un phonéticien ferait (et fera plus tard) de la vocalité, et, ce discours savant, il le tient dans un style radicalement — pourrait-on dire effrontément ? — néologique. Le néologisme (ou le mot très rare) abonde chez B.-S. ; il en use sans frein, et chacun de ces mots inattendus (*irrorateur, garrulité, esculent, gulturation, soporeux, comessation*, etc.) est la trace d'un plaisir profond, qui renvoie au désir de la langue : B.-S. désire le mot, comme il désire des truffes, une omelette au thon, une matelote ; comme tout néologue, il a un rapport fétichiste au mot seul, cerné par sa singularité même. Et, comme ces mots fétichisés restent pris dans une syntaxe très pure, qui restitue au plaisir néologique le cadre d'un art classique, fait de contraintes, de protocoles, on peut dire que la langue de B.-S. est à la lettre *gourmande* : gourmande des mots qu'elle manie et des mets auxquels elle se réfère ; fusion ou ambiguïté, dont B.-S. fait lui-même état lorsqu'il évoque avec sympathie ces gourmands dont on reconnaît la passion et la compétence à la seule façon — gourmande — dont ils prononcent le mot « bon ».

On sait combien la modernité a mis d'insistance à dévoiler la sexualité qui est enfouie dans l'exercice du langage : parler, sous certaines censures ou certains alibis (dont celui de la pure « communication »), est un acte érotique ; un concept nouveau a permis cette extension du sexuel au verbal : le concept d'*oralité*. B.-S. fournit ici ce que son beau-frère Fourier eût appelé une *transition* : celle du goût, oral comme le langage, libidinal comme Éros.

# Mort

Et la Mort ? Comment vient-elle dans le discours d'un auteur que son sujet et son style désignent comme le modèle même du « bon vivant » ? On s'en doute, elle vient d'une façon tout à fait futile. Partant du fait ménager que le sucre préserve les aliments et permet de les tenir en conserve, B.-S. se demande pourquoi on ne se sert pas de sucre dans l'art de l'embaumement : cadavre exquis, confit, candi, en confiture ! (Imagination saugrenue qui n'est pas sans rappeler Fourier.)

(Alors que la jouissance d'amour est sans cesse associée — par combien de mythologies — à la mort, rien de tel pour la jouissance de nourriture ; métaphysiquement — ou anthropologiquement —, c'est une jouissance mate.)

# L'obésité

Un hebdomadaire, cette semaine, aguiche ses lecteurs : un médecin vient de découvrir le secret de maigrir, du haut ou du bas, à volonté. Cette annonce aurait intéressé B.-S., qui se décrit lui-même, avec bonne humeur, atteint d'une obésité tronculaire, « qui se borne au ventre » et qui n'existe pas chez les femmes ; c'est ce que B.-S. appelle la *gastrophorie* ; ceux qui en souffrent sont des gastrophores (ils ont l'air, en effet, de porter leur ventre devant eux) : « Je suis de ce nombre, dit B.-S., mais, quoique porteur d'un ventre assez proéminent, j'ai encore le bas de la jambe sec, et le nerf détaché comme un cheval arabe. »

On sait la fortune immense de ce thème dans notre culture de masse : pas de semaine où il n'y ait, dans la presse, un article sur la nécessité et les moyens de maigrir. Cette rage de minceur remonte sans doute, de relais en relais, à la fin du XVIIIᵉ siècle ; sous

LECTURE DE BRILLAT-SAVARIN

l'influence de Rousseau et des médecins suisses Tronchin et Tissot, il se forme une nouvelle idée de l'hygiène : le principe en est la *réduction* (et non plus la réplétion) ; l'abstinence remplace l'universelle saignée ; la nourriture idéale est faite de lait, de fruits, d'eau fraîche. Lorsque B.-S. consacre un chapitre de son livre à l'obésité et aux moyens de la combattre, il se conforme donc au sens de cette Histoire mythologique dont nous commençons à connaître l'importance. Toutefois, en tant que gastronome, B.-S. ne peut mettre l'accent sur l'aspect naturaliste du mythe : comment pourrait-il défendre en même temps le naturel rural (lait et fruits) et l'art culinaire qui produit les cailles truffées à la moelle et les pyramides de meringue à la vanille et à la rose ? L'alibi philosophique — d'origine rousseauiste — s'efface au profit d'une raison proprement esthétique : certes, on n'en est pas encore au moment historique (le nôtre) où *il va de soi* qu'être mince est plus beau qu'être gras (proposition dont l'histoire et l'ethnologie attestent la relativité) ; l'esthétique du corps évoquée par B.-S. n'est pas directement érotique ; elle est picturale : le principal méfait de l'obésité est de « remplir des cavités que la nature avait destinées à faire ombre », et de « rendre à peu près insignifiantes des physionomies très piquantes » ; le modèle du corps, c'est en somme le dessin de genre, et la diététique est une sorte d'art plastique.

Quelle idée B.-S. a-t-il du régime d'amaigrissement ? A peu près la nôtre. Il connaît très bien, pour l'essentiel, les différences du pouvoir calorique des aliments ; il sait que les poissons, et surtout les coquillages, les huîtres, sont peu caloriques, et que les féculents, les farineux, le sont beaucoup ; il déconseille la soupe, les pâtisseries sucrées, la bière ; il recommande les légumes verts, le veau, la volaille (mais il est vrai, aussi, le chocolat !) ; il conseille de se peser régulièrement, de manger peu, de dormir peu, de faire beaucoup d'exercice, et il redresse en passant tel ou tel préjugé (comme celui qui conduisit une jeune fille à la mort pour avoir cru qu'en avalant beaucoup de vinaigre elle maigrirait) ; ajoutez à cela une ceinture antiobésique et du quinquina.

La participation de B.-S. au mythe de l'amaigrissement, si puissant aujourd'hui, n'est pas indifférente ; il a esquissé une synthèse très moderne de la diététique et de la gastronomie, postulant qu'on pouvait garder à la cuisine le prestige d'un art compliqué, tout en la pensant selon une vue plus fonctionnelle ; synthèse un peu spécieuse, car le régime d'amaigrissement reste une véritable ascèse (et c'est à ce prix *psychologique* qu'il réussit) ; du moins une littérature a-t-elle été fondée : celle des livres de cuisine élaborés selon une certaine *raison* du corps.

## L'osmazôme

On sait qu'au Moyen Age la technique culinaire obligeait toujours à faire bouillir les viandes (parce qu'elles étaient de mauvaise qualité) avant de les frire. Cette technique eût répugné à B.-S. ; d'abord parce qu'il a, si l'on peut dire, une haute idée de la friture, dont le secret — et donc le sens thématique — est de *surprendre* (par une chaleur très forte) l'aliment qui lui est soumis : ce que nous aimons dans le croustillant d'une friture (le « *crispy* » des Américains), c'est en quelque sorte le rapt dont la substance a été l'objet ; et puis et surtout parce que B.-S. condamne le bouilli (mais nullement le bouillon) : la viande bouillie perd en effet (selon les vues de chimie de l'époque) une substance précieuse (par sa sapidité), attachée naturellement aux viandes rouges (ou aux chairs faites). Cette substance, c'est l'*osmazôme*.

Fidèle à sa philosophie de l'essence, B.-S. attribue à l'osmazôme une sorte de pouvoir spirituel ; il est (car ce mot est masculin) l'absolu même du goût : une sorte d'alcool de la viande, en quelque sorte ; tel un principe universel (démoniaque ?), il prend des apparences variées et séductrices ; c'est lui qui fait le roux des viandes, le rissolé des rôtis, le fumet des venaisons ; c'est surtout lui qui fait le jus et le bouillon, formes directes de la quintessence (l'étymologie du mot renvoie à l'idée conjointe d'odeur et de bouillon).

Chimiquement, l'osmazôme est un principe carné ; mais la symbolique ne respecte pas l'identité chimique ; par métonymie, l'osmazôme prête sa valeur à tout ce qui est rissolé, caramélisé, grillé : au café, par exemple. La chimie (fût-elle démodée) de B.-S. permet de comprendre la vogue actuelle de la grillade : dans l'usage de la grillade, outre l'alibi fonctionnaliste (c'est un mets de préparation rapide), il y a une raison philosophique : la grillade réunit deux principes mythiques, celui du feu, celui de la crudité, tous les deux transcendés dans la figure du *grillé*, forme solide du suc vital.

# Plaisir

Voici ce que B.-S. écrit du plaisir : « Il n'y a que peu de mois que j'éprouvai, en dormant, une sensation de plaisir tout à fait extraordinaire. Elle consistait en une espèce de frémissement délicieux de toutes les particules qui composent mon être. C'était une espèce de fourmillement plein de charmes qui, partant de l'épiderme depuis les pieds jusqu'à la tête, m'agitait jusque dans la moelle des os. Il me semblait voir une flamme violette qui se jouait autour de mon front. »

Cette description lyrique rend bien compte de l'ambiguïté de la notion de plaisir. Le plaisir gastronomique est ordinairement décrit par B.-S. comme un bien-être raffiné et raisonnable ; certes, il donne au corps un éclat (la *luisance*), mais ce corps, il ne le dépersonnalise pas : ni la nourriture ni le vin n'ont un pouvoir droguant. En revanche, ici, c'est une sorte de limite du plaisir qui est alléguée ; le plaisir est près de basculer dans la jouissance : il change le corps, qui se sent en état de dispersion électrique. Sans doute cet excès est mis sur le compte du rêve ; il désigne cependant quelque chose de très important : le caractère incommensurable du plaisir. Dès lors, il suffit de socialiser l'*inconnu* du plaisir pour produire une utopie (on retrouve encore Fourier). B.-S. dit très bien : « Les limites du plaisir ne sont encore ni connues ni posées, et on ne sait pas à quel point notre corps peut être béatifié. » Parole surprenante chez un auteur ancien, dont le style de pensée est en général épicurien : elle introduit dans cette pensée le sentiment d'une sorte d'illimité historique de la sensation, de plasticité inouïe du corps humain, qu'on ne trouve que dans les philosophies très marginales : c'est postuler une sorte de mysticisme du plaisir.

# Questions

L'objet visé par un signe s'appelle un référent. Chaque fois que je parle de nourriture, j'émets des signes (linguistiques) qui se rapportent à un aliment ou à une qualité alimentaire. Cette situation banale a des implications mal connues lorsque l'objet visé par mon énonciation est un objet désirable. C'est évidemment le cas de *la Physiologie du goût*. B.-S. parle, et je désire ce dont il parle (surtout si je suis en état d'appétit). L'énoncé gastronomique, parce que le désir qu'il mobilise est apparemment simple, présente dans toute son ambiguïté le pouvoir du langage : le signe appelle les délices de son référent dans l'instant même où il en trace l'absence (ce qu'on sait bien que fait tout mot, depuis que Mallarmé l'a dit de la fleur, « absente de tout bouquet »). Le langage suscite et exclut. Dès lors, le style gastronomique nous pose toute une série de questions : qu'est-ce que représenter, figurer, projeter, dire ? Qu'est-ce que désirer ? Qu'est-ce que désirer et parler tout en même temps ?

# La première heure

Comme tout sujet hédoniste, B.-S. semble avoir une expérience vive de l'ennui. Et, comme toujours, l'ennui, lié à ce que la philosophie et la psychanalyse ont dénoté sous le nom de *répétition*, implique, par voie contraire (qui est celle de l'opposition de sens), l'excellence de la nouveauté. Tout ce qui relève d'une temporalité première est frappé d'une sorte d'enchantement magique ; le premier moment, la première fois, la primeur d'un mets, d'un rite, bref le *commencement* renvoie à une sorte d'état pur du plaisir : là où se mêlent toutes les déterminations d'un bonheur. Ainsi du plaisir de la table : « La table, dit B.-S., est le seul endroit où l'on ne s'ennuie pas pendant la première heure. » Cette première heure est marquée ici par l'apparition de mets nouveaux, la découverte de leur originalité, l'élan des conversations, bref, d'un mot que B.-S. applique à l'excellence des bonnes fritures : la *surprise*.

## Le rêve

L'appétit tient du rêve, car il est à la fois mémoire et hallucination, ce pour quoi, d'ailleurs, il vaudrait mieux dire, peut-être, qu'il s'apparente au fantasme. Lorsque j'ai l'appétit d'une nourriture, est-ce que je ne m'imagine pas la mangeant ? Est-ce que, dans cette imagination prédictive, il n'y a pas tout le souvenir de nos plaisirs antérieurs ? Je suis bien le sujet constitué d'une scène à venir, dont je suis le seul acteur.

B.-S. a donc réfléchi sur le rêve, « vie à part, espèce de roman prolongé ». Il a bien saisi le paradoxe du rêve, qui peut être plaisir intense, exempt cependant de sensualité réelle : dans le rêve, ni odeur ni goût. Les rêves sont des souvenirs ou des combinaisons de souvenirs : « Les songes ne sont que la mémoire des sens. » Telle une langue qui s'élaborerait seulement à partir de certains signes choisis, restes isolés d'une autre langue, le rêve est un récit délabré, fait des ruines de la mémoire. B.-S. le compare à une réminiscence de mélodie, dont on ne jouerait que quelques notes, sans y joindre l'harmonie. Le discontinu du rêve s'oppose au nappé du sommeil, et cette opposition se reflète dans l'organisation même des aliments ; certains sont somnifères : le lait, la volaille, la laitue, la fleur d'oranger, la pomme de reinette (mangée avant de se coucher) ; d'autres réveillent les songes : les viandes noires, le lièvre, les asperges, le céleri, les truffes, la vanille ; ce sont des nourritures fortes, parfumées ou aphrodisiaques. B.-S. fait du rêve un état marqué, on pourrait presque dire viril.

# Science

« La soif, dit B.-S., est le sentiment intérieur du besoin de boire. » On s'en serait douté, et l'intérêt de telles phrases n'est certainement pas dans l'information qu'elles délivrent (ici, franchement nulle). Par ces tautologies, visiblement, B.-S. s'essaie à la science, ou du moins au discours scientifique ; il produit des énoncés sans surprise, qui n'ont d'autre *valeur* que de présenter une image pure de la proposition scientifique (définition, postulat, axiome, équation) : et y a-t-il science plus rigoureuse que celle qui définit le même par le même ? Ici, aucun risque d'erreur ; B.-S. est à l'abri de cette puissance maligne qui ruine la science : le paradoxe. Son audace est de style : user d'un ton docte pour parler d'un sens réputé futile (parce que platement sensuel), le goût.

La science est le grand Sur-moi de *la Physiologie*. Le livre, dit-on, fut rédigé sous la caution d'un biologiste officiel, et B.-S. parsème son discours de solennités scientifiques. Il imagine ainsi de soumettre le désir de nourriture à des mesures expérimentales : « Toutes les fois qu'on servira un mets d'une saveur distinguée et bien connue, on observera attentivement les convives, et on notera comme indignes tous ceux dont la physionomie n'annoncera pas le ravissement. » Par ses « éprouvettes gastronomiques », B.-S., si farfelue qu'en soit l'idée, tient compte de deux facteurs très sérieux et très modernes : la socialité et le langage ; les mets qu'il présente pour expérience à ses sujets varient selon la classe sociale (le revenu) de ces sujets : une rouelle de veau ou des œufs à la neige si l'on est pauvre, un filet de bœuf ou un turbot au naturel si l'on est aisé, des cailles truffées à la moelle, des meringues à la rose si l'on est riche, etc. — ce qui est laisser entendre que le goût est modelé par la culture, c'est-à-dire par la classe sociale ; et puis, méthode surprenante, pour *lire* le plaisir gustatif (puisque tel est le but de l'expérience), B.-S. suggère d'interroger non pas la mimique (probablement universelle), mais le *langage*, objet socialisé s'il en fut : l'expression de l'assentiment change selon la classe sociale du

locuteur, devant ses œufs à la neige, le pauvre dira « Peste ! »,
cependant que les ortolans à la provençale arracheront au riche un
« Monseigneur, que votre cuisinier est un homme admirable ! ».

Ces facéties, où se mêlent des sortes d'intuitions vraies, disent
très bien comment B.-S. prenait la science : d'une façon à la fois
sérieuse et ironique ; son projet de fonder une science du goût,
d'arracher au plaisir culinaire ses marques habituelles de futilité, lui
tenait certainement à cœur ; mais il l'exécute avec emphase,
c'est-à-dire avec ironie ; il est semblable à un écrivain qui mettrait
des guillemets autour des vérités qu'il énonce, non par prudence
scientifique, mais par crainte de donner l'image d'un naïf (ce en
quoi l'on peut voir que l'ironie est toujours timide).

# Sexe

Il y a cinq sens, dit-on. Dès l'ouverture de son livre, B.-S.
postule un sixième sens : le *génésique,* ou amour physique. Ce sens
ne peut se réduire au tact ; il implique un appareil complet de
sensations. « Donnons, dit B.-S., au génésique la place *sensuelle*
qu'on ne peut lui refuser, et reposons-nous sur nos neveux du soin
de lui assigner son rang » (les neveux que nous sommes n'ont pas
failli à la tâche, on le sait). Le dessein de B.-S. est évidemment de
suggérer une sorte d'échange métonymique entre la première des
voluptés (même si elle est censurée) et le sens dont il entreprend la
défense et l'illustration, à savoir le goût ; du point de vue de la
sensualité, c'est signifier le goût que de lui donner pour compagnon de liste le plaisir amoureux. B.-S. insiste donc, quand il le
peut, sur la vertu aphrodisiaque de certains aliments : les truffes,
par exemple, ou le poisson, dont il s'étonne (petite ironie
anticléricale) qu'il nourrisse le carême des moines, voués à la
chasteté. Pourtant, il a beau faire, il y a peu d'analogie entre la
luxure et la gastronomie ; entre les deux plaisirs, une différence
capitale : l'orgasme, c'est-à-dire le rythme même de l'excitation et
de sa détente. Le plaisir de la table ne comporte ni ravissements, ni
transports, ni extases — ni agressions ; la jouissance, s'il en est, n'y

est pas paroxystique : point de montée du plaisir, point de culmination, point de crise ; rien qu'une durée ; on dirait que le seul élément critique de la joie gastronomique, c'est son attente ; dès que la satisfaction commence, le corps entre dans l'insignifiance de la réplétion (même si elle prend l'allure d'une componction gourmande).

## Socialité

L'ethnologie générale n'aurait sans doute pas de peine à montrer que la prise de nourriture est en tous lieux et en tous temps un acte social. On mange à plusieurs, telle est la loi universelle. Cette socialité alimentaire peut prendre bien des formes, bien des alibis, bien des nuances, selon les sociétés et les époques. Pour B.-S., la collectivité gastronomique est essentiellement mondaine, et la figure rituelle en est la conversation. La table est en quelque sorte le lieu géométrique de tous les sujets d'entretien ; c'est comme si le plaisir alimentaire les vivifiait, les faisait renaître ; la célébration d'un aliment est laïcisée sous la forme d'un mode nouveau de réunion (et de participation) : le *conviviat*. Ajouté à la bonne chère, le conviviat produit ce que Fourier (que nous retrouvons toujours près de B.-S.) appelait un plaisir *composé*. L'hédonisme vigilant des deux beaux-frères leur a inspiré cette pensée, que le plaisir doit être *surdéterminé*, qu'il doit avoir plusieurs causes simultanées, entre lesquelles il n'y a pas lieu de distinguer laquelle emporte la jouissance ; car le plaisir composé ne relève pas d'une simple comptabilité des excitations : il figure un espace complexe dans lequel le sujet ne sait plus d'où il vient et ce qu'il veut — sinon jouir. Le conviviat — si important dans l'éthique de B.-S. — n'est donc pas seulement un fait sociologique ; il appelle à considérer (ce que les sciences humaines ont peu fait jusqu'ici) la communication comme une jouissance — et non plus comme une fonction.

# Classes sociales

On a vu que dans le jeu (ou l'expérience) des éprouvettes gastronomiques B.-S. liait la différence des goûts à la différence des revenus. L'originalité n'est pas de reconnaître des classes d'argent (médiocrité, aisance, richesse), c'est de concevoir que le goût lui-même (c'est-à-dire la culture) est socialisé : s'il y a affinité entre les œufs à la neige et un revenu modeste, ce n'est pas seulement parce que ce mets est peu dispendieux, c'est aussi, semble-t-il, en raison d'une formation sociale du goût, dont les valeurs s'établissent non point dans l'absolu, mais dans un champ déterminé. C'est donc toujours par le relais de la culture — et non par celui des besoins — que B.-S. socialise la nourriture. Aussi, lorsqu'il passe des revenus aux classes professionnelles (à ce qu'on appelait les « états » ou les « conditions »), établissant que les grands gourmands de la société sont principalement les financiers, les médecins, les gens de lettres et les dévots, ce qu'il considère, c'est un certain profil d'habitudes, bref une psychologie sociale : le goût gastronomique semble à ses yeux lié par privilège soit à un positivisme de la profession (financiers, médecins), soit à une aptitude particulière à déplacer, à sublimer ou intimiser la jouissance (gens de lettres, dévots).

Dans cette sociologie culinaire, toute pudique qu'elle soit, le social pur est cependant présent : là, précisément, où il manque au discours. C'est dans ce qu'il ne dit pas (dans ce qu'il occulte) que B.-S. pointe le plus sûrement la condition sociale, dans sa nudité : et ce qui est refoulé, impitoyablement, c'est la nourriture populaire. De quoi était-elle faite, principalement, cette nourriture ? De pain et, à la campagne, de bouillies, la cuisinière usant là d'un grain qu'elle concassait elle-même par la « pile à mil », ce qui lui évitait de se soumettre au monopole des moulins et des fours banals ; point de sucre, mais du miel. La nourriture essentielle du pauvre, c'était les pommes de terre ; on les vendait, bouillies, dans la rue (comme on le voit encore au Maroc), au même titre que les châtaignes ; snobée pendant longtemps par les gens « d'un certain ordre », qui en renvoyaient l'usage « aux bêtes et aux gens très pauvres », la pomme de terre ne doit rien de son ascension sociale à Parmentier, pharmacien des armées, qui voulait surtout qu'on en substituât la fécule à la farine pour le pain. Du temps même de B.-S., la pomme de terre, tout en commençant sa rédemption, reste marquée du discrédit qui s'attachait socialement à toute « bouillie ». Voyez les menus de l'époque : rien que des mets divisés, nets : le *lié* n'appartient qu'aux sauces.

## Topique

B.-S. a bien compris que, comme sujet de discours, la nourriture était une sorte de grille (de *topique*, aurait dit l'ancienne rhétorique), à travers laquelle on pouvait promener avec succès toutes les sciences que nous appelons aujourd'hui sociales et humaines. Son livre tend à l'encyclopédie, même s'il ne fait qu'en esquisser le geste. Autrement dit, le discours est en droit d'attaquer la nourriture sous plusieurs pertinences ; c'est en somme un fait social total, autour duquel on peut convoquer des méta-langages variés : ceux de la physiologie, de la chimie, de la géographie, de l'histoire, de l'économie, de la sociologie et de la politique (nous y ajouterions aujourd'hui la symbolique). C'est cet encyclopédisme — cet « humanisme » — que recouvre, pour B.-S., le nom de *gastronomie* : « La gastronomie est la connaissance de tout ce qui a rapport à l'homme, en tant qu'il se nourrit. » Cette ouverture scientifique correspond bien à ce que fut B.-S. dans sa vie même ; ce fut essentiellement un sujet polymorphe : juriste, diplomate, musicien, mondain, ayant bien connu et l'étranger et la province, la nourriture ne fut pas pour lui une manie mais plutôt une sorte d'opérateur universel du discours.

Il faut peut-être, pour finir, méditer un peu sur les dates. B.-S. a vécu de 1755 à 1826. Ce fut assez exactement (par exemple) un contemporain de Gœthe (1749-1832). Gœthe et Brillat-Savarin : ces deux noms, rapprochés, font énigme. Certes, Werther ne dédaignait pas de se faire cuire des petits pois au beurre, dans sa retraite de Wahlheim ; mais le voit-on s'intéresser aux vertus aphrodisiaques de la truffe et aux éclairs de désir qui traversent le visage des belles gourmandes ? C'est que le XIXᵉ siècle commence son double voyage, positiviste et romantique (et peut-être *ceci* à cause de *cela*). Autour de 1825, année où paraît *la Physiologie du goût*, se noue une double postulation de l'Histoire, ou tout au moins de l'idéologie, dont il n'est pas sûr que nous soyons sortis : d'une part une sorte de réhabilitation des joies terrestres, un sensualisme, lié au sens progressiste de l'Histoire, et d'autre part une explosion grandiose du mal de vivre, liée, elle, à toute une culture nouvelle du symbole. L'humanité occidentale établit ainsi un double répertoire de ses conquêtes, de ses valeurs : d'un côté les découvertes chimiques (garantes d'un essor de l'industrie et d'une transformation sociale), et de l'autre une très grande aventure symbolique : 1825, l'année de B.-S., n'est-elle pas aussi l'année où Schubert compose son quatuor de *la Jeune Fille et la Mort* ? B.-S., qui nous apprend la concomitance des plaisirs sensuels, nous représente aussi, indirectement, comme il convient à un bon témoin, l'importance, encore sous-évaluée, des cultures et des histoires *composées*.

In *Physiologie du goût*,
de Brillat-Savarin. © C. Hermann,
Éd. des Sciences et des Arts, 1975.

# Une idée de recherche

Dans le petit train de Balbec, une dame solitaire lit la *Revue des deux mondes* ; elle est laide, vulgaire ; le Narrateur la prend pour une tenancière de maison close ; mais au voyage suivant le petit clan, ayant envahi le train, apprend au Narrateur que cette dame est la princesse Sherbatoff, femme de grande naissance, la perle du salon Verdurin.

Ce dessin, qui conjoint dans un même objet deux états absolument antipathiques et renverse radicalement une apparence en son contraire, est fréquent dans *la Recherche du Temps perdu*. Voici quelques exemples, pris au fil d'une lecture des premiers volumes : 1. des deux cousins Guermantes, le plus jovial est en réalité le plus dédaigneux (le duc), le plus froid est le plus simple (le prince) ; 2. Odette Swann, femme supérieure selon le jugement de son milieu, passe pour bête chez les Verdurin ; 3. Norpois, pontifiant au point d'intimider les parents du Narrateur et de les persuader que leur fils n'a aucun talent, est d'un mot éreinté par Bergotte (« mais c'est un vieux serin ») ; 4. le même Norpois, aristocrate monarchiste, est chargé de missions diplomatiques extraordinaires par des cabinets radicaux « qu'un simple bourgeois réactionnaire se fût refusé à servir et auxquels le passé de M. de Norpois, ses attaches et ses opinions eussent dû le rendre suspect » ; 5. Swann et Odette sont aux petits soins avec le Narrateur ; cependant il fut un temps où Swann ne daigna même pas répondre à la lettre « si persuasive et si complète » que celui-ci lui avait écrite ; le concierge de l'immeuble des Swann est désormais transformé en bienveillante Euménide ; 6. M. Verdurin parle de Cottard de deux façons : s'il suppose le professeur peu connu de son interlocuteur, il le magnifie, mais il use d'un procédé inverse et prend un air simplet pour parler du génie médical de Cottard, si celui-ci est reconnu ; 7. venant de lire dans le livre d'un grand savant que la transpiration est nuisible aux reins, le Narrateur rencontre le docteur E. qui lui déclare : « L'avantage de ces temps chauds, où la transpiration est abondante, c'est que le rein en est soulagé d'autant ». Et ainsi de suite.

Ces notations sont si fréquentes, elles sont appliquées à des individus, des objets, des situations, des langages si différents avec une telle constance, qu'on est en droit d'y repérer une forme de discours dont l'obsession même est énigmatique. Appelons cette forme, tout au moins provisoirement, l'*inversion,* et prévoyons (sans pouvoir aujourd'hui l'accomplir) de dresser l'inventaire de ses occurrences, d'analyser les modes de son énonciation, le ressort qui la construit, et de situer les extensions considérables qu'elle semble devoir prendre à des niveaux très différents de l'œuvre de Proust. Ainsi aurons-nous posé une « idée de recherche » — sans cependant nous laisser aller à la moindre ambition positiviste : *la Recherche du Temps perdu* est l'une de ces grandes cosmogonies que le XIXᵉ siècle, principalement, a su produire (Balzac, Wagner, Dickens, Zola), dont le caractère, à la fois statutaire et historique, est précisément celui-ci : qu'elles sont des espaces (des galaxies) *infiniment explorables* ; ce qui déporte le travail critique loin de toute illusion de « résultat » vers la simple production d'une écriture supplémentaire, dont le texte tuteur (le roman proustien), si nous écrivions notre recherche, ne serait que le pré-texte.

*

Voilà donc deux identités d'un même corps : d'un côté la tenancière de bordel, et de l'autre la princesse Sherbatoff, dame d'honneur de la grande duchesse Eudoxie. On peut être tenté de voir dans ce dessin le jeu banal de l'apparence et de la vérité : la princesse russe, fleuron du salon Verdurin, *n'est qu'*une femme de la plus basse vulgarité. Cette interprétation serait proprement *moraliste* (la forme syntaxique *ne... que* est constante chez La Rochefoucauld, par exemple) ; on reconnaîtrait alors (ce qui a été fait, ici et là) dans l'œuvre proustienne un projet aléthique, une énergie de déchiffrement, une recherche d'essence, dont le premier travail serait de débarrasser la vérité humaine des apparences contraires que lui surimpriment la vanité, la mondanité, le snobisme. Cependant, en faisant de l'inversion proustienne une simple réduction, on sacrifie les efflorescences de la forme et l'on risque de manquer le texte. Ces efflorescences (vérité du discours et non vérité du projet) sont les suivantes : la *temporalité,* ou plus exactement un effet de temps ; les deux termes de la contradiction sont séparés par un temps, une aventure : ce n'est pas, à la lettre, le même Narrateur qui lit la patronne de bordel et la grande dame russe : deux trains les séparent. Le *comble* : l'inversion se fait selon une figure exacte, comme si un dieu — un *fatum* — présidait avec malice au trajet qui conduit la princesse à coïncider avec son contraire absolu, déterminé géométriquement ; on dirait l'une de ces devinettes dont Proust était d'ailleurs friand : quel est le comble pour une tenancière de bordel ? C'est d'être la dame de compagnie de la grande duchesse Eudoxie — ou vice versa. La *surprise* : le renversement des apparences — ne disons plus de l'apparence en vérité — procure toujours au Narrateur un étonnement délicieux : essence de surprise — on y reviendra —, et non essence de vérité, véritable jubilation, si entière, si pure, si triomphante, comme le prouve la réussite de l'énonciation, que ce mode d'inversion ne peut visiblement relever que d'une érotique (du discours), comme si le tracé du renversement était le moment même où Proust jouit d'écrire : c'est, piqué ici et là dans le grand continuum de la quête, le *plus-à-jouir* du récit, du langage.

*

Le plaisir trouvé, le sujet n'a de cesse qu'il le répète. L'inversion — comme *forme* — envahit toute la structure de *la Recherche.* Elle inaugure le récit lui-même : la première scène, d'où sortira, par Swann, tout le roman, s'articule sur le renversement d'un désespoir (celui de devoir s'endormir sans le baiser maternel) en joie (celle de passer la nuit en compagnie de la mère) ; ici même, les caractères de l'inversion proustienne sont inscrits : non seulement la mère, finalement (*temporalité*), viendra embrasser son fils contre toute prévision (*surprise*), mais encore (*comble*) c'est du désespoir le plus sombre que surgira la joie la plus éclatante, le Père sévère se transformant inopinément en Père gracieux (« ... dis donc à Françoise de te préparer le grand lit et couche pour cette nuit auprès de

309

lui »). Le renversement ne reste pas limité aux mille notations de détail dont on a donné quelques exemples ; il structure le devenir même des principaux personnages, soumis à des élévations et à des chutes « exactes » : du comble de la grandeur aristocratique, Charlus, dans le salon Verdurin, tombe au rang de petit-bourgeois ; Swann, commensal des plus grands princes, est pour les grand-tantes du Narrateur un personnage falot et sans classe ; cocotte, Odette devient Mme Swann ; Mme Verdurin finit princesse de Guermantes, etc. Une permutation incessante anime, bouleverse le jeu social (l'œuvre de Proust est beaucoup plus sociologique qu'on ne dit : elle décrit avec exactitude la grammaire de la promotion, de la mobilité des classes), au point que la mondanité peut se définir par une forme : le renversement (des situations, des opinions, des valeurs, des sentiments, des langages).

L'inversion sexuelle est à cet égard exemplaire (mais non forcément fondatrice), puisqu'elle donne à lire dans un même corps la surimpression de deux contraires absolus, l'Homme et la Femme (contraires, on le sait, définis par Proust biologiquement, et non symboliquement : trait d'époque, sans doute, puisque, pour réhabiliter l'homosexualité, Gide propose des histoires de pigeons et de chiens) ; la scène du frelon, au cours de laquelle le Narrateur découvre la Femme sous le baron de Charlus, vaut théoriquement pour toute lecture du jeu des contraires ; de là, dans toute l'œuvre, l'homosexualité développe ce qu'on pourrait appeler son énantiologie (ou discours du renversement) ; d'une part, elle donne lieu dans le monde à mille situations paradoxales, contresens, méprises, surprises, combles et malices, que *la Recherche* relève scrupuleusement ; et, d'autre part, en tant que renversement exemplaire, elle est animée d'un mouvement irrésistible d'expansion ; par une large courbe qui occupe toute l'œuvre, courbe patiente mais infaillible, la population de *la Recherche*, hétérosexuelle au départ, se retrouve à la fin en position exactement inverse, c'est-à-dire homosexuelle (tels Saint-Loup, le prince de Guermantes, etc.) : il y a une pandémie de l'inversion, du renversement.

Le renversement est une loi. Tout trait est appelé à se renverser, par un mouvement de rotation implacable : pourvu d'un langage

310

aristocratique, Swann ne peut, à un certain moment, que l'inverser en langage bourgeois. Cette contrainte est si légale qu'elle rend inutile, dit Proust, l'observation des mœurs : on peut très bien les *déduire* de la loi d'inversion. La lecture du renversement vaut donc pour un savoir. Attention, cependant : ce savoir ne met pas à nu des contenus, ou du moins ne s'y arrête pas : ce qui est notable (légal), ce n'est pas que la grande dame russe soit vulgaire ou que M. Verdurin adapte sa présentation de Cottard à son interlocuteur, c'est la forme de cette lecture, la logique d'inversion qui structure le monde, c'est-à-dire la mondanité ; cette inversion elle-même n'a pas de sens, on ne peut l'arrêter, l'un des termes permutés n'est pas plus « vrai » que l'autre : Cottard n'est ni « grand » ni « petit », sa vérité, s'il en a une, est une vérité de discours, étendue à toute l'oscillation que la parole de l'Autre (en l'occurrence M. Verdurin) lui fait subir. A la syntaxe classique, qui nous dirait que la princesse Sherbatoff *n'est qu'*une tenancière de maison publique, Proust substitue une syntaxe concomitante : la princesse *est aussi* une maîtresse de bordel ; nouvelle syntaxe, qu'il faudrait appeler métaphorique, parce que la métaphore, contrairement à ce que la rhétorique a longtemps pensé, est un travail de langage privé de toute vectorisation : elle ne va d'un terme à un autre que circulairement et infiniment. On comprend alors pourquoi l'*ethos* de l'inversion proustienne est la surprise ; c'est l'émerveillement d'un *retour*, d'une *jonction*, d'une *retrouvaille* (et d'une réduction) : énoncer les contraires, c'est finalement les réunir dans l'unité même du texte, du voyage d'écriture. Rien d'étonnant, dès lors, à ce que la grande opposition qui semble au départ rythmer à la fois les promenades de Combray et les divisions du roman (*Du côté de chez Swann / le Côté de Guermantes*) soit sinon fallacieuse (nous ne sommes pas dans l'ordre de la vérité), du moins révocable : on le sait, le Narrateur découvre un jour avec stupéfaction (la même qu'il éprouve à constater que le baron de Charlus est une Femme, la princesse Sherbatoff une tenancière de mauvais lieu, etc.) que les deux routes qui divergent de la maison familiale se rejoignent et que le monde de Swann et celui de Guermantes, à travers mille anastomoses, finissent par coïncider en la personne de Gilberte, fille de Swann et épouse de Saint-Loup.

Il y a cependant un moment, dans *la Recherche,* où la grande forme inversante ne fonctionne plus. Qu'est-ce donc qui la bloque ? Rien moins que la Mort. On sait que tous les personnages de Proust se retrouvent dans le volume final de l'œuvre (*le Temps retrouvé*) ; dans quel état ? Nullement inversés (comme l'aurait permis le grand laps de temps au bout duquel ils se trouvent réunis à la matinée de la princesse de Guermantes), mais au contraire *prolongés*, *figés* (plus encore que vieillis), *préservés*, et l'on voudrait pouvoir dire : « *persévérés* ». Dans la vie sursitaire, l'inversion ne prend plus : le récit n'a plus qu'à finir — le livre n'a plus qu'à commencer.

1971, Paragone.

# « Longtemps,
# je me suis couché de bonne heure »

Certains auront reconnu la phrase que j'ai donnée pour titre à cette conférence : « Longtemps, je me suis couché de bonne heure. Parfois, à peine ma bougie éteinte, mes yeux se fermaient si vite, que je n'avais pas le temps de me dire : " Je m'endors. " Et, une demi-heure après, la pensée qu'il était temps de chercher le sommeil m'éveillait... » : c'est le début de *la Recherche du temps perdu*. Est-ce à dire que je vous propose une conférence « sur » Proust ? Oui et non. Ce sera, si vous voulez bien : Proust et moi. Quelle prétention ! Nietzsche ironisait sur l'usage que les Allemands faisaient de la conjonction « et » : « Schopenhauer *et* Hartmann », raillait-il. « Proust et moi » est encore plus fort. Je voudrais suggérer que, paradoxalement, la prétention tombe à partir du moment où c'est moi qui parle, et non quelque témoin : car, en disposant sur une même ligne Proust et moi-même, je ne signifie nullement que je me compare à ce grand écrivain, mais, d'une manière tout à fait différente, que *je m'identifie à lui* : confusion de pratique, non de valeur. Je m'explique : dans la littérature figurative, dans le roman, par exemple, il me semble qu'on s'identifie plus ou moins (je veux dire par moments) à l'un des personnages représentés ; cette projection, je le crois, est le ressort même de la littérature ; mais, dans certains cas marginaux, dès lors que le lecteur est un sujet qui veut lui-même écrire une œuvre, ce sujet ne s'identifie plus seulement à tel ou tel personnage fictif, mais aussi et surtout à l'auteur même du livre lu, en tant qu'il a voulu écrire ce livre et y a réussi ; or, Proust est le lieu privilégié de cette identification particulière, dans la mesure où *la Recherche* est le récit d'un désir d'écrire : je ne m'identifie pas à l'auteur prestigieux d'une œuvre monumentale, mais à l'ouvrier, tantôt tourmenté, tantôt exalté, de toute manière modeste, qui a voulu entreprendre une tâche à laquelle, dès l'origine de son projet, il a conféré un caractère absolu.

1

Donc, d'abord, Proust.

*La Recherche* a été précédée de nombreux écrits : un livre, des traductions, des articles. La grande œuvre n'est vraiment lancée, semble-t-il, que pendant l'été 1909 ; c'est dès lors, on le sait, une course obstinée contre la mort qui menace le livre d'inachèvement. Il y a eu apparemment dans cette année 1909 (même s'il est vain de vouloir dater avec précision le départ d'une œuvre) une période cruciale d'hésitation. Proust est en effet à la croisée de deux voies, de deux genres, tiraillé entre deux « côtés », dont il ne sait pas encore qu'ils peuvent se rejoindre, pas plus que le Narrateur ne sait, pendant très longtemps, jusqu'au mariage de Gilberte et de Saint-Loup, que le côté de chez Swann touche au côté de Guermantes : le côté de l'Essai (de la Critique) et le côté du Roman. A la mort de sa mère, en 1905, Proust traverse une période d'accablement, mais aussi d'agitation stérile ; il a envie d'écrire, de faire une œuvre, mais laquelle ? Ou plutôt quelle forme ? Proust écrit à Mme de Noailles, en décembre 1908 : « Je voudrais, quoique bien malade, écrire sur Sainte-Beuve [incarnation des valeurs esthétiques qu'il abhorre]. La chose s'est bâtie dans mon esprit de deux façons différentes entre lesquelles je dois choisir. Or, je suis sans volonté et sans clairvoyance. »

Je ferai remarquer que l'hésitation de Proust, à laquelle, c'est normal, il donne une forme psychologique, correspond à une alternance structurale : les deux « côtés » entre lesquels il hésite sont les deux termes d'une opposition mise à jour par Jakobson : celle de la Métaphore et de la Métonymie. La Métaphore soutient tout discours qui pose la question : « Qu'est-ce que c'est ? Qu'est-ce que cela veut dire ? » ; c'est la question même de tout Essai. La Métonymie, au contraire, pose une autre question : « De

314

quoi ceci, que j'énonce, peut-il être suivi ? Que peut engendrer l'épisode que je raconte ? » ; c'est la question du Roman. Jakobson rappelait l'expérience menée dans une classe d'enfants, à qui l'on demandait de réagir au mot « hutte » ; les uns répondaient que la hutte était une petite cabane (métaphore), les autres qu'elle avait brûlé (métonymie) ; Proust est un sujet divisé comme l'était la petite classe de Jakobson ; il sait que chaque incident de la vie peut donner lieu ou à un commentaire (une interprétation), ou à une affabulation qui en donne ou en imagine l'*avant* et l'*après* narratif : interpréter, c'est entrer dans la voie de la Critique, en discuter la théorie, en prenant parti contre Sainte-Beuve ; lier les incidents, les impressions, les dérouler, c'est au contraire tisser peu à peu un récit, même lâche.

L'indécision de Proust est profonde, dans la mesure où Proust n'est pas un novice (en 1909, il a trente-huit ans) ; il a déjà écrit, et ce qu'il a écrit (notamment au niveau de certains fragments) relève souvent d'une forme mixte, incertaine, hésitante, à la fois romanesque et intellectuelle ; par exemple, pour exposer ses idées sur Sainte-Beuve (domaine de l'Essai, de la Métaphore), Proust écrit un dialogue fictif entre sa mère et lui (domaine du Récit, de la Métonymie). Non seulement cette indécision est profonde, mais encore elle est peut-être chérie : Proust a aimé et admiré des écrivains dont il constate qu'ils ont pratiqué, eux aussi, une certaine indécision des genres : Nerval et Baudelaire.

A ce débat il faut restituer son pathétique. Proust cherche une forme qui recueille la souffrance (il vient de la connaître, absolue, par la mort de sa mère) et la transcende ; or, l'« intelligence » (mot proustien), dont Proust fait le procès en commençant le *Contre Sainte-Beuve*, si l'on suit la tradition romantique, est une puissance qui blesse ou assèche l'affect ; Novalis présentait la poésie comme « ce qui guérit les blessures de l'entendement » ; le Roman aussi peut le faire, mais pas n'importe lequel : un roman qui ne soit pas fait selon les idées de Sainte-Beuve.

Nous ignorons par quelle détermination Proust est sorti de cette hésitation, et pourquoi (si tant est qu'il y ait une cause circonstancielle), après avoir renoncé au *Contre Sainte-Beuve* (au reste refusé par *le Figaro* en août 1909), il s'est lancé à fond dans *la Recherche* ; mais nous connaissons la forme qu'il a choisie : c'est celle-là même de *la Recherche* : roman ? Essai ? Aucun des deux ou les deux à la fois : ce que j'appellerai *une tierce forme*. Interrogeons un instant ce troisième genre.

Si j'ai placé en tête de ces réflexions la première phrase de *la Recherche*, c'est qu'elle ouvre un épisode d'une cinquantaine de pages qui, tel le *mandala* tibétain, tient rassemblée dans sa vue toute l'œuvre proustienne. De quoi parle cet épisode ? Du sommeil. Le sommeil proustien a une valeur fondatrice : il organise l'originalité (le « typique ») de *la Recherche* (mais cette organisation, nous allons le voir, est en fait une désorganisation).

Naturellement, il y a un bon et un mauvais sommeil. Le bon sommeil, c'est celui qui est ouvert, inauguré, permis, consacré par le baiser vespéral de la mère ; c'est le sommeil droit, conforme à la Nature (dormir la nuit, agir le jour). Le mauvais sommeil, c'est le sommeil loin de la mère : le fils dort le jour, pendant que la mère veille ; ils ne se voient qu'au bref croisement du temps droit et du temps inversé : réveil pour l'une, coucher pour l'autre ; ce mauvais sommeil (sous véronal), il ne sera pas trop de toute l'œuvre pour le justifier, le racheter, puisque c'est au prix douloureux de cette inversion que *la Recherche*, nuit après nuit, s'écrira.

Qu'est-il, ce bon sommeil (de l'enfance) ? C'est un « demi-réveil ». (« J'ai essayé d'envelopper mon premier chapitre dans les impressions du demi-réveil. ») Bien que Proust parle à un moment des « profondeurs de notre inconscient », ce sommeil n'a rien de freudien ; il n'est pas onirique (il y a peu de rêves véritables dans l'œuvre de Proust) ; il est plutôt constitué par les profondeurs du conscient *en tant que désordre*. Un paradoxe le définit bien : il est un sommeil qui peut être écrit, parce qu'il est une conscience de sommeil ; tout l'épisode (et, partant, je le crois, toute l'œuvre qui en sort) se tient ainsi suspendu dans une sorte de scandale grammatical : dire « je dors » est en effet, à la lettre, aussi impossible que de dire « je suis mort » ; l'écriture est précisément cette activité qui travaille la langue — les impossibilités de la langue — au profit du discours.

Que fait-il, ce sommeil (ou ce demi-réveil) ? Il introduit à une « fausse conscience », ou plutôt, pour éviter le stéréotype, à une conscience fausse : une conscience déréglée, vacillante, intermittente ; la carapace logique du Temps est attaquée ; il n'y a plus de chrono-logie (si l'on veut bien séparer les deux parties du mot) : « Un homme qui dort [entendons : de ce sommeil proustien, qui est un demi-réveil] tient en cercle autour de lui le fil des heures, l'ordre des années et des mondes... mais *leurs rangs peuvent se mêler, se rompre* [je souligne]. » Le sommeil fonde une autre logique, une logique de la Vacillation, du Décloisonnement, et c'est cette nouvelle logique que Proust découvre dans l'épisode de la madeleine, ou plutôt de la biscotte, tel qu'il est rapporté dans le *Contre Sainte-Beuve* (c'est-à-dire avant *la Recherche*) : « Je restai immobile... quand soudain les cloisons ébranlées de ma mémoire cédèrent. » Naturellement, une telle révolution logique ne peut que susciter une réaction de bêtise : Humblot, lecteur des éditions Ollendorf, recevant le manuscrit de *Du côté de chez Swann*, déclare : « Je ne sais si je suis bouché à l'émeri, mais je ne comprends pas l'intérêt qu'il peut y avoir à lire trente pages (*précisément notre mandala*) sur la façon dont un Monsieur se retourne dans son lit avant de s'endormir. » L'intérêt est cependant capital : il est d'ouvrir les vannes du *Temps* : la chrono-logie ébranlée, des fragments, intellectuels ou narratifs, vont former une suite soustraite à la loi ancestrale du Récit ou du Raisonnement, et cette suite produira sans forcer la *tierce forme*, ni Essai ni Roman. La structure de cette œuvre sera, à proprement parler, *rhapsodique*, c'est-à-dire (étymologiquement) *cousue* ; c'est d'ailleurs une métaphore proustienne : l'œuvre se fait comme une robe ; le texte rhapsodique implique un art original, comme l'est celui de la couturière : des pièces, des morceaux sont soumis à des croisements, des arrangements, des rappels : une robe n'est pas un *patchwork*, pas plus que ne l'est *la Recherche*.

Issue du sommeil, l'œuvre (*la tierce forme*) repose sur un principe provoquant : la *désorganisation* du Temps (de la chrono-logie). Or, c'est là un principe très moderne. Bachelard appelle *rythme* cette force qui vise à « débarrasser l'âme des fausses permanences des durées mal faites », et cette définition s'applique très bien à *la Recherche*, dont tout l'effort, somptueux, est de soustraire le temps remémoré à la fausse permanence de la biographie. Nietzsche, plus lapidairement, dit qu'« il faut émietter l'univers, perdre le respect du tout », et John Cage, prophétisant l'œuvre musicale, annonce : « De toute manière, le tout fera une désorganisation. » Cette vacillation n'est pas une anarchie aléatoire d'associations d'idées : « Je vois, dit Proust avec une certaine amertume, les lecteurs s'imaginer que j'écris, en me fiant à d'arbitraires et fortuites associations d'idées, l'histoire de ma vie. » En fait, si l'on reprend le mot de Bachelard, il s'agit d'un *rythme,* et fort complexe : des « systèmes d'instants » (encore Bachelard) se succèdent, *mais aussi se répondent.* Car ce que le principe de vacillation désorganise, ce n'est pas l'intelligible du Temps, mais la logique illusoire de la biographie, en tant qu'elle suit traditionnellement l'ordre purement mathématique des années.

Cette désorganisation de la biographie n'en est pas la destruction. Dans l'œuvre, de nombreux éléments de la vie personnelle sont gardés, d'une façon repérable, mais ces éléments sont en quelque sorte *déportés.* Je signalerai deux de ces déports, dans la mesure où ils ne portent pas sur des détails (les biographies de Proust en sont pleines), mais sur de grandes options créatives.

Le premier déport est celui de la personne énonciatrice (au sens grammatical du mot « personne »). L'œuvre proustienne met en scène — ou en écriture — un « je » (le Narrateur) ; mais ce « je », si l'on peut dire, n'est déjà plus tout à fait un « moi » (sujet et objet de l'auto-biographie traditionnelle) : « je » n'est pas celui qui se souvient, se confie, se confesse, il est celui qui énonce ; celui que ce « je » met en scène est un « moi » d'écriture, dont les liens avec le « moi » civil sont incertains, déplacés. Proust lui-même l'a bien expliqué : la méthode de Sainte-Beuve méconnaît « qu'un livre est le produit d'un autre " moi " que celui que nous manifestons dans nos habitudes, dans la société, dans nos vices ». Le résultat de cette dialectique est qu'il est vain de se demander si le Narrateur de la *Recherche* est Proust (au sens civil du patronyme) : c'est simplement un *autre* Proust, souvent inconnu de lui-même.

Le second déport est plus flagrant (plus facile à définir) : dans *la Recherche,* il y a bien « du récit » (ce n'est pas un essai), mais ce récit n'est pas celui d'une vie que le Narrateur prendrait à sa naissance et conduirait d'année en année jusqu'au moment où il prend la plume pour la narrer. Ce que Proust raconte, ce qu'il met en récit (insistons), ce n'est pas sa vie, c'est *son désir d'écrire* : le

318

Temps pèse sur ce désir, le maintient dans une chronologie ; il (les clochers de Martinville, la phrase de Bergotte), rencontre des épreuves, des découragements (le verdict de M. de Norpois, le prestige inégalable du *Journal* des Goncourt), pour enfin triompher, lorsque le Narrateur, arrivant à la matinée Guermantes, découvre *ce qu'il doit écrire* : le Temps retrouvé, et du même coup s'assure qu'il va pouvoir écrire : *la Recherche* (cependant déjà écrite).

On le voit, ce qui passe dans l'œuvre, c'est bien la vie de l'auteur, mais une vie *désorientée*. Painter, le biographe de Proust, a bien vu que *la Recherche* était constituée par ce qu'il a appelé une « biographie symbolique », ou encore « une histoire symbolique de la vie de Proust » : Proust a compris (c'est là le génie) qu'il n'avait pas à « raconter » sa vie, mais que sa vie avait cependant la signification d'une œuvre d'art : « La vie d'un homme d'une certaine valeur est une continuelle allégorie », a dit Keats, cité par Painter. La postérité donne de plus en plus raison à Proust : son œuvre n'est plus lue seulement comme un monument de la littérature universelle, mais comme l'expression passionnante d'un sujet absolument personnel qui revient sans cesse à sa propre vie, non comme à un *curriculum vitae,* mais comme à un étoilement de circonstances et de figures. De plus en plus nous nous prenons à aimer non « Proust » (nom civil d'un auteur fiché dans les Histoires de la littérature), mais « Marcel », être singulier, à la fois enfant et adulte, *puer senilis,* passionné et sage, proie de manies excentriques et lieu d'une réflexion souveraine sur le monde, l'amour, l'art, le temps, la mort. J'ai proposé d'appeler cet intérêt très spécial que les lecteurs peuvent porter à la vie de Marcel Proust (l'album des photographies de sa vie, dans la collection de la Pléiade, est épuisé depuis longtemps) le « marcellisme », pour le distinguer du « proustisme », qui ne serait que le goût d'une œuvre ou d'une manière littéraire.

Si j'ai dégagé dans l'œuvre-vie de Proust le thème d'une nouvelle logique qui permet — en tout cas a permis à Proust — d'abolir la contradiction du Roman et de l'Essai, c'est parce que ce thème me concerne personnellement. Pourquoi ? C'est ce que je veux expliquer maintenant. Je vais donc parler de « moi ». « Moi » doit s'entendre ici lourdement : ce n'est pas le substitut aseptisé d'un lecteur général (toute substitution est une asepsie) ; ce n'est personne d'autre que celui à qui nul ne peut se substituer, pour le meilleur et pour le pire. C'est *l'intime* qui veut parler en moi, faire entendre son cri, face à la généralité, à la science.

## 2

Dante (encore un début célèbre, encore une référence écrasante) commence son œuvre ainsi : « *Nel mezzo del camin di nostra vita...* » En 1300, Dante avait trente-cinq ans (il devait mourir vingt et un ans plus tard). J'en ai bien plus, et ce qui me reste à vivre ne sera plus jamais la moitié de ce que j'aurai vécu. Car le « milieu de notre vie » n'est évidemment pas un point arithmétique : comment, au moment où je parle, connaîtrais-je la durée totale de mon existence, au point de pouvoir la diviser en deux parties égales ? C'est un point sémantique, l'instant, peut-être tardif, où survient dans ma vie l'appel d'un nouveau sens, le désir d'une mutation : changer la vie, rompre et inaugurer, me soumettre à une initiation, tel Dante s'enfonçant dans la *selva oscura,* sous la conduite d'un grand initiateur, Virgile (et pour moi, du moins le temps de cette conférence, l'initiateur, c'est Proust). L'âge, faut-il le rappeler — mais il faut le rappeler, tant chacun vit avec indifférence l'âge de l'autre —, l'âge n'est que très partiellement un donné chronologique, un chapelet d'années ; il y a des classes, des *cases* d'âge : nous parcourons la vie d'écluse en écluse ; à certains points du parcours, il y a des seuils, des dénivellations, des secousses ; l'âge n'est pas progressif, il est mutatif : regarder son âge, si cet âge est un certain âge, n'est donc pas une coquetterie qui doive entraîner des protestations bienveillantes ; c'est plutôt une tâche active : quelles sont les forces réelles que mon âge implique et veut mobiliser ? Telle est la question, surgie récemment, qui, me semble-t-il, a fait du moment présent le « milieu du chemin de ma vie ».

Pourquoi aujourd'hui ?

Il arrive un temps (c'est là un problème de conscience) où « les jours sont comptés » : commence un compte à rebours flou et cependant irréversible. On se *savait* mortel (tout le monde vous l'a dit, dès que vous avez eu des oreilles pour entendre) ; tout d'un coup on *se sent* mortel (ce n'est pas un sentiment naturel ; le naturel, c'est de se croire immortel ; d'où tant d'accidents par imprudence). Cette évidence, dès lors qu'elle est vécue, amène un bouleversement du paysage : il me faut, impérieusement, loger mon travail dans une case aux contours incertains, mais dont je sais (conscience nouvelle) qu'ils sont *finis* : la dernière case. Ou plutôt, parce que la case est dessinée, parce qu'il n'y a plus de « hors-case », le travail que je vais y loger prend une sorte de solennité. Comme Proust malade, menacé par la mort (ou le croyant), nous retrouvons le mot de saint Jean cité, approximativement, dans le *Contre Sainte-Beuve* : « Travaillez pendant que vous avez encore la lumière. »

Et puis il arrive aussi un temps (le même), où ce qu'on a fait, travaillé, écrit, apparaît comme voué à la répétition : quoi, toujours jusqu'à ma mort, je vais écrire des articles, faire des cours, des conférences, sur des « sujets », qui seuls varieront, si peu ! (C'est le « sur » qui me gêne.) Ce sentiment est cruel ; car il me renvoie à la forclusion de tout Nouveau, ou encore de l'Aventure (ce qui m'« advient ») ; je vois mon avenir, jusqu'à la mort, comme un « train » : quand j'aurai fini ce texte, cette conférence, je n'aurai rien d'autre à faire qu'à en recommencer un autre, une autre ? Non, Sisyphe n'est pas heureux : il est aliéné non à l'effort de son travail ni même à sa vanité, mais à sa répétition.

Enfin un événement (et non plus seulement une conscience) peut survenir, qui va marquer, inciser, articuler cet ensablement progressif du travail, et déterminer cette mutation, ce renversement de paysage, que j'ai appelé le « milieu de la vie ». Rancé, cavalier frondeur, dandy mondain, revient de voyage et découvre le corps de sa maîtresse, décapitée par un accident : il se retire et fonde la Trappe. Pour Proust, le « chemin de la vie » fut certainement la mort de sa mère (1905), même si la mutation d'existence, l'inauguration de l'œuvre nouvelle n'eut lieu que quelques années plus tard. Un deuil cruel, un deuil unique et comme irréductible, peut constituer pour moi cette « cime du particulier », dont parlait Proust ; quoique tardif, ce deuil sera pour moi le milieu de ma vie ;

car le « milieu de la vie » n'est peut-être jamais rien d'autre que ce moment où l'on découvre que la mort est réelle, et non plus seulement redoutable.

Ainsi cheminant, il se produit tout d'un coup cette évidence : d'une part, je n'ai plus le temps d'essayer plusieurs vies : il faut que je choisisse ma dernière vie, ma vie nouvelle, « *Vita Nova* », disait Michelet en épousant à cinquante et un ans une jeune fille qui en avait vingt, et en s'apprêtant à écrire des livres nouveaux d'histoire naturelle ; et, d'autre part, je dois sortir de cet état ténébreux (la théologie médiévale parlait d'*acédie*) où me conduisent l'usure des travaux répétés et le deuil. Or, pour celui qui écrit, qui a choisi d'écrire, il ne peut y avoir de « vie nouvelle », me semble-t-il, que la découverte d'une nouvelle pratique d'écriture. Changer de doctrine, de théorie, de philosophie, de méthode, de croyance, bien que cela paraisse spectaculaire, est en fait très banal : on le fait comme on respire ; on investit, on désinvestit, on réinvestit : les conversions intellectuelles sont la pulsion même de l'intelligence, dès lors qu'elle est attentive aux surprises du monde ; mais la recherche, la découverte, la pratique d'une forme nouvelle, cela, je pense, est à la mesure de cette *Vita Nova*, dont j'ai dit les déterminations.

C'est ici, à ce milieu de mon chemin, à cette cime de mon particulier, que j'ai retrouvé deux lectures (à vrai dire, faites si souvent que je ne puis les dater). La première est celle d'un grand roman, comme, hélas, on n'en fait plus : *Guerre et Paix* de Tolstoï. Je ne parle pas ici d'une œuvre, mais d'un bouleversement ; ce bouleversement a pour moi son sommet à la mort du vieux prince Bolkonski, aux derniers mots qu'il adresse à sa fille Marie, à l'explosion de tendresse qui, sous l'instance de la mort, déchire ces deux êtres qui s'aimaient sans jamais tenir le discours (le verbiage) de l'amour. La seconde lecture est celle d'un épisode de *la Recherche* (cette œuvre intervient ici à un tout autre titre qu'au début de cette conférence : je m'identifie maintenant au Narrateur, non à l'écrivain), qui est la mort de la grand-mère ; c'est un récit d'une pureté absolue ; je veux dire que la douleur y est pure, dans la mesure où elle n'est pas commentée (contrairement à d'autres épisodes de *la Recherche*) et où l'atroce de la mort qui vient, qui va séparer à jamais, n'est dit qu'à travers des objets et des incidents indirects : la station au pavillon des Champs-Élysées, la pauvre tête qui balance sous les coups de peigne de Françoise.

De ces deux lectures, de l'émotion qu'elles ravivent toujours en moi, je tirai deux leçons. Je constatai d'abord que ces épisodes, je les recevais (je ne trouve pas d'autre expression) comme des « moments de vérité » : tout d'un coup la littérature (car c'est d'elle qu'il s'agit) coïncide absolument avec un arrachement émotif, un « cri » ; à même le corps du lecteur qui vit, par souvenir ou prévision, la séparation loin de l'être aimé, une transcendance est posée : quel Lucifer a créé *en même temps* l'amour et la mort ? Le « moment de vérité » n'a rien à voir avec le « réalisme » (il est d'ailleurs absent de toutes les théories du roman). Le « moment de vérité », à supposer qu'on accepte d'en faire une notion analytique, impliquerait une reconnaissance du *pathos*, au sens simple, non péjoratif, du terme, et la science littéraire, chose bizarre, reconnaît mal le *pathos* comme force de lecture ; Nietzsche, sans doute, pourrait nous aider à fonder la notion, mais nous sommes encore loin d'une théorie ou d'une histoire pathétique du Roman ; car il faudrait, pour l'esquisser, accepter d'émietter le « tout » de l'univers romanesque, ne plus placer l'essence du livre dans sa structure, mais au contraire reconnaître que l'œuvre émeut, vit, germe, à travers une espèce de « délabrement » qui ne laisse debout que certains moments, lesquels en sont à proprement parler les sommets, la lecture vivante, concernée, ne suivant en quelque sorte qu'une ligne de crête : les moments de vérité sont comme les points de *plus-value* de l'anecdote.

La seconde leçon, je devrais dire le second courage que je tirai de ce contact brûlant avec le Roman, c'est qu'il faut accepter que l'œuvre à faire (puisque je me définis comme « celui qui veut écrire ») représente activement, *sans le dire*, un sentiment dont j'étais sûr, mais que j'ai bien du mal à nommer, car je ne puis sortir d'un cercle de mots usés, douteux à force d'avoir été employés sans rigueur. Ce que je puis dire, ce que je ne peux faire autrement que de dire, c'est que ce sentiment qui doit animer l'œuvre est du côté de l'amour : quoi ? La bonté ? La générosité ? La charité ? Peut-être tout simplement parce que Rousseau lui a donné la dignité d'un « philosophème » : la pitié (ou la compassion).

J'aimerais un jour développer ce pouvoir du Roman — pouvoir

aimant ou amoureux (certains mystiques ne dissociaient pas *Agapè d'Éros*) — soit au gré d'un Essai (j'ai parlé d'une Histoire pathétique de la Littérature), soit au gré d'un Roman, étant entendu que j'appelle ainsi, par commodité, toute Forme qui soit nouvelle par rapport à ma pratique passée, à mon discours passé. Cette forme, je ne puis la soumettre par avance aux règles structurales du Roman. Je puis seulement lui demander de remplir à mes propres yeux trois missions. La première serait de me permettre de *dire* ceux que j'aime (Sade, oui, Sade disait que le roman consiste à peindre ceux qu'on aime), et non pas de leur dire que je les aime (ce qui serait un projet proprement lyrique) ; j'espère du Roman une sorte de transcendance de l'égotisme, dans la mesure où dire ceux qu'on aime, c'est témoigner qu'ils n'ont pas vécu (et bien souvent souffert) « pour rien » : dites, à travers l'écriture souveraine, la maladie de la mère de Proust, la mort du vieux prince Bolkonski, la douleur de sa fille Marie (personnes de la famille même de Tolstoï), la détresse de Madeleine Gide (dans *Et nunc manet in te*) ne tombent pas dans le néant de l'Histoire : ces vies, ces souffrances sont recueillies, justifiées (ainsi doit-on entendre le thème de la Résurrection dans l'Histoire de Michelet). La seconde mission que je confierais à ce Roman (fantasmé, et probablement impossible), ce serait de me permettre la représentation d'un ordre affectif, pleinement, mais indirectement. Je lis un peu partout que c'est une sensibilité très « moderne » que de « cacher sa tendresse » (sous des jeux d'écriture) ; mais pourquoi ? Serait-elle plus « vraie », aurait-elle plus de valeur parce qu'on se guinde à la cacher ? Toute une morale, aujourd'hui, méprise et condamne l'expression du *pathos* (au sens simple que j'ai dit), soit au profit du rationnel politique, soit à celui du pulsionnel, du sexuel ; le Roman, tel que je le lis ou le désire, est précisément cette Forme qui, en déléguant à des personnages le discours de l'affect, permet de dire ouvertement cet affect : le pathétique y est énonçable, car le Roman, étant représentation et non expression, ne peut être jamais pour celui qui l'écrit un discours de la mauvaise foi. Enfin et peut-être surtout, le Roman (j'entends toujours par là cette Forme incertaine, peu canonique dans la mesure où je ne le conçois pas, mais seulement la remémore ou la désire), puisque son écriture est médiate (il ne présente les idées, les sentiments que par des intermédiaires), le Roman, donc, ne fait pas pression sur l'autre (le lecteur) ; son instance est la vérité des affects, non celle des idées : il n'est donc jamais arrogant, terroriste : selon la typologie nietzschéenne, il se place du côté de l'Art, non de la Prêtrise.

Est-ce que tout cela veut dire que je vais écrire un roman ? Je n'en sais rien. Je ne sais s'il sera possible d'appeler encore « roman » l'œuvre que je désire et dont j'attends qu'elle rompe avec la nature uniformément intellectuelle de mes écrits passés (même si bien des éléments romanesques en altèrent la rigueur). Ce Roman utopique, il m'importe de faire *comme si* je devais l'écrire. Et je retrouve ici, pour finir, la méthode. Je me mets en effet dans la position de celui qui *fait* quelque chose, et non plus de celui qui parle *sur* quelque chose : je n'étudie pas un produit, j'endosse une production ; j'abolis le discours sur le discours ; le monde ne vient plus à moi sous la forme d'un objet, mais sous celle d'une écriture, c'est-à-dire d'une pratique : je passe à un autre type de savoir (celui de l'Amateur) et c'est en cela que je suis méthodique. « Comme si » : cette formule n'est-elle pas l'expression même d'une démarche scientifique, comme on le voit en mathématiques ? Je fais une hypothèse et j'explore, je découvre la richesse de ce qui en découle ; je postule un roman à faire, et de la sorte je peux espérer en apprendre plus sur le roman qu'en le considérant seulement comme un objet déjà fait par les autres. Peut-être est-ce finalement au cœur de cette subjectivité, de cette intimité même dont je vous ai entretenus, peut-être est-ce à la « cime de mon particulier » que je suis scientifique sans le savoir, tourné confusément vers cette *Scienza Nuova* dont parlait Vico : ne devra-t-elle pas exprimer à la fois la brillance et la souffrance du monde, ce qui, en lui, me séduit et m'indigne ?

Conférence au Collège de France, 1978. Ce texte a fait l'objet d'une édition hors commerce dans la série des « Inédits du Collège de France », n° 3, 1982.

# Préface à *Tricks*
# de Renaud Camus

« Pourquoi avez-vous accepté de préfacer ce livre de Renaud Camus ?

— Parce que Renaud Camus est un écrivain, que son texte relève de la littérature, qu'il ne peut le dire lui-même et qu'il faut donc que quelqu'un le dise à sa place.

— Si ce texte est littéraire, cela doit se voir tout seul.

— Cela se voit, ou s'entend, à la première tournure de phrase, à une manière immédiate de dire " je ", de conduire le récit. Mais comme ce livre semble parler, et crûment, de sexe, d'homosexualité, certains oublieront peut-être la littérature.

— On dirait que, pour vous, affirmer la nature littéraire d'un texte, c'est une manière de le dédouaner, de le sublimer, de le purifier, de lui donner une sorte de dignité, que donc, à vous croire, le sexe n'a pas ?

— Nullement : la littérature est là pour donner un supplément de jouissance, non de décence.

— Eh bien, allez-y ; mais soyez bref. »

L'homosexualité choque moins, mais elle continue à intéresser ; elle en est encore à ce stade d'excitation où elle provoque ce que l'on pourrait appeler des prouesses de discours. Parler d'elle permet à ceux « qui n'en sont pas » (expression déjà épinglée par Proust) de se montrer ouverts, libéraux, modernes ; et à ceux « qui en sont » de témoigner, de revendiquer, de militer. Chacun s'emploie, dans des sens différents, à la faire mousser.

Pourtant, se proclamer quelque chose, c'est toujours parler sous l'instance d'un Autre vengeur, entrer dans son discours, discuter avec lui, lui demander une parcelle d'identité : « *Vous êtes... — Oui, je suis...* » Au fond, peu importe l'attribut ; ce que la société ne tolérerait pas, c'est que je sois... *rien*, ou, pour être plus précis, que le *quelque chose* que je suis soit donné ouvertement pour passager, révocable, insignifiant, inessentiel, en un mot : impertinent. Dites seulement « *Je suis* », et vous serez socialement sauvé.

Refuser l'injonction sociale peut se faire à travers cette forme de silence qui consiste à dire les choses *simplement*. Dire *simplement* relève d'un art supérieur : l'écriture. Prenez les productions spontanées, les témoignages parlés, puis transcrits, dont la presse et l'édition font de plus en plus usage. Quel qu'en soit l'intérêt « humain », je ne sais quoi sonne faux en eux (du moins à mes oreilles) : peut-être, paradoxalement, un excès de style (faire « spontané », faire « vivant », faire « parlé »). Il se produit en somme un chassé-croisé : l'écrit véridique paraît fabulateur ; pour qu'il paraisse vrai, il faut qu'il devienne texte, passe par les artifices culturels de l'écriture. Le témoignage s'emporte, prend la nature, les hommes, la justice à témoin ; le texte va lentement, silencieusement, obstinément — et il arrive plus vite. La réalité est fiction, l'écriture est vérité : telle est la ruse du langage.

Les *Tricks* de Renaud Camus sont *simples*. Cela veut dire qu'ils parlent l'homosexualité, mais ne parlent jamais d'elle : à aucun moment ils ne l'invoquent (la simplicité serait ceci : ne jamais invoquer, ne pas laisser venir au langage les Noms, source de disputes, d'arrogances et de morales).

Notre époque interprète beaucoup, mais les récits de Renaud Camus sont neutres, ils n'entrent pas dans le jeu de l'Interprétation. Ce sont des sortes d'à-plats, sans ombre et comme *sans arrière-pensées*. Et, encore une fois, seule l'écriture permet cette pureté, ce matin de l'énonciation, inconnu de la parole, qui est toujours un enchevêtrement retors d'intentions cachées. N'étaient leur taille et leur sujet, ces *Tricks* devraient faire penser à des *haïkus* ; car le *haïku* unit un ascétisme de la forme (qui coupe net l'envie d'interpréter) et un hédonisme si tranquille qu'on peut dire seulement du plaisir qu'*il est là* (ce qui est aussi le contraire de l'Interprétation).

Les pratiques sexuelles sont banales, pauvres, vouées à la répétition, et cette pauvreté est disproportionnée à l'émerveillement du plaisir qu'elles procurent. Or, comme cet émerveillement

328

ne peut être dit (étant de l'ordre de la jouissance), il ne reste plus au langage qu'à figurer, ou mieux encore à chiffrer, à moindres frais, une série d'opérations qui, de toute manière, lui échappent. Les scènes érotiques doivent être décrites avec économie. L'économie, ici, est celle de la phrase. Le bon écrivain est celui qui travaille la syntaxe de façon à enchaîner plusieurs actions dans l'espace de langage le plus court (il y a, chez Sade, tout un art des subordonnées) ; la phrase a pour fonction, en quelque sorte, de dégraisser l'opération charnelle de ses longueurs et de ses efforts, de ses bruits et de ses pensées adventices. A cet égard, les scènes finales des *Tricks* restent entièrement sous le pouvoir de l'écriture.

Mais ce que je préfère, dans *Tricks,* ce sont les « préparatifs » : la déambulation, l'alerte, les manèges, l'approche, la conversation, le départ vers la chambre, l'ordre (ou le désordre) ménager du lieu. Le réalisme se déplace : ce n'est pas la scène amoureuse qui est réaliste (ou du moins son réalisme n'est pas pertinent), c'est la scène sociale. Deux garçons, qui ne se connaissent pas mais savent qu'ils vont devenir les partenaires d'un jeu, risquent entre eux ce peu de langage auquel les oblige le trajet qu'ils doivent faire ensemble pour atteindre le terrain. Le *trick* quitte alors la pornographie (avant d'y avoir abordé) et rejoint le roman. Le suspense (car ces *Tricks,* je crois, se lisent avec entrain) porte non sur les pratiques, attendues (c'est le moins qu'on puisse dire), mais sur les personnages : qui sont-ils ? Comment sont-ils différents les uns des autres ? Ce qui m'enchante, dans *Tricks,* c'est ce chassé-croisé : les scènes, assurément, sont loin d'être pudiques, mais les propos le sont : ils disent en sous-main que le véritable objet de la pudeur, ce n'est pas la Chose (« La Chose, toujours la Chose », disait Charcot cité par Freud), mais la personne. C'est ce *passage* du sexe au discours que je trouve réussi, dans *Tricks.*

C'est là une forme de subtilité tout à fait inconnue du produit pornographique, qui joue des désirs, non des fantasmes. Car ce qui excite le fantasme, ce n'est pas seulement le sexe, c'est le sexe plus « l'âme ». Il est impossible d'expliquer les coups de foudre, petits ou grands, simples attirances ou ravissements werthériens, sans admettre que ce qui est cherché dans l'autre, c'est quelque chose qu'on appellera, faute de mieux et au prix d'une grande ambiguïté, la personne. A la personne est attachée une sorte de *quid* qui agit à

329

la façon d'une tête chercheuse et fait que telle image, parmi des milliers d'autres, vient me trouver et me capture. Les corps peuvent se ranger dans un nombre fini de types (« C'est tout à fait mon type »), mais la personne est absolument individuelle. Les *Tricks* de Renaud Camus commencent toujours par la rencontre du type recherché (parfaitement codé: il pourrait figurer dans un catalogue ou une page de petites annonces) ; mais dès que le langage apparaît, le type se transforme en personne et la relation devient inimitable, quelle que soit la banalité des premiers propos. La personne se dévoile peu à peu, légèrement, sans recours psychologique, dans le vêtement, le discours, l'accent, le décor de la chambre, ce qu'on pourrait appeler le « ménager » de l'individu, ce qui excède son anatomie et dont il a pourtant la gestion. Tout cela vient peu à peu enrichir ou ralentir le désir. Le *trick* est donc homogène au mouvement amoureux : c'est un amour virtuel, stoppé volontairement de part et d'autre, par contrat, soumission au code culturel qui assimile la drague au donjuanisme.

Les *Tricks* se répètent : le sujet fait du « sur-place ». La répétition est une forme ambiguë ; tantôt elle dénote l'échec, l'impuissance ; tantôt elle peut se lire comme une aspiration, le mouvement obstiné d'une quête qui ne se décourage pas : on pourrait très bien faire entendre le récit de drague comme la métaphore d'une expérience mystique (peut-être même cela a-t-il été fait ; car dans la littérature tout existe : le problème est de savoir *où*). Ni l'une ni l'autre de ces interprétations, apparemment, ne conviennent à *Tricks* : ni aliénation ni sublimation ; mais tout de même quelque chose comme la conquête méthodique d'un bonheur (bien désigné, bien cerné : discontinu). La chair n'est pas triste (mais c'est tout un art de le faire entendre).

Les *Tricks* de Renaud Camus ont un ton inimitable. Cela vient de ce que l'écriture conduit ici une éthique du dialogue. Cette éthique est celle de la Bienveillance, qui est sûrement la vertu la plus contraire à la chasse amoureuse, et donc la plus rare. Alors qu'ordinairement ce sont des sortes de Harpies qui président au contrat érotique, laissant chacun dans une solitude glacée, ici, c'est la déesse Eunoïa, l'Euménide, la Bienveillante, qui accompagne les deux partenaires : certes, littérairement parlant, cela doit être très agréable d'être « trické » par Renaud Camus, même si ses compagnons ne paraissent pas toujours conscients de ce privilège (mais nous, lecteurs, sommes la troisième oreille de ces dialogues : grâce à nous, ce peu de Bienveillance n'a pas été donné en vain). Cette déesse a d'ailleurs son cortège : la Politesse, l'Obligeance, l'Humour, l'Élan généreux, tel celui qui saisit le narrateur (au cours d'un *trick* américain) et le fait délirer gentiment sur l'auteur de cette préface.

*Trick*, c'est la rencontre qui n'a lieu qu'une fois ; mieux qu'une drague, moins qu'un amour : une intensité, qui passe, sans regret. Dès lors, pour moi, *Trick* devient la métaphore de beaucoup d'aventures, et qui ne sont pas sexuelles : rencontre d'un regard, d'une idée, d'une image, compagnonnage éphémère et fort, qui accepte de se dénouer légèrement, bonté infidèle ; une façon de ne pas s'empoisser dans le désir, sans cependant l'esquiver : une sagesse, en somme.

© Éd. Persona, 1979.

# On échoue toujours
# à parler de ce qu'on aime

Il y a quelques semaines, j'ai fait un bref voyage en Italie. Le soir, à la gare de Milan, il faisait froid, brumeux, crasseux. Un train partait ; sur chaque wagon une pancarte jaune portait les mots « *Milano-Lecce* ». J'ai fait alors un rêve : prendre ce train, voyager toute la nuit et me retrouver au matin dans la lumière, la douceur, le calme d'une ville extrême. C'est du moins ce que j'imaginais et peu importe ce qu'est réellement Lecce, que je ne connais pas. Parodiant Stendhal[1], j'aurais pu m'écrier : « Je verrai donc cette belle Italie ! Que je suis encore fou à mon âge ! » Car la belle Italie est toujours plus loin, ailleurs.

RNF 11

L'Italie de Stendhal est en effet un fantasme, même s'il l'a en partie accompli. (Mais l'a-t-il accompli ? Je dirai pour finir comment.) L'image fantasmatique a fait irruption dans sa vie, brusquement, comme un coup de foudre. Ce coup de foudre a pris la figure d'une actrice qui chantait à Ivrea *le Mariage secret* de Cimarosa ; cette actrice avait une dent cassée sur le devant, mais à vrai dire cela importe peu au coup de foudre : Werther est tombé amoureux de Charlotte aperçue dans l'embrasure d'une porte alors qu'elle était en train de couper des tartines de pain à ses petits frères, et cette première vision, toute triviale qu'elle fût, devait le conduire à la plus forte des passions et au suicide. On le sait, l'Italie a été pour Stendhal l'objet d'un véritable transfert, et, on le sait aussi, ce qui caractérise le transfert,

HB 428

---

1. Les références en marge renvoient à *Rome, Naples, Florence* (pagination de l'éd. J.-J. Pauvert, 1955, ou, quand la mention Pl suit, éd. de la « Pléiade », Gallimard, 1973), *Henri Brulard* (pagination de l'éd. « Folio », Gallimard, 1973), *la Chartreuse de Parme* et *De l'amour* (éd. du Livre de Poche, 1969).

c'est sa gratuité : il s'instaure sans raison apparente. La musique est pour Stendhal le *symptôme* de l'acte mystérieux par lequel il a inauguré son transfert — le symptôme, c'est-à-dire la chose qui livre et masque tout à la fois l'irrationnel de la passion. Car la scène de départ fixée, Stendhal la reproduit sans cesse, comme un amoureux qui veut retrouver cette chose capitale qui règle tant de nos

RNF 12 actions : le premier plaisir. « J'arrive à sept heures du soir, harassé de fatigue ; je cours à la Scala. Mon voyage est payé, etc. » : on dirait un maniaque débarquant dans une ville profitable à sa passion et se précipitant le soir même dans les lieux de plaisir qu'il a déjà repérés.

Les signes d'une vraie passion sont toujours un peu incongrus, tant les objets en quoi se monnaye le transfert principal deviennent ténus, futiles, inattendus. J'ai connu quelqu'un qui aimait le Japon comme Stendhal aimait l'Italie ; et je reconnaissais en lui la même passion à ceci qu'il était amoureux entre autres choses des bouches d'incendie peintes en rouge dans la rue de Tokyo, comme

HB 430   Stendhal était fou des tiges de maïs de la campagne
RNF 64   milanaise (décrétée « luxuriante »), du son des huit cloches
HB 431   du Dôme, parfaitement *intonate*, ou des côtelettes panées qui lui rappelaient Milan. On reconnaît dans cette promotion amoureuse de ce que l'on prend ordinairement pour un détail insignifiant, un élément constitutif du transfert (ou de la passion) : la partialité. Il y a dans l'amour d'un pays étranger une sorte de racisme à l'envers : on s'enchante de la différence, on s'ennuie du Même, on exalte l'Autre ; la passion est manichéenne : pour Stendhal, du mauvais côté, la France, c'est-à-dire la *patrie* — car c'est le lieu du Père — et du bon côté, l'Italie, c'est-à-dire la *matrie*, l'espace où sont réunies « les Femmes » (sans oublier que ce fut la tante Élisabeth, la sœur du grand-père maternel, qui désigna du doigt à l'enfant un pays plus beau que la Provence, dont le bon côté de la famille, celui des Gagnon, est, dit-elle, originaire). Cette opposition est pour ainsi dire physique :

HB 11   l'Italie est l'habitat *naturel*, là où la Nature est retrouvée induite des Femmes, « qui écoutent le génie naturel du

334

pays », au contraire des hommes qui sont « gâtés par les pédants » ; la France, au contraire, est le lieu qui répugne « jusqu'au dégoût physique ». Nous tous qui avons connu la passion de Stendhal pour un pays étranger (cela m'est arrivé aussi pour l'Italie, que je découvris tardivement, par Milan, d'où je descendis du Simplon, à la fin des années cinquante — puis pour le Japon), nous connaissons bien l'insupportable désagrément de rencontrer par hasard un compatriote dans le pays adoré : « J'avouerai, dût l'honneur national me répudier, qu'un Français en Italie trouve le secret d'anéantir mon bonheur en un instant » ; Stendhal est visiblement spécialiste de ces inversions : à peine franchie la Bidassoa, il trouve charmants les soldats et les douaniers espagnols ; Stendhal a cette passion rare, la passion de l'autre — ou pour le dire plus subtilement : la passion de cet autre qui est en lui-même.

Stendhal est donc amoureux de l'Italie : il ne faut pas prendre cette phrase pour une métaphore. C'est ce que j'essaie de montrer. « C'est comme de l'amour, dit-il : et cependant je ne suis amoureux de personne. » Cette passion n'est pas confuse ni même diffuse ; elle s'investit, je l'ai dit, dans des détails précis ; mais elle reste *plurielle*. Ce qui est aimé et, si je puis risquer ce barbarisme, ce qui est *joui*, ce sont des collections, et des concomitances : contrairement au projet romantique de l'Amour fou, ce n'est pas *la* Femme qui est adorable en Italie, ce sont toujours *les* Femmes ; ce n'est pas *un* plaisir que l'Italie offre, c'est une simultanéité, une surdétermination des plaisirs : la Scala, véritable lieu eidétique des joies italiennes, n'est pas un théâtre, au sens platement fonctionnel du mot (voir ce qui est représenté) ; c'est une polyphonie de plaisirs : l'opéra lui-même, le ballet, la conversation, l'information, l'amour et les glaces, *(gelati, crepe'* et *pezzi duri)*. Ce pluriel amoureux, analogue en somme à celui que pratique aujourd'hui un « dragueur », est visiblement un principe stendhalien : il entraîne une théorie implicite du *discontinu irrégulier*, dont on peut dire qu'elle est à la fois esthétique, psychologique et métaphysique ; la passion plurielle oblige

431

RNF 32

RNF
Pl 98

RNF
24-25

335

en effet — une fois qu'on en a admis l'excellence — à sauter d'un objet à un autre, au fur et à mesure que le hasard les présente, sans éprouver le moindre sentiment de culpabilité à l'égard du désordre que cette passion plurielle entraîne. Cette conduite est si consciente chez Stendhal qu'il en vient à retrouver dans la musique italienne — qu'il aime — un principe d'irrégularité tout à fait homologue à celui de l'amour dispersé : en jouant, les Italiens n'observent pas le *tempo* ; le *tempo* est chez les Allemands ; d'un côté, le bruit allemand, le fracas de la musique allemande, rythmé par une mesure implacable (« les premiers tempistes du monde ») ; de l'autre, l'opéra italien, somme de plaisirs discontinus et comme insoumis : c'est le *naturel,* garanti par une civilisation de femmes.

RNF Pl
229-232

Dans le système italien de Stendhal, la Musique a une place privilégiée parce qu'elle peut venir à la place de tout : elle est le degré zéro de ce système : selon les besoins de l'enthousiasme, elle remplace et signifie les voyages, les Femmes, les autres arts et d'une manière générale toute sensation. Son statut signifiant, précieux entre tous, est de produire des effets sans qu'on ait à s'interroger sur les causes, puisque ces causes sont inaccessibles. La musique constitue une sorte de *primitif* du plaisir : elle produit un plaisir qu'on cherche toujours à retrouver, mais jamais à expliquer ; elle est donc le lieu du pur effet, notion centrale de l'esthétique stendhalienne. Or, qu'est-ce qu'un effet pur ? C'est un effet coupé et comme purifié de toute raison explicative, c'est-à-dire finalement de toute raison *responsable.* L'Italie est le pays où Stendhal, n'étant ni tout à fait voyageur (touriste) ni tout à fait indigène, se retrouve voluptueusement retiré de la responsabilité du *citoyen ;* si Stendhal était citoyen italien, il mourrait « empoisonné de mélancolie » : tandis que Milanais de cœur, mais non d'état civil, il n'a qu'à récolter les effets brillants d'une civilisation dont il n'est pas responsable. J'ai pu moi-même éprouver la commodité de cette dialectique retorse : j'ai beaucoup aimé le Maroc. J'y suis allé souvent comme touriste, y faisant même d'assez longs séjours d'oisiveté ; j'eus alors l'idée d'y

RNF 16

passer une année comme professeur : la féerie disparut ;
affronté à des problèmes administratifs et professionnels,
plongé dans le monde ingrat des causes, des déterminations, je quittais la Fête pour retrouver le Devoir (c'est sans
doute ce qui arriva à Stendhal consul : Civita-Vecchia, ce
n'était déjà plus l'Italie). Je crois qu'il faut inclure dans le
sentiment italien de Stendhal ce statut fragile d'innocence :
l'Italie milanaise (et son Saint des Saints, la Scala) est à la
lettre un Paradis, un lieu sans Mal, ou encore — disons les
RNF 109   choses à l'endroit, le Souverain Bien : « Quand je suis avec
les Milanais et que je parle milanais j'oublie que les hommes
sont méchants, et toute la partie méchante de mon âme
s'endort à l'instant. »

Ce Souverain Bien cependant doit se dire : il doit
affronter une puissance qui n'est nullement innocente, le
langage. Cela est nécessaire, d'abord, parce que le Bien a
une force naturelle d'expansion, il éclate sans cesse vers
l'expression, veut à tout prix se communiquer, se faire
partager ; ensuite, parce que Stendhal est écrivain et qu'il
n'est pas pour lui de plénitude d'où la parole serait absente
(et, en cela, sa joie italienne n'a rien de mystique). Or, si
paradoxal que cela paraisse, Stendhal ne sait pas bien dire
l'Italie : ou plutôt il la dit, il la chante, il ne la *représente*
pas ; son amour, il le proclame, mais il ne peut le
monnayer, ou, comme on dit maintenant (métaphore de la
conduite automobile), il ne peut le négocier. Cela, il le sait,
en souffre et s'en plaint ; sans cesse il constate qu'il ne peut
RNF      « rendre sa pensée », et qu'expliquer la différence que sa
Pl 98    passion met entre Milan et Paris, « c'est le comble de la
XXXIX    difficulté ». Le fiasco guette donc aussi le désir lyrique.
Toutes les relations du voyage italien sont ainsi tissées de
déclarations d'amour et d'échecs d'expression. Le fiasco du
style a un nom : la platitude ; Stendhal n'a à sa disposition
· RNF    qu'un mot vide, « beau », « belle » : « De ma vie je n'ai
Pl 37    vu la réunion d'aussi belles femmes ; leur beauté fait bais-
Pl 77    ser les yeux » ; « les plus beaux yeux que j'ai rencontrés
dans ma vie, je les ai vus à cette soirée ; ces yeux-là sont
aussi beaux et ont une expression plus céleste que ceux de

Mme Tealdi... » ; et pour vivifier cette litanie, il n'a que la
RNF 38 plus creuse des figures, le superlatif : « Les têtes de femmes,
au contraire, présentent souvent la finesse la plus passion-
née, réunie à la plus rare beauté », etc. Cet « etc. » que
j'ajoute, mais qui ressort de la lecture, est important, car il
livre le secret de cette impuissance ou peut-être, en dépit
des plaintes de Stendhal, de cette indifférence à la variation : la monotonie du voyage italien est tout simplement
algébrique ; le mot, la syntaxe, dans leur platitude, renvoient d'une façon expéditive à un autre ordre de signifiants ; ce renvoi suggéré, on passe à autre chose, c'est-
RNF 15 à-dire qu'on répète l'opération : « Cela est beau comme les
38 plus vives symphonies de Haydn » ; « les figures d'hommes
du bal de cette nuit auraient offert des modèles magnifiques
à un sculpteur comme Danneken de Chantrey, qui fait des
bustes ». Stendhal ne décrit pas la chose, il ne décrit même
pas l'effet ; il dit simplement : là, il y a un effet ; je suis
enivré, transporté, touché, ébloui, etc. Autrement dit, le
mot plat est un chiffre, il renvoie à un système de
sensations ; il faut lire le discours italien de Stendhal comme
une basse chiffrée. Sade use du même procédé : il décrit très
mal la beauté, d'une façon plate et emphatique ; c'est
qu'elle n'est que l'élément d'un algorithme dont le but est
d'édifier un système de pratiques.

Ce que Stendhal, lui, veut édifier, c'est, si l'on peut dire,
un ensemble non systématique, une coulée perpétuelle de
Pl sensations : cette Italie, dit-il, « qui n'est à vrai dire qu'une
XXXVIII occasion à sensations ». Du point de vue du discours, il y a
RNF 92 donc une première évaporation de la chose : « Je ne
prétends pas dire ce que *sont* les choses, je raconte la
*sensation* qu'elles me firent. » La raconte-t-il vraiment ?
Même pas ; il la dit, il la signale et l'asserte sans la décrire.
Car c'est bien ici, à la sensation, que commence la difficulté
du langage ; il n'est pas facile de rendre une sensation : vous
vous rappelez cette scène célèbre de *Knock* où la vieille
paysanne, sommée par le médecin implacable de dire ce
qu'elle ressent, hésite et s'empêtre entre « ça me cha-
touille » et « ça me gratouille ». Toute sensation, si l'on

veut respecter sa vivacité et son acuité, induit à l'aphasie. Or, Stendhal doit aller vite, c'est la contrainte de son système ; car ce qu'il veut noter, c'est « la sensation du moment » ; et les moments, nous l'avons vu à propos du *tempo*, arrivent irrégulièrement, rebelles à la mesure. C'est donc par fidélité à son système, par fidélité à la nature même de son Italie, « pays à sensations », que Stendhal veut une écriture rapide : pour aller vite, la sensation est soumise à une sténographie élémentaire, à une sorte de grammaire expéditive du discours où l'on combine inlassablement deux stéréotypes : le beau et son superlatif ; car rien n'est plus rapide que le stéréotype, pour la raison très simple qu'il se confond, hélas et toujours, avec le spontané. Il faut aller plus loin dans l'économie du discours italien de Stendhal : si la sensation stendhalienne se prête si bien à un traitement algébrique, si le discours qu'elle alimente est continûment enflammé et continûment plat, c'est parce que cette sensation, bizarrement, n'est pas sensuelle ; Stendhal, dont la philosophie est sensualiste, est peut-être le moins sensuel de nos auteurs, raison pour laquelle, sans doute, il est difficile de lui appliquer une critique thématique. Nietzsche, par exemple — je prends à dessein un contraire extrême —, lorsqu'il parle de l'Italie, est beaucoup plus sensuel que Stendhal : il sait décrire thématiquement la nourriture piémontaise, la seule au monde qu'il appréciât.

Si j'insiste sur cette difficulté à dire l'Italie, malgré tant de pages qui racontent les promenades de Stendhal, c'est que j'y vois une sorte de soupçon porté au langage lui-même. Les deux amours de Stendhal, la Musique et l'Italie, sont, si l'on peut dire, des espaces hors langage ; la musique l'est par statut, car elle échappe à toute description, ne se laisse dire, comme on l'a vu, que par son effet ; et l'Italie rejoint le statut de l'art avec lequel elle se confond ; non seulement parce que la langue italienne, dit Stendhal dans *De l'amour*, « beaucoup plus faite pour être chantée que parlée, ne sera soutenue contre la clarté française qui l'envahit, que par la musique » ; mais aussi, pour deux raisons plus étranges : la

RNF 28

première est qu'aux oreilles de Stendhal la conversation italienne tend sans cesse à cette limite du langage articulé, qu'est l'exclamation : « A une soirée milanaise, note Stendhal avec admiration, la conversation ne se faisait que par exclamations. Pendant trois quarts d'heure, comptés à ma montre, il n'y a pas eu une seule phrase de finie » ; la phrase, armature finie du langage, c'est l'ennemie (il suffit de rappeler l'antipathie de Stendhal pour l'auteur des plus belles phrases de la langue française, Chateaubriand). La seconde raison, qui retire précieusement l'Italie du langage, de ce que j'appellerais le langage militant de la culture, c'est précisément son inculture : l'Italie ne lit pas, ne parle pas, elle s'exclame, elle chante. C'est là son génie, son « naturel », et c'est pour cette raison qu'elle est adorable. Cette sorte de suspension délicieuse du langage articulé, civilisé, Stendhal la retrouve dans tout ce qui fait pour lui l'Italie :

p. 149

dans « le loisir profond sous un ciel admirable [je cite *De l'amour*]... ; c'est le manque de la lecture des romans et presque de toute lecture, qui laisse encore plus à l'inspiration du moment ; c'est la passion de la musique qui excite dans l'âme un mouvement si semblable à celui de l'amour ».

Ainsi, un certain soupçon porté au langage rejoint la sorte d'aphasie qui naît de l'excès d'amour : devant l'Italie et les Femmes, et la Musique, Stendhal est à la lettre *interloqué*, c'est-à-dire sans cesse interrompu dans sa locution. Cette interruption est en fait une intermittence : Stendhal parle de l'Italie par une intermittence quasi quotidienne, mais durable. Il l'explique très bien lui-même (comme toujours) : « Quel parti prendre ? Comment peindre le bonheur fou ?... Ma foi, je ne puis continuer, le sujet surpasse le disant. Ma main ne peut plus écrire, je renvoie à demain. Je suis comme un peintre qui n'a plus le courage de peindre un coin de son tableau. Pour ne pas gâter le reste, il ébauche *alla meglio* ce qu'il ne peut pas peindre... » Cette peinture de l'Italie *alla meglio*, qui occupe tous les récits du voyage italien de Stendhal, est comme un gribouillis, un griffonnage, si l'on veut, qui dit à la fois l'amour et l'impuissance à le dire, parce que cet amour suffoque par sa vivacité. Cette dialectique de l'amour extrême et de l'expression difficile, c'est un peu celle que connaît le petit enfant — encore *infans,* privé de langage adulte — lorsqu'il joue avec ce que Winnicott appelle un objet transitionnel ; l'espace qui sépare et lie en même temps la mère et son bébé est l'espace même du jeu de l'enfant et du contre-jeu de la mère : c'est l'espace encore informe de la fantaisie, de l'imagination, de la création. Telle est, me semble-t-il, l'Italie de Stendhal : une sorte d'objet transitionnel dont le maniement, ludique, produit ces *squiggles* repérés par Winnicott et qui sont ici des journaux de voyage.

A en rester à ces Journaux, qui disent l'amour de l'Italie, mais ne le communiquent pas (c'est du moins le jugement de ma propre lecture), on serait fondé à répéter mélancoliquement (ou tragiquement) qu'on échoue toujours à parler de ce qu'on aime. Cependant vingt ans plus tard, par une sorte d'après-coup qui fait aussi partie de la logique retorse de l'amour, Stendhal écrit sur l'Italie des pages triomphales qui, celles-là, embrasent le lecteur que je suis (mais je ne crois pas être le seul) de cette jubilation, de cette irradiation que le journal intime disait, mais ne communiquait pas. Ces pages, admirables, sont celles qui forment le début de *la Chartreuse de Parme.* Il y a une sorte d'accord miraculeux entre « la masse de bonheur et de plaisir qui fit irruption » dans Milan avec l'arrivée des Français et notre propre joie de lecture : l'effet raconté coïncide enfin avec l'effet produit. Pourquoi ce renversement ? Parce que Stendhal, passant du Journal au Roman, de l'Album au Livre (pour reprendre une distinction de Mallarmé), a abandonné la sensation, parcelle vive mais inconstructible, pour aborder cette grande forme médiatrice qu'est le Récit, ou mieux encore le Mythe. Que faut-il pour faire un Mythe ? Il faut l'action de deux forces : d'abord un héros, une grande figure libératrice : c'est Bonaparte, qui entre dans Milan, pénètre l'Italie, comme le fit Stendhal, plus humblement, à sa descente du Saint-Bernard ; ensuite une opposition, une antithèse, un paradigme, en somme, qui met en scène le

CH 41

341

combat du Bien et du Mal et produit ainsi ce qui manque à l'Album et appartient au livre, à savoir un sens : d'un côté, dans ces premières pages de *la Chartreuse*, l'ennui, la richesse, l'avarice, l'Autriche, la Police, Ascanio, Grianta ; de l'autre l'ivresse, l'héroïsme, la pauvreté, la République, Fabrice, Milan ; et surtout, d'un côté le Père, de l'autre les Femmes. En s'abandonnant au Mythe, en se confiant au livre, Stendhal retrouve avec gloire ce qu'il avait en quelque sorte raté dans ses albums : l'expression d'un effet. Cet effet — l'effet italien — a enfin un nom, qui n'est plus celui, fort plat, de la Beauté : c'est la fête. L'Italie est une fête, voilà ce que communique enfin le préambule milanais de *la Chartreuse*, que Stendhal avait bien raison de maintenir contre les réticences de Balzac : la fête, c'est-à-dire la transcendance même de l'égotisme.

En somme, ce qui s'est passé — ce qui a passé — entre le Journal de voyage et *la Chartreuse*, c'est l'écriture. L'écriture, c'est quoi ? Une puissance, fruit probable d'une longue initiation, qui défait l'immobilité stérile de l'imaginaire amoureux et donne à son aventure une généralité symbolique. Quand il était jeune, au temps de *Rome, Naples, Florence*, Stendhal pouvait écrire : « ... quand je mens, je suis comme M. de Goury, je m'ennuie » ; il ne savait pas encore qu'il existait un mensonge, le mensonge romanesque, qui serait à la fois — ô miracle — le détour de la vérité et l'expression enfin triomphante de sa passion italienne[1].

RNF 64

1980, *Tel Quel.*

---

1. *Destiné au colloque Stendhal de Milan, ceci est, selon toute apparence, le dernier texte écrit par Roland Barthes. La première page en était dactylographiée. Le 25 février 1980, la seconde page était engagée dans la machine à écrire. Énoncé qu'on peut considérer comme achevé ? Oui, en ce sens que le manuscrit est bien complet. Non, en cet autre que, lorsqu'il transcrivait à la machine, Roland Barthes apportait toujours de légères modifications à son texte ; c'est ce qu'il avait fait à la première page, ici.* (NdÉ)

# 7

# ALENTOURS
# DE L'IMAGE

# Écrivains, intellectuels, professeurs

Ce qui suit dépend de l'idée qu'il y a une liaison fondamentale entre l'enseignement et la parole. Cette constatation est très ancienne (notre enseignement n'est-il pas tout entier sorti de la Rhétorique ?), mais on peut la raisonner aujourd'hui différemment d'hier ; d'abord, parce qu'il y a une crise (politique) de l'enseignement ; ensuite, parce que la psychanalyse (lacanienne) a bien démonté les tours et les détours de la parole vide ; enfin, parce que l'opposition de la parole et de l'écriture entre dans une évidence dont il faut commencer de tirer peu à peu les effets.

Face au professeur, qui est du côté de la parole, appelons *écrivain* tout opérateur de langage qui est du côté de l'écriture ; entre les deux, l'intellectuel : celui qui imprime et publie sa parole. Il n'y a guère d'incompatibilité entre le langage du professeur et celui de l'intellectuel (ils coexistent souvent dans un même individu) ; mais l'écrivain est seul, séparé : l'écriture commence là où la parole devient *impossible* (on peut entendre ce mot : comme on dit d'un enfant).

## Deux contraintes

La parole est irréversible, soit : on ne peut *reprendre* un mot, sauf à dire précisément qu'on le reprend. Ici, raturer, c'est ajouter ; si je veux gommer ce que je viens d'énoncer, je ne puis le faire qu'en montrant la gomme elle-même (je dois dire : « *ou plutôt...* », « *je me suis mal exprimé...* ») ; paradoxalement, c'est la parole, éphémère, qui est indélébile, non l'écriture, monumentale. A la parole, on ne peut que rajouter une autre parole. Le mouvement correctif et perfectif de la parole est le bredouillement, tissage qui s'épuise à se reprendre, chaîne de corrections augmentatives où vient se loger par prédilection la part inconsciente de notre discours (ce n'est pas fortuitement que la psychanalyse est liée à la parole, non à l'écriture : un rêve ne s'écrit pas) : la figure éponyme du parleur, c'est Pénélope.

Ce n'est pas tout : nous ne pouvons nous faire comprendre (bien ou mal) que si nous soutenons en parlant une certaine vitesse de l'énonciation. Nous sommes comme un cycliste ou un film condamnés à rouler, à tourner, s'ils ne veulent pas tomber ou s'enrayer ; le silence ou le flottement du mot me sont également interdits : la vitesse articulatoire asservit chaque point de la phrase à ce qui le précède ou le suit immédiatement (impossible de faire « partir » le mot vers des paradigmes étrangers, étranges) ; le contexte est une donnée structurale non du langage, mais de la parole ; or, le contexte est par statut réducteur du sens, le mot parlé est « clair » ; le bannissement de la polysémie (la « clarté ») sert la Loi : *toute parole est du côté de la Loi.*

Quiconque s'apprête à parler (en situation enseignante) doit se rendre conscient de la mise en scène que lui impose l'usage de la parole, sous le simple effet d'une détermination *naturelle* (qui relève de la nature physique : celle du souffle articulatoire). Cette mise en scène se développe de la façon suivante. Ou bien le locuteur choisit en toute bonne conscience le rôle d'Autorité ; dans ce cas, il suffit de « bien parler », c'est-à-dire de parler conformément à la Loi qui est dans toute parole : sans reprise, à la bonne vitesse, ou encore clairement (c'est ce qui est demandé à une bonne parole professorale : la clarté, l'autorité) ; la phrase nette est bien une sentence, *sententia*, une parole pénale. Ou bien le locuteur est gêné de toute cette Loi que sa parole va introduire dans son propos ; il ne peut certes altérer son débit (qui le condamne à la « clarté »), mais il peut *s'excuser* de parler (d'exposer la Loi) : il use alors de l'irréversibilité de la parole pour troubler sa légalité ; il se corrige, rajoute, bredouille, il entre dans l'infinitude du langage, il surimprime au message simple, que tout le monde attend de lui, un nouveau message, qui ruine l'idée même de message, et, par le miroitement même des bavures, des déchets dont il accompagne sa ligne de parole, il nous demande de croire avec lui que le langage ne se réduit pas à la communication. Par toutes ces opérations, qui rapprochent le bredouillement du Texte, l'orateur imparfait espère atténuer le rôle ingrat qui fait de tout parleur une manière de policier. Cependant, au terme de cet effort pour « mal parler », c'est encore un rôle qui lui est imposé : car l'auditoire (rien à voir avec le lecteur), pris dans son propre imaginaire, reçoit ces tâtonnements comme autant de signes de faiblesse et lui renvoie l'image d'un maître humain, trop humain : *libéral.*

L'alternative est sombre : fonctionnaire correct ou artiste libre, le professeur n'échappe ni au théâtre de la parole ni à la Loi qui s'y représente : car la Loi se produit *non dans ce qu'il dit, mais en ce qu'il parle.* Pour subvertir la Loi (et non simplement la tourner), il lui faudrait défaire le débit de la voix, la vitesse des mots, le rythme, jusqu'à *une autre* intelligibilité — ou ne pas parler du tout ; mais alors ce serait rejoindre d'autres rôles : ou bien celui de la grande intelligence silencieuse, lourde d'expérience et de mutisme, ou bien celui du militant qui, au nom de la *praxis,* donne congé à tout discours futile. Rien à faire : le langage, c'est toujours de la puissance ; parler, c'est exercer une volonté de pouvoir : dans l'espace de la parole, aucune innocence, aucune sécurité.

## Le résumé

Statutairement, le discours du professeur est marqué de ce caractère : qu'on peut (ou qu'on puisse) le résumer (c'est un privilège qu'il partage avec le discours des parlementaires). On le sait, il y a dans nos écoles un exercice qui s'appelle la *réduction de texte* ; cette expression donne bien l'idéologie du résumé : il y a d'un côté la « pensée », objet du message, élément de l'action, de la science, force transitive ou critique, et de l'autre le « style », ornement qui relève du luxe, de l'oisiveté et donc du futile ; séparer la pensée du style, c'est en quelque sorte débarrasser le discours de ses habits sacerdotaux, c'est laïciser le message (d'où la conjonction bourgeoise du professeur et du député) ; la « forme », pense-t-on, est compressible, et cette compression n'est pas jugée essentiellement dommageable : en effet, *de loin*, c'est-à-dire à partir de notre cap occidental, la différence est-elle tellement importante entre une tête de Jivaro vivant et une tête de Jivaro réduite ?

Il est difficile pour un professeur de voir les « notes » que l'on prend à son cours ; il n'y tient guère, soit discrétion (car rien de plus personnel que des « notes », en dépit du caractère protocolaire de cette pratique), soit plus probablement peur de se contempler à l'état réduit, mort et substantiel à la fois, tel un Jivaro traité par ses congénères ; on ne sait si ce qui est pris (prélevé) du flux de parole, ce sont des énoncés erratiques (des formules, des phrases) ou la substance d'un raisonnement ; dans les deux cas, ce qui est perdu, c'est le supplément, là où s'avance l'enjeu du langage : le résumé est un déni d'écriture.

Par conséquence contraire, peut être déclaré « écrivain » (ce mot désignant toujours une pratique, non une valeur sociale) tout destinateur dont le « message » (détruisant par là aussitôt sa nature de message) ne peut être résumé : condition que l'écrivain partage avec le fou, le bavard et le mathématicien, mais que précisément l'écriture (à savoir une certaine pratique du signifiant) a à charge de spécifier.

## La relation enseignante

Comment peut-on assimiler le professeur au psychanalyste ? C'est exactement le contraire qui se passe : c'est lui le psychanalysé.

Imaginons que je sois professeur : je parle, sans fin, devant et pour quelqu'un qui ne parle pas. Je suis celui qui dit *je* (qu'importent les détours du *on*, du *nous* ou de la phrase impersonnelle), je suis celui qui, sous couvert d'*exposer* un savoir, *propose* un discours, *dont je ne sais jamais comment il est reçu*, en sorte que je ne peux jamais me rassurer d'une image définitive, même offensante, qui *me constituerait* : dans l'*exposé*, mieux nommé qu'on ne croit, ce n'est pas le savoir qui s'expose, c'est le sujet (il s'expose à de pénibles aventures). Le miroir est vide : il ne me renvoie que la défection de mon langage au fur et à mesure qu'il se déroule. Tels les Marx Brothers déguisés en aviateurs russes (dans *Une nuit à l'Opéra* — œuvre que je tiens pour allégorique de maint problème textuel), je suis, au début de mon exposé, affublé d'une grande barbe postiche ; mais, inondé peu à peu par les flots de ma propre parole (substitut de la carafe d'eau à laquelle le *Muet*, Harpo, s'abreuve goulûment, sur la tribune du maire de New York), je sens ma barbe se décoller par lambeaux devant tout le monde : à peine ai-je fait sourire l'auditoire par quelque remarque « fine », à peine l'ai-je rassuré de quelque stéréotype progressiste, que je sens toute la complaisance de ces provocations ; je regrette la pulsion hystérique, je voudrais la reprendre, préférant trop tard un discours austère à un discours coquet (mais, dans le cas contraire, c'est la « sévérité » du discours qui me paraîtrait hystérique) ; si en effet quelque sourire répond à ma remarque ou quelque assenti-ment à mon intimidation, je me persuade aussitôt que ces complicités manifestées proviennent d'imbéciles ou de flatteurs (je décris ici un processus imaginaire) ; moi qui cherche la réponse et me laisse aller à la provoquer, il suffit qu'on me réponde pour que je me méfie ; et si je tiens un discours tel qu'il refroidit ou éloigne toute réponse, je ne m'en sens pas plus *juste* (au sens musical) pour cela ; car il me faut bien alors me faire gloire de la solitude de ma parole, lui donner l'alibi des discours missionnaires (science, vérité, etc.).

Ainsi, conformément à la description psychanalytique (celle de Lacan, dont chaque parleur peut vérifier ici la perspicacité), quand le professeur parle à son auditoire, l'Autre est toujours là, qui vient *trouer* son discours ; et son discours, fût-il bouclé par une intelligence impeccable, armé de « rigueur » scientifique ou de radicalité politique, il n'en serait pas moins troué : il suffit que je parle, il suffit que ma parole coule, pour qu'elle s'écoule. Naturellement, bien que tout professeur soit en posture de psychanalysé, aucun auditoire étudiant ne peut se prévaloir de la situation inverse ; d'abord, parce que le silence psychanalytique n'a rien de prééminent ; et puis parce que parfois un sujet se détache, ne peut se retenir et vient se brûler à la parole, se mêler à la partouze oratoire (et si le sujet se tait obstinément, il ne fait que parler l'obstination de son mutisme) ; mais, pour le professeur, l'auditoire étudiant est tout de même l'Autre exemplaire parce qu'il *a l'air* de ne pas parler — et que donc, du sein de sa matité apparente, il parle en vous d'autant plus fort : sa parole implicite, qui est la mienne, m'atteint d'autant plus que son discours ne m'encombre pas.

Telle est la croix de toute parole publique : que le professeur parle ou que l'auditeur revendique de parler, dans les deux cas, c'est aller tout droit au divan ; la relation enseignante n'est rien de plus que le transfert qu'elle institue ; la « science », la « méthode », le « savoir », l'« idée » viennent par la bande ; ils sont donnés *en plus* ; ce sont des *restes*.

## Le contrat

> « *La plupart du temps, les relations entre humains souffrent, souvent jusqu'à la destruction, de ce que le contrat établi entre eux n'est pas respecté. Dès que deux humains entrent en relation réciproque, leur contrat, le plus souvent tacite, entre en vigueur. Il règle la forme de leurs relations, etc.* »
> Brecht.

Bien que la demande qui s'énonce dans l'espace communautaire d'un cours soit fondamentalement intransitive, comme il se doit dans toute situation transférentielle, elle n'en est pas moins surdéterminée et s'abrite derrière d'autres demandes, apparemment transitives ; ces demandes-là forment les conditions d'un contrat implicite entre l'enseignant et l'enseigné. Ce contrat est « imaginaire », il ne contredit en rien la détermination économique qui pousse l'étudiant à chercher une carrière et le professeur à honorer un emploi.

Voici pêle-mêle (car il n'y a pas, dans l'ordre imaginaire, de mobile fondateur) ce que l'enseignant demande à l'enseigné : 1. de le reconnaître dans n'importe quel « rôle » que ce soit : d'autorité, de bienveillance, de contestation, de savoir, etc. (tout visiteur dont on ne voit pas de quelle *image* il vous sollicite devient inquiétant) ; 2. de le relayer, de l'étendre, de porter ses idées, son style, au loin ; 3. de se laisser séduire, de se prêter à un rapport amoureux (accordons toutes les sublimations, toutes les distances, tous les respects conformes à la réalité sociale et à la vanité pressentie de ce rapport) ; 4. enfin, de lui permettre d'honorer le contrat qu'il a lui-même noué avec son employeur, c'est-à-dire avec la société : l'enseigné est la pièce d'une pratique (rétribuée), l'objet d'un métier, la matière d'une production (fût-elle délicate à définir).

De son côté, voici pêle-mêle ce que l'enseigné demande à l'enseignant : 1. de le conduire à une bonne intégration professionnelle ; 2. de remplir les rôles traditionnellement dévolus au professeur (autorité scientifique, transmission d'un capital de savoir, etc.) ; 3. de livrer les secrets d'une technique (de recherche, d'examen, etc.) ; 4. sous la bannière de cette sainte laïque, la Méthode, d'être un initiateur d'ascèses, un *guru* ; 5. de représenter un « mouvement d'idées », une École, une Cause, d'en être le porte-parole ; 6. de l'admettre, lui, enseigné, dans la complicité d'un langage particulier ; 7. pour ceux qui ont le fantasme de la thèse (pratique timide d'écriture, à la fois défigurée et protégée par sa finalité institutionnelle), de garantir la réalité de ce fantasme ; 8. il est enfin demandé au profeseur d'être un bailleur de services : il signe des inscriptions, des attestations, etc.

Ceci est simplement une Topique, une réserve de choix qui ne sont pas tous nécessairement actualisés en même temps dans un individu. C'est cependant au niveau de la totalité contractuelle que se joue le *confort* d'une relation enseignante : le « bon » professeur, le « bon » étudiant sont ceux qui acceptent philosophiquement le pluriel de leurs déterminations, peut-être parce qu'ils savent que la vérité d'un rapport de parole est *ailleurs*.

# La recherche

Qu'est-ce qu'une « recherche » ? Pour le savoir, il faudrait avoir quelque idée de ce qu'est un « résultat ». Qu'est-ce qu'on trouve ? Qu'est-ce qu'on veut trouver ? *Qu'est-ce qui manque* ? Dans quel champ axiomatique le fait dégagé, le sens mis au jour, la découverte statistique seront-ils placés ? Cela dépend sans doute chaque fois de la science sollicitée. Mais, dès lors qu'une recherche intéresse le texte (et le texte va beaucoup plus loin que l'œuvre), la recherche devient elle-même texte, production : tout « résultat » lui est à la lettre *im-pertinent*. La « recherche » est alors le nom prudent que, sous la contrainte de certaines conditions sociales, nous donnons au travail d'écriture : la recherche est du côté de l'écriture, c'est une aventure du signifiant, un excès de l'échange ; il est impossible de maintenir l'équation : un « résultat » *contre* une « recherche ». C'est pourquoi la parole à laquelle on doit soumettre une recherche (en l'enseignant), outre sa fonction parénétique (« *Écrivez* »), a pour spécialité de rappeler la « recherche » à sa condition épistémologique : elle ne doit, quoi qu'elle cherche, oublier sa nature de langage — et c'est ce qui lui rend finalement inévitable de rencontrer l'écriture. Dans l'écriture, l'énonciation déçoit l'énoncé sous l'effet du langage qui le produit : ceci définit assez bien l'élément critique, progressif, insatisfait, producteur, que l'usage commun lui-même reconnaît à la « recherche ». C'est là le rôle historique de la recherche : apprendre au savant qu'il *parle* (mais s'il le savait, il *écrirait* — et toute l'idée de science, toute la scientificité en serait changée).

# La destruction des stéréotypes

Quelqu'un m'écrit qu'« un groupe d'étudiants révolutionnaires prépare une destruction du mythe structuraliste ». L'expression m'enchante par sa consistance stéréotypique ; la destruction du mythe commence, dès l'énoncé de ses agents putatifs, par le plus beau des mythes : le « groupe des étudiants révolutionnaires », c'est aussi fort que « les veuves de guerre » ou les « anciens combattants ».

D'ordinaire, le stéréotype est triste, car il est constitué par une nécrose du langage, une prothèse qui vient boucher un trou d'écriture ; mais en même temps il ne peut que susciter un immense éclat de rire : il se prend au sérieux ; il se croit plus proche de la vérité parce que indifférent à sa nature de langage : il est à la fois éculé et grave.

Mettre à distance le stéréotype n'est pas une tâche politique, car le langage politique est lui-même fait de stéréotypes ; mais c'est une tâche critique, c'est-à-dire qui vise à mettre en crise le langage. Tout d'abord, cela permet d'isoler ce grain d'idéologie qui est dans tout discours politique, et de s'attaquer à lui comme un acide propre à dissoudre les graisses du langage « naturel » (c'est-à-dire du langage qui feint d'ignorer qu'il est langage). Et puis, c'est se détacher de la raison mécaniste, qui fait du langage la simple réponse à des stimuli de situation ou d'action ; c'est opposer la production du langage à sa simple et fallacieuse utilisation. Et puis encore, c'est secouer le discours de l'Autre et constituer en somme une opération permanente de pré-analyse. Enfin ceci : le stéréotype est au fond un opportunisme : on se conforme au langage régnant, ou plutôt à ce qui, dans le langage, semble *régir* (une situation, un droit, un combat, une institution, un mouvement, une science, une théorie, etc.) ; parler par stéréotypes, c'est se ranger du côté de la force du langage ; cet opportunisme doit être (aujourd'hui) refusé.

Mais ne peut-on « dépasser » le stéréotype, au lieu de le « détruire » ? C'est là un vœu irréaliste ; les opérateurs de langage n'ont d'autre activité en leur pouvoir que de vider ce qui est plein ; le langage n'est pas dialectique : il ne permet qu'une marche à deux temps.

# La chaîne des discours

C'est parce que le langage n'est pas dialectique (ne permettant le troisième terme que comme pure clausule, assertion rhétorique, vœu pieux) que le discours (la discursivité), dans sa poussée historique, se déplace par *à-coups*. Tout discours nouveau ne peut surgir que comme le *paradoxe* qui prend à rebours (et souvent à partie) la *doxa* environnante ou précédente ; il ne peut naître que comme différence, distinction, se détachant *contre* ce qui lui colle. Par exemple, la théorie chomskienne s'édifie *contre* le behaviourisme bloomfieldien ; puis, le behaviourisme linguistique une fois liquidé par Chomsky, c'est *contre* le mentalisme (ou l'anthropologisme) chomskien qu'une nouvelle sémiotique se cherche, cependant que Chomsky lui-même, pour se trouver des alliés, est obligé de *sauter* par-dessus ses prédécesseurs immédiats et de remonter jusqu'à la *Grammaire* de Port-Royal. Mais ce serait sans doute chez l'un des plus grands penseurs de la dialectique, Marx, que la nature indialectique du langage serait la plus intéressante à constater : son discours est presque entièrement *paradoxal*, la *doxa* étant ici Proudhon, là un autre, etc. Ce double mouvement de détachement et de reprise aboutit non à un cercle, mais, selon la belle et grande image de Vico, à une spirale, et c'est dans ce *déport* de la circularité (de la forme paradoxale) que viennent s'articuler les déterminations historiques. Il faut donc toujours chercher à quelle *doxa* s'oppose un auteur (ce peut être parfois une *doxa* très minoritaire, régnant sur un groupe restreint). Un enseignement peut être également évalué en termes de paradoxe, si toutefois il s'édifie sur cette conviction : qu'un système qui réclame des corrections, des translations, des ouvertures et des dénégations est plus utile qu'une absence informulée de système ; on évite alors, par chance, l'immobilité du babil, on rejoint la chaîne historique des discours, le *progrès* (*progressus*) de la discursivité.

## La méthode

Certains parlent de la méthode avec gourmandise, avec exigence ; dans le travail, ce qu'ils désirent, c'est la méthode ; elle ne leur paraît jamais assez rigoureuse, assez formelle. La méthode devient une Loi ; mais, comme cette Loi est privée de tout effet qui lui soit hétérogène (personne ne peut dire ce qu'est, en « sciences humaines », un « résultat »), elle est infiniment déçue ; se posant comme un pur méta-langage, elle participe à la vanité de tout méta-langage. Aussi il est constant qu'un travail qui proclame sans cesse sa volonté de méthode soit finalement stérile : tout est passé dans la méthode, il ne reste plus rien à l'écriture ; le chercheur répète que son texte sera méthodologique, mais ce texte ne vient jamais : rien de plus sûr, pour tuer une recherche et lui faire rejoindre le grand déchet des travaux abandonnés, rien de plus sûr que la Méthode.

Le danger de la Méthode (d'une fixation à la Méthode) vient de ceci : le travail de recherche doit répondre à deux demandes ; la première est une demande de responsabilité : il faut que le travail accroisse la lucidité, parvienne à démasquer les implications d'une procédure, les alibis d'un langage, constitue en somme une *critique* (rappelons encore une fois que *critiquer* veut dire : mettre en crise) ; la Méthode est ici inévitable, irremplaçable, non pour ses « résultats », mais précisément — ou au contraire — parce qu'elle accomplit le plus haut degré de conscience d'un langage *qui ne s'oublie pas lui-même* ; mais la seconde demande est d'un tout autre ordre : elle est celle de l'écriture, espace de dispersion du désir, où congé est donné à la Loi ; il faut donc *à un certain moment* se retourner contre la Méthode, ou du moins la traiter sans privilège fondateur, comme l'une des voix du pluriel : comme une *vue*, en somme, un spectacle, enchâssé dans le texte ; le texte, qui est à tout prendre le seul résultat « vrai » de toute recherche.

355

## Les questions

Questionner, c'est désirer savoir une chose. Cependant, dans beaucoup de débats intellectuels, les questions qui suivent l'exposé du conférencier ne sont nullement l'expression d'un manque, mais l'assertion d'une plénitude. Sous couvert de questionner, je monte une agression contre l'orateur ; *questionner* reprend alors son sens policier : *questionner,* c'est interpeller. Cependant, celui qui est interpellé doit feindre de répondre à la lettre de la question, non à son adresse. Un jeu s'établit alors : bien que chacun sache à quoi s'en tenir sur les intentions de l'autre, le jeu oblige à répondre au contenu, non à l'adresse. Si, d'un certain ton, on me demande : « *A quoi sert la linguistique* ? », me signifiant par là qu'elle ne sert à rien, je dois feindre de répondre naïvement : « *Elle sert à ceci, à cela* », et non, conformément à la vérité du dialogue : « *D'où vient que vous m'agressez* ? » Ce que je reçois, c'est la connotation ; ce que je dois rendre, c'est la dénotation. Dans l'espace de parole, la science et la logique, le savoir et le raisonnement, les questions et les réponses, les propositions et les objections sont les masques de la relation dialectique. Nos débats intellectuels sont aussi codés que les disputes scolastiques ; il s'y trouve toujours des rôles de service (le « sociologiste », le « goldmannien », le « telquelien », etc.), mais à la différence de la *disputatio,* où ces rôles auraient été cérémoniels et auraient affiché l'artifice de leur fonction, notre « commerce » intellectuel se donne toujours des airs « naturels » : il prétend n'échanger que des signifiés, non des signifiants.

## Au nom de quoi ?

Je parle au nom de quoi ? D'une fonction ? D'un savoir ? D'une expérience ? Qu'est-ce que je représente ? Une capacité scientifique ? Une institution ? Un service ? En fait, je ne parle qu'au nom d'un langage : c'est parce que j'ai écrit que je parle ; l'écriture est représentée par son contraire, la parole. Cette distorsion veut dire que, en écrivant *de* la parole (au sujet de la parole), je suis condamné à l'aporie suivante : dénoncer l'imaginaire de la parole à travers l'irréalisme de l'écriture ; ainsi, présentement, je ne décris aucune expérience « authentique », je ne photographie aucun enseignement « réel », je n'ouvre aucun dossier « universitaire ». Car l'écriture peut dire le vrai sur le langage, mais non le vrai sur le réel (nous cherchons actuellement à savoir ce qu'est un réel sans langage).

## La station debout

Imagine-t-on une situation plus ténébreuse que de parler pour (ou devant) des gens debout ou visiblement mal assis ? Qu'est-ce qui s'échange ici ? De quoi cet inconfort est-il le prix ? Que *vaut* ma parole ? Comment l'incommodité où se trouve l'auditeur ne l'amènerait-elle pas rapidement à s'interroger sur la validité de ce qu'il entend ? La station debout n'est-elle pas éminemment *critique* ? Et n'est-ce pas ainsi, à une autre échelle, que commence la conscience politique : dans le *mal-aise* ? L'écoute me renvoie la vanité de ma propre parole, son *prix*, car, que je le veuille ou non, je suis placé dans un circuit d'échange ; et l'écoute, c'est aussi la station de celui à qui je m'adresse.

## Le tutoiement

Il arrive parfois, ruine de Mai, qu'un étudiant tutoie un professeur. C'est là un signe fort, un signe plein, qui renvoie au plus psychologique des signifiés : la *volonté* de contestation ou de copinage : le *muscle*. Puisqu'une morale du signe est ici imposée, on peut à son tour la contester et lui préférer une sémantique plus subtile : les signes doivent être maniés *sur fond neutre*, et, en français, le vouvoiement est ce fond. Le tutoiement ne peut échapper au code que dans les cas où il constitue une *simplification de la grammaire* (si l'on s'adresse, par exemple, à un étranger qui parle mal notre langue) ; il s'agit alors de substituer une pratique transitive à une conduite symbolique : au lieu de chercher à signifier *pour qui* je prends l'autre (et donc pour qui je me prends moi-même), je cherche simplement à bien me faire comprendre de lui. Mais ce recours est lui aussi, finalement, retors : le tutoiement rejoint toutes les conduites de fuite ; lorsqu'un signe ne me plaît pas, lorsque la signification me gêne, je me déplace vers l'opératoire : l'opératoire devient censure du symbolique, et donc symbole de l'asymbolisme ; bien des discours politiques, bien des discours scientifiques sont marqués de ce déplacement (dont relève notamment toute la linguistique de la « communication »).

## Une odeur de parole

Une fois qu'on a fini de parler, commence le vertige de l'image : on exalte ou on regrette ce qu'on a dit, la façon dont on l'a dit, on *s'imagine* (on se retourne en image) ; la parole est sujette à rémanence, elle *sent*.

L'écriture ne sent pas : produite (ayant accompli son procès de production), elle *tombe*, non à la façon d'un soufflé qui s'affaisse, mais d'une météorite qui disparaît ; elle va *voyager* loin de mon corps et pourtant elle n'en est pas un morceau détaché, retenu narcissiquement, comme l'est la parole ; sa disparition n'est pas déceptive ; elle passe, elle traverse, c'est tout. Le temps de la parole excède l'acte de parole (seul un juriste pouvait faire croire que les paroles disparaissent, *verba volant*). L'écriture, elle, n'a pas de passé (si la société vous oblige à *gérer* ce que vous avez écrit, vous ne pouvez le faire que dans le plus grand ennui, l'ennui d'un faux passé). C'est pourquoi le discours dont on commente votre écriture impressionne moins vivement que celui dont on commente votre parole (l'enjeu est cependant plus important) : du premier, je peux *objectivement* tenir compte, car « je » n'y suis plus ; du second, fût-il louangeur, je ne peux que chercher à me débarrasser, car il ne fait que resserrer l'impasse de mon imaginaire.

(D'où vient donc, alors, que ce texte-ci me préoccupe, qu'une fois fini, corrigé, lâché, il reste ou revient en moi à l'état de doute, et, pour tout dire, de peur ? N'est-il pas *écrit*, libéré par l'écriture ? Je vois bien, pourtant, que je ne peux l'*améliorer*, j'ai atteint la forme exacte de ce que je voulais dire : ce n'est plus une question de *style*. J'en conclus que c'est son statut même qui me gêne : ce qui me poisse en lui, c'est précisément que, traitant de la parole, il ne peut, *dans l'écriture même*, la liquider tout à fait. Pour écrire *de la parole* (au sujet de la parole), quelles que soient les distances de l'écriture, je suis obligé de *me référer* à des illusions d'expériences, de souvenirs, de sentiments advenus au sujet que je suis quand je parle, que j'étais quand je parlais : dans cette écriture-ci, *il y a encore du référent*, et c'est lui qui *sent* à mes propres narines.)

## Notre place

De même que la psychanalyse, avec Lacan, est en train de prolonger la topique freudienne en topologie du sujet (l'inconscient n'y est jamais à *sa* place), de même il faudrait substituer à l'espace magistral d'autrefois, qui était en somme un espace religieux (la parole dans la chaire, en haut, les auditeurs, en bas ; ce sont les *ouailles*, les brebis, le troupeau), un espace moins droit, moins euclidien, où personne, ni le professeur ni les étudiants, ne serait jamais *à sa dernière place*. On verrait alors que ce qu'il faut rendre réversible, ce ne sont pas les « rôles » sociaux (à quoi bon se disputer l'« autorité », le « droit » de parler ?), mais les régions de la parole. Où est-elle ? Dans la locution ? Dans l'écoute ? Dans les *retours* de l'une et de l'autre ? Le problème n'est pas d'abolir la distinction des fonctions (*le professeur*, l'*étudiant* : après tout, l'ordre est un garant du plaisir, Sade nous l'a appris), mais de protéger l'instabilité, et, si l'on peut dire, le tournis des lieux de parole. Dans l'espace enseignant, chacun ne devrait être à sa place nulle part (je me rassure de ce déplacement constant : s'il m'arrivait de *trouver ma place*, je ne feindrais même plus d'enseigner, j'y renoncerais).

Le professeur, cependant, n'a-t-il pas une place fixe, qui est celle de sa *rétribution*, la place qu'il a dans l'économie, dans la production ? C'est toujours le même problème, le seul qu'inlassablement nous traitions : l'origine d'une parole ne l'épuise pas ; une fois que cette parole est partie, il lui arrive mille aventures, son origine devient trouble, tous ses effets ne sont pas dans sa cause ; c'est ce *surnombre* que nous interrogeons.

## Deux critiques

Les fautes que l'on peut faire en copiant un manuscrit à la machine sont autant d'incidents signifiants, et ces incidents, par analogie, permettent d'éclaircir la conduite qu'il nous faut tenir à l'égard du sens quand nous commentons un texte.

Ou bien le mot produit par la faute (si une mauvaise lettre le défigure) ne signifie rien, ne retrouve aucun tracé textuel ; le code est simplement coupé : c'est un mot asémique qui est créé, un pur signifiant ; par exemple, au lieu d'écrire « officier », j'écris « offivier », qui ne veut rien dire. Ou bien le mot erroné (mal frappé), sans être le mot qu'on voulait écrire, est un mot que le lexique permet d'identifier, qui veut dire quelque chose : si j'écris « ride » au lieu de « rude », ce mot nouveau existe en français : la phrase garde un sens, fût-il excentrique ; c'est la voie (la voix ?) du jeu de mots, de l'anagramme, de la métathèse signifiante, de la contrepèterie : il y a glissement *à l'intérieur des codes* : le sens subsiste, mais pluralisé, triché, sans loi de contenu, de message, de vérité.

Chacun de ces deux types de fautes figure (ou préfigure) un type de critique. Le premier type donne congé à tout sens du texte tuteur : le texte ne doit se prêter qu'à une efflorescence signifiante ;

c'est son phonisme seul qui doit être traité, mais non interprété : on associe, on ne déchiffre pas ; donnant à lire « offivier », et non « officier », la faute m'ouvre le *droit d'association* (je puis faire éclater, à mon gré, « offivier » vers « obvier », « vivier », etc.) ; non seulement l'oreille de ce premier critique entend les grésillements du phono-capteur, mais elle ne veut entendre qu'eux et en fait une nouvelle musique. Pour le second critique, la « tête de lecture » ne rejette rien : elle perçoit, et le sens (les sens) et ses grésillements. L'enjeu (historique) de ces deux critiques (j'aimerais pouvoir dire que le champ de la première est la *signifiose*, et celui de la seconde, la *signifiance*) est évidemment différent.

La première a pour elle le droit du signifiant à s'éployer là où il veut (là où il peut ?) : quelle loi et quel sens, venus d'où, viendraient le contraindre ? Dès lors qu'on a desserré la loi philologique (monologique) et entrouvert le texte à la pluralité, pourquoi s'arrêter ? Pourquoi refuser de pousser la polysémie jusqu'à l'asémie ? Au nom de quoi ? Comme tout droit radical, celui-ci suppose une vision utopique de la liberté : on lève la loi *tout de suite,* hors de toute histoire, au mépris de toute dialectique (ce en quoi ce style de revendication peut paraître finalement petit-bourgeois). Cependant, dès lors qu'il se soustrait à toute raison tactique en restant néanmoins implanté dans une société intellectuelle déterminée (et aliénée), le désordre du signifiant se retourne en errance hystérique : en libérant la lecture de tous sens, c'est finalement *ma* lecture que j'impose car, dans *ce* moment de l'Histoire, l'économie du sujet n'est pas encore transformée, et le refus du sens (des sens) se renverse en subjectivité ; en mettant les choses au mieux, on peut dire que cette critique radicale, définie par une forclusion du signifié (et non par sa fuite), *anticipe* sur l'Histoire, sur un état nouveau et inouï, dans lequel l'efflorescence du signifiant ne se paierait d'aucune contrepartie idéaliste, d'aucune clôture de la personne. Cependant, *critiquer* (faire de la critique), c'est mettre en crise, et il n'est pas possible de mettre en crise sans évaluer les conditions de la crise (ses limites), sans tenir compte de son moment. Aussi la seconde critique, celle qui s'attache à la division des sens et au « truquage » de l'interprétation, apparaît-elle (du moins à mes yeux) plus juste historiquement : dans une société soumise à la guerre des sens, et par là même

361

astreinte à des règles de communication qui en déterminent l'efficacité, la liquidation de l'ancienne critique ne peut progresser que *dans* le sens (dans le volume des sens), et non hors de lui. Autrement dit, il faut pratiquer un certain entrisme sémantique. La critique idéologique est en effet, aujourd'hui, condamnée aux opérations de vol : le signifié, dont l'exemption est la tâche matérialiste par excellence, le signifié se dérobe mieux dans l'*illusion* du sens que dans sa destruction.

## Deux discours

Distinguons deux discours.

Le discours terroriste n'est pas forcément lié à l'assertion péremptoire (ou à la défense opportuniste) d'une foi, d'une vérité, d'une justice ; il peut vouloir simplement accomplir l'adéquation lucide de l'énonciation à la violence vraie du langage, violence native qui tient à ce qu'aucun énoncé ne peut exprimer directement la vérité et n'a d'autre régime à sa disposition que le coup de force du mot ; aussi, un discours apparemment terroriste cesse de l'être si, le lisant, on suit l'indication qu'il vous tend lui-même : d'avoir à rétablir en lui le blanc ou la dispersion, c'est-à-dire l'inconscient ; cette lecture n'est pas toujours facile ; certains terrorismes au petit pied, fonctionnant surtout par stéréotypes, opèrent eux-mêmes, comme n'importe quel discours de la bonne conscience, la forclusion de l'autre scène ; en un mot, ces terrorismes-là *refusent de s'écrire* (on les détecte à quelque chose en eux qui ne joue pas : cette odeur de sérieux qui monte du lieu commun).

Le discours répressif ne se lie pas à la violence déclarée, mais à la Loi. La Loi passe alors dans le langage comme équilibre : un équilibre est postulé entre ce qui est interdit et ce qui est permis, entre le sens recommandable et le sens indigne, entre la contrainte du sens commun et la liberté surveillée des interprétations ; d'où le goût de ce discours pour les balancements, les contreparties verbales, la position et l'esquive des antithèses ; n'être *ni* pour ceci *ni* pour cela (cependant, si vous faites le double compte des *ni*, vous constatez que ce locuteur *impartial, objectif, humain,* est *pour* ceci, *contre* cela). Ce discours répressif est le discours de la bonne conscience, le discours libéral.

## Le champ axiomatique

« Il suffira, dit Brecht, d'établir quelles interprétations des faits, apparues au sein du prolétariat engagé dans la lutte des classes (nationale ou internationale), lui permettent d'utiliser les faits pour son combat. Il faut en faire une synthèse afin de créer un champ axiomatique. » Ainsi tout fait possède plusieurs sens (une pluralité d'« interprétations »), et, parmi ces sens, il en est un qui est prolétarien (ou du moins qui sert le prolétariat dans son combat) ; en connectant ces divers sens prolétariens, on construit une axiomatique (révolutionnaire). Mais qui établit le sens ? Le prolétariat lui-même, pense Brecht (« *apparues au sein du prolétariat* »). Cette vue implique qu'à la division des classes répond fatalement une division des sens, et qu'à la lutte des classes répond non moins fatalement une guerre des sens : tant qu'il y a lutte des classes (nationale ou internationale), la division du champ axiomatique est inexpiable.

La difficulté (en dépit de la désinvolture verbale de Brecht : « *il suffira* ») vient de ce qu'un certain nombre d'objets de discours n'intéressent pas directement le prolétariat (aucune interprétation n'apparaît à leur égard dans son sein) et que cependant le prolétariat ne peut s'en désintéresser, car ils constituent, du moins dans les États avancés, qui ont liquidé à la fois la misère et le folklore, la plénitude de l'*autre discours*, au sein duquel le prolétariat lui-même est obligé de vivre, de se nourrir, de se distraire, etc. : ce discours est celui de la culture (il se peut qu'à l'époque de Marx la pression de la culture sur le prolétariat ait été moins forte qu'aujourd'hui : il n'y avait pas encore de « culture de masse », parce qu'il n'y avait pas de « communications de masse »). Comment attribuer un sens de combat à ce qui ne vous concerne pas directement ? Comment le prolétariat pourrait-il déterminer, *dans son sein*, une interprétation de Zola, de Poussin, du pop, de *Sport-Dimanche* ou du dernier fait divers ? Pour « interpréter » tous ces relais culturels, il lui faut des *représentants* : ceux que Brecht appelle les « artistes » ou les « travailleurs de l'intellect » (l'expression est bien malicieuse, du moins en français : l'intellect est si près du chapeau), tous ceux qui ont à leur disposition le langage de l'indirect, l'indirect comme langage ; en un mot, des *oblats*, qui se dévouent à l'interprétation prolétarienne des faits culturels.

Mais commence alors, pour ces procurateurs du sens prolétarien, un véritable casse-tête, car leur situation de classe n'est pas celle du prolétariat : ils ne sont pas producteurs, situation négative qu'ils partagent avec la jeunesse (étudiante), classe également improductive avec laquelle ils forment ordinairement une alliance de langage. Il s'ensuit que la culture, dont ils doivent dégager le sens prolétarien, les renvoie à eux-mêmes, non au prolétariat : comment *évaluer* la culture ? Selon son origine ? Elle est bourgeoise. Selon sa finalité ? Encore bourgeoise. Selon la dialectique ? Bien que bourgeoise, elle contiendrait des éléments progressistes ; mais qu'est-ce qui, *au niveau du discours*, distingue la dialectique du compromis ? Et puis, avec quels instruments ? Historicisme, sociologisme, positivisme, formalisme, psychanalyse ? Tous embourgeoisés. Certains préfèrent finalement casser le casse-tête : donner congé à toute « culture », ce qui oblige à détruire tout discours.

En fait, même à l'intérieur d'un champ axiomatique clarifié, pense-t-on, par la lutte des classes, les tâches sont diverses, parfois contradictoires, et surtout établies sur des *temps* différents. Le champ axiomatique est fait de plusieurs axiomatiques particulières : la critique culturelle se meut *successivement*, *diversement* et *simultanément* en opposant le Nouveau à l'Ancien, le sociologisme à l'historicisme, l'économisme au formalisme, le logico-positivisme à la psychanalyse, puis de nouveau, *selon un autre tour*, l'histoire monumentale à la sociologie empirique, l'étrange (l'étranger) au Nouveau, le formalisme à l'historicisme, la psychanalyse au scientisme, etc. Appliqué à la culture, le discours critique ne peut être qu'une moire de tactiques, un tissu d'éléments tantôt passés, tantôt circonstanciels (liés à des contingences de mode), tantôt enfin franchement utopiques : aux nécessités tactiques de la guerre des sens s'ajoute la pensée stratégique des conditions nouvelles qui seront faites au signifiant lorsque cette guerre cessera : il appartient en effet à la critique culturelle d'être *impatiente*, parce qu'elle ne peut se mener sans désir. Ce sont donc tous les discours du marxisme qui sont présents dans son écriture : le discours apologétique (exalter la science révolutionnaire), le discours apocalyptique (détruire la culture bourgeoise) et le discours eschatologique (désirer, appeler, l'indivision du sens, concomitante à l'indivision des classes).

## Notre inconscient

Le problème que nous nous posons est celui-ci : comment faire pour que les deux grandes *épistèmès* de la modernité, à savoir la dialectique matérialiste et la dialectique freudienne, se rejoignent, se conjoignent et produisent un nouveau rapport humain (il ne faut pas exclure qu'un troisième terme soit tapi dans l'inter-dit des deux premiers) ? C'est-à-dire : comment aider à l'inter-action de ces deux désirs : changer l'économie des rapports de production et changer l'économie du sujet ? (La psychanalyse nous apparaît pour le moment comme la force la mieux adaptée à la seconde de ces tâches ; mais d'autres topiques sont imaginables, celles de l'Orient, par exemple.)

Ce travail d'ensemble passe par la question suivante : quel rapport y a-t-il entre la détermination de classe et l'inconscient ? Selon quel déplacement cette détermination vient-elle se glisser entre les sujets ? Non certes par la « psychologie » (comme s'il y avait des contenus mentaux : bourgeois/prolétariens/intellectuels, etc.), mais bien évidemment par le langage, par le discours : l'Autre, qui parle, qui est toute parole, l'Autre est social. D'un côté, le prolétariat a beau être *séparé*, c'est le langage bourgeois, sous sa forme dégradée, petite-bourgeoise, qui parle inconsciemment dans son discours culturel ; et, de l'autre, il a beau être muet, il parle dans le discours de l'intellectuel, non comme voix canonique, fondatrice, mais comme inconscient : il suffit de voir comment il *frappe* à tous nos discours (la référence explicite de l'intellectuel au prolétariat n'empêche nullement que celui-ci ait, dans nos discours, la place de l'inconscient : l'inconscient n'est pas l'in-conscience) ; seul le discours bourgeois de la bourgeoisie est tautologique : l'inconscient du discours bourgeois est bien l'Autre, mais cet Autre est un autre discours bourgeois.

## L'écriture comme valeur

L'évaluation précède la critique. Il n'est pas possible de mettre en crise sans évaluer. Notre valeur est l'écriture. Cette référence obstinée, outre qu'elle doit bien souvent irriter, semble comporter aux yeux de certains un risque : celui de développer une certaine *mystique*. Le reproche est malicieux, car il inverse point par point la portée que nous attribuons à l'écriture : celle d'être, dans ce petit canton intellectuel de notre monde occidental, le *champ matérialiste par excellence*. Quoique procédant du marxisme et de la psychanalyse, la théorie de l'écriture essaie de déplacer, sans rompre, son lieu d'origine ; d'un côté, elle repousse la tentation du signifié, c'est-à-dire la surdité au langage, au retour et au surnombre de ses effets ; de l'autre, elle s'oppose à la parole en ceci qu'elle n'est pas transférentielle et déjoue — certes partiellement, dans des limites sociales très étroites, particularistes, même — les pièges du « dialogue » ; il y a en elle l'ébauche d'un geste de masse ; contre tous les discours (paroles, écrivances, rituels, protocoles, symboliques sociales), elle seule, actuellement, fût-ce encore sous forme d'un luxe, fait du langage quelque chose d'*atopique* : sans lieu ; c'est cette dispersion, cette insituation, qui est matérialiste.

# La parole paisible

L'une des choses que l'on peut attendre d'une réunion régulière d'interlocuteurs est simplement celle-ci : *la bienveillance* ; que cette réunion figure un espace de parole dénué d'agressivité.

Ce dénuement ne peut aller sans résistances. La première est d'ordre culturel : le refus de la violence passe pour un mensonge humaniste, la courtoisie (mode mineur de ce refus) pour une valeur de classe, et l'accueillance pour une mystification apparentée au dialogue libéral. La deuxième résistance est d'ordre imaginaire : beaucoup souhaitent une parole conflictuelle par défoulement, le retrait de l'affrontement ayant, dit-on, quelque chose de frustrant. La troisième résistance est d'ordre politique : la polémique est une arme essentielle de la lutte ; tout espace de parole doit être fractionné pour en faire apparaître les contradictions, il doit être soumis à une surveillance.

Cependant, ce qui est préservé, dans ces trois résistances, c'est finalement l'unité du sujet névrotique, qui se *rassemble* dans les formes du conflit. On le sait bien, pourtant, la violence est toujours là (dans le langage), et c'est pour cela même qu'on peut décider de mettre ses signes entre parenthèses et de faire ainsi l'économie d'une rhétorique : il ne faut pas que la violence soit absorbée par le code de la violence.

Le premier avantage serait de suspendre, ou du moins de retarder, les rôles de parole : qu'en écoutant, en parlant, en répondant, je ne sois jamais l'acteur d'un jugement, d'une sujétion, d'une intimidation, le procureur d'une Cause. Sans doute la parole paisible finira-t-elle par sécréter son propre rôle, puisque, quoi que je dise, l'autre me lit toujours comme une image ; mais dans le temps que je mettrai à éluder ce rôle, dans le travail de langage que la communauté accomplira, semaine après semaine, pour expulser de son discours toute stichomythie, une certaine dépropriation de la parole (proche dès lors de l'écriture) pourra être atteinte, ou encore *une certaine généralisation du sujet*.

C'est peut-être ce que l'on trouve dans certaines expériences de drogues (dans l'expérience de certaines drogues). Sans fumer soi-même (ne serait-ce que par l'incapacité bronchique d'avaler la fumée), comment être insensible à la *bienveillance* générale qui imprègne certains locaux étrangers où l'on fume le kif ? Les gestes, les paroles (rares), tout le rapport des corps (rapport néanmoins immobile et distant) est distendu, désarmé (rien à voir, donc, avec l'ivresse alcoolique, forme légale de la violence en Occident) : l'espace semble plutôt produit par une ascèse subtile (on peut y lire parfois une certaine *ironie*). La réunion de parole devrait, me semble-t-il, chercher ce *suspense* (peu importe de quoi : c'est une forme qui est désirée), tenter de rejoindre un *art de vivre*, le plus grand de tous les arts, disait Brecht (cette vue serait plus dialectique qu'on ne croit, en ceci qu'elle obligerait à distinguer et à évaluer les usages de la violence). En somme, dans les limites mêmes de l'espace enseignant, tel qu'il est donné, il s'agirait de travailler à tracer patiemment une forme pure, celle du *flottement* (qui est la forme même du signifiant) ; ce flottement ne détruirait rien ; il se contenterait de désorienter la Loi : les nécessités de la promotion, les obligations du métier (que rien n'interdit dès lors d'honorer avec scrupule), les impératifs du savoir, le prestige de la méthode, la critique idéologique, tout est là, *mais qui flotte*

1971, *Tel Quel.*

# Au séminaire

S'agit-il d'un lieu réel ou d'un lieu fictif ? Ni l'un ni l'autre. Une institution est traitée sur le mode utopique : je trace un espace et je l'appelle : *séminaire*. Il est bien vrai que l'assemblée dont il est question se tient chaque semaine à Paris, c'est-à-dire *ici et maintenant* ; mais ces adverbes sont aussi ceux du fantasme. Ainsi, nulle caution de la réalité, mais aussi nulle gratuité de l'anecdote. On pourrait dire les choses autrement : que le séminaire (réel) est pour moi l'objet d'un (léger) délire, et que je suis, à la lettre, amoureux de cet objet.

## Les trois espaces

Notre assemblée est petite, par souci non d'intimité, mais de complexité : il est nécessaire qu'à la géométrie grossière des grands cours publics succède une topologie subtile des rapports corporels, dont le savoir serait le *pré-texte*. Trois espaces sont donc présents dans notre séminaire.

Le premier est institutionnel. L'institution fixe une fréquence, un horaire, un lieu, parfois un cursus. Impose-t-elle de reconnaître des niveaux, une hiérarchie ? Nullement, du moins ici ; ailleurs, la connaissance est accumulative : on sait *plus ou moins* le hittite, on connaît *plus ou moins* la science démographique. Mais le Texte ? Possède-t-on *plus ou moins bien* la langue du Texte ? Le séminaire — ce séminaire-là — n'est guère fondé sur une communauté de science, plutôt sur une complicité de langage, c'est-à-dire de désir.

369

Il s'agit de désirer le Texte, de mettre en circulation un désir de Texte (acceptons le glissement du signifiant : Sade parlait d'un *désir de tête*).

Le deuxième espace est transférentiel (ce mot est donné sans aucune rigueur psychanalytique). Où est la relation transférentielle ? Classiquement, elle s'établit entre le directeur (du séminaire) et son auditoire. Même dans ce sens, cependant, cette relation n'est pas sûre : je ne dis pas ce que je sais, j'expose ce que je fais ; je ne suis pas enrobé dans le discours interminable du savoir absolu, je ne suis pas tapi dans le silence terrifiant de l'Examinateur (tout professeur — et c'est là le vice du système — est virtuellement un examinateur) ; je ne suis ni un sujet sacré (consacré) ni un copain, mais seulement un régisseur, un opérateur de séance, un régulateur : celui qui donne des règles, des protocoles, non des lois. Mon rôle (si j'en ai un) est de libérer la scène où vont s'établir des transferts horizontaux : ce qui importe, dans un tel séminaire (le lieu de sa réussite), ce n'est pas le rapport des auditeurs au directeur, c'est le rapport des auditeurs entre eux. Voilà ce qu'il faut dire (et que j'ai compris à force d'écouter le malaise des assemblées trop nombreuses, où chacun se plaignait de ne connaître personne) : la fameuse relation enseignante, ce n'est pas la relation de l'enseignant et de l'enseigné, c'est la relation des enseignés entre eux. L'espace du séminaire n'est pas œdipien, il est phalanstérien, c'est-à-dire, en un sens, *romanesque* (le romanesque est distinct du roman, dont il est l'éclatement : dans l'œuvre de Fourier, le discours harmonien finit en *bribes* de roman : c'est le *Nouveau Monde amoureux*) ; le romanesque n'est ni le faux ni le sentimental ; c'est seulement l'espace de circulation des désirs subtils, des désirs mobiles ; c'est, dans l'artifice même d'une socialité dont l'opacité serait miraculeusement exténuée, l'enchevêtrement des rapports amoureux.

Le troisième espace est textuel : soit que le séminaire se donne pour mobile de produire un texte, d'écrire un livre (par montages d'écritures) ; soit au contraire qu'il considère que sa propre pratique — infonctionnelle — est déjà un texte : le texte le plus rare, celui qui ne passe pas par l'écrit. Une certaine manière d'être ensemble peut accomplir l'inscription de signifiance : il y a des écrivains sans livre (j'en connais), il y a des textes qui ne sont pas des produits, mais des pratiques ; on peut même dire que le texte glorieux sera un jour une pratique toute pure.

De ces trois espaces, aucun n'est jugé (déprécié ou loué), aucun ne prévaut sur ses voisins. Chaque espace est, à son tour, le supplément, la surprise des deux autres, tout est *indirect*. (Orphée ne se retourne pas sur sa jouissance ; lorsqu'il se retourne, il la perd ; si nous nous retournons sur le savoir, ou la méthode, ou l'amitié, ou le théâtre même de notre communauté, tout ce pluriel disparaît : il ne reste plus que l'institution, ou la tâche, ou le psychodrame. L'indirect, c'est cela même en avant de quoi nous marchons sans le regarder.)

## La différence

Comme phalanstère, le séminaire a pour travail la *production des différences*.

La différence n'est pas le conflit. Dans les petits espaces intellectuels, le conflit n'est que le décor réaliste, la parodie grossière de la différence, une fantasmagorie.

La différence, ça veut dire quoi ? Que chaque relation, peu à peu (il y faut du temps), *s'originalise* : retrouve l'originalité des corps pris un à un, casse la reproduction des rôles, le ressassement des discours, déjoue toute mise en scène du prestige, de la rivalité.

## La déception

Puisque cette assemblée a quelque rapport avec la jouissance, il est fatal qu'elle soit aussi un espace de déception.

La déception vient au terme de deux négations, dont la seconde ne détruit pas la première. Si je constate que X... (professeur, régisseur, exposant) ne m'a pas expliqué *pourquoi, comment*, etc., ce constat reste acceptable, et comme inconséquent : rien ne se déprend, parce que rien n'avait pris ; mais si je redouble le moment négatif, je fais surgir la figure du *comble*, je me retourne agressivement contre un destin agressif ; je recours alors à la clausule déceptive par excellence, le « *même pas* », qui pointe d'un seul coup l'indignation intellectuelle et le fiasco sexuel : « X… ne nous a *même pas* dit, expliqué, démontré, …fait jouir. » Lorsque la déception est généralisée, il y a *débandade* de l'assemblée.

## Moralité

Décidons de parler d'*érotisme* partout où le désir a un objet. Ici, les objets sont multiples, mobiles, ou mieux encore *passants,* pris dans un mouvement d'apparition/disparition : ce sont des morceaux de savoir, des rêves de méthode, des bouts de phrases ; c'est l'inflexion d'une voix, l'air d'un vêtement, bref tout ce qui forme la *parure* d'une communauté. Cela diffuse, circule. Si proche peut-être du simple parfum de la drogue, cet éréthisme léger défige, déprend le savoir, l'allège de son poids d'énoncés ; il en fait précisément une *énonciation* et fonctionne comme la garantie textuelle du travail.

Tout cela n'est dit qu'en raison de son non-dit ordinaire. Nous partons de si loin qu'il apparaît incongru qu'un lieu d'enseignement ait aussi pour fonction de *considérer* les corps qui s'y représentent ; rien de plus transgressif que de s'attacher à lire l'*expression corporelle* d'une assemblée. Remettez le corps là d'où il est chassé et c'est tout un glissement de civilisation qui se devine : « Je considère la moralité grecque [*ne pourrions-nous dire aujourd'hui : l'asiatique* ?] comme la plus haute qui ait été jamais ; ce qui me le prouve, c'est qu'elle a porté à son comble l'expression *corporelle.* Mais la moralité à laquelle je pense est la moralité effective du peuple, non celle des philosophes. Avec Socrate, commence *le déclin de la morale…* » Haine de tout socratisme.

# La conversation

L'écriture survient lorsqu'un certain effet (contradictoire) est produit : que le texte soit en même temps une folle dépense et une réserve inflexible — comme si, au terme extrême de la perte, il restait encore, inépuisablement, quelque chose de retenu en vue du texte à venir.

Peut-être Mallarmé suggérait-il cela, lorsqu'il demandait que le Livre fût analogue à une *conversation*. Car, dans la conversation, il y a aussi une réserve, et cette réserve, c'est le corps. Le corps est toujours l'avenir de ce qui se dit « entre nous ». Quelques dixièmes, comme l'amorce d'un déboîtement, séparent le discours du corps : précisément ces trois dixièmes dont la chute définit le style, au dire de l'acteur Zéami (Japon, XIVe siècle) : « Faites mouvoir votre esprit aux dix dixièmes, faites mouvoir votre corps aux sept dixièmes. »

# La note étourdie

Sait-on à quoi remonte, par la voie étymologique, le mot « étourdi » ? À la grive saoulée de raisin. Nulle invraisemblance, alors, à ce que le séminaire soit quelque peu « étourdi » : déporté hors du sens, de la Loi, abandonné à quelque euphorie légère, les idées naissant comme par hasard, indirectement, d'une écoute souple, d'une sorte de *swing* de l'attention (ils veulent « prendre la parole » ; mais c'est « prendre l'écoute » qui enivre, déplace, subvertit ; c'est dans l'écoute qu'est la faille de la Loi).

Dans le séminaire, il n'y a rien à représenter, à imiter ; la « note », instrument massif d'enregistrement, y serait déplacée ; on note seulement, à un rythme imprévisible, ce qui traverse l'écoute, ce qui naît d'une écoute étourdie. La note est détachée du savoir comme modèle (chose à copier) ; elle est écriture, non mémoire ; elle est dans la production, non dans la représentation.

# Pratiques

Imaginons — ou rappelons — trois pratiques d'éducation.

La première pratique, c'est l'*enseignement*. Un savoir (antérieur) est transmis par le discours oral ou écrit, roulé dans le flux des énoncés (livres, manuels, cours).

La deuxième pratique, c'est l'*apprentissage*. Le « maître » (aucune connotation d'autorité : la référence serait plutôt orientale), le maître, donc, travaille *pour lui-même* devant l'apprenti ; il ne parle pas, ou du moins il ne tient pas de discours ; son propos est purement déictique : « Ici, dit-il, je fais *ceci* pour éviter *cela*... » Une compétence se transmet silencieusement, un spectacle se monte (celui d'un faire), dans lequel l'apprenti, passant la rampe, s'introduit peu à peu.

La troisième pratique, c'est le *maternage*. Lorsque l'enfant apprend à marcher, la mère ne discourt ni ne démontre ; elle n'enseigne pas la marche, elle ne la représente pas (elle ne marche pas devant l'enfant) : elle soutient, encourage, appelle (se recule et appelle) ; elle incite et entoure : l'enfant demande la mère et la mère désire la marche de l'enfant.

Dans le séminaire (c'en est la définition), tout enseignement est forclos : aucun savoir n'est transmis (mais un savoir peut être créé), aucun discours n'est tenu (mais un texte se cherche) : l'enseignement est *déçu*. Ou bien quelqu'un travaille, cherche, produit, assemble, écrit devant les autres ; ou bien tous s'incitent, s'appellent, mettent en circulation l'objet à produire, la démarche à composer, qui passent ainsi de main en main, suspendus au fil du désir, tel l'anneau dans le jeu du furet.

# La chaîne

Aux deux extrémités de la métaphore, deux images de la chaîne : l'une, abhorrée, renvoie à la chaîne d'usine ; l'autre, voluptueuse, renvoie à la figure sadienne, au chapelet de plaisir. Dans la chaîne aliénée, *les objets se transforment* (un moteur d'auto), *les sujets se répètent* : la répétition du sujet (son ressassement) est le prix de la marchandise. Dans la chaîne de jouissance, de savoir, l'objet est indifférent, mais les sujets passent.

Tel serait à peu près le mouvement du séminaire : passer d'une chaîne à l'autre. Le long de la première chaîne (classique, institutionnelle), le savoir se constitue, s'accroît, prend la forme d'une spécialité, c'est-à-dire d'une marchandise, cependant que les sujets persistent, chacun à sa place (à la place de son origine, de sa capacité, de son labeur) ; mais, le long de l'autre chaîne, l'objet (le thème, la question), indirect, ou nul, ou échoué, de toute manière en dérive de savoir, n'est l'enjeu d'aucune chasse, d'aucun marché : infonctionnel, pervers, il n'est jamais que *lancé*, jeté *à fonds perdus* ; le long de son éparpillement progressif, les sujets font circuler les désirs (de même, dans le jeu du furet, le propos est de faire passer l'anneau, mais la fin est de se toucher les mains).

L'espace du séminaire peut être réglé (un jeu l'est toujours), il n'est pas réglementé ; nul n'y est le contremaître des autres, nul n'est là pour surveiller, comptabiliser, amasser ; chacun, tour à tour, peut y devenir maître de cérémonie ; la seule marque est initiale ; il n'y a qu'une figure de départ, dont le rôle — qui n'est qu'un geste — est de lancer la bague dans la circulation. Puis, la métaphore du furet cesse d'être exacte ; car ce n'est plus une chaîne dont il s'agit, mais un ordre de ramifications, un arbre de désirs : chaîne étendue, éclatée, que Freud a décrite : « Les scènes... forment non pas de simples rangs comme dans un collier de perles, mais des ensembles qui se ramifient à la manière des arbres généalogiques... »

## Le savoir, la mort

Au séminaire il est question des rapports du savoir et du corps. Lorsque l'on dit qu'il faut mettre le savoir en commun, c'est donc aussi contre la mort que ce front est dessiné. *Tous pour tous* : que le séminaire soit ce lieu où la passe du savoir est démultipliée, où mon corps n'est pas obligé de recommencer à chaque fois le savoir qui vient de mourir dans un autre corps (étudiant, le seul professeur que j'aie aimé et admiré a été l'helléniste Paul Mazon ; lorsqu'il est mort, je n'en ai pas fini de regretter que tout le savoir de la langue grecque disparût avec lui, et qu'un autre corps dût recommencer l'interminable trajet de la grammaire, depuis la conjugaison de *deiknumi*). Le savoir, comme la jouissance, meurt avec chaque corps. D'où l'idée vitale d'un savoir qui court, qui « se monte » à travers des corps différents, en dehors des livres ; *apprenez ceci pour moi, j'apprendrai cela pour vous* : économie du *tour*, de la revanche, illustrée par Sade dans l'ordre du plaisir (« Maintenant victime d'un moment, mon bel ange, et tout à l'heure persécutrice... »).

## Comment passer la main ?

Lorsque le « maître » montre (ou démontre) quelque chose, il ne peut éviter de manifester une certaine supériorité (*magister* : celui qui est au-dessus). Cette supériorité peut venir d'un statut (celui de « professeur »), d'une compétence technique (par exemple, celle d'un maître de piano), ou d'un contrôle exceptionnel du corps (dans le cas du *guru*). De toute manière, l'occasion de supériorité tourne en relation d'autorité. Comment arrêter (dériver) ce mouvement ? Comment esquiver la maîtrise ?

Cette question dépend d'une autre : quelle est, au fait, ma place dans notre séminaire ? Professeur ? Technicien ? Guru ? Je ne suis rien de tout cela. Cependant (le nier serait pure démagogie) quelque chose, que je ne puis maîtriser (et qui est donc antérieur), me fonde en différence. Ou plutôt je suis celui dont le rôle *s'originalise* en premier (à supposer, comme on l'a dit, que, dans le séminaire, espace de différences, chaque rapport doive tendre à l'originalité). Ma différence tient à ceci (et ne tient à rien d'autre) : *j'ai écrit.* J'ai donc quelque chance d'être situé dans le champ de la jouissance, non dans celui de l'autorité.

Cependant, la Loi résiste, la maîtrise continue de peser, la différence risque d'être perçue par à-coups comme vaguement répressive : je suis celui qui parle *plus* que les autres, je suis celui qui contient, mesure ou retarde la montée irrépressible de la parole. L'effort personnel pour *passer la main* (la parole) ne peut prévaloir sur la situation structurale, qui établit ici une plus-value de discours et là, conséquemment, un manque-à-jouir. Chaque fois que je veux remettre le séminaire aux autres, il me revient : je ne puis me dépoisser d'une sorte de « présidence », sous le regard de laquelle la parole se bloque, s'embarrasse ou s'emballe. Risquons donc davantage : écrivons au présent, produisons devant les autres et parfois avec eux un livre en train de se faire ; montrons-nous *en état d'énonciation.*

## L'homme aux énoncés

Le Père (continuons un peu de rêver sur ce principe d'intelligibilité), le Père, c'est le Parleur : celui qui tient des discours hors du faire, coupés de toute production ; le Père, c'est l'Homme aux énoncés. Aussi, rien de plus transgressif que de surprendre le Père en état d'énonciation ; c'est le surprendre en ivresse, en jouissance, en érection : spectacle intolérable (peut-être *sacré,* au sens que Bataille donnait à ce mot), que l'un des fils s'empresse de recouvrir — sans quoi Noé y perdrait sa paternité.

Celui qui montre, celui qui énonce, celui qui montre l'énonciation, n'est plus le Père.

# Enseigner

Enseigner *ce qui n'a lieu qu'une fois*, quelle contradiction dans les termes ! Enseigner n'est-ce pas, toujours, répéter ?

C'est pourtant ce que le vieux Michelet croyait avoir fait : « J'ai toujours eu l'attention de ne jamais enseigner que ce que je ne savais pas... J'avais transmis ces choses comme elles étaient alors dans ma passion, nouvelles, animées, brûlantes (et charmantes pour moi), sous le premier attrait de l'amour. »

# Guelfe/Gibelin

Ce même Michelet opposait le Guelfe et le Gibelin. Le Guelfe, c'est l'homme de la Loi, l'homme du Code, le Légiste, le Scribe, le Jacobin, le Français (ajouterons-nous l'Intellectuel ?). Le Gibelin, c'est l'homme du lien féodal, du serment par le sang, c'est l'homme de la dévotion affective, l'Allemand (et aussi Dante). Si l'on pouvait prolonger cette grande symbolique sur d'aussi petits phénomènes, on dirait que le séminaire est d'esprit gibelin, non guelfe — impliquant une précellence du corps sur la loi, du contrat sur le code, du texte sur l'écrit, de l'énonciation sur l'énoncé.

Ou plutôt : ce paradigme, que Michelet vivait directement, il nous faut le contourner, le subtiliser ; nous n'opposons plus l'intelligence sèche au cœur chaleureux ; mais nous nous servons des appareils formidables de la science, de la méthode, de la critique, pour énoncer *doucement, parfois* et *quelque part* (ces intermittences étant la justification même du séminaire) ce qu'on pourrait appeler, en style désuet, les motions du désir. Ou encore : de même que pour Brecht, la Raison, ce n'est jamais que l'ensemble des gens raisonnables, pour nous, gens du séminaire, la recherche, ce n'est jamais que l'ensemble des gens qui cherchent (qui se cherchent ?).

# Jardin suspendu

Dans l'image du jardin suspendu (au fait, d'où vient ce mythe, cette imagination ?), c'est la suspension qui attire et flatte. Collectivité en paix dans un monde en guerre, notre séminaire est un lieu suspendu ; il se tient chaque semaine, tant bien que mal, porté par le monde qui l'entoure, mais y résistant aussi, assumant doucement l'immoralité d'une fissure dans la totalité qui presse de toutes parts (dire plutôt : le séminaire a sa propre moralité). L'idée en serait peu supportable, si l'on ne se donnait un droit momentané à l'incommunication des conduites, des raisons, des responsabilités. Bref, à sa façon, le séminaire dit *non* à la totalité ; il accomplit, si l'on peut dire, une *utopie partielle* (d'où la référence insistante à Fourier).

Cette suspension, cependant, est elle-même historique ; elle intervient dans une certaine apocalypse de la culture. Les sciences dites humaines n'ont plus guère de rapport vrai avec la pratique sociale — sauf à se confondre et à se perdre en elle (telle la sociologie) ; et la culture, dans son ensemble, n'étant plus soutenue par l'idéologie humaniste (ou répugnant de plus en plus à la soutenir), ne revient dans notre vie qu'à titre de comédie : elle n'est recevable, en quelque sorte, qu'*au second degré*, non plus comme valeur droite, mais comme valeur retournée : kitsch, plagiat, jeu, plaisir, miroitement d'un langage-farce *auquel nous croyons et ne croyons pas* (c'est le propre de la farce), morceau de pastiche ; nous sommes condamnés à l'anthologie, sauf à répéter une philosophie morale de la totalité.

# Au séminaire

*Au séminaire* : cette expression doit s'entendre comme un locatif, comme un éloge (tel celui que le poète von Schober et le musicien Schubert adressèrent « A la Musique »), et comme une dédicace.

1974, L'Arc.

# Le procès que l'on fait
## périodiquement

Le procès que l'on fait périodiquement aux intellectuels (depuis l'affaire Dreyfus, qui a vu, je crois, la naissance du mot et de la notion) est un procès de magie : l'intellectuel est traité comme un sorcier pourrait l'être par une peuplade de marchands, d'hommes d'affaires et de légistes : il est celui qui dérange des intérêts idéologiques. L'anti-intellectualisme est un mythe historique, lié sans doute à l'ascension de la petite-bourgeoisie. Poujade a donné naguère à ce mythe sa forme toute crue (« le poisson pourrit par la tête »). Un tel procès peut exciter périodiquement la galerie, comme tout procès de sorcier ; son risque *politique* ne doit pas être cependant méconnu : c'est tout simplement le fascisme, qui se donne toujours et partout pour premier objectif de liquider la classe intellectuelle.

Les tâches de l'intellectuel sont définies par ces résistances mêmes, le lieu d'où elles partent ; Brecht les a plusieurs fois formulées : il s'agit de décomposer l'idéologie bourgeoise (et petite-bourgeoise), d'étudier les forces qui font bouger le monde et de faire progresser la théorie. Sous ces formules, il faut placer évidemment une grande variété de pratiques d'écriture et de langage (puisque l'intellectuel s'assume comme un être de langage, ce qui précisément dérange l'assurance d'un monde qui oppose superbement les « réalités » aux « mots », comme si le langage n'était pour l'homme que le décor vain d'intérêts plus substantiels).

La situation historique de l'intellectuel n'est pas confortable ; non à cause des procès dérisoires qu'on lui fait, mais parce que c'est une situation dialectique : la fonction de l'intellectuel est de critiquer le langage bourgeois sous le règne même de la bourgeoisie ; il doit être à la fois un analyste et un utopiste, figurer en même temps les difficultés et les désirs fous du monde : il veut être un contemporain historique et philosophique du présent : que vaudrait et que deviendrait une société qui renoncerait à se distancer ? Et comment se regarder autrement qu'en se parlant ?

1974, *Le Monde*.

# En sortant du cinéma

Le sujet qui parle ici doit reconnaître une chose : il aime à *sortir* d'une salle de cinéma. Se retrouvant dans la rue éclairée et un peu vide (c'est toujours le soir et en semaine qu'il y va) et se dirigeant mollement vers quelque café, il marche silencieusement (il n'aime guère parler tout de suite du film qu'il vient de voir), un peu engourdi, engoncé, frileux, bref, ensommeillé : *il a sommeil*, voilà ce qu'il pense ; son corps est devenu quelque chose de sopitif, de doux, de paisible : mou comme un chat endormi, il se sent quelque peu désarticulé, ou encore (car pour une organisation morale le repos ne peut être que là) irresponsable. Bref, c'est évident, il sort d'une hypnose. Et de l'hypnose (vieille lanterne psychanalytique que la psychanalyse ne semble plus traiter qu'avec condescendance[1]), ce qu'il perçoit, c'est le plus vieux des pouvoirs : le guérissement. Il pense alors à la musique : n'y a-t-il pas des musiques hypnotiques ? Le castrat Farinelli, dont la *messa di voce* fut incroyable « tant par la durée que par l'émission », endormit la mélancolie morbide de Philippe V d'Espagne en lui chantant la même romance tous les soirs pendant quatorze ans.

*

C'est ainsi que souvent l'on sort du cinéma. Comment y entre-t-on ? Sauf le cas — il est vrai de plus en plus fréquent — d'une quête culturelle bien précise (film choisi, voulu, cherché, objet d'une véritable alerte préalable), on va au cinéma à partir d'une oisiveté, d'une disponibilité, d'une vacance. Tout se passe comme si, avant même d'entrer dans la salle, les conditions classiques de l'hypnose étaient réunies : vide, désœuvrement,

1. Voir *Ornicar ?* n° 1, p. 11.

inemploi ; ce n'est pas devant le film et par le film que l'on rêve ; c'est, sans le savoir, avant même d'en devenir le spectateur. Il y a une « situation de cinéma », et cette situation est pré-hypnotique. Suivant une métonymie vraie, le noir de la salle est préfiguré par la « rêverie crépusculaire » (préalable à l'hypnose, au dire de Breuer-Freud) qui précède ce noir et conduit le sujet, de rue en rue, d'affiche en affiche, à s'abîmer finalement dans un cube obscur, anonyme, indifférent, où doit se produire ce festival d'affects qu'on appelle un film.

\*

Que veut dire le « noir » du cinéma (je ne puis jamais, parlant cinéma, m'empêcher de penser « salle », plus que « film ») ? Le noir n'est pas seulement la substance même de la rêverie (au sens pré-hypnoïde du terme) ; il est aussi la couleur d'un érotisme diffus ; par sa condensation humaine, par son absence de mondanité (contraire au « paraître » culturel de toute salle de théâtre), par l'affaissement des postures (combien de spectateurs, au cinéma, se coulent dans leur fauteuil comme dans un lit, manteaux ou pieds jetés sur le siège antérieur), la salle de cinéma (de type courant) est un lieu de disponibilité, et c'est la disponibilité (plus encore que la drague), l'oisiveté des corps, qui définit le mieux l'érotisme moderne, non celui de la publicité ou des strip-teases, mais celui de la grande ville. C'est dans ce noir urbain que se travaille la liberté du corps ; ce travail invisible des affects possibles procède de ce qui est un véritable cocon cinématographique ; le spectateur de cinéma pourrait reprendre la devise du ver à soie : *Inclusum labor illustrat* ; c'est parce que je suis enfermé que je travaille et brille de tout mon désir.

Dans ce noir du cinéma (noir anonyme, peuplé, nombreux : oh, l'ennui, la frustration des projections dites privées !), gît la fascination même du film (quel qu'il soit). Évoquez l'expérience contraire : à la télévision qui passe elle aussi des films, nulle fascination ; le noir y est gommé, l'anonymat refoulé ; l'espace est familier, articulé (par les meubles, les objets connus), dressé : l'érotisme — disons mieux, pour en faire comprendre la légèreté, l'inachèvement — l'*érotisation* du lieu est forclose : par la télévision, nous sommes *condamnés* à la Famille, dont elle est devenue l'instrument ménager, comme le fut autrefois l'âtre, flanqué de sa marmite commune.

\*

Dans ce cube opaque, une lumière : le film, l'écran ? Oui, bien sûr. Mais aussi (mais surtout ?), visible et inaperçu, ce cône dansant qui troue le noir, à la façon d'un rayon de laser. Ce rayon se monnaye, selon la rotation de ses particules, en figures changeantes ; nous tournons notre visage vers la *monnaie* d'une vibration brillante, dont le jet impérieux rase notre crâne, effleure, de dos, de biais, une chevelure, un visage. Comme dans les vieilles expériences d'hypnotisme, nous sommes fascinés, sans le voir en face, par ce lieu brillant, immobile et dansant.

\*

Tout se passe comme si une longue tige de lumière venait découper une serrure, et que nous regardions tous, sidérés, par ce trou. Quoi ? Rien, dans cette extase, ne vient par le son, la musique, les paroles ? D'ordinaire — dans la production courante —, le protocole sonore ne peut produire aucune écoute fascinante ; conçu pour renforcer le *vraisemblable* de l'anecdote, le son n'est qu'un instrument supplémentaire de représentation ; on veut qu'il s'intègre avec docilité à l'objet mimé, on ne le détache en rien de cet objet ; il suffirait pourtant de très peu de chose pour décoller cette pellicule sonore : un son déplacé ou grossi, une voix qui broie son grain, tout près, dans le creux de notre oreille, et la fascination recommence ; car elle ne vient jamais que de l'artifice, ou mieux encore : de l'*artefact* — tel le rayon dansant du projecteur — qui vient, par-dessus ou à côté, brouiller la scène mimée par l'écran, *sans cependant en défigurer l'image* (la *gestalt*, le sens).

\*

Car telle est la plage étroite — du moins pour le sujet qui parle ici — où se joue la sidération filmique, l'hypnose cinématographique : il me faut être dans l'histoire (le vraisemblable me requiert), mais il me faut aussi être *ailleurs* : un imaginaire légèrement décollé, voilà ce que, tel un fétichiste scrupuleux, conscient, organisé, en un mot *difficile,* j'exige du film et de la situation où je vais le chercher.

\*

L'image filmique (y compris le son), c'est quoi ? Un *leurre.* Il faut entendre ce mot au sens analytique. Je suis enfermé avec l'image comme si j'étais pris dans la fameuse relation duelle qui fonde l'Imaginaire. L'image est là, devant moi, pour moi : coalescente (son signifiant et son signifié bien fondus), analogique, globale, prégnante ; c'est un leurre parfait : je me précipite sur elle comme un animal sur le bout de chiffon « ressemblant » qu'on lui tend ; et, bien entendu, elle entretient dans le sujet que je crois être la méconnaissance attachée au Moi et à l'Imaginaire. Dans la salle de cinéma, si loin que je sois placé, je colle mon nez, jusqu'à l'écraser, au miroir de l'écran, à cet « autre » imaginaire à qui je m'identifie narcissiquement (on dit que les spectateurs qui choisissent de se placer le plus près possible de l'écran sont les enfants et les cinéphiles) ; l'image me captive, me capture : je *colle* à la représentation, et c'est cette colle qui fonde la *naturalité* (la pseudo-nature) de la scène filmée (colle préparée avec tous les ingrédients de la « technique ») ; le Réel, lui, ne connaît que des distances, le Symbolique ne connaît que des masques ; seule l'image (l'Imaginaire) est *proche,* seule l'image est « *vraie* » (peut produire le retentissement de la vérité). Au fond, l'image n'a-t-elle pas, statutairement, tous les caractères de l'*idéologique* ? Le sujet historique, tel le spectateur de cinéma que je suis en train d'imaginer, *colle* lui aussi au discours idéologique : il en éprouve la coalescence, la sécurité analogique, la prégnance, la naturalité, la « vérité » : c'est un leurre (*notre* leurre, car qui y échappe ?) ; l'Idéologique serait au fond l'Imaginaire d'un temps, le Cinéma d'une société ; comme le film qui sait achalander, il a même ses photogrammes : les stéréotypes dont il articule son discours ; le stéréotype n'est-il pas une image fixe, une citation à laquelle notre langage colle ? N'avons-nous pas au lieu commun un rapport duel : narcissique et maternel ?

\*

Comment se décoller du miroir ? Risquons une réponse qui sera un jeu de mots : en « décollant » (au sens aéronautique et drogué du terme). Certes, il est toujours possible de concevoir un art qui rompra le cercle duel, la fascination filmique, et déliera l'empoissement, l'hypnose du vraisemblable (de l'analogique), par quelque recours au regard (ou à l'écoute) critique du spectateur ; n'est-ce pas cela dont il s'agit dans l'effet brechtien de distanciation ? Bien des choses peuvent aider au réveil de l'hypnose (imaginaire et/ou idéologique) : les procédés même de l'art épique, la culture du spectateur ou sa vigilance idéologique ; contrairement à l'hystérie classique, l'imaginaire disparaîtrait, dès lors qu'on l'observerait. Mais il est une autre manière d'aller au cinéma (autrement qu'armé par le discours de la contre-idéologie) ; en s'y laissant fasciner *deux fois*, par l'image et par ses entours, comme si j'avais deux corps en même temps : un corps narcissique qui regarde, perdu dans le miroir proche, et un corps pervers, prêt à fétichiser non l'image, mais précisément ce qui l'excède : le grain du son, la salle, le noir, la masse obscure des autres corps, les rais de la lumière, l'entrée, la sortie ; bref, pour distancer, « décoller », je complique une « relation » par une « situation ». Ce dont je me sers pour prendre mes distances à l'égard de l'image, voilà, en fin de compte, ce qui me fascine : je suis hypnotisé par une distance ; et cette distance n'est pas critique (intellectuelle) ; c'est, si l'on peut dire, une distance amoureuse : y aurait-il, au cinéma même (et en prenant le mot dans son profil étymologique), une jouissance possible de la *discrétion* ?

1975, *Communications.*

# L'image

Il se trouve que ceci, qui a été préparé il y a quelques jours, hâtivement, aura l'air de *copier* ce qui a été dit depuis et que vous pourrez reconnaître au passage. C'est un rappel de thèmes persistants, mis dans une certaine perspective : la perspective de mon actualité en tant qu'elle est inactuelle.

*

A l'origine de tout, la Peur. (De quoi ? Des coups, des humiliations ?) Parodie du *Cogito,* comme instant fictif où, tout ayant été rasé, cette *tabula rasa* va être réoccupée : « J'ai peur, donc je vis. » Une remarque : selon les mœurs d'aujourd'hui (il faudrait une éthologie des intellectuels), on ne parle jamais de la peur : elle est forclose du discours, et même de l'écriture (pourrait-il y avoir une écriture de la peur ?). Placée à l'origine, elle a une valeur de *méthode* ; d'elle, part un chemin initiatique.

*

En grec, *Machè* veut dire : le combat, la bataille — le combat singulier, le duel, la lutte dans un concours. Ludisme du conflit, de la joute : je déteste. Les Français semblent aimer cela : rugby, « face-à-face », tables rondes, paris, toujours stupides, etc. Il y avait un sens plus pénétrant : « contradiction dans les termes » ; c'est-à-dire piège logique, *double bind,* origine de psychoses. L'antonyme logique de *Machè* est *Acolouthia,* la suite naturelle, conséquence, hors conflit ; ce mot a aussi un autre sens que nous retrouverons.

Le langage est le champ de la *Machè : pugna verborum.* Il y a tout un dossier à constituer — un livre à faire : celui des contestations réglées de langage ; elles le sont toujours : dans le langage, jamais rien de sauvage, tout est codé, même et surtout les épreuves de force : Sophistique, *Disputatio, Hain-Tenys,* face-à-face politiques, débats intellectuels d'aujourd'hui. Le modèle — ou l'assomption — en est la « scène », au sens ménager du terme.

Dans ce champ clos du langage, construit comme un terrain de football, il y a deux lieux extrêmes, deux buts qu'on ne peut jamais contourner : la Bêtise d'un côté, l'Illisible de l'autre. Ce sont deux diamants (deux « diamants-foudres ») : internissable transparence de la Bêtise ; infrangible opacité de l'Illisible.

*

La Bêtise n'est pas liée à l'erreur. Toujours triomphante (impossible à vaincre), son triomphe relève d'une force énigmatique : c'est l'*être-là* tout nu, dans sa splendeur. D'où une terreur et une fascination, celle du cadavre. (Cadavre de quoi ? Peut-être de la vérité : la vérité comme morte.) La Bêtise ne souffre pas (Bouvard et Pécuchet : plus intelligents, ils souffrirent davantage). Donc, elle *est là*, obtuse comme la Mort. La conjuration ne peut être qu'une opération formelle, qui la prend en bloc, de l'extérieur : « La bêtise n'est pas mon fort » (M. Teste). Ce mot suffit *dans un premier temps.* Mais il y a un échelonnement infini des propos : ça redevient bête.

Cette mécanique des « temps » (comme on parle des temps d'un moteur), en matière de langage, est importante. Voyez les systèmes forts (Marxisme, Psychanalyse) ; dans un premier temps, ils ont une fonction (efficace) de contre-Bêtise : passer par eux, c'est se déniaiser ; ceux qui refusent complètement l'un ou l'autre (ceux qui disent non, par humeur, aveuglement, entêtement, au marxisme, à la psychanalyse) ont, dans ce recoin du refus qui est en eux, une sorte de bêtise, d'opacité triste. Mais, dans un second temps, ces systèmes deviennent bêtes. Dès que ça prend, il y a bêtise. C'est là que c'est incontournable. On a envie d'aller ailleurs : *Ciao ! Serviteur !*

*

Tel texte est dit « illisible ». J'ai un rapport brûlant à l'illisibilité. Je souffre de ce qu'un texte me soit illisible, et moi j'ai été souvent accusé d'être illisible. Je retrouve ici le même affolement que me donne la Bêtise ; est-ce moi ? Est-ce l'autre ? Est-ce l'autre qui est illisible (ou bête) ? Est-ce moi qui suis borné, inhabile, est-ce moi qui ne comprends pas ?

Devant le texte que je ne sais ni ne puis lire, je suis, à la lettre, « déboussolé » ; il se produit en moi un vertige, un trouble des canaux labyrinthiques : toutes les « otolithes » tombent d'un seul côté ; dans mon écoute (ma lecture), la masse signifiante du texte bascule, n'est plus ventilée, équilibrée par un jeu culturel.

Le statut d'« illisibilité » est insaisissable « scientifiquement » (linguistiquement), sauf à recourir à des normes, mais ces normes sont indécises, varient graduellement. Cela renvoie inexorablement à une *situation de langage* (*language in use*) ; la linguistique sait bien qu'il lui faut maintenant s'occuper de cela, sinon elle périra ; mais il lui faut alors tirer à soi toute la nappe du monde, du sujet. L'illisibilité, c'est une sorte de cheval de Troie dans la forteresse des sciences humaines.

Cependant, peu à peu, en moi, s'affirme un désir croissant de lisibilité. J'ai envie que les textes que je reçois me soient « lisibles », j'ai envie que les textes que j'écris soient eux-mêmes « lisibles ». Comment ? Par un travail de la Phrase, de la Syntaxe ; j'accepte le « thétique » (lié à la Phrase par Julia Kristeva à propos de l'*Olophrase*), quitte à le truquer par d'autres moyens que la syntaxe. Une phrase « bien faite » (selon un modèle classique) est claire ; simplement, elle peut être *tendue* vers une certaine obscurité par un certain usage de l'*ellipse* : il faut doser les ellipses ; les métaphores aussi ; une écriture continûment métaphorique m'épuise.

Une idée saugrenue me vient (saugrenue à force d'humanisme) : « On ne dira jamais assez quel amour (pour l'autre, le lecteur) il y a dans le travail de la phrase. » Charité du Thétique, *Agapé* de la syntaxe ? Dans la théologie négative, l'*Agapé* est pénétrée d'*Éros* ; donc : érotisme de la Phrase « lisible » ?

*

Je reviens aux intimidations de langage — au langage comme Combat, *Machè*. Une métaphore me vient : celle de la *ventouse*. Je pense aux langages forts, systématiques, celui des sujets qui ont une foi, une certitude, une conviction, et c'est pour moi une énigme permanente : comment un corps peut-il *coller* à une idée — ou une idée à un corps ? Il y a des langages-ventouses, dont l'énigme est redoublée lorsqu'un système langagier de démystification, de critique, qui vise en principe à « dé-ventouser » le langage, devient lui-même une « colle », par laquelle le sujet militant devient le parasite (heureux) d'un type de discours.

J'ai suggéré plusieurs fois (à vrai dire, je devrais le faire moi-même) d'établir une liste, un code des « figures de système » ; analogues aux « figures de rhétorique », ce seraient des tours de pensée, des « arguments » si l'on veut, qui auraient, d'un système à l'autre, la même fonction (et en cela il s'agirait d'une « forme ») : assurer à l'avance au système la *réponse* qu'on peut faire à ses propositions ; autrement dit, intégrer à son propre code, à sa propre langue, les résistances à ce code, à cette langue : *expliquer* ces résistances, selon son propre système d'explication ; par exemple, lorsque ici même, François Wahl nous dit que la Psychanalyse est aujourd'hui la seule réserve de la Métaphore (se distinguant ainsi de la décadence générale du temps présent), il produit, me semble-t-il, une figure de système : la Psychanalyse déclare être seule à honorer une fonction qu'elle a été seule à postuler et à décrire ; de même, plus grossièrement, lorsque la Psychanalyse constitue la vénalité de l'acte psychanalytique en procédure qui ne relève pas de l'économie des marchandises, mais des obligations immanentes à la cure ; ou encore lorsque le marxisme — du moins sa vulgate — « ramène » toute opposition au marxisme à un argument de classe ; ou enfin, pour nous référer au christianisme, langage-système qui fut autrefois « fort », lorsque Pascal enrobe dans le discours chrétien la résistance même à ce discours (« Tu ne me chercherais pas, si tu ne m'avais déjà trouvé »).

Ces figures de système ont une grande force (c'est leur intérêt) et il est très difficile d'y échapper — pour autant qu'on veuille non pas contredire le système au nom d'un autre système, mais seulement « suspendre », fuir la volonté de domination que de tels langages impliquent. Comment supporter, limiter, éloigner les pouvoirs de langage ? Comment fuir les « fanatismes » (les « racismes de langage ) ?

A vieille question, pas de réponse encore nouvelle, me semble-t-il. L'Histoire n'a produit aucun *saut* du Discours : là où la Révolution a eu lieu, elle n'a pu « changer le langage ». Le refus des intimidations de langage consiste donc, modestement, à *dériver* à l'intérieur de mots connus (sans trop s'inquiéter s'ils sont démodés) ; par exemple : la Tolérance, la Démocratie, le Contrat.

La *Tolérance* : il faudrait reprendre la notion, définir une nouvelle Tolérance, puisqu'il y a une nouvelle Intolérance (ce serait instructif de faire une carte du monde actuel en fonction de ces nouvelles Intolérances). La *Démocratie* : c'est un mot saturé de désillusions, jusqu'au dégoût, parfois jusqu'à la violence ; les leurres de la démocratie bourgeoise ont été abondamment démystifiés. Peut-être ne faut-il pas, cependant, jeter l'enfant avec l'eau de la baignoire. J'aimerais une théorie des « couches d'acquis » de l'Histoire : la bourgeoisie, c'est comme de la terre, c'est fait de plusieurs couches, les unes bonnes, les autres mauvaises ; il faut trier, établir une géologie différentielle. Et puis, on peut avoir de la Démocratie une idée difficile : la définir non comme la réalisation d'une grégarité étouffante, mais comme « ce qui devrait produire des âmes aristocratiques » (dit un commentateur de Spinoza). Le *Contrat* : il y a autour de ce mot tout un dossier sociopolitique, psychanalytique aussi ; laissons-le de côté ; définissons le Contrat, *a minimo*, comme un dispositif bricolé (lâche) qui empêche l'autre (et donc, inversement moi-même) de m'enferrer dans la tenaille d'un terme double : ou bien être un salaud (s'il me faut répondre à ses coups, à sa volonté de pouvoir), ou bien être un saint (s'il me faut répondre à sa générosité) ; au fond, le Contrat a cette vertu : dispenser qui que ce soit d'être un Maudit ou un Héros (Brecht : « Malheureux le pays qui a besoin de héros »).

\*

Tout ceci implique qu'il y a à mes yeux une pusillanimité, une insignifiance des conflits, et même, je le ressens bien souvent, comme un « ridicule gaulois » des volontés de conflit, le souhait puéril que « ça accroche ». Cette impression de médiocrité prend la forme d'un aphorisme : qui se veut violent, a une idée piètre de la violence. Pour moi, la violence réelle, c'est celle du « Tout passe », celle de la ruine, de l'oubli, du monumental impossible.

La violence de l'effacement est plus forte que celle de la fracture ; la mort est violente : moins celle que l'on donne, que l'on veut donner, que celle qui *vient toute seule* (violence que seul, peut-être, quelqu'un d'un certain âge peut comprendre).

\*

Combat des systèmes de langage : métaphore de la ventouse. Revenons maintenant au combat des Images (« image » : ce que je crois que l'autre pense de moi) ; comment une image de moi « prend »-elle au point que j'en sois blessé ? Voici une nouvelle métaphore : « Dans la poêle, l'huile est étalée, plane, lisse, insonore (à peine quelques vapeurs) : sorte de *materia prima*. Jetez-y un bout de pomme de terre : c'est comme un appât lancé à des bêtes qui dormaient d'un œil, guettaient. Toutes se précipitent, entourent, attaquent en bruissant ; c'est un banquet vorace. La parcelle de pomme de terre est cernée — non détruite, mais durcie, rissolée, caramélisée ; cela devient un objet : une frite. » Ainsi, sur tout objet, le bon système langagier *fonctionne*, s'affaire, cerne, bruit, durcit et dore. Tous les langages sont des micro-systèmes d'ébullition, des fritures. Voilà l'enjeu de la *Machè* langagière. Le langage (des autres) me transforme en image, comme la pomme de terre brute est transformée en frite.

\*

Voici comment je deviens une image (une frite) sous l'offensive d'un système langagier tout à fait mineur : le parisianisme dandy et « impertinent » à propos des *Fragments d'un discours amoureux* : « Délicieux essayiste, favori des adolescents intelligents, collectionneur d'avant-gardes, Roland Barthes égrène des souvenirs qui n'en sont pas sur le ton de la plus brillante conversation de salon, avec toutefois un peu de pédantisme étroit à propos du " ravissement ". On y retrouvera Nietzsche, Freud, Flaubert et les autres [1]. » Rien à faire, je dois passer par l'Image ; l'image est une sorte de service militaire social : je ne puis m'en faire exempter ; je ne puis me faire réformer, déserter, etc. Je vois l'homme malade d'Images, malade de son Image. Connaître son Image devient une

---

1. *L'Égoïste*, n° 0, mai 1977.

recherche éperdue, épuisante (on n'y arrive jamais), analogue à l'entêtement de quelqu'un qui veut savoir s'il a raison d'être jaloux (« Misère de ma vie », dit Golaud interrogeant en vain Mélisande mourante).

Pour être immortel (pour que le corps soit immortel, non l'âme, dont il se souciait peu), le Tao recommandait l'Abstinence des Céréales. Je souhaite, je soupire après l'Abstinence des Images car toute Image est mauvaise. L'Image « bonne » est subrepticement mauvaise, empoisonnée : ou fausse, ou discutable, ou incrédible, ou instable, ou réversible (le compliment lui-même m'est une blessure). Par exemple : tout « honneur » qu'on vous décerne est institution d'image ; je dois donc le refuser ; mais, ce faisant, j'institue une image, celle de celui-qui-refuse-les-honneurs (image morale, stoïcienne). Donc, non pas détruire les Images, mais les décoller, les distancer. Dans la « Méditation » Tao, il y a une opération initiatique, qui est le *Wang-Ming* : perdre conscience du Nom (je dis : de l'Image). L'Abstinence du Nom est le seul problème réel de ce Colloque. J'imagine le *Wang-Ming* sous forme de deux voies possibles, auxquelles je donne des noms grecs : *Épochè*, la Suspension, *Acolouthia*, le Cortège.

*

L'*Épochè*, notion sceptique, c'est la suspension de jugement. Je dis : suspension des Images. La suspension n'est pas la négation. Cette différence était bien connue de la théologie négative : « Si l'ineffable est ce qui ne peut être dit, il cesse d'être ineffable du fait qu'on en dit quelque chose en le nommant ainsi. » Si je refuse l'Image, je produis l'image de celui qui refuse les Images, saint Augustin recommandait d'éviter cette aporie par le silence. Il faudrait obtenir de soi un silence des Images. Ça ne veut pas dire que ce silence serait une indifférence supérieure, la sérénité d'une maîtrise : l'*Épochè*, la suspension, cela reste un *pathos* : je continuerais d'être *ému* (par les images), mais non plus *tourmenté*.

*

Voici une forme spontanée de cette *Épochè :* je me sens incapable de m'indigner contre des « idées ». Sans doute puis-je m'irriter, m'agacer — ou peut-être même m'effrayer — d'idées

395

« bêtes » ; les idées « bêtes », cela forme une *doxa,* une opinion publique, non une doctrine. Dans l'intelligentsia, par définition, il n'y a pas d'idées « bêtes » ; l'intellectuel fait profession d'intelligence (ce sont ses conduites qui, éventuellement, sont parfois peu intelligentes). Cette sorte d'équanimité à l'égard des « idées » est compensée par une vive sensibilité, positive ou négative, aux hommes, aux personnalités : Michelet opposait l'esprit guelfe (manie de la Loi, du Code, de l'Idée, monde des légistes, des Scribes, des Jésuites, des Jacobins — j'ajouterai : des Militants) à l'esprit gibelin, issu d'une attention au corps, aux liens du sang, lié à une dévotion de l'homme pour l'homme, selon un pacte féodal. Je me sens plus gibelin que guelfe.

*

Un moyen de déjouer l'Image, c'est peut-être de corrompre les langages, les vocabulaires ; la preuve qu'on y parvient, c'est de susciter l'indignation, la réprobation des puristes, des spécialistes. Je cite les autres, en acceptant de les déformer : je fais glisser le sens des mots (je renvoie ici au *Montaigne* d'Antoine Compagnon). Ainsi pour la Sémiologie, que j'avais aidé à constituer, j'ai été mon propre corrupteur, je suis passé du côté des Corrupteurs. On pourrait dire que le champ de cette Corruption est l'esthétique, la littérature : « catastrophe » est un mot technique en mathématiques, chez R. Thom ; je puis mal employer « Catastrophe », qui devient alors quelque chose de « beau ». Il n'y a d'Histoire que parce que les mots se corrompent.

J'ai parlé du combat des langages, du Combat des Images (*Machè*). J'ai dit que la principale dérive loin de ces combats était la suspension : *Épochè.* Il y a une autre perspective de libération : *Acolouthia.* En grec, *Machè* désigne le combat en général, mais aussi, dans un sens technique, qui concerne la logique : la contradiction dans les termes (on y reconnaît le piège, dans lequel, combattant par le langage, on essaie d'enfermer l'autre) ; dans ce sens, *Machè* a un antonyme, *Acolouthia* : le dépassement de la contradiction (j'interprète : la levée du piège). Or, *Acolouthia* a un autre sens : le cortège d'amis qui m'accompagnent, me guident, auxquels je m'abandonne. Je voudrais désigner par ce mot ce champ rare où les idées se pénètrent d'affectivité, où les amis, par le cortège dont ils accompagnent votre vie, vous permettent de penser, d'écrire, de parler. Ces amis : je pense pour eux, ils pensent dans ma tête. Dans cette *couleur* du travail intellectuel (ou d'écriture), il y a quelque chose de socratique : Socrate tenait le discours de l'Idée, mais sa méthode, le pas-à-pas de son discours, était amoureux ; pour parler, il lui fallait la caution de l'amour inspiré, l'assentiment d'un aimé dont les réponses marquaient la progression du raisonnement. Socrate connaissait l'*Acolouthia* ; mais (ce à quoi je résiste) il maintenait en elle le piège des contradictions, l'arrogance de la vérité (rien d'étonnant à ce qu'il ait, pour finir, « sublimé » — refusé Alcibiade).

1977, Colloque de Cerisy-la-Salle.
Extrait de *Prétexte : Roland Barthes,*
coll. 10/18. © U.G.E., 1978.

# Délibération

*pour Éric Marty*

Je n'ai jamais tenu de journal — ou plutôt je n'ai jamais su si je devais en tenir un. Parfois, je commence, et puis, très vite, je lâche — et cependant, plus tard, je recommence. C'est une envie légère, intermittente, sans gravité et sans consistance doctrinale. Je crois pouvoir diagnostiquer cette « maladie » du journal : un doute insoluble sur la valeur de ce qu'on y écrit.

Ce doute est insidieux : c'est un doute-retard. Dans un premier temps, lorsque j'écris la note (quotidienne), j'éprouve un certain plaisir : c'est simple, facile. Pas la peine de souffrir pour trouver *quoi dire* : le matériau est là, tout de suite ; c'est comme une mine à ciel ouvert ; je n'ai qu'à me baisser ; je n'ai pas à le transformer : c'est du brut et il a son prix, etc. Dans un deuxième temps, proche du premier (par exemple, si je relis aujourd'hui ce que j'ai écrit hier), l'impression est mauvaise : ça ne tient pas, comme un aliment fragile qui tourne, se corrompt, devient inappétissant d'un jour à l'autre ; je perçois avec découragement l'artifice de la « sincérité », la médiocrité artistique du « spontané » ; pis encore : je me dégoûte et je m'irrite de constater une « pose » que je n'ai nullement voulue : en situation de journal, et précisément parce qu'il ne « travaille » pas (ne se transforme pas sous l'action d'un travail), *je* est un poseur : c'est une question d'effet, non d'intention, toute la difficulté de la littérature est là. Très vite, avançant dans ma relecture, j'en ai assez de ces phrases sans verbes (« Nuit d'insomnie. Déjà la troisième d'affilée, etc. ») ou dont le verbe est négligemment raccourci (« Croisé deux jeunes filles sur la place St-S. ») — et j'aurais beau rétablir la décence d'une forme complète (« J'ai croisé, j'ai eu une nuit d'insomnie »), la matrice de tout journal, à savoir la réduction du verbe, persiste dans mon oreille et m'agace comme une rengaine. Dans un troisième temps, si je relis mes pages de journal plusieurs mois, plusieurs années après les avoir écrites, sans que mon doute soit levé, j'éprouve un certain plaisir à me remémorer, grâce à elles, les événements qu'elles relatent, et, plus encore, les inflexions (de lumière, d'atmosphère, d'humeur) qu'elles me font revivre. En somme, à ce point, aucun intérêt littéraire (sinon pour les problèmes de formulation, c'est-à-dire de phrases), mais une sorte d'attachement narcissique (faiblement narcissique : il ne faut pas exagérer) à *mes* aventures (dont le réminescence ne laisse pas d'être ambiguë, puisque se souvenir, c'est aussi constater et perdre une seconde fois ce qui ne reviendra plus). Mais, encore une fois, est-ce que cette bienveillance finale, atteinte après avoir traversé une phase de rejet, justifie de tenir (systématiquement) un journal ? Est-ce que *ça vaut la peine* ?

Je n'esquisse pas ici une analyse du genre « Journal » (il y a des livres là-dessus), mais seulement une délibération personnelle, destinée à permettre une décision pratique : dois-je tenir un journal *en vue de le publier* ? Puis-je faire du journal une « œuvre » ? Je ne retiens donc que les fonctions qui peuvent m'effleurer l'esprit. Par exemple, Kafka a tenu un journal pour « extirper son anxiété », ou, si l'on préfère, « trouver son salut ». Ce motif ne me serait pas naturel, ou du moins constant. De même pour les fins qu'on attribue traditionnellement au Journal intime ; elles ne me paraissent plus pertinentes. On les rattachait toutes aux bienfaits et aux prestiges de la « sincérité » (se dire, s'éclairer, se juger) ; mais la psychanalyse, la critique sartrienne de la mauvaise foi, celle, marxiste, des idéologies, ont rendu vaine la confession : la sincérité n'est qu'un imaginaire au second degré. Non, la justification d'un Journal intime (comme œuvre) ne pourrait être que *littéraire,* au sens absolu, même si nostalgique, du mot. Je vois ici quatre motifs.

Le premier, c'est d'offrir un texte coloré d'une individualité d'écriture, d'un « style » (aurait-on dit autrefois), d'un idiolecte propre à l'auteur (aurait-on dit naguère) ; appelons ce motif : poétique. Le deuxième, c'est d'éparpiller en poussière, au jour le jour, les traces d'une époque, toutes grandeurs mêlées, de l'information majeure au détail de mœurs ; n'ai-je pas un vif plaisir à lire dans le Journal de Tolstoï la vie d'un seigneur russe au XIXᵉ siècle ? Appelons ce motif : historique. Le troisième, c'est de constituer l'auteur en objet de désir : d'un écrivain qui m'intéresse, je puis aimer connaître l'intimité, le monnayage quotidien de son temps, de ses goûts, de ses humeurs, de ses scrupules ; je puis même aller jusqu'à préférer sa personne à son œuvre, me jeter avidement sur son Journal et délaisser ses livres. Je peux donc, me faisant l'auteur du plaisir que d'autres ont su me donner, essayer à mon tour de séduire, par ce tourniquet qui fait passer de l'écrivain à la personne, et vice versa ; ou, plus gravement, de prouver que « je vaux mieux que ce que j'écris » (dans mes livres) : l'écriture du Journal se dresse alors comme une *force-plus* (Nietzsche : *Plus von Macht*), dont on croit qu'elle va suppléer aux défaillances de la pleine écriture ; appelons ce motif : utopique, tant il est vrai qu'on ne vient jamais à bout de l'Imaginaire. Le quatrième motif est de constituer le Journal en atelier de phrases : non pas de « belles » phrases, mais de phrases justes ; affiner sans cesse la justesse de l'énonciation (et non de l'énoncé), selon un emportement et une application, une fidélité de dessein qui ressemble beaucoup à la passion : « Et mes reins exulteront quand tes lèvres exprimeront des choses justes » (*Prov.* 23,16). Appelons ce motif : amoureux (peut-être même : idolâtre ; j'idolâtre la Phrase).

Malgré mes piètres impressions, l'envie de tenir un journal est donc concevable. Je puis admettre qu'il est possible dans le cadre même du Journal de passer de ce qui m'apparaissait d'abord comme impropre à la littérature à une forme qui en rassemble les qualités : individuation, trace, séduction, fétichisme du langage. Durant ces dernières années, je fis trois tentatives ; la première, la plus grave parce qu'elle se situait durant la maladie de ma mère, est la plus longue, peut-être parce qu'elle répondait un peu au dessein kafkaïen d'extirper l'angoisse par l'écriture ; les deux autres ne concernaient chacune qu'une journée ; elles sont plus expérimentales, quoique je ne les relise pas sans une certaine nostalgie du jour qui a passé (je ne puis donner que l'une d'elles, la seconde engageant d'autres personnes que moi).

# 1

U..., *13 juillet 1977*

*Mme \*\*\*, la nouvelle femme de ménage, a un petit-fils diabéti-que, dont elle s'occupe, nous a-t-on dit, avec dévouement et compétence. La vue qu'elle a de cette maladie est embarrassée : d'une part, elle ne veut pas que le diabète soit héréditaire (ce serait un indice de mauvaise race), et, d'autre part, elle veut bien qu'il soit fatal, dégageant toute responsabilité d'origine. Elle pose la maladie comme une image sociale, et cette image est piégée. La Marque apparaît bien comme une source d'orgueil et d'ennui : ce qu'elle fut pour Jacob-Israël, déhanché, déboîté par l'Ange : la jouissance et la honte de se faire re-marquer.*

*Sombres pensées, peurs, angoisses : je vois la mort de l'être cher, m'en affole, etc. Cette imagination est le contraire même de la foi. Car c'est sans cesse accepter la fatalité du malheur que de l'imaginer sans cesse : le parler, c'est l'asserter (encore le fascisme de la langue). En imaginant la mort, je décourage le miracle. Le fou d'Ordet ne parlait pas, il refusait la langue bavarde et péremptoire de l'intériorité. Qu'est-ce donc que cette impuissance à la foi ? Peut-être un amour très humain ? L'amour exclurait la foi ? Et vice versa ?*

*La vieillesse et la mort de Gide (que je lis dans les* Cahiers de la Petite Dame*) furent entourées de témoins. Mais, ces témoins, je ne sais ce qu'ils sont devenus : sans doute, pour la plupart, morts à leur tour ? Il y a un moment où les témoins meurent eux-mêmes sans témoins. L'Histoire est ainsi faite de petits éclatements de vie, de morts sans relais. Impuissance de l'homme aux « degrés », à la science des degrés. Inversement, on pourrait rapporter au Dieu classique la capacité de voir l'infinité des degrés : « Dieu » serait l'Exponentiel absolu.*

*(La mort, la vraie mort, c'est quand meurt le témoin lui-même. Chateaubriand dit de sa grand-mère et de sa grand-tante : « Je suis*

*peut-être le seul homme au monde qui sache que ces personnes ont existé » : oui, mais, comme il l'a écrit, et bien, nous le savons aussi, pour autant du moins que nous lisions encore Chateaubriand.)*

### 14 juillet 1977

*Un petit garçon, nerveux, excité, comme beaucoup de gosses français, qui tout de suite jouent à l'adulte, est déguisé en grenadier d'opérette (blanc et rouge) ; il précédera sans doute la clique.*

*Pourquoi le Souci est-il ici plus dur qu'à Paris ? Ce village est un monde si normal, si pur de toute fantaisie, que les mouvements de la sensibilité y apparaissent absolument déplacés. Je suis excessif, donc exclu.*

*Il me semble que j'apprends plus de choses sur la France, le temps d'un tour de village, qu'à Paris pendant des semaines. Peut-être une illusion ? L'illusion réaliste ? Le monde rural, villageois, provincial, constitue le matériau traditionnel du réalisme. Être écrivain, c'était, au XIXᵉ siècle, écrire de Paris sur la province. La distance fait que tout signifie. En ville, dans la rue, je suis bombardé d'informations — non de significations.*

### 15 juillet 1977

*A cinq heures de l'après-midi, calme de la maison, de la campagne. Mouches. Mes jambes me font un peu mal, comme lorsque j'étais enfant et que j'avais ce qu'on appelait une crise de croissance — ou comme si je couvais une grippe. Tout est poisseux, endormi. Et comme toujours, conscience vive, vivacité de mon « vaseux » (contradiction dans les termes).*

*Visite de X... : dans la pièce voisine, il parle interminablement. Je n'ose pas fermer la porte. Ce qui me dérange, ce n'est pas le bruit, c'est la banalité de la conversation (si au moins il parlait une langue inconnue de moi, et qui fût musicale). Je suis toujours étonné, abasourdi même, par la résistance des autres : l'Autre, pour moi, c'est l'Infatigable. L'énergie — et surtout l'énergie langagière —*

*me stupéfie : c'est peut-être le seul moment (mis à part la violence)
où je crois à la folie.*

*16 juillet 1977*

De nouveau, après des jours bouchés, une matinée de beau
temps : éclat et subtilité de l'atmosphère : une soie fraîche et
lumineuse. Ce moment vide (aucun sens) produit la plénitude d'une
évidence : qu'il vaut la peine de vivre. La course du matin (chez
l'épicier, le boulanger, alors que le village est encore presque
désert), je ne la manquerais pour rien au monde.

Mam. va mieux aujourd'hui. Elle est assise dans le jardin, avec
un grand chapeau de paille. Dès qu'elle va un peu mieux, elle est
attirée par la maison, prise du désir d'y intervenir ; elle fait rentrer
les choses dans l'ordre, interrompant de jour le chauffage du
cumulus, ce que je ne fais jamais.

L'après-midi, par un beau soleil éventé, déjà couchant, j'ai fait
brûler des ordures au fond du jardin. Toute une physique à
observer ; armé d'un long bambou, je retourne les liasses de papier
qui se consument lentement ; il faut de la patience ; c'est fou, la
résistance du papier. En revanche, un sac de plastique émeraude
(celui-là même des ordures) brûle très vite, sans reste : cela, à la
lettre, s'évanouit. Ce phénomène pourrait servir, en maintes
occasions, de métaphore.

Petits faits incroyables (lus dans le Sud-Ouest ou entendus à la
radio ? Je ne me rappelle pas) : En Égypte, on aurait décidé de punir
de mort les musulmans qui se convertiraient à une autre religion.
En URSS, une coopérante française a été expulsée, parce qu'elle
aurait fait cadeau de dessous à une amie soviétique. Faire un
dictionnaire contemporain des intolérances (la littérature, en
l'occurrence Voltaire, ne peut être abandonnée, tant que subsiste le
mal dont elle a porté témoignage).

*17 juillet 1977*

*On dirait que le dimanche matin accroît le beau temps. Deux intensités hétéroclites se renforcent l'une l'autre.*

*Il ne m'ennuie pas de faire la cuisine. J'en aime les* opérations. *Je prends plaisir à observer les formes changeantes de la nourriture en train de se faire (colorations, épaississements, contractions, cristallisations, polarisations, etc.).Cette observation a quelque chose d'un peu vicieux. En revanche, ce que je ne sais pas faire, ce que je rate, ce sont les doses et les temps : je mets trop d'huile, car j'ai peur que ce soit brûlé ; je laisse trop longtemps sur le feu, car j'ai peur que ce ne soit pas assez cuit. Bref, j'ai peur parce que je ne sais pas (combien, combien de temps). D'où la sécurité d'un code (sorte de surenchérissement du savoir) : j'aime mieux faire cuire du riz que des pommes de terre, parce que je sais qu'il faut dix-sept minutes. Ce chiffre m'enchante, dans la mesure où il est précis (au point d'en être saugrenu) ; rond, il me paraîtrait truqué et par prudence j'en rajouterais.*

*18 juillet 1977*

*Anniversaire de mam. Je ne puis lui offrir qu'un bouton de rose du jardin ; du moins est-ce le seul et le premier depuis que nous sommes là. Le soir, Myr. vient dîner et fait la cuisine : de la soupe et une omelette aux piments ; elle apporte du champagne et des gâteaux aux amandes de Peyrehorade. Mme L. a fait envoyer des fleurs de son jardin par l'une de ses filles.*

*Humeurs,* au sens fort, *schumannien : suite coupée d'emportements contradictoires ; vagues d'angoisse, imaginations du pire et euphories intempestives. Ce matin, au sein du Souci, un isolat de bonheur : le temps (très beau, très léger), la musique (du Haydn), le café, le cigare, une bonne plume, les bruits ménagers (le sujet humain comme capricieux : son discontinu effraie, épuise).*

405

*19 juillet 1977*

Le matin, tôt, revenant de chercher le lait, j'entre dans l'église, pour voir. Elle a été refaite selon le new-look conciliaire : c'est tout à fait un temple protestant (seules les galeries en bois marquent une tradition basque) ; aucune image, l'autel est devenu une simple table. Nul cierge, évidemment : c'est dommage, non ?

Vers six heures du soir, je m'endors à moitié sur mon lit. La fenêtre est grande ouverte sur la fin plus claire d'une journée grise. J'éprouve alors une euphorie de flottement ; tout est liquide, aéré, buvable (je bois l'air, le temps, le jardin). Et, comme je suis en train de lire Suzuki, il me semble que c'est assez proche de l'état que le Zen appelle sabi ; ou encore (puisque aussi je lis Blanchot) de la « fluide lourdeur » dont il parle à propos de Proust.

*21 juillet 1977*

On fait revenir du lard, des oignons, du thym, etc. Cela grésille, l'odeur en est merveilleuse. Or, cette odeur n'est pas celle de la nourriture telle qu'on l'apportera sur la table. Il y a une odeur de ce qu'on mange et une odeur de ce qu'on prépare (observation pour la « science des Moires », ou « diaphoralogie »).

*22 juillet 1977*

Depuis quelques années, un projet unique, semble-t-il : explorer ma propre bêtise, ou, mieux encore, la dire, en faire l'objet de mes livres. J'ai de la sorte dit la bêtise « égotiste » et la bêtise amoureuse. Reste une troisième bêtise, qu'il faudra bien dire un jour : la bêtise politique. Ce que je pense politiquement des événements (et je ne cesse d'en penser quelque chose), au jour le jour, est bête. C'est cette bêtise qu'il faudrait maintenant énoncer dans le troisième livre de cette petite trilogie ; une sorte de Journal politique. Il faudrait un courage énorme, mais peut-être que cela exorciserait ce mélange d'ennui, de peur et d'indignation que constitue pour moi le Politique (ou plutôt la Politique).

*Je est plus difficile à écrire qu'à lire.*

*Hier soir, à* Casino, *supermarché d'Anglet, avec E. M., nous sommes fascinés par ce temple babylonien de la Marchandise. C'est vraiment le Veau d'Or : amoncellement de « richesses » (bon marché), rassemblement des espèces (classées par genres), arche de Noé des choses (des sabots suédois aux aubergines), empilage prédateur des chariots. Nous avons tout d'un coup la certitude que les gens achètent n'importe quoi (ce que je fais moi-même) ; chaque chariot, pendant qu'il stationne devant le guichet de sortie, est la carte impudique des manies, pulsions, perversions, errements et coups de tête du porteur ; évidence, devant un chariot qui passe superbement devant nous comme une calèche, qu'il n'y avait aucune nécessité à acheter la pizza sous cellophane qui s'y prélasse.*

*J'aimerais lire (existe-t-elle ?) une Histoire des magasins. Que se passait-il avant le* Bonheur des dames *?*

*5 août 1977*

*Continuant* Guerre et Paix, *j'ai une émotion violente en lisant la mort du vieux Bolkonski, ses derniers mots de tendresse à sa fille (« Ma chère, mon amie »), les scrupules de la princesse à ne pas le déranger la nuit précédente, alors qu'en fait il l'appelait, le sentiment de culpabilité de Marie parce qu'elle a souhaité un instant que son père meure, escomptant qu'elle y trouverait sa liberté. Et tout cela, cette tendresse, ce déchirement, au milieu de la plus grossière des bousculades, l'arrivée menaçante des Français, la nécessité de partir, etc.*

*La littérature a sur moi un effet de vérité autrement plus violent que la religion. Je veux dire par là, simplement, qu'elle est comme la religion. Et pourtant, dans la* Quinzaine, *Lacassin déclare péremptoirement : « La littérature n'existe plus que dans les manuels. » Me voilà nié, au nom de... la Bande dessinée.*

*13 août 1977*

Ce matin, vers huit heures, le temps est superbe. L'envie me prend d'essayer le vélo de Myr. pour aller à la boulangerie. Je n'ai pas fait de vélo depuis que j'étais gosse. Mon corps trouve cette opération très étrange, très difficile, et j'ai peur (de monter, de descendre). Je dis tout cela à la boulangère — et en sortant de la boutique, voulant remonter sur ma bicyclette, naturellement, je tombe. Or, par instinct, je me laisse aller à tomber excessivement, les deux jambes en l'air, dans la posture la plus ridicule qui soit. Et je comprends alors que c'est ce ridicule qui me sauve (d'un trop grand mal) : j'ai accompagné ma chute, et par là je me suis donné en spectacle, je me suis rendu ridicule ; mais, par là aussi, j'en ai amoindri l'effet.

Tout d'un coup, il m'est devenu indifférent de ne pas être moderne.

(... et comme un aveugle dont le doigt tâtonne sur le texte de la vie et reconnaît de-ci, de-là, « ce qui a déjà été dit ».)

## 2

*Paris, 25 avril 1979*

Vaine soirée.

Hier soir, vers sept heures, sous une pluie froide de mauvais printemps, j'ai pris en courant le 58. Bizarrement, il n'y avait dans l'autobus que des vieux. Un couple parlait très fort d'une Histoire de la Guerre (laquelle ? on ne sait plus) : « Pas de survol de l'événement, disait le type avec admiration, tous les détails. » Je suis descendu au Pont-Neuf. Comme j'étais en avance, j'ai traîné un peu quai de la Mégisserie. Des employés en blouse bleue (je les sentais mal payés) rangeaient brutalement les grandes cages sur roulettes où des canards, des pigeons (toujours bêtes, les volatiles) s'affolaient et glissaient en tas d'un côté à l'autre. Les boutiques se fermaient. Par la porte, j'ai vu deux petits chiens : l'un, par jeu, agaçait l'autre, qui l'envoyait balader d'une façon très humaine.

*Une fois de plus, j'ai eu envie d'avoir un chien : j'aurais bien acheté celui (une sorte de fox) qui était agacé et le montrait d'une façon non indifférente et cependant souveraine. Il y avait aussi des plantes, des herbes en pot. Je me suis vu (avec envie et horreur) en acheter une provision avant de rentrer à U., où j'habiterais définitivement, ne venant à Paris que pour des « affaires » et des achats. J'ai pris ensuite la rue des Bourdonnais, déserte et sinistre. Un automobiliste m'a demandé où était le BHV : chose bizarre, il ne semblait connaître que l'abréviation et ne savait pas du tout où ni même ce qu'était l'Hôtel de Ville. A la galerie de l'Impasse (lépreux), j'ai été déçu : non par les photographies de D. B. (ce sont des fenêtres, des rideaux bleus pris en camaïeu au Polaroïd), mais par l'atmosphère glacée du vernissage : W. n'était pas là (probable-ment encore en Amérique), R. non plus (j'oubliais : ils sont brouillés). D. S., belle et imposante, m'a dit : « C'est beau, n'est-ce pas ? — Oui, c'est très beau » (mais c'est court, il n'y en a pas assez, ajoutai-je en moi-même). Tout cela était pauvre. Et, comme en vieillissant j'ai de plus en plus le courage de faire ce qui me plaît, après un second tour rapide de la salle (regarder longtemps ne m'apporterait rien de plus), j'ai filé à l'anglaise, et me suis enfoncé dans une vadrouille peu utile, d'autobus en autobus et de cinéma en cinéma. J'étais glacé, j'ai eu peur d'avoir pris une bronchite (j'y ai pensé plusieurs fois). Pour finir, je me suis un peu réchauffé au Flore, en y prenant des œufs et un verre de bordeaux, bien que ce fût un très mauvais jour : public insipide et arrogant ; aucun visage auquel s'intéresser ou sur quoi fantasmer, ou tout au moins fabuler. L'échec lamentable de la soirée m'a poussé à essayer d'appliquer enfin la réforme de vie que j'ai en tête depuis longtemps. Ce dont cette première note est la trace.*

*(Relecture : ce morceau me donnait un plaisir assez sûr, tant il faisait revivre les sensations de cette soirée ; mais, chose curieuse, en le relisant, ce que je revivais le mieux, c'était ce qui n'était pas écrit, les interstices de la notation ; par exemple, le gris de la rue de Rivoli, pendant que j'attendais l'autobus ; inutile au reste de chercher maintenant à le décrire, sinon je vais le perdre encore au profit d'une autre sensation tue, et ainsi de suite, comme si la résurrection se faisait toujours à côté de la chose dite : place du Fantôme, de l'Ombre.)*

J'ai beau relire ces deux fragments, rien ne me dit qu'ils soient publiables ; rien ne me dit non plus qu'ils ne le sont pas. Me voici en face d'un problème qui me dépasse : celui de la « publiabilité » ; non pas : « Est-ce bon, est-ce mauvais ? » (forme que tout auteur donne à sa question), mais : « Est-ce publiable ou non ? » Ce n'est pas seulement une question d'éditeur. Le doute est déplacé, glisse de la qualité du texte à son image. Je me pose la question du texte du point de vue de l'autre ; l'autre, ce n'est pas ici le public, ou un public (cette question est celle de l'éditeur) ; l'autre, pris dans une relation duelle et comme personnelle, c'est *tel qui me lira*. Bref, j'imagine que mes pages de Journal sont placées sous le regard de « vers qui je regarde », ou sous le silence de « à qui je parle ». — N'est-ce pas la situation de tout texte ? — Non. Le texte est anonyme, ou du moins produit par une sorte de Nom de Guerre, celui de l'auteur. Le journal, nullement (même si son « je » est un faux nom) : le Journal est un « discours » (une sorte de parole « writée » selon un code particulier), non un texte. La question que je me pose : « *Dois-je tenir un journal ?* » est immédiatement pourvue, dans ma tête, d'une réponse désobligeante : « *On s'en fout* », ou, plus psychanalytiquement : « *C'est votre problème.* »

Il ne me reste plus qu'à analyser les raisons de mon doute. Pourquoi est-ce que je suspecte, *du point de vue de l'Image*, l'écriture du Journal ? Je crois que c'est parce que cette écriture est frappée à mes yeux, comme d'un mal insidieux, de caractères négatifs — déceptifs —, que je vais essayer de dire.

Le journal ne répond à aucune *mission*. Il ne faut pas rire de ce mot. Les œuvres de la littérature, de Dante à Mallarmé, à Proust, à Sartre, ont toujours eu, pour ceux qui les ont écrites, une sorte de fin, sociale, théologique, mythique, esthétique, morale, etc. Le livre, « architectural et prémédité », est censé reproduire un ordre du monde, il implique toujours, me semble-t-il, une philosophie moniste. Le Journal ne peut atteindre au Livre (à l'Œuvre) ; il n'est qu'Album, pour reprendre la distinction mallarméenne (c'est la vie de Gide qui est une « œuvre », ce n'est pas son Journal). L'Album est collection de feuillets non seulement permutables (ceci encore ne serait rien), mais surtout *suppressibles à l'infini* : relisant mon

Journal, je puis barrer une note après l'autre, jusqu'à l'anéantissement complet de l'Album, sous prétexte que « cela ne me plaît pas » : ainsi font, à deux, Groucho et Chico Marx, en lisant et déchirant au fur et à mesure chaque clause du contrat qui doit les lier. — Mais le Journal ne peut-il être précisément considéré et pratiqué comme cette forme qui exprime essentiellement l'inessentiel du monde, le monde comme inessentiel ? — Pour cela, il faudrait que le sujet du Journal fût le monde, et non pas moi ; sinon, ce qui est énoncé, c'est une sorte d'égotisme qui fait écran entre le monde et l'écriture ; j'ai beau faire, je deviens consistant, face au monde qui ne l'est pas. Comment tenir un Journal sans égotisme ? Voilà justement la question qui me retient d'en écrire un (car, de l'égotisme, j'en ai un peu assez).

Inessentiel, le Journal n'est pas non plus nécessaire. Je ne puis investir dans un Journal comme je le ferais dans une œuvre unique et monumentale qui me serait dictée par un désir fou. L'écriture du Journal, régulière, journalière comme une fonction physiologique, implique sans doute un plaisir, un confort, non une passion. C'est une petite manie d'écriture, dont la nécessité se perd dans le trajet qui va de la note produite à la note relue : « Je n'ai pas trouvé que ce que j'ai écrit jusqu'ici soit particulièrement précieux ni que cela mérite non plus carrément d'être mis au rebut » (Kafka). Comme le pervers (dit-on), assujetti au « oui, mais », je sais que mon texte est vain, mais en même temps (d'un même mouvement) je ne puis m'arracher à la croyance qu'il existe.

Inessentiel, peu sûr, le Journal est de plus inauthentique. Je ne veux pas dire par là que celui qui s'y exprime n'est pas sincère. Je veux dire que sa forme même ne peut être empruntée qu'à une Forme antécédente et immobile (celle précisément du Journal intime), qu'on ne peut subvertir. Écrivant mon Journal, je suis, par statut, condamné à la simulation. Double simulation, même : car, toute émotion étant copie de la même émotion qu'on a lue quelque part, rapporter une humeur dans le langage codé du Relevé d'Humeurs, c'est copier une copie ; même si le texte était « original », il serait déjà copie ; à plus forte raison s'il est usé : « L'écrivain, de ses maux, dragons qu'il a choyés, ou d'une allégresse, doit s'instituer, au texte, spirituel histrion » (Mallarmé). Quel paradoxe ! En choisissant la forme d'écriture la plus

411

« directe », la plus « spontanée », je me retrouve le plus grossier des histrions. (Et pourquoi pas ? N'y a-t-il pas des moments « historiques » où il faut être histrion ? En pratiquant à outrance une forme désuète d'écriture, est-ce que je ne dis pas que j'aime la littérature, que je l'aime d'une façon déchirante, au moment même où elle dépérit ? Je l'aime, donc je l'imite — mais précisément : non sans complexes.)

Tout cela dit à peu près la même chose : que le pire des tourments, lorsque j'essaie de tenir un Journal, c'est l'instabilité de mon jugement. Instabilité ? Plutôt sa courbe inexorablement descendante. Dans le Journal, faisait remarquer Kafka, l'absence de valeur d'une notation est toujours reconnue trop tard. Comment faire de ce qui est écrit à chaud (et s'en glorifie) un bon mets froid ? C'est cette déperdition qui fait le malaise du Journal. Encore Mallarmé (qui pourtant n'en a pas tenu) : « Ou autre verbiage devenu tel pour peu qu'on l'expose, de persuasif, songeur et vrai quand on le confie bas » : comme dans le conte de fées, sous l'effet d'une condamnation et d'un pouvoir maléfique, les fleurs qui sortent de ma bouche sont transformées en crapauds. « Quand je dis quelque chose, cette chose perd immédiatement et définitivement son importance. Quand je la note, elle la perd aussi, mais en gagne parfois une autre » (Kafka). La difficulté propre au Journal, c'est que cette importance seconde, libérée par l'écriture, n'est pas sûre : il n'est pas sûr que le Journal récupère la parole et lui donne la résistance d'un nouveau métal. Certes, l'écriture est bien cette activité étrange (sur laquelle jusqu'à présent la psychanalyse a eu peu de prise, la comprenant mal) qui arrête miraculeusement l'hémorragie de l'Imaginaire, dont la parole est le fleuve puissant et dérisoire. Mais précisément : le Journal, si « bien écrit » soit-il, est-ce de l'écriture ? Il s'efforce, s'enfle et se raidit : suis-je aussi gros que le texte ? Nenni, vous n'en approchez point. D'où l'effet dépressif : acceptable quand j'écris, décevant quand je relis.

Au fond, toutes ces défaillances désignent assez bien un certain défaut du sujet. Ce défaut est d'existence. Ce que le Journal pose, ce n'est pas la question tragique, la question du Fou : « Qui suis-je ? », mais la question comique, la question de l'Ahuri : « Suis-je ? » Un comique, voilà ce qu'est le teneur de Journal.

Autrement dit, je ne m'en sors pas. Et si je ne m'en sors pas, si je n'arrive pas à décider ce que « vaut » le Journal, c'est que son statut littéraire me glisse des doigts : d'une part, je le ressens, à travers sa facilité et sa désuétude, comme n'étant rien de plus que le limbe du Texte, sa forme inconstituée, inévoluée et immature ; mais, d'autre part, il est tout de même un lambeau véritable de ce Texte, car il en comporte le tourment essentiel. Ce tourment, je crois, tient à ceci : que la littérature est *sans preuves*. Il faut entendre par là qu'elle ne peut prouver, non seulement ce qu'elle dit, mais encore qu'il vaut la peine de le dire. Cette dure condition (Jeu et Désespoir, dit Kafka) atteint précisément son paroxysme dans le Journal. Mais aussi, à ce point, tout se retourne, car de son impuissance à la preuve, qui l'exclut du ciel serein de la Logique, le Texte tire une *souplesse*, qui est comme son essence, ce qu'il possède en propre. Kafka — dont le Journal est peut-être le seul qui puisse être lu sans aucune irritation — dit à merveille cette double postulation de la littérature, la Justesse et l'Inanité : « ... J'examinais les souhaits que je formais pour la vie. Celui qui se révéla le plus important ou le plus attachant fut le désir d'acquérir une façon de voir la vie (et, ce qui était lié, de pouvoir par écrit en convaincre les autres) dans laquelle la vie conserverait son lourd mouvement de chute et de montée, mais serait reconnue en même temps, et avec une clarté non moins grande, pour un rien, un rêve, un état de flottement. » Oui, c'est bien cela, le Journal idéal : à la fois un rythme (chute et montée, élasticité) et un leurre (je ne puis atteindre mon image) ; un écrit, en somme, qui dit la vérité du leurre et garantit cette vérité par la plus formelle des opérations, le rythme. Sur quoi il faudrait sans doute conclure que je puis sauver le Journal à la seule condition de le travailler *à mort*, jusqu'au bout de l'extrême fatigue, comme un Texte *à peu près* impossible : travail au terme duquel il est bien possible que le Journal ainsi tenu ne ressemble plus du tout à un Journal.

1979, Tel Quel.

# Table

IMPRIMERIE HÉRISSEY À ÉVREUX (EURE)
DÉPÔT LÉGAL SEPTEMBRE 1984. Nº 6931 (34554).